KB261335

성종, 조선의 태평을 누리다

【이한우의 군주열전】

성종

조선의 태평을 누리다

해냄

신하들이 만들어낸 국왕, 성종

태종, 세종에 이어 성종이다. 결론부터 말하면 성종은 앞의 두 사람에 비할 바가 못 된다. 그런데 한국인의 의식 속에는 세종 다음으로 성종이 성군(聖君)으로 자리하는 경우가 많다. 이것은 잘못이다. 그런데 이 잘못을 설명하는 일이 녹록지 않다. 워낙 오랜 기간에 걸쳐 만들어진 고정관념이기 때문이다. 이 책을 쓰는 동안 줄곧 대립각을 세워야 했던 전선의 하나가 바로 이 고정관념이었다. 그것이 왜 잘못된 것인지는 차차 밝혀나가기로 하고…….

이 글의 제목을 '신하들이 만든'이라고 하지 않고 굳이 '신하들이 만들어낸'이라고 강조한 데는 그만한 이유가 있다. 사실 성종은 3중적인 의미에서 신하들이 만들어낸 국왕이다. 첫째, 정희대왕대비와 한명회를 비롯한 신하들은 예종이 세상을 떠난 직후 임금이 될 수 있는 자격으로 보자면 세 번째에 불과했던 그를 임금으로 만들어 올렸다. 둘째,

임금의 자리에 올랐을 때 성종은 열세 살이었다. 그래서 스무 살이 되어 친정(親政)을 할 때까지 그를 교육하고 그의 머리와 가슴속에 성리학적 세계관을 심어준 사람들이 다름 아닌 신하들이다. 셋째, 지금처럼 성종을 성군(聖君) 또는 현군(賢君)으로 높이 받들게 만든 것도 다름 아닌 신하들이었다. 이 신하에는 성종 당대의 신하들은 말할 것도 없고 그 후대의 신하들까지 포함된다. 특히 사림(士林) 계열일수록 성종에 대한 평가는 후했다.

또한 『성종실록』을 추적하면서 성종에 대해 든 느낌 가운데 하나는 그가 억세게도 운이 좋았던 국왕이었다는 것이다. 이것도 3중적인 의미에서 그러하다. 첫째, 어떻게 보아도 국왕의 자리에 오르기는 힘들었으나 한명회의 사위가 됨으로써 열세 살의 나이에 조선의 국왕이 될 수 있었다. 둘째, '국제 정세가 안정되고 국내적으로도 태평이 구가되던 때에 왕위에 있었다는 것이다. 임진왜란을 당한 선조나 병자호란을 겪어야 했던 인조와는 극명하게 대비되는 대목이다. 셋째, 딱히 뭔가를 하지 않아도 될 만큼 튼튼한 국가 역량을 물려받았다. 세종과 세조의 누적된 노고가 있었기 때문이다. 그는 국력(國力)의 생산자가 아니라 소비자였다. 이 책의 부제로 '조선의 태평을 누리다'를 선택한 것도 그런 맥락에서다. 충분히 소비하고도 국가가 흔들릴 만한 내우외환(內憂外患)을 겪지 않았던 것도 그가 그만큼 운 좋은 인물이었기 때문이 아닐까?

성종, 그는 분명 아주 괜찮은 국왕이었다. 만약에 38세로 단명하지 않고 나이 쉰이라도 넘겼다면 뭔가를 해내지 않았을까 하는 기대를 갖게 만드는 국왕임은 분명하다. 물론 무엇을 할 수 있었겠느냐는 물음을 던진다면 필자로서는 다소 비판적인 입장이다. 그러나 그것은 누구도 알 수 없는 것이기에 이런 물음에 단정적으로 답한다는 것은 부질없다.

사정이 이렇다 보니 필자로서는 일종의 딜레마에 빠졌다. 그러면 도

대체 왜 성종인가? 분명 뭔가 다룰 만해서 성종을 골랐을 텐데 과연 성종에게서 어떤 리더십을 추출해 낼 수 있는가? 많은 사람들이 당연히 갖게 될 의문이 귓가를 맴돈다. 더욱이 율곡 이이가 자신의 책 『동호문답』에서 평하고 있는 성종론은 당혹스럽기까지 하다.

율곡은 거기서 성종을 "그 영특함과 슬기로움이 우리나라에서 천년에 우뚝 솟아오를 만큼 참으로 성스러운 주상"이라고 극찬했다. 다만 "상당히 오랫동안 태평 시대가 계속되어 나라가 부유하고 백성도 넉넉했는데, 대소신료들이 국사(國事)는 생각하지 않고 온통 유희에만 뜻을 두어 방탕하고 사치를 좋아하고 검소를 싫어했으며 주체적이지 못하고 부화뇌동하기만을 즐겼다"고 신하들을 맹비난한다. 성군(聖君)에 탐오한 신하들이었다는데, 필자는 이런 평가에 동의하지 않는다. 약간의 해석 차이는 있겠지만 『성종실록』을 샅샅이 읽어본다면 누구라도 율곡의 이런 성종 극찬에 머리를 갸웃거리지 않을 수 없다. 한마디로 성종이나 신하들이나 별반 차이가 없었다. 그런데 왜 율곡은 이렇게 극찬을 한 것일까?

그에 관한 답은 다행스럽게도 율곡 자신이 주고 있다. 율곡은 세종 시대를 이야기하면서 허조나 황희와 같은 명재상에 대해서도 가차 없이 비판한다. 그런데 문제는 비판의 이유다. 역사 평가의 잣대로서 유학, 그 중에서도 성리학이 동원되고 있다. 성종 때의 신하들을 비판할 때도 마찬가지다. 신하들이 성리학을 제대로 몰랐다는 이유만으로 무식하다고 몰아세우고 있다.

정치의 요체는 성리학 자체가 아니라 국리민복(國利民福), 부국강병(富國强兵)이다. 특히 근대 이전의 사회일수록 이 두 가지는 모든 정치, 모든 왕조를 평가하는 최상의 잣대이다. 국리민복과 부국강병에 기여하지 못한다면 성리학이라고 해서 특별한 지위를 누릴 수 없으며 누려서도 안 된다. 국리민복, 부국강병이 실리(實利)로 현실이라면 성리학은 명분(名分)일 뿐이다.

성종은 이런 점에서 본다면 성리학 애호가이기는 했지만 전문가 수준은 아니었고, 국리민복이나 부국강병과 관련해서는 세종이나 세조에 비해 딱히 업적이라고 내세울 만한 것이 없다. 예를 들면 지금도 성종이라고 하면『경국대전』의 완성자라고 하지만 이것은 잘못된 것이다.『경국대전』은 세조 때부터 편찬 작업에 들어가 성종 시대에 완성되었을 뿐이다. 공을 돌리려면 세조에게 돌려야지 성종에게 돌릴 일이 아니다. 사림들은 말할 것도 없고 현대의 국사학자들까지 늘 그렇게 이야기한다. 세조에 대한 거부감이 커서 그렇다고 이해가 되지만 이렇게 되면 역사 서술에서 지켜야 할 최소한의 공정성은 허물어진다. 동시에 성종 시대에 업적이라고 부를 만한 것이 얼마나 없었으면 세조의 업적을 성종에 갖다 붙였겠는가 하는 생각도 든다.

『성종, 조선의 태평을 누리다』는『태종, 조선의 길을 열다』,『세종, 조선의 표준을 세우다』에 이은 세 번째 작업이다. 참고로 현재 필자는 조선시대의 국왕 중에서 태종·숙종·영조, 세 국왕을 '현실정치가형 군주'로, 세종·성종·정조를 '학자형 군주'로 분류해서 그 중간적인 인물로 선조를 포함해 이들의 다양한 면모를 추적하는 7부작 전기 작업을 진행 중이다. 이를 통해 각 국왕마다 조금씩 다른 시각에서 그들이 받은 교육, 리더십, 현실적인 업적, 기른 인물, 미래에 대한 준비 등을 조명해 나간다는 계획이다.

이런 맥락에서 성종이 일곱 명의 대표적 조선 국왕 중의 하나로 포함된 이유는 조금 색다르다. 같은 학자형 군주라 하더라도 세종·성종·정조는 전혀 다른 특색을 보여준다. 학문적 깊이만 놓고 따진다면 세종보다 정조가 더 뛰어났을지 모른다. 그러나 세종은 국왕이고자 했지

학자이고자 하지 않았다. 반면 정조는 국왕이면서 최고의 석학임을 자처했던 인물이다. 성종은 세 사람 중에서는 학문적 자질이나 성취가 뒤처지는 편이었지만 호학(好學)은 누구에게도 양보하지 않을 만큼 책을 좋아하고 가까이했던 인물이다.

우리가 현실정치가형으로 분류한 인물들에 대한 우리 학계의 평가는 대단히 인색하다. 태종에 대해서는 폄하가 주종을 이룬다. 학계의 인식은 일반인들에 비해 훨씬 비판적이다. 숙종의 경우는 장희빈과의 스캔들 정도가 주목받을 뿐 그가 신하들과의 정치투쟁에서 어떻게 승리했고, 치세를 만들기 위해 어떤 노력했으며, 어떤 인물이었는지에 대해서는 이렇다 할 연구가 없고 마땅히 읽어볼 만한 책도 없다. 영조의 경우도 탕평책 운운하지만 그의 인간 전체를 알 수 있는 책을 찾기는 힘들고, 무수리의 아들이었다, 사도세자를 죽였다는 등의 신변잡기에 가까운 이야기들만이 인구에 회자될 뿐이다.

이처럼 현실보다는 이상, 일하는 사람보다는 말하는 사람을 중시하는 '선비의 나라' 조선의 문화적 전통으로 인해 뜻하지 않은 이득을 본 사람 중 하나가 성종이라는 게 이 책의 시각이다. 문약(文弱)으로 표현할 수도 있는 이런 전통은 현대의 대한민국 지식인 사회에도 그대로 이어지고 있다. 역사적 인물 중에서 희생하고 업적을 이룬 인물들보다는 현실에서 동떨어진 비평이나 논평을 일삼은 인물들이 크게 부각되고 있다. 이런 왜곡된 지적 흐름의 혜택을 가장 많이 입은 인물이 성종이다. 그는 집권기 내내 훈구파들의 득세를 제압하지 못했고 조선 왕실 역사에서 처음으로 왕비를 내쫓음으로써 결국 아들 연산군에 의한 피의 보복이 이뤄지는 단서를 고스란히 제공했다. 수많은 살생에도 불구하고 아들 세종을 위한 길을 열어주려 했던 태종의 노력이 재평가받아야 한다면, 아무런 준비도 하지 않고 그나마 자신이 길러내려 한 얼마 안 되는 신진 인사들이 대거 참화를 입게 만든 성종의 폐비라는 작위(作爲)는 철저한 혹평이라는 또 다른 의미의 재평가 대상이 되기에 충분하다.

실제로 그 이후 조선은 어떻게 되었는가? 연산군이 초토화시킨 조선은 중종 때 정반대의 극단적인 사림파들이 대거 등장하면서 관념의 나라로 바뀌기 시작했다. 조광조가 꿈꾸었던 나라가 바로 그런 나라다. 인종과 명종은 역사에서 이렇다 할 흔적조차 없다. 신하들이 모든 것을 좌지우지하는 나라로 바뀌었다. 신하들이 추대한 선조가 들어섰고 임진왜란이 났다. 이렇게 본다면 태종, 세종, 세조를 거치면 그나마 상대적으로 부강(富强)을 이루었던 조선은 실은 성종 때부터 쇠퇴의 조짐을 보이기 시작했다.

그렇다고 이 책이 '성종 뒤집어 보기' 식의 센세이셔널리즘을 겨냥하는 것은 아니다. 최대한 객관적으로 『성종실록』에 기록된 그의 행적을 정리하고 그것을 바탕으로 현재 그에게 주어진 높은 평가가 과연 그 성과에 값하는 정당한 것인지를 물어갈 것이다.

역사에서나 인생에서 운(運)의 비중이 얼마나 되는지를 필자는 알지 못한다. 그러나 분명한 것은 운이 따르는 인물이 있고 억세게 운 없는 사람도 있다. 이는 개인뿐만 아니라 민족이나 국가에도 어느 정도 적용이 될 수 있는 것 같다. 태평성대를 맘껏 누린 조선 최고의 행운아 성종을 만나러 떠난다.

2006년 9월
이한우

차 | 례

|들어가는 글| 신하들이 만들어낸 국왕, 성종 4

1장 정변의 기운이 감도는 가운데 왕위에 오르다

남이의 옥사 17

예종의 급사를 둘러싼 의혹 28

마주보고 달리는 두 기관차, 예종과 훈구 38

불안정한 권력의 뿌리, 성종의 불안한 앞날 52

2장 임금이 되고서야 학문 수련을 시작하다

할머니 정희대왕대비의 지극 정성 69

경연을 하루도 거르지 않은 성실한 수재 77

3장 성종과 한명회의 숙명적인 만남과 갈등

한명회의 나라 99

패왕(覇王) 세조와 권신(權臣) 한명회 118

이시애의 난, 세조 정권의 뿌리를 뒤흔들다 128

4장 수렴청정하의 성종: '사치와 부패의 나라'를 물려받다

부정부패로 물든 훈구(勳舊)의 세상 141

숙명적 '마마보이' 성종 153

수렴청정을 끝내고 친정 체제로 159

5장 왕권 강화를 향한 힘겨운 싸움

형식상의 전권을 쥐게 되지만 181

새로운 정치의 모색 195

제1차 해외 원정:서정(西征) 206

6장 왕권을 장악하다

왕실의 존엄을 세우다 213

왕권 희롱하는 전(前) 장인 한명회를 국문하다 218

권력의 균형추가 성종 쪽으로 기울기 시작하다 232

멀고 먼 성군(聖君)의 길 248

7장 조선 왕실 최대의 비극, 중궁 윤씨를 폐하다

실패로 끝난 1차 폐비 시도 263

칠거지악(七去之惡)을 걸어 윤씨를 폐하다 271

폐비윤씨는 왜 죽어야 했나? 289

8장 끝내 뛰어넘지 못한 양대 산맥, 3전과 한명회

3전(殿)에 대한 효심과 국왕으로서의 위신이 충돌하다 299

2인자의 길: 한명회의 노회한 정치술 314

9장 세종 대 성종

동일한 사건에 대한 서로 다른 태도 337

세종의 인간주의적 태도, 성종의 남성주의적 태도 349

이상적인 군주 세종, 인간적인 군주 성종 362

세종과 양녕, 성종과 비운의 두 왕자 372

10장 무인 기질에 낭만을 좋아한 성종

직선적인 성격의 뿌리는 무인 기질 383

주색잡기에 빠진 낭만의 성종 400

11장 태평성대의 이면 : 아무 일도 일어나지 않았다

성종과 폐비 윤씨 사이에서 난 연산의 운명 417

16남 12녀의 아버지 성종 436

왕실 사람들에 대한 편애 447

12장 흉흉한 가운데 38년의 삶을 마감하다

해프닝으로 끝난 단 한 차례 '역모' 사건 463

무모하게 끝난 북정(北征) 사업 469

결국 인재도 길러내지 못했다 481

요동치는 민심을 뒤로 하고 488

| 사진출처 | 495

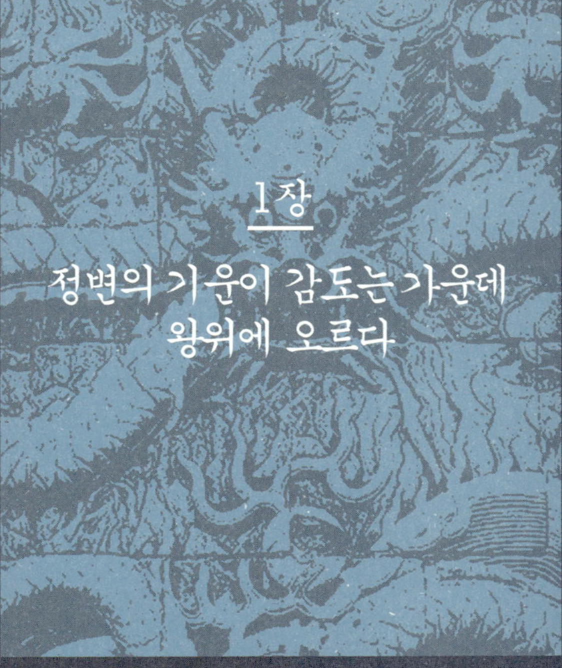

1장

정변의 기운이 감도는 가운데
왕위에 오르다

남이의 옥사

    1468년 예종 즉위년 10월 24일 자정 무렵. 쿠데타와 선정(善政)이라
는 상호 모순된 유산을 함께 남긴 세조가 세자인 둘째 아들 예종에게
국왕 자리를 넘겨주고 하루 만에 세상을 떠난 게 9월 8일이었으니 불
과 한 달 보름 정도 지난 시점이었다. 한양 한복판 수강궁(壽康宮) 후
원의 별전에는 찬바람과 함께 피의 기운이 감도는 친국(親鞫)이 한창
이었다. 친국이란 대역죄 같은 큰 사건의 경우 국왕이 직접 죄인을 국
문하는 것이다. 수강궁은 현재의 창경궁 자리에 있던 이궁(離宮)이다.
    별전 뜨락에는 28세의 혈기왕성한 장수 남이가 형틀에 묶여 있었고
옆에는 그의 애첩 탁문아도 함께 잡혀와 있었다.

    백두산 돌은 칼을 갈아 다 없애고
    두만강 물은 말을 먹여 없어졌네

사나이 스무 살에 나라 평정 못 한다면
뒷 세상에 그 누가 대장부라 이르리오

白頭山石磨刀盡
豆滿江波飮馬無
男兒二十未平國
後世誰稱大丈夫

　학창 시절 웅혼한 기상을 노래한 멋진 시라고 배웠던 남이의 시다.
그런데 훗날 실학자 이수광은 저서 『지봉유설』에서 "그 말뜻이 발호
(跋扈-힘을 믿고 함부로 날뜀)하여 평온한 기상이 없으니 화를 면하기
어려웠다"는 정반대의 평을 남겼다. 남이는 어떤 인물이었을까? 그리
고 성종 이야기를 시작하는 첫머리에 남이가 등장해야 하는 이유는 무
엇일까? 도대체 그는 무슨 죄를 지은 것일까?

　남이(南怡, 1441년 세종 23년~1468년 예종 즉위년)의 할머니는 태종
과 원경왕후 민씨 사이에서 난 4남 4녀 중 막내딸 정선공주였다. 남이
의 할아버지는 태종 때 영의정까지 지낸 남재의 손자 남휘다. 따라서
남이는 태종의 외증손자이다. 세조 3년(1457년) 17세 때 무과에 장원
했고 세조 13년 길주의 호족 이시애가 난을 일으키자 토벌 작전에 참
전해 큰 공을 세워 당상관(堂上官-문무 18품계 중에서 정3품인 통정대
부 이상을 말한다)인 행 부호군(行副護軍-직위 앞에 '행' 자가 들어가는
것은 새로운 보직이 이전에 받은 직위보다 낮은 품계를 받았다는 뜻이다.
부호군이란 중앙 군사 조직인 오위(五衛)에 속하는 종4품 무반직이다)으
로 승진함과 동시에 적개공신(敵愾功臣-이시애의 난을 다스린 공신) 1
등에 올랐다. 이어 서북변의 여진족 건주위를 토벌할 때 우상대장(右

廂大將)이 되어 여진족장 이만주를 참살하고 28세의 어린 나이로 공조 판서가 되었다. 그를 너무도 아꼈던 세조는 죽기 직전인 1468년 남이로 하여금 오늘날의 참모총장격인 오위도총부 도총관(오위도총부의 최고 책임자로 정2품)을 겸하게 하고 병조판서로까지 발탁한다. 조선의 병권을 남이에게 맡긴 것이다. 이것이 화근(禍根)이었다.

흔히 세조는 태종에 비견되는 무인 기질의 국왕으로 평가받지만 정치권력의 속성을 이해하는 데는 태종에 비해 한 수 아래였다. 자신이 총애했던 남이를 지켜주지도 못할 것이면서 너무나 높은 곳에 그를 올린 것은, 자신이 죽은 후에도 자신의 결정이 효력을 발휘하리라고 믿을 만큼 자신을 너무 과신했거나 순진했기 때문이고 볼 수 있다. 아니면 자신의 절대권력에 취한 나머지 신하들 사이에 생기게 마련인 복잡한 알력 관계를 너무 가볍게 생각했을 수도 있다. 아무리 태종의 외증손자이자 이시애의 난을 진압한 공이 있다고 해도 28세의 남이를 총사령관 겸 국방장관으로 임명했다는 것은 오히려 그를 사지(死地)로 내몬 것이나 다름없었다.

먹이를 노리는 유자광

세조를 이은 예종은 어릴 때부터 아버지의 총애를 듬뿍 받는 남이를 곱지 않게 보았다. 각종 옛 기록들은 "예종이 세자 시절 남이를 몹시 꺼리었다"고 기록하고 있다. 실제로 예종은 9월 7일 왕위에 오르자마자 남이를 병조판서에서 겸사복장(兼司僕將)으로 강등시켰다. 겸사복장이란 정예 친위대의 하나였던 겸사복의 지휘관이며 종2품의 무관직으로 정원은 세 명이었으나, 모두 다른 부서의 관원들로 겸직하게 하였다. 궁궐의 경비와 국왕 행차 시의 경호 등을 담당했다. 병조판서가 겸사복장이 되었다는 것은 요즘식으로 하면 국방장관에서 경호실장이 된 것인데 품계가 정2품에서 종2품으로 떨어진 데서 알 수 있듯이 좌천이었다.

게다가 남이의 고속 출세를 시기하던 인물이 바로 곁에 있었다. 병조참지 유자광이었다. 여기서 참고로 조선시대 이조·호조·예조·병조·형조·공조로 이뤄진 6조의 직위 서열을 간략하게 정리해두는 것이 좋을 것 같다. 앞으로도 자주 나올 것이기 때문이다. 6조의 경우에는 각각 판서(정2품)·참판(종2품)·참의(정3품)가 있었고 참지는 병조에만 있던 정3품직이다. 이어 각조의 실무를 맡는 정랑(정5품)과 좌랑(정6품)이 있었다.

인모난측(人謀難測), 사람의 간사스러운 꾀는 헤아리기가 어렵다고 했던가? 조선 역사에서 첫 손가락에 꼽을 수 있는 모함의 귀재 유자광은 서자 출신으로 세조 13년 이시애가 반란을 일으키자 평정에 자원했고 그때 세조의 눈에 들어 병조정랑이 되었다. 그리고 남이를 고변할 당시 그는 한 등급 올라 병조참지였다. 유자광은 자기보다 임금의 총애를 받는다 싶은 인물이 있으면 모함을 서슴지 않았다. 훗날의 이야기이지만 성종 때 한명회의 권력은 보기에 따라서는 성종을 능가하고 있었다. 그런데도 성종 7년 한명회를 모함했다. 이때는 아무 일 없이 지나갔지만 곧이어 자신 못지않은 문제의 인물인 임사홍 등과 함께 현석규라는 사람을 재차 모함하다가 도리어 그 자신이 동래로 유배 가게 된다. 이후 유자광은 성종 사후 사림을 싫어했던 연산군을 충동질해 무오사화를 일으키는 악역으로 역사에 재등장하게 된다.

훈구파의 덫

형장에 끌려 나온 남이는 스스로도 왜 자신이 그 자리에서 문초를 받아야 하는지 납득할 수 없었을 것이다. 그러나 만일 그랬다면 그는 참으로 순진한 사람이다. 정치를 모르면서 정치를 누르고도 남는 막강한 병조판서의 자리에 있었으니 말이다.

기록에는 나와 있지 않지만 남이 사건의 구조만 놓고 보면 한명회를 비롯한 훈구 세력들이 일을 꾸미고 유자광이 행동 대원 격으로 나섰으며 예종이 대미를 장식하는 모종의 음모가 있었을 가능성이 크다. 단 이런 음모가 실제 있었더라도 예종은 그 시나리오를 전혀 알지 못했고 훈구 세력들끼리 그런 음모를 만들었을 것이다. 남이는 어디를 보아도 훈구 세력에게 호락호락한 인물이 아니었기 때문이다.

『실록』은 예종이 즉위하던 날 있었던 아주 흥미로운 사건 한 가지를 전하고 있다. 남이가 병조판서로 임명되자 중추부 지사 한계희가 예전부터 형조판서 강희맹에게서 들었던 평가, 즉 "남이의 사람됨이 병사(兵事)를 맡기기에는 마땅치 못하다"는 말을 떠올리며 이것을 예종에게 아뢰어 겸사복장으로 강등시켰다. 한계희나 강희맹 모두 왕실과 깊은 인연을 가진 전형적인 훈구파였고 일찍부터 남이를 경계하고 있었다. 그리고 한 달 반이 지나 문제의 사건이 터진 것이다.

10월 24일 저녁 무렵 유자광이 승정원을 찾아와 숙직 중이던 승지 한계순과 이극증에게 은밀히 임금께 고할 일이 있다고 밝혔다. 두 사람은 즉시 유자광을 예종에게 인도했다. 예종 앞에 엎드린 유자광은 충격적인 이야기를 털어놓는다. 남이가 간신들을 제거한다는 명분을 내세워 역모를 꾀하려 하고 있다는 것이었다. 그러잖아도 평소 남이를 '요주의 인물'로 보고 있던 예종은 한계순에게 명하여 당장 남이를 잡아들이라고 했다. 100여 명의 병사를 동원한 남이 체포 작전이 시작됐다.

"남이의 집에 가서 에워싸고 사람을 시켜 심히 급하게 남이를 불렀다. 남이가 일이 발각되었는지 의심하여 집에 없다고 속였는데, 잠시 후 남이가 칼을 차고 활과 화살을 가지고 담을 넘어서 도망쳤다. 군사들이 알아차리고 남이를 체포했고 남이의 첩기 탁문아도 함께 잡아왔다."

이렇게 해서 남이는 일국의 병권을 쥐고 있다가 하루아침에 국왕의 친국을 받는 신세로 전락해 수강궁 뜨락에 꿇어앉아 있어야 했던 것이다. 그날 밤 친국을 행하는 예종의 좌우에는 왕실 사람들과 함께 당시 조정의 최고 권력가들이 늘어서 있었다.

밀성군 이침, 세종과 신빈 김씨 사이의 6형제 중 셋째 아들이다. 영순군 이부(李溥, 1444년 세종 26년~1470년 성종 1년), 세종의 다섯째 아들 광평대군의 아들로 일찍이 아버지를 여의어, 세종이 세자(문종)와 같이 공부하도록 궁중에서 길렀다. 구성군 이준은 세종의 넷째 아들 임영대군의 아들로 문무를 겸비한 인물이었다. 다음에 또 나올 것이기 때문에 그 이름을 눈여겨봐 둘 필요가 있다. 고령군 신숙주(申叔舟, 1417년 태종 17년~1475년 성종 6년), 세종 때의 명신으로 세조의 거사에 참여해 한명회와 함께 한창 권세를 누리던 인물이다. 상당군 한명회(韓明澮, 1415년 태종 15년~1487년 성종 18년), 두말할 필요도 없는 당대 최고의 실력자다. 중추부 영사 심회(沈澮, 1418년 세종 즉위년~1493년 성종 24년), 태종에 의해 비극적인 죽음을 당해야 했던 세종의 장인 심온의 아들이며, 따라서 세종비 소헌왕후 심씨의 아우로 세종의 처남이다. 그 밖에도 좌의정 박원형(朴元亨, 1411년 태종 11년~1469년 예종 1년), 창녕군 조석문(曹錫文, 1413년 태종 13년~1477년 성종 8년), 좌참찬 김국광(金國光, 1415년 태종 15년~1480년 성종 11년), 병조판서 박중선(朴

仲善, 1435년 세종 17년~1481년 성종 12년), 우참찬 윤필상(尹弼商, 1427년 세종 9년~1504년 연산군 10년) 등 하나같이 화려한 경력을 지닌, 당대를 대표하는 쟁쟁한 실력자들이었다. 이들이 엄중하게 내려다보는 가운데 예종의 친국과 그에 대한 남이의 답변이 불꽃 튀는 공방을 이뤘다.

예종과 남이의 논전

이 자리에서 예종이 거듭한 질문의 초점은 누구에게 무슨 말을 했는가였다. 이에 남이는 그날 낮 이지정의 집에 놀러갔다가 "북방에 일이 생기면 내가 장수가 될 터인데 누구를 부하 장수로 삼을 만한가"라고 물었더니 민서를 추천해서 민서를 만났다고 답한다. 민서와 만나서도 자신은 최근 혜성의 운행을 볼 때 북방에 대한 근심이 든다는 이야기는 했다고 털어놓았다. 사실 이것만으로는 크게 문제가 될 사안이 아니다. 무장이 변방을 걱정하는 것은 너무나도 당연한 일이기 때문이다. 이때까지만 해도 남이는 유자광이 자신과 만나서 몰래 했던 이야기를 이미 예종에게 밀고한 사실을 새까맣게 모르고 있었다.

유자광이 예종에게 고한 이야기는 전혀 달랐다. 세조가 우리(남이와 유자광)들을 대접하는 것이 아들과 다름이 없었는데 이제 나라에 큰 상사(喪事)가 있어 인심이 위태롭고 의심스러우니, 아마도 간신들이 작란하면 우리들은 개죽음하게 된다. 마땅히 너와 더불어 충성을 다해 세조의 은혜를 갚아야 할 것이라고 했다는 것이었다. 또 남이는 "김국광이 재물을 탐하니 이런 무리는 죽이는 것이 옳다. 노사신은 매우 불초한 자인데 너도 아느냐"고 물어 자신은 왜 그런 이야기를 하느냐고 따져 물었다고 밝혔다. 그러면서 유자광은 남이가 "내가 거사를 하고

자 한다"고 말했다고 주장했다.

예종은 유자광과 남이를 대질시켰다. 유자광을 본 남이는 깜짝 놀라 땅바닥에 머리를 치며 유자광의 무고라고 맞섰다. 그러자 민서가 증인으로 나섰다. 민서는 이 자리에서 "남이가 혜성 이야기를 하며 '간신이 반드시 일어날 것인데 나는 반드시 먼저 죽임을 당하지 않을까 염려스럽다'고 해서 신이 놀라며 간신이 누구냐고 묻자 '상당군 한명회다'라고 했습니다"라며 새로운 사실을 털어놓았다.

이에 예종이 남이에게 사실 여부를 묻자 "신이 민서와 함께 그런 이야기를 한 것은 사실입니다. 한명회가 일찍이 신의 집에 이르러 적자(嫡子)를 세우는 일을 말하기에 신은 그가 난을 꾀하는 것을 알았습니다"라고 답했다. 상황이 급반전됐다. 그 자리에 있던 한명회는 "그런 적이 없습니다"라며 딱 잡아뗐다.

여기서 적자를 세우는 일이란 세조의 둘째 아들인 예종이 아니라 일찍 세상을 떠난 의경세자(훗날 그의 둘째 아들 성종이 왕위에 오르면서 덕종으로 추존된다)의 장남 월산대군으로 하여금 왕통을 잇도록 하려는 것을 말한다.

그러나 이날 밤 유자광과 남이, 한명회와 남이의 지리한 공방은 이렇다 할 성과 없이 끝나고 이틀 후인 10월 26일 이번에는 창덕궁 희정당에서 다시 친국이 열렸다. 먼저 남이의 부하 문효량을 문초했다. 문효량은 남이에게 유리한 진술만 할 뿐이었다. 그러나 곤장 50대를 맞고서는 "남이가 말하기를 '(세조의 묘소인) 산릉에 나아갈 때 먼저 두 목격인 한명회 등을 쳐서 없애고 다음으로 영순군, 구성군을 친 후 스스로 임금의 자리에 서려고 한다'고 하였습니다"라고 진술하였다. 남이에게는 죽음을 의미하는 진술이었다.

점입가경(漸入佳境). 예종이 재상 중에 함께 도모한 이가 있느냐고

묻자 문효량은 "강순입니
다"라고 답했다. 친국장은
발칵 뒤집어졌다. 강순이
라니! 영의정 강순이라니!
이렇게 해서 흔히 '강순·
남이의 옥사(獄死)'로도 불
리는 이 사건에 또 한 명의
주인공이 등장한다. 강순
은 남이와 함께 이시애의
난을 진압해서 적개공신 1
등으로 신천부원군에 봉해
졌고, 예종이 즉위하던 해

창덕궁 희정당_ 대조전 남쪽에 있는 임금의 거처로, 평
상시 임금이 정사를 보던 곳이다

에 우의정을 거쳐 영의정까지 올라 바로 그 자리에 있었다. 방금 전까
지 친국을 지켜보던 입장에서 친국을 당해야 하는 입장으로 바뀐 강순
은 눈물까지 흘리며 결백을 주장했다. 그러나 이미 누군가의 각본대로
일은 흘러가고 있었다.

남이의 최후진술

10월 27일 이번에는 창덕궁 숭문당 뜰에서 친국이 있었다. 이날 남
이는 모진 고문 끝에 마침내 '사실'을 털어놓는다. 세조가 세상을 떠나
고 예종이 즉위하자 강순이 남이를 찾아와서 "이제 어린 임금이 왕위
를 이었는데 성변이 이와 같으니 간신이 반드시 때를 타서 난을 일으
킬 것이다. 만일 그렇게 되면 우리들은 세조의 은혜를 받아 장군이라
이름하였으므로 반드시 먼저 화를 입을 것이니 장차 어떻게 할 것인

가"라고 묻기에 자신이 "약한 자가 선수를 쳐야 하지 않겠는가"라고 답
했고 이에 강순도 동의했다는 것이다.

심지어 다음 왕위를 이을 만한 사람으로 자신이 "영순군(永順君-세
종의 다섯째 아들 광평대군의 아들)이 어떠냐"고 묻자 강순은 "영순군
과 구성군은 그 후사(後嗣-뒤를 이을 임금)가 약하다. 내가 일찍이 보
성군(세종의 형 효령대군의 아들)과 더불어 국가의 일을 말하여 왔는데
보성군이 최근 시국 상황에 대해 탄식하지 아니함이 없었고, 그 아들
춘양군이 세 번 우리 집에 왔다가 갔으므로 이도 또한 마음에 없는 것
이 아니니 우리들의 계책으로 이만한 것이 없다. 그 뒤에 우리들이 공
을 이루고 물러가 쉬면 사람들 가운데 누가 옳지 못하다고 하겠는가"
라고 말했다고 털어놓았다. 매 앞에 장사 없다더니 천하의 남이도 모
진 고문을 이기지 못하고 각본을 읽어 내려가고 있었다.

실제 남이와 강순 사이에 어떤 일이 일어났는지를 떠나 이로써 모든
것은 끝났다. 저승길 동반자를 구한 남이는 그날로 저잣거리에서 사지
가 찢기는 거열형을 당했다. 그리고 다음 날인 10월 28일 예종은 남이
의 역모 사건을 평정한 37명을 익대(翊戴)공신으로 녹훈했다. 그런데
이때 1등공신으로 녹훈된 유자광, 신숙주, 한명회, 신운, 한계순 등 5
인 중에서 유자광을 제외한 나머지 4인의 '알 수 없는' 역할이 문제다.
아무나 1등공신에 오를 수 있는 게 아니기 때문이다. 그나마 10월 24
일 밤 숙직을 하고 있던 승지로서 직접 100여 명의 병사를 데리고 성
공적으로 남이를 잡아온 한계순이나, 체포 작전을 위해 한계순과 함께
남이 집에 갔던 환관 신운은 그렇다고 치자. 그러면 신숙주와 한명회
만 남는다. 특히 친국 과정에서 여러 차례 언급된 한명회의 이름은 의
미심장하다. 『실록』에 기록된 것으로만 봐서는 이 두 사람이 굳이 1등
공신이 되어야 할 특별한 이유가 없다. 뭔가 말할 수 없는 일이 있었

다. 그리고 그런 일이 있었다면 신숙주보다는 한명회가 주도했을 것이다. 신숙주는 한명회를 따라다니는 그림자일 뿐이었다. 분명히 뭔가가 있었다. 그러나 『실록』은 그것을 직접 기록하지 못했다. 아마도 이런 부조리(不條理)를 그대로 보여줌으로써 『실록』은 우리에게 문자로 표현하지 못한 진실을 전하고 있는 것인지도 모른다.

여기서 우리는 강순·남이의 옥사를 둘러싼 정치적 역학 관계를 짚어둘 필요가 있다. 세조 시대에는 수양대군을 왕위로 올리는 과정에서 정난(靖難)공신과 좌익(佐翼)공신이 있었고 또 세조 재위 중에 일어난 이시애의 반란을 제압한 적개공신이 있었다. 한명회를 비롯한 조정 공신들은 대부분 정난-좌익공신들이었던 반면 강순과 남이는 적개공신의 대표적인 인물이다. 말하자면 신흥 공신이었던 셈이다. 결국 정난-좌익공신과 적개공신의 권력투쟁에서 정난-좌익공신이 일방적 승리를 거뒀다.

서두에 남이의 옥사를 내세운 것도 바로 그 때문이다. 앞으로 보게 될 '성종 즉위'는 그냥 일어난 우연적이고 자연 발생적인 사건이 아니다. 정난-좌익공신들이 나머지 적개공신을 제거하면서 성종이라는 임금이 탄생하기 때문이다. 남이와 강순이 제1차 공신간 투쟁의 희생물이었다면 제2차 투쟁에서는 '이시애의 난' 진압의 영웅인 구성군 이준이 희생당한다. 결국 정난-좌익공신들은 남이와 강순을 제거한 후 익대공신이 되고 구성군을 제압한 후에는 좌리(佐理)공신이 된다.

예종의 급사를 둘러싼 의혹

왕위에 오른 지 1년 2개월, 남이를 제거한 지 1년 1개월 만인 1469년 11월 28일 예종이 사망했다. 전혀 예기치 못한 일이었다. 먼저 예종이 사망한 11월 28일 당일의 기록을 정밀하게 해독해 보자.

"이날 예종께서 병세가 위독하니 고령군 신숙주, 상당군 한명회, 능성군 구치관, 영성군 최항, 영의정 홍윤성, 창녕군 조석문, 좌의정 윤자운, 우의정 김국광이 경복궁의 사정전 문 밖에 모였다. 진시(辰時)에 예종이 훙서(薨逝)하니 대비가 내관 안중경에게 명하여 나가서 신숙주 및 도승지 권감을 불러 들어오게 하였다."

여기서 먼저 인물들의 순서를 눈여겨볼 필요가 있다. 신숙주와 한명회가 뒤바뀌어 있는 것을 제외한다면 그대로 권력순이다. 네 명은 영의정보다, 한 명은 좌의정보다 앞서 있다. '군'은 공신들에게만 붙는 칭호다. 공신들의 세상이었던 것이다. 본론으로 돌아간다.

진시라면 대략 오전 8시 전후해서다. 예종이 경복궁 자미당(지금은 그 터에 자경당이 들어서 있다)에서 숨을 거둔 시각이다. 결국 밤사이에 병세가 갑자기 위독해졌다는 말이 된다. 그날 밤 숙직을 선 승지는 한계순과 정효상이었다. 한계순은 유자광이 남이를 밀고할 때도 승정원 숙직을 섰던 인물이다. 한계순(韓繼純, 1431년 세종 13년~1486년 성종 17년)은 한계미, 한계희의 아우로 한계미는 세조와 동서지간이었다. 그 바람에 한계순은 과거도 거치지 않고 음보로 세자를 보좌하는 말직에 임명된 이후 사헌감찰, 공조정랑 등 파격적인 승진을 거듭해 세조 말년에는 동부승지에까지 올랐다. 이어 예종 때 우부승지로 있으면서 남이의 옥사를 다스리는 데 주도적인 역할을 해 익대공신 1등에 올랐고 공조·이조판서까지 지내게 되는 인물이다. 한마디로 집안 덕을 크게 본 인물이었다. 정효상(鄭孝常, 1432년 세종 14년~1481년 성종 12년)은 세조 1년(1455년)에는 좌익공신 2등에 책록되었으나 이듬해 6월 성삼문 등 사육신의 단종 복위 모의에 연루된 혐의를 받았다. 다행히 겨우 화를 면하고 1459년 한직에 임명되어 학문에 전념하다가 예종 즉위년(1468년) 동부승지에 발탁되어 남이의 옥사를 다스린 공으로 익대공신 3등에 책록되어 계림군에 봉해졌다. 즉 두 승지 모두 남이의 옥사 때도 '공'이 있었던 인물인 것이다.

기성 체제의 기둥, 여덟 명의 원상들

그러나 훨씬 중요한 인물들은 사정전 앞에 모인 여덟 명의 원상(阮相)들이다. 이들이야말로 당대 최고의 실권자들이다. 그중 고령군 신숙주, 상당군 한명회, 창녕군 조석문, 우의정 김국광은 예종이 남이를 친국할 때 예종의 곁을 지켰던 인물들이다.

그 밖에 능성군 구치관(具致寬, 1406년 태종 6년~1470년 성종 1년)은 계유정난에 참여해 세조 때 우의정을 거쳐 영의정에 오른 인물이고 영성군 최항(崔恒, 1409년 태종 9년~1474년 성종 5년)은 수양대군이 거사를 벌이는 날에 입직 승지(入直承旨-당직 승지)로서 수양을 맞아들였고, 거사가 성공한 후에는 정인지 등과 함께 내외에 반포하는 교서의 초안을 작성하는 등 공을 세워 영의정을 지냈다. 영의정 홍윤성(洪允成, 1425년 세종 7년~1475년 성종 6년)은 수양대군에게 거사를 권유했던 인물로 그의 무예와 힘은 계유정난의 성공에 결정적인 역할을 하였다. '좌명회 우윤성'이었다. 좌의정 윤자운(尹子雲, 1416년 태종 16년~1478년 성종 9년)은 계유정난 때 수양대군의 휘하에서 활약하였으며 세조가 즉위하자 도승지·이조참판·병조판서, 의정부의 우참찬·좌참찬 등을 역임했다. 하나같이 세조 때의 공신으로 화려한 경력을 갖고 있었다. 한마디로 정난-좌익공신 세력을 이끄는 핵심들이다.

이들 여덟 명 중에서 일찍 세상을 떠나게 되는 구치관을 제외한 일곱 명의 원상들은 2년 후 성종 즉위에 공이 있다 하여 논란 끝에 내린 좌리공신에서 모두 1등공신에 책록된다. 당시 1등공신은 모두 아홉 명이었는데 나머지 두 사람은 여기서 언급된 도승지 권감, 그리고 하성군 정현조다. 정인지의 아들인 정현조는 세조의 사위로, 원상들과 정희대비의 연락책이 되어 왕위가 제안대군이나 월산대군이 아니라 성종 쪽으로 기울도록 하는 데 결정적인 공을 인정받아 파격적으로 1등공신이 된다. 도승지 권감도 예종이 숨을 거둔 자미당에 있는 정희대비와 사정전에 머물던 원상들 사이를 오가며 정현조와 비슷한 역할을 했다는 공으로 1등공신이 되었다.

예종의 급작스런 죽음의 원인은?

여기서 일단 우리는 두 가지 의문을 던질 수 있다. 하나는 그 전까지 '예종이 죽음에 이를 만큼 중병을 앓고 있었는가'이고, 또 하나는 '만일 밤사이에 갑자기 위독해져서 아침에 숨을 거두었다면 도대체 무슨 중병으로 사망에까지 이르게 되었는가'이다.

첫 번째 의문을 짚어보자. 예종은 세조와 정희왕후 사이에서 난 둘째 아들이다. 세종 32년, 1450년생이다. 그가 사망했을 때 나이는 20세로 한창 때였다. 세조의 첫째 아들 의경세자(성종의 아버지)가 일찍 세상을 뜨는 바람에 세조 3년(1457년) 왕세자로 책봉되었다. 첫 번째 부인은 한명회의 딸인 한씨였다. 세자빈 한씨는 세조와 예종의 사랑을 받았으나 세조 7년(1461년) 원손(元孫) 인성대군을 낳은 직후 후유증으로 열일곱 살의 꽃다운 나이에 세상을 떠났다. 엎친 데 덮친 격으로 인성대군마저 일찍 세상을 떠났다. 한명회로서는 국구(國舅-임금의 장인)의 꿈이 날아가 버렸다.

이어 예종은 계비로 안순왕후를 맞아들였다. 안순왕후(?~1498년 연산군 4년)는 청주부원군 한백륜의 딸로 한명회의 딸이 죽자 다음 해인 1462년 세자빈에 간택되었고 1468년 예종이 즉위하면서 왕비의 자리에 오른다. 소생으로는 제안대군과 현숙공주가 있었다. 여기서 우리는 제안대군에 주목할 필요가 있다. 왜냐하면 원빈의 소생 인성대군이 일찍 세상을 떠난 상황에서 다음 왕위는 당연히 후궁이 아닌 계비의 첫째 아들 제안대군으로 이어지는 것이 정상적인 왕위 계승 순서였기 때문이다. 그런데 제안대군(齊安大君, 1466년 세조 12년~1525년 중종 20년)은 이때 불과 네 살이었다. 정희대비는 제안대군이 너무 어리고 총명하지 못하다는 이유를 들어 즉위에 반대했다.

그런데 제안대군이 왕위에 오르지 못한 것이 정말 정희대비의 말대로 "너무 어리고 총명하지 못하다"는 이유 때문이었을까? 네 살의 나이는 물론 너무 어리다. 그러나 어차피 열세 살 성종에게도 수렴청정이 이뤄진 것을 감안할 때 그렇게 합당한 이유라고 할 수 없다. 더욱이 네 살짜리의 총명을 판가름한다는 것은 상당한 억지임을 누구나 알 수 있다. 실은 외할아버지 한백륜이 당대 최고의 세도가 한명회에 비할 바가 아니었다는 것이 제안대군이 왕이 되지 못한 결정적인 이유가 아닐까?

한백륜(韓伯倫, 1427년 세종 9년~1474년 성종 5년)은 같은 청주 한씨였던 한명회의 추천으로 딸을 세자빈으로 들여 벼락출세를 했던 그저 그런 평범한 인물이었다. 게다가 그 자신은 큰 욕심이 없고 늘 조심하는 성격이었다. 권력의 생리를 잘 알고 있었다.

다시 예종의 질환 문제로 돌아가자. 기록에 보면 예종이 아버지 세조의 죽음에 대해 건강을 해칠 만큼 슬퍼했다는 기록은 여러 군데 나온다. 『실록』 중에서 국왕이 읽어볼 만한 대목만 추린 『국조보감』 예종 편에도 그의 죽음과 관련해 이런 기록을 남기고 있다.

> "11월 상이 세조의 대상(大喪) 이후로 항상 여차(廬次-신주를 모셔 두던 곳)에서 지내며 지나치게 슬퍼하였다. 그러다가 병을 얻어 무신 일에 경복궁 정침(正寢)에서 승하하고 말았다."

물론 이로 인해 건강이 어느 정도 나빠졌을 수는 있다. 하지만 1년 남짓 재위 기간 동안 예종은 무리 없이, 아니 상당히 의욕적으로 정사(政事)를 이끄는 모습을 보여주었다. 또 죽음에 이를 만큼 특별한 병을 갖고 있었다는 기록은 전혀 나오지 않는다. 다만 사망하던 그해에 감기나 몸살에 대한 기록은 세 차례 나온다. 그 밖에 예종이 발에 병이 있었다는 기록이 눈에 띈다. 『예종실록』 즉위년(1468년) 12월 18일 예종이 한 말이다. 그러나 그것이 생명을 위태롭게 하는 질병은 아니었다.

옥체의 변색

11월 28일 예종이 세상을 떠나고 이틀이 지난 12월 1일의 『성종실록』에는 아주 흥미로운 기록이 나온다. 원상 신숙주·한명회·구치관·최항·홍윤성·조석문·김질·윤자운·김국광 등이 정희대비를 찾아와 내의(內醫-주치의)와 내시를 국문할 것을 청하는 대목이다.

조선시대 때 국왕이 병으로 사망하고 나면 내의와 내시에 대한 국문은 으레 있는 일이었다. 여기서 원상으로 새롭게 이름이 추가된 김질은 사육신 사건 때 동료들을 배반하고 세조에게 역모 사실을 밀고해서 출세한 바로 그 인물이다.

"어제 염습(斂襲)할 때 대행왕(돌아가신 국왕)의 옥체가 이미 변색이 된 것을 보았는데 훙서한 지가 겨우 2일인데도 이와 같았으니 이것은 반드시 병환이 위독한 지가 이미 오래되었는데도 외인(外人)은 미처 알지 못했기 때문일 것입니다."

옥체의 변색이라니? 다른 국왕의 경우라면 이것만으로도 당연히 독살설의 유력한 근거로 제기될 만한 명백한 사실이다. 그런데 이런 중대한 사실을 고하는 자리에 가장 의심을 살 만한 한명회 자신도 포함되어 있었다. 더욱 기이한 것은 그 말을 들은 정희대비의 태연함이다. 상식대로라면 옥체의 변색 소식을 들었을 때 친어머니이자 왕실의 최고 어른으로서 노발대발하며 진실을 밝히도록 해야 할 것이다. 그런데 오히려 내의나 내시들 편을 드는 듯한 발언을 하고 있다.

"대행왕이 일찍이 발병을 앓았는데 병이 나으면 반드시 나에게 날마다 세 번씩 조회했으며 병이 발생하면 사람을 시켜 문안하기를 그치지 않았으니, 내가 어찌 이 지경에 이르게 될 줄을 생각했겠는가? 세조께서 일찍이 말씀하시기를 '조그만 질병을 만나면 외인에게 이를 알게 해서는 안 된다'고 하신 까닭으로, 때로 조그만 질병이 생겨도 외인에게 이를 알지 못하게 한 것이 여러 번이었다. 또 대행왕은 다만 술을 드실 뿐이고 음식을 들지 않았는데 지난 몇 달간 내가 그 병환이 발생했다는 말을 듣고는 마음속으로 대단치 않은 병이라 여겼는데 어찌 갑자기 대고(大故)에 이르게 될 줄을 생각했겠는가? 더구나 내의 등도 또한 일찍이 병세를 나에게 아뢰었으니, 어찌 처벌할 수 있겠는가?"

대행왕(大行王)이란 임금이 죽고 칭호를 정하기 전까지 임시로 부르던 칭호이다. 여기서 대행왕은 예종이다. 정희대비의 이 말 속에는 많은 의문점이 숨어 있다. 즉 정희대비가 알고 있는 범위에서 예종이 앓았던 병은 발병이다. 그것이 피부병이 아니라면 일종의 통풍이나 류머티즘 계통이었을 텐데 그 어느 것도 하룻밤 사이에 사람을 죽음에 이르게 하는 병은 아니며 특히 '옥체의 변색'을 가져오는 게 아니라는 것은 당대로서도 의학의 상식이었을 것이다. 예를 들어 예종이 자신의 피붙이가 아니었다면 정희대비의 이런 변명에 가까운 발언은 그런 대로 수용할 수도 있다. 그런데 예종은 자신의 둘째 아들 아닌가. 자기 아들이 요즘식으로 말해 옥체가 변색되는 '의문사'를 당했는데 더 규명해 보려 하기보다는 그저 현상을 있는 그대로 인정하고 지나가려 하는 것이다. 정희대비의 머릿속에는 무슨 계산이 있었던 것일까? 물론 정희대비가 아둔해서 그랬다고 볼 수도 있지만 전후 기록을 볼 때 정희대비는 똑똑할 뿐만 아니라 현실 권력의 흐름까지도 꿰뚫고 있던 대단한 여인이었다. 남편 수양대군이 거사할 때 망설이자 갑옷을 입혀주며 결단을 촉구했던 인물 아닌가? 그렇다면 도대체 왜?

지금까지의 기록을 종합해 보면 예종은 발에 고질적인 질병이 있었고 종종 감기에 걸렸다. 이것이 전부다. 이것만으로 치명적인 질병에 걸렸다고 결론 내리기는 힘들다.

그러면 다음으로 심장마비나 뇌출혈 등과 같은 급사(急死) 쪽으로 눈을 돌려봐야 한다. 『실록』에서 이와 관련된 기록은 사망하기 이틀 전인 11월 26일에 처음이자 유일하게 나온다.

"임금이 불예(不豫)하니 새벽에 서평군 한계희와 좌참찬 임원준 등을 불러 입시하게 하였다."

'불예(不豫)하다', 말 그대로 앞날을 알 수 없을 만큼 위독해졌다는 말이다. 그러나 여기서도 어떤 병 때문인지는 정확하게 나오지 않는다. 그나마 우리의 이 같은 의문과 관련해 어느 정도 궁금증을 풀어줄 수 있는 기록은 조선 조정이 명나라 예부에 고하기 위해 작성한 예종의 행장(行狀)에 일부 나온다.

"처음에 혜장왕(세조)이 병에 걸려 누우니 왕이 시중을 들고 직접 약을 끓이며 밤낮으로 왕의 곁을 떠나지 않고, 혹은 모든 의원을 부르며 방서(方書-의학서)를 찾아 상고하다가 잠을 이루지 못한 것이 여러 달이었다. 혜장왕이 훙하자, 왕이 몸부림을 치며 슬피 울고 물

과 미음을 입에 대지 아니하며 의려(倚廬-여차)에 거처하여 슬퍼하
는 것이 예제(禮制)보다도 지나쳤다. 이로 인하여 섭양(攝養)에 어긋
나 금년 겨울에 이르러 병이 생겨 날로 더욱 침체되어서 치료의 효과
도 없이 11월 28일에 훙하였다.”

아버지를 잃은 과도한 슬픔과 어긋난 섭양. 성종을 왕위에 올리는
데 1등공신인 신숙주·한명회 등이 편찬한『예종실록』이라는 점을 고
려하더라도 그나마 가장 현실감 있는 설명은 여기서 찾을 수 있다. 세
종을 잃은 문종의 경우에도 이와 비슷했다. 특히 어긋난 섭양과 관련
해서는 예종이 사망 직전에 식사를 하지 않고 술만으로 지냈다는 기록
이 있다. 그리고 한 가지, 밤사이에 예종이 '불예'하자 맨 먼저 자미당
에 들어간 사람은 정희대비다. 또한 새벽에 서평군 한계희와 좌참찬
임원준이 들어갔다. 정희대비의 입장에서 보자면 한계희는 제부의 동
생이다. 한계희(韓繼禧, 1423년 세종 5년~1482년 성종 13년)는 어려서
부터 책읽기를 좋아해 세종이 중국을 비롯한 해외의 서적들을 구해오
면 닥치는 대로 읽었다고 한다. 세조도 왕위에 오르기 이전부터 그를
대단히 아끼고 있었는데 계유정난을 일으켜 왕위에 오르자 그를 세자
우문학으로 임명해 세자의 교육을 담당하게 했다. 세조는 자신의 병이
깊어가자 예종에 관한 모든 일을 그에게 위임하려 했을 정도였다. 그
역시 직접 세조의 탕제를 끓여 바치기도 하는 등 세조를 지성으로 섬
겼다. 그의 형 한계미는 세조비 정희왕후의 여동생과 결혼해 세조와는
동서지간이었다. 게다가 한계미 형제는 한명회와도 6촌지간이었다.
이런 배경으로 3형제 모두 이조판서를 지내는 진기록을 세운다. 옛말
에 형제가 연이어 출세하는 것을 두 마리 봉황이 연이어 난다고 해서
양봉연비(兩鳳連飛)라 했는데 그야말로 삼봉연비(三鳳連飛)였던 셈이

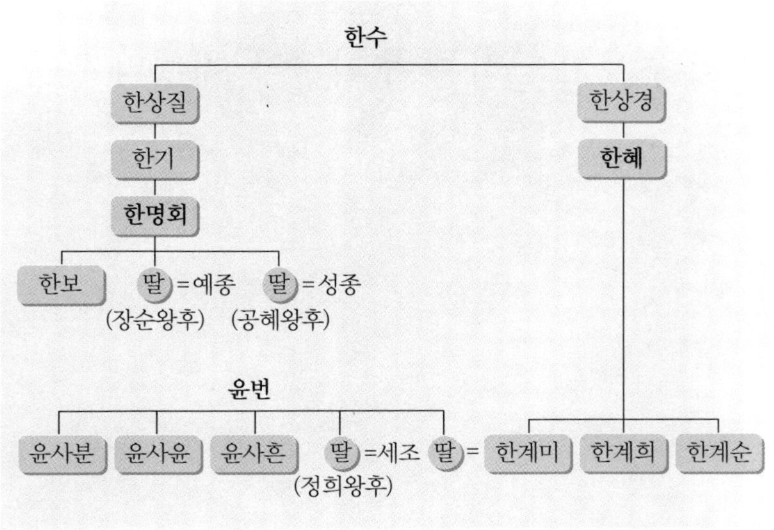

다. 임원준(任元濬, 1423년 세종 5년~1500년 연산군 6년)은 예조판서를 지낸 인물로 의술에 뛰어났다. 아마도 그 때문에 그 자리에 불려 들어갔을 것이다. 그러나 그의 사람됨에 대한 평은 좋지 않았고 특히 아들 임사홍은 탐학한 간신의 대명사가 될 만큼 행실이 좋지 않아 훗날 그의 아들이 인수대비 덕택에 성종의 딸과 결혼했는데도 불구하고 성종으로부터 배척받게 된다.

마주 보고 달리는 두 기관차, 예종과 훈구

『예종실록』과 『성종실록』의 전반부를 엄밀하게 비교해서 읽다 보면 정황적으로 맞지 않거나 모순되는 일들이 많이 기록되어 있다는 것을 알게 된다. 예종의 죽음이 석연찮고 성종의 즉위 과정이 의문으로 가득 차 있다. 특히 군데군데 빠져 있는 인과관계의 고리에 한명회를 대입시키면 쉽게 풀리는 일이 너무 많다. 그럼에도 『실록』에서는 모호한 암시 이상을 전하지 않는다.

예종이 세자이던 시절 아버지 세조가 예종에게 묻는다. "『통감(자치통감)』은 어느 시대의 것을 읽느냐?" 하니 세자가 한나라 헌제 때라고 답하였다. 세조가 묻기를 "헌제는 어째서 망하였느냐?" 하니 대답하기를 "참소와 아첨이 행하여져 위엄과 권세가 점점 '신하에게로' 옮겨졌고, 오늘의 편한 것만 알고 후일의 위태할 것을 생각하지 아니하여 기강이 무너진 때문입니다"라고 했다. 이에 세조가 "옳다"고 화답했다.

『실록』에는 국왕의 시대별 기록을 하기에 앞서 '총서'라고 해서 즉위한 국왕을 간략하게 소개하는 난이 있다. 이 일화는 바로『예종실록』의 총서에 하나의 상징처럼 실려 있다. 예종이 당시 시대와 정치를 어떻게 보고 있었는지를 보여주는 일화인 것이다. 어린 예종은 신하에게 옮겨져 있는 위엄과 권세를 되찾는 것만이 망하지 않는 길이라고 생각했던 것이고 세조도 그 점을 통찰한 예종을 칭찬하고 있다.

세조는 비교적 신하들을 강력하게 장악하고 있었지만 동시에 한명회를 정점으로 한 공신들에게 포위되어 있었다. 똑똑한 세자라면 신하들의 그런 행태를 부정적으로 보았을 것이 분명하다. 예종은 자기중심이 분명하게 서 있는 인물이었던 것 같다. 세조가 세자에 대해 "세자가 6예(六藝)에 이미 통하지 아니하는 바가 없다"며 만족해했고 사망하기 1년 전에는 모든 정무에 참여시키면서 "일을 부탁할 사람을 얻었으니 내가 근심이 없다"고 말할 정도였다.

특히 6예에 이미 통하였다고 말한 대목은 중요하다. 6예란 무엇인가? 중국 고대(古代)의 경대부(卿大夫-고급 관료) 이상의 자제라면 필수적으로 익혀야 했던 6종의 교양과목으로 조선시대에도 국왕이나 고위 관리의 자제들은 이를 대부분 심신 단련의 방법으로 생각하고 익혔다. 6예는 예용(禮容-경학), 주악(奏樂-음악), 궁사(弓射-활쏘기), 마술(馬術-말타기), 서사(書寫-서예), 산수(算數-수학)를 의미한다. 어느 한두 가지를 안 했을 수는 있지만 '6예에 통했다'고 하는 말은 문무를 겸비했다는 뜻이다. 결국 예종이 '6예에 통했다'는 것은 심신이 건강했다는 말이다.

상당군 한명회와의 관계에서도 별로 거리낄 게 없었다. 어려서 해양대군으로 봉해져 앞서 본대로 한명회의 딸과 결혼했으나 그 딸이 일찍 세상을 떠나는 바람에 청천부원군 한백륜의 딸을 두 번째 부인으로 맞아들였다. 한명회는 전(前) 장인일 뿐이었다.

예종은 유언을 남겼다?

예종이 세상을 떠나고 13일 후인 12월 11일자 『실록』에는 조선 조정
이 명나라 예부에 고하는 예종의 유교(遺敎), 즉 유언이 실려 있다.

"내가 용렬한 자질로써 외람되이 황상(皇上-명나라 황제)의 큰 명
령을 받들어 조종(祖宗)의 왕업을 지키고 있으니 매양 조종의 왕업을
능히 계승해 견디어갈 수 없을 것을 두려워하고 있었는데 지금 병을
얻게 되어 날로 파리해져 약효가 없으니 아마 장차 일어나지 못할 듯
하다. 황상께서 부탁하신 중대함과 조부(세종대왕)께서 전승하신 사
업을 실추시킬까봐 두려워하고 있다. 생각건대 한 아들(제안대군)은
나이가 겨우 4세로서 또 풍질을 앓고 있으니 후사를 감당해 낼 수가
없다. 선부(先父) 혜장왕(惠莊王-세조)의 적자는 다만 나의 형제 두
사람뿐이었다. 고 세자 이장(李暲-의경세자)은 불행히 일찍이 세상을
떠났으며 그 아들도 또한 다만 두 사람뿐인데 맏이 월산군 이정은 병
이 많고 기질이 허약했으나 그 아우 자산군 이혈은 기개와 도량이 숙
성하고 효도하고 우애하여 학문을 좋아하여 후사(後事)를 맡길 만하
므로 사유(事由)를 갖추어 우리 모비(정희왕후)에게 품고하여 또한
청허를 받았으니 그로 하여금 국무를 담당케 하라."

이것은 한명회 등을 비롯한 훈구파와 정희대왕대비가 만든 시나리
오에 따른 완벽한 픽션이다. 자신의 아들을 제외시키고 형의 두 아들
중에서 그것도 둘째 아들을 택한다는 것은 예종으로서는 생각조차 할

수 없는 일이다. 예종은 당연히 오래 살아 자신의 아들 제안대군으로
하여금 왕위를 잇게 하고 싶었을 것이다. 또 만일 제안대군이 한백륜
이 아닌 한명회의 손자였더라면 네 살의 나이에도 불구하고 결국은 왕
위에 올랐을 것이다.

실은 유언이라는 것 자체가 없었다. 아니 있을 수가 없었다. 그리고
형님의 둘째 아들을 택하는 시나리오는 예종이 유언을 통해서 한 것이
아니라 예종이 사망하기 직전 혹은 사망한 직후 정희대비와 한명회의
'합의'에 의해 만들어진 것이다. 이 점은 앞서 본대로 실제로『실록』이
보여주고 있는 사실이기도 하다. 두 사람은 말 그대로 당대를 이끄는
쌍두마차였다.

분경을 금하다

예종이 즉위한 것은 1468년 9월 7일이다. 그런데 한 달도 되지 않은
10월 4일 분경(奔競)을 엄단하라는 서슬퍼런 지시를 인사를 책임지고
있던 승정원, 이조, 병조, 사헌부에 내린다.

"정사는 나라의 큰 권한인데 사(私)에 따라 공(公)이 좌우되는 것
은 옳지 않다. 앞으로 세력에 기대어 청탁을 해서 관직을 외람되게
얻으면 이제부터 종친, 재추(宰樞- 중추부 고위 관리), 공신일지라도
즉시 잡아들여 수사를 하고 만일 숨김이 있으면 마땅히 족주(族誅)하
겠다."

분경이란 분추경리(奔趨競利)의 준말로 벼슬을 얻기 위해 권문세가
의 집에 분주하게 드나들며 엽관운동을 하는 것을 가리킨다. 고려시대

에도 분경의 폐단이 없지 않았으나 법으로 금지한 일은 없었다. 조선 초기에 와서 행정과 군정의 혼란을 수습하고 나아가 집권 체제를 강화하기 위한 조처의 하나로 태종이 분경금지법을 세웠다.

따라서 예종의 분경 엄단 지시는 구체적으로 '종친, 재추, 공신'을 지목해 이야기하는 데서 알 수 있듯이 세조 등극 이래 거칠 것 없이 전횡을 부리고 있던 훈구공신들을 겨냥한 것이었다. 덧붙여 분경을 하다가 적발되면 종친, 재추, 공신일지라도 그 행적을 따져 본인은 물론이고 일족을 몰살(族誅)하겠다고 엄명을 내렸다. 오죽 했으면 그 기세에 놀란 우의정 김질과 영의정 이준(구성군)이 조심스럽게 "일족을 몰살하는 것은 너무 지나친 법"이라고 건의하여 "본인만 극형에 처한다"는 수정을 얻어낼 정도였다. 다소 완화되기는 했지만 실제로 분경 금지로 인해 종친이나 공신 등 훈구 세력들의 예종에 대한 공포와 불만은 극에 달할 수밖에 없었다.

전광석화(電光石火). 혈기 넘치는 예종은 여기서 그치지 않았다. 보름 후인 10월 18일 훈구대신인 원상 김국광에게 그가 겸하고 있던 병조판서를 그만두게 하고 좌찬성만 맡도록 했다. 겉으로는 "내가 김국광을 믿지 못해 그런 것이 아니다. 대개 병조판서의 일은 오래 잡을 수 없다. 오래 잡으면 폐단이 생기고 말이 많아진다. 물론 호조와 예조에도 겸판서(다른 보직을 맡고서 판서를 겸하는 것으로 당시 훈구 세력의 힘이 그만큼 강했다는 것을 보여준다)가 있으나 병조에 비할 것이 아니다. 내가 김국광을 보호하고자 하기 때문에 바꾼 것이다"라고 말하고 있으나 그것을 곧이곧대로 믿을 사람은 아무도 없었다. 훈구파의 중요한 파워플랜트였던 군권(軍權)을 일거에 무력화시켜 버린 것이다.

김국광(金國光, 1415년 태종 15년~1480년 성종 11년)은 세종 23년 (1441년) 문과에 급제하여 승문원 부정자를 거쳐 황해도 도사, 성균관

주부, 사헌부 감찰 등을 지냈고, 세조의 즉위를 도왔다 하여 세조 원년에 집현전 교리로서 원종공신(原從功臣) 3등에 책록되었다. 주로 법률에 밝아 세조 7년 우부승지로 있으면서 '형전(刑典)' 편찬을 이끌었고 병조참판, 호조판서 등을 거쳐 세조 12년 병조판서에 올랐다. 그리고 이시애의 난을 평정한 공으로 적개공신 2등에 좌찬성으로 승진했다. 좌찬성은 의정부 내에서 우의정 바로 다음 자리였다. 여기서 한 가지 주목할 것은 김국광은 한명회파의 정난·좌익공신이라기보다는 남이와 같은 적개공신이었다는 점이다. 남이가 친국 당시 굳이 노사신과 함께 김국광을 구체적으로 지목한 것도 어쩌면 김국광의 '배신'을 원망한 때문으로 볼 수 있을 것이다. 이런 기여 때문인지 김국광은 성종 원년에 좌의정에 올랐고 이듬해 좌리공신 1등에 책록되었다.

예종의 파상 공세, "경저인을 거느리지 말라"

분경 금지 파문에 이어 김국광이 병조판서에서 쫓겨나는 등 예종의 속전속결식 파상 공세에 정신을 차릴 수 없었던 훈구 세력에게 3일 후인 10월 21일 또 하나의 청천벽력이 떨어진다. 예종이 사헌부에 "각 도의 관찰사, 절도사, 도사(都事), 평사(評事-병마평사의 약자로 병마절도사의 수하에 있던 정6품 문관직)는 경저인을 거느리지 못하게 하라"고 엄명을 내린 것이다.

경저인(京邸人) 혹은 경저리란 무엇을 하는 사람들이기에 이런 엄명이 내려진 것일까? 또 훈구공신들은 왜 그것을 청천벽력으로 받아들였을까? 조선시대에 중앙과 지방 관청의 연락 사무를 위해 지방관이 서울에 파견한 아전 또는 향리(鄕吏)를 경저인 혹은 경저리, 저인 등으로 불렀다. 경저인의 임무는 공물 상납, 해당 읍의 부세 상납, 공무로 상경하는 관리의 신변 보호 등 서울과 지방 사이의 연락을 담당하면서 지방 관청과 함께 지방 관리들을 견제하기도 했다. 또 중앙과 지방 간의 문서 전달, 기일 내에 도착하지 못한 상납물의 대납(代納) 책임도 졌다. 이게 핵심이다. 대납 과정에서 서로 결탁하여 미리 공물을 대납한 다음 지방 관청에 몇 배의 이자를 붙여 청구하였다. 제도화된 상납이나 마찬가지였다. 이렇게 되면 지방 관리는 농민들을 더욱 수탈해 차액을 메워 넣어야 했다.

예종의 '개혁' 조처에 대해 훈구 세력들이 경악한 것은 지극히 당연했다. 바로 자신들 혹은 친척들이나 심지어 그들의 종이 대납업자가 되어 엄청난 치부를 하고 있었기 때문이다. 경저리는 훈구대신들의 물적 기반이었다. 결국 예종이 분경 금지로 신하들의 방종한 권력에 제한을 가하고 군권을 빼앗은 데 이어 자신들의 돈줄마저 끊어놓으려 하고 있었다. 예종은 이 같은 지시에 덧붙여 공문을 통해 "대납을 금지했는데도 계속하는 수령이 있으면 능지처참으로 다스리겠다"고 엄포를 놓았다. 족주(族誅)에 능지처참에…….

바로 이때 남이의 옥사가 터졌다. 이 또한 이제는 '터뜨렸다'고 표현하는 게 사실(史實)에 더 부합하는지 모른다. 그 바람에 훈구대신들은 예종과 멀어진 거리를 어느 정도라도 좁힐 수 있었다. 훈구 세력들의 입장에서 보자면 남이의 옥사는 일석이조의 효과를 가져다주었다. 눈엣가시를 제거했고 분경 금지와 경저리 문제를 통한 예종의 파상적인 압박 공세를 어느 정도 둔화시켰기 때문이다. 그렇다고 훈구 세력의 전횡에 대한 예종의 부정적 인식까지 사라진 것은 아니다. 분경 금지와 경저인을 거느리지 못하게 한 조처는 그가 사망할 때까지 계속 유효했다.

예종의 불같은 성격은 그 밖에도 여기저기서 볼 수 있다. 열아홉 살의 군주는 어렸고 그래서 너무 서두르고 있었다. 의금부에서 보고하기를 국문을 하는 과정에서 자백을 하지 않는 죄인이 있다고 하자 예종은 "만일 자복하지 않거든 쇠몽둥이가 부러지더라고 괜찮으니 다시 장을 때려 심문하라"고 지시를 내린다. 또 여차하면 능지처참이나 교형에 처하라고 명했다. 예종도 진시황 스타일의 법가(法家)에 가까운 자신의 이런 엄격한 법 적용의 문제점을 의식하고 있었던 것 같다. 1469년 예종 1년의 기록이다.

"임금이 법을 세운 것은 반드시 행하려고 하는 것이므로 죄를 범한 사람은 용서할 수 없다. 그러나 근래에 형벌을 받는 사람이 자못 많아서 바깥의 어리석은 백성들은 다만 사람을 형벌하는 것만 듣고 나를 가지고 새로 임금이 되어 함부로 형벌한다고 하는 자가 반드시 있을 것이니, 내가 깊이 근심한다. 어리석은 백성들에게 내 뜻을 자세히 알리도록 하라."

이런 단호함이 만에 하나 훈구파를 직접 향한다면 한명회를 비롯한 원로대신들로서는 여간 고통스럽지 않을 수 없었다. 실제로 예종은 선전관이라 해서 암행 감찰 요원을 종친과 공신들의 집에 비밀리에 파견해 고령군 신숙주, 우의정 김질, 구성군 이준, 박중선, 성임 등의 집에 심부름을 하러 왔던 부하나 하인들을 체포했다. 구성군 이준은 예종에게 사촌형이었다. 박중선은 한명회의 심복이었고, 성임(成任, 1421년 세종 3년~1484년 성종 15년)은 계유정난에 참여해 형조·이조판서 등을 지낸 인물이다.

신숙주 등은 즉각 예종을 찾아와서 사죄하였다. 그러나 당장 죄를 내리기에는 너무나 막강한 거물들이 한꺼번에 걸려들었다. 예종으로서도 부담이 아닐 수 없었다. 그래서 예종은 일단 편법으로 "분경을 금하지 못한 것은 사헌부에 책임이 있다"며 사헌부 지평 최경지를 의금부에 가뒀다. 최경지로서는 억울한 일이었다. 그러면서 예종은 대간들을 불러 "요즈음 대소조관(大小朝官)이 경계하여도 믿지 아니하고 죄를 주어도 징계되지 아니하니 나는 매우 잘못이라고 생각한다"고 말한다. 군기를 잡겠다는 것이었다.

이런 분위기를 감안한 때문인지 그해 12월 23일 훈구파 총수(總帥) 한명회는 조정에서 물러날 것을 청했다. 얼마 전 역적으로 몰린 남이가 국문 과정에서 자신을 물고 들어간 것도 한 가지 이유였지만 훈구파에 대한 예종의 곱지 못한 시선도 작용했을 것이 분명하다. 남이는 친국을 받던 중 갑자기 한명회도 자신과 함께 모의를 한 적이 있다고 이야기했다. 사실 여부를 떠나 한명회로서는 여러모로 불안감을 느끼지 않을 수 없었다. 그래서 자신이 물러나기로 결심한 것이다. 동시에 수세적 공세의 의미도 있었다. 우리 없이 정국을 끌어갈 자신이 있는가라고 예종에게 따져 묻는 것이기도 했기 때문이다. 실제로 예종의 입장에서 한명회를 내칠 수는 없었다. 권력은 여전히 훈구파들에게 있었다. 예종은 한명회의 청을 "윤허하지 아니하였다."

왜 훈구 공신들은 구성군 이준을 죽이려 했을까?

남이의 옥사가 마무리되고 10개월이 지난 1469년 예종 1년 8월 10일 영의정을 지낸 구성군 이준의 심복 전중생이 의금부에 잡혀와 국문을 당하고 있었다. 죄목은 전중생이 어떤 사람에게 "너는 장차 신하가 되리라"는 말을 했다는 것이었다. 더 이상의 물증이나 증언은 나오지 않았지만 이를 빌미 삼아 한명회, 신숙주 등은 연일 이준을 잡아들여 국문을 해야 한다고 주장했다. 정난-좌익공신파와 적개공신파의 제2차 권력투쟁이 시작된 것이다.

8월 15일에는 원상 정창손, 신숙주, 구치관, 최항, 홍윤성, 조석문, 김질, 윤자운 등이 "비록 그 말을 이준이 시켰다는 증거는 없지만 결국 이준이 심복들을 잘못 부려 폐단을 만들었고 스스로 근신하지 못하였으니 준을 죄주소서"라고 아뢰었다. 그러나 예종은 단호하게 거부한다. 한명회의 심복이기도 했던 대사헌 오백창까지 나서 이준을 처벌해야 한다고 주장하자 예종은 정면으로 반박했다. 그런 논리대로라면 예전에 신숙주나 한명회의 심복들이 폐해를 끼쳐 이시애나 남이의 구실거리가 되었는데 그렇다면 이들도 처벌하라는 말이냐고 맞받아친 것이다. 이미 예종은 훈구대신들의 속을 뻔히 들여다보고 있었다. 그러면 이준은 어떤 인물이었기에 이처럼 훈구대신들이 제거하지 못해 안달이었을까?

구성군 이준(李浚, 1441년 세종 23년~1479년 성종 10년)의 아버지는 세종대왕의 넷째 아들인 임영대군 이구이다. 그러니 세종의 친손자이자 예종의 사촌형이었다. 게다가 그는 무인이었다. 세조 12년(1466년)에 무과에 장원으로 급제하여 이듬해 함길도에서 이시애가 반란을 일으키자 함길·강원·평안·황해 사도병마도총사가 되어 부사 조석문과 함께 함흥을 출발하여 마천령을 넘어 영동역에 이르러 길주 사람이 포박하여 온 이시애 등을 죽이고 반란을 평정했다. 그 공으로 적개공신 1등이 되었고, 겸오위도총부(무관 정2품 기구) 도총관과 병조판서를 거쳐 이듬해 영의정에 오른다. 또 그해 남이의 옥사를 다스린 공으로 익대공신 1등이 되었다. 이런 인물을 한명회를 비롯한 훈구대신들이 몰아내려고 하는 데는 그만한 이유가 있었다.

예를 들어 한명회 등이 자신들의 손을 떠나 독립성을 보이고 있는 예종을 제거하려는 계획을 세웠다고 가정했을 경우, 남이는 이미 제거된 상태였고 이제 남은 무인으로 가장 우려되는 사람은 오직 한 사람 이준이었다. 이준은 강순이나 남이와 마찬가지로 적개공신이었다. 더욱이 뒤에 드러나지만 워낙 무리한 수를 통해 성종을 왕위에 올리려면 반발이 심할 수밖에 없다. 그런 상황에서 무신이자 세종의 친손자인 이준은 부담스러운 존재였다. 결국 예종에 의해서 보호받았던 이준도 성종 원년(1470년) 한명회 등이 다시 세력을 잡자 어린 성종을 몰아내고 왕이 되려 한다는 정인지 등의 모략성 탄핵을 받아 관작을 삭탈당하고 경상도 영해에 안치되었다가 그곳에서 죽게 된다. 여기서 더 이상의 상상력은 자제한다.

수상한 기운 속에 옥좌에 앉는 잘산군

예종이 사망하고 모든게 급박하게 돌아가고 있던 1469년 성종 즉위년 11월 28일로 다시 돌아간다. 외형적으로 보면 신숙주와 정희대비가 주인공이다. 누구를 왕위에 올릴 것인지도 신숙주가 묻고 있고 정희대비는 잘산군(乽山君) 이혈을 다음 왕으로 천거한다. 이렇게 결정하고서 신숙주가 사람을 보내어 잘산군을 맞이하려고 했다. 그런데 실록은 이렇게 기록하고 있다.

"미처 아뢰기 전에 잘산군이 이미 부름을 받고서 대궐 안에 들어왔다."

이게 무슨 말인가? 방금 신숙주가 정희대비와 논의해 잘산군을 다음 왕으로 결정하고서 그것을 통보하려 하는데 통보도 하기 전에 이미 잘산군이 누군가의 부름을 받고서 대궐 안으로 들어온 것이다. 그렇다면 사관이 실수를 해서 앞뒤가 맞지 않는 이야기를 적어 넣은 것일까? 아니면 신숙주조차 모르는 시나리오가 있었음을 사관은 이렇게 해서라도 후세에 알리고 싶었던 것일까?

권력투쟁에 관한 한 철저하게 한명회 편에 섰던 신숙주였음을 감안한다면 미리 알았을 가능성도 있고 정말로 정희왕후의 말을 듣고서야 뒤늦게 알았을 수도 있다. 어쨌거나 신숙주의 의지와는 전혀 상관없이 이미 시나리오는 작동하고 있었다. 사실상의 주연은 한명회였고 어쩌면 정희대비를 포함한 신숙주 등은 조연이었는지도 모른다.

여기서 한 가지 간략히 정리하고 가야 할 문제가 있다. 임금에 오르기 전 성종의 칭호와 관련된 문제다. 실록에는 자산군이라고도 하고 자을산군이라고도 한다. 세조는 아버지 없이 자라는 다섯 살의 이혈을 너무나도 사랑하여 궁에서 직접 키우면서 세조 7년 자산군(者山君)으로 봉했다. 그리고 7년 후인 1468년 잘산군으로 개봉했다. 아마도 형인 월산군과 운(韻)을 맞추기 위해서였던 것 같다. 을(乙)은 훈민정음의 'ㄹ'과 같은 것이다. 따라서 '자을산군'이라고 하기보다는 '잘산군'이라고 하는 게 온당할 것이다.

잘산군이 대궐에 들어온 직후 곧바로 승지 한계순을 보내어 잘산군 부인 한씨를 사저에서 궁궐로 모셔왔다. 성종 즉위와 함께 공혜왕후(恭惠王后, 1456년 세조 2년~1474년 성종 5년)로 책봉된 한씨는 한명회의 딸이었다. 세조 13년(1467년)에 가례를 올렸으니 결혼한 지 2년째였다. 어쩌면 한명회는 예종의 세자빈이었던 자신의 딸 장순왕후(추후에 봉해졌다)가 어린 나이에 세상을 떠나자 일찍부터 이 방향으로 일을 도모했는지 모른다. 다시 한 번 국구(國舅)를 꿈꾸고 있었다. 그리고 마침내 그 꿈을 실현하는 순간이었다.

1469년 11월 28일 당일 예종이 사망하고 세조의 손자이자 추존왕(追尊王-자신은 왕이 아니었지만 아들이 왕위에 오름으로써 후대에 추대되어 왕으로 불리게 되는 경우) 덕종(德宗-세조의 장남으로 요절했다)의 차남인 잘산군 이혈이 즉위했다. 선왕이 사망한 그날 즉위한다는 것은 법도에 어긋나는 것이었다. 그러나 그만큼 급박했다.

그때 잘산군의 나이 13세였다. 당시의 교육 수준과 수준 높은 궁중 교육을 감안할 때 요즘의 열세 살짜리보다는 학식이 훨씬 뛰어나긴 했겠지만 그래도 아직 사물을 판단하고 더욱이 국정을 논하기에는 턱없이 어린 나이다.

성종을 이야기하기에 앞서 먼저 1469년이라는 해에 대해 나름의 감각을 가질 필요가 있다. 세조가 사망하고 왕위가 예종에게 넘어간 게 바로 1년 전인 1468년 9월이고, 그보다 1년 전인 1467년 5월에는 길주 지방의 호족으로 회령절도사를 지낸 이시애가 반란을 일으켜 함길도(오늘날의 함경도) 일대를 휩쓸다가 석 달 만에 진압되었다.

수양대군이 상상을 초월하는 살육을 딛고 권좌에 오른 게 1455년이고 노산군(魯山君), 즉 단종이 열일곱의 나이로 세상을 떠난 게 성종이 태어난 1457년이니 성종이 태어났을 때 세상에는 생사(生死)가 종이 한 장 차이로 갈리고 있었다. 한마디로 1469년은 세조가 즉위 과정에서 빚어낸 피비린내가 아직 가시지 않고 있던 때였다. 다만 요즘식으로 표현해 기득권 세력인 훈구파가 득세하고 있었기 때문에 외형적인 권력은 안정된 것처럼 보였을 뿐이다. 따라서 목숨을 건 쿠데타를 감행하고 철권을 휘두르던 세조부터 1년짜리 국왕 예종을 거쳐 열세 살짜리 임금에게 권력이 넘어오는 과정이 순탄했으리라고 보는 것 자체가 순진한 생각이다.

어쩔 수 없이 수렴청정을 하기로 하고 청정은 정희대왕대비가 맡았

다. 정희대왕대비(貞熹大王大妃, 1418년 세종 즉위년~1483년 성종 14년)
의 성은 윤씨이며 파평부원군 중추부 판사 윤번의 딸이다. 정희왕후는
세종 10년(1428년) 진평대군[晋平大君-후에 수양대군(首陽大君)으로 개
봉]과 혼인하여 낙랑부대부인에 봉작되었다. 1452년(단종 즉위년) 수
양대군이 김종서 등을 제거하기 위해 거사를 할 때 용병(用兵) 사실이
누설되어 손석손 등의 만류가 있었으나, 대군이 중문에 이르자 갑옷을
들어 입혀 용병을 결행하게 하였다. 1468년 예종이 19세로 즉위하자
수렴청정으로 주요 정무를 처결하였고, 이듬해 성종이 13세로 즉위하
자 또 7년간 수렴청정하여 대비 섭정의 전통을 만들게 된다.

불안정한 권력의 뿌리, 성종의 불안한 앞날

성종 즉위의 미스터리를 푸는 열쇠의 하나로 조선 중기까지 국왕의 즉위 과정을 통시적으로 점검해 볼 필요가 있다. 다시 말해 미리 정한 세자에게 '정상적으로' 왕위가 넘어간 경우가 얼마나 되는지를 살펴보아야 한다.

이는 사실 조선 500년 역사에서 스물여덟 차례에 걸쳐 1,000여 명이 각종 이름의 공신으로 책봉된 것만 봐도 쉽게 확인할 수 있다. 적어도 국왕의 권위가 스물여덟 차례 흔들렸고 그때마다 적과 동지가 갈리면서 공신과 역신(逆臣)이 생겨났으며 새로운 왕이 탄생하거나 기존의 국왕이 어렵사리 왕위를 유지했다는 뜻이기도 하다.

태조 이성계는 1392년 신하들의 추대로 왕위에 올라 그 자신이 역성혁명(易姓革命)의 주체이니 비정상의 극치다. 이 과정에서 정도전 등 고려에 대해 비판적이었던 신진 사대부들의 역할은 결정적이었다. 이들이 바로 1등공신 배극렴·정도전 등 17명을 비롯한 총 52명의 개국 (開國)공신, 즉 나라를 세우는 데 결정적인 공을 세운 신하들이다.

1398년 8월 1차 왕자의 난이 일어나자 태조는 그해 9월 세자 방과에게 양위하니 그가 정종이다. 이것도 정상적인 과정이 아니었고 1400년 2차 왕자의 난으로 사실상 이방원이 모든 실권을 장악했다. 방원이 왕실 사람이긴 하기만 이 또한 왕위 계승의 불안정을 보여주기에 충분했다.

어쩌면 태종이야말로 신권에서 벗어나 왕권을 강화하는 왕위 계승 시스템에 대해 가장 깊이 고민한 조선의 국왕일 것이다. 그가 장남이자 세자인 양녕을 폐세자하는 무리수를 두면서까지 셋째 충녕에게 왕위를 물려준 것도 그 때문일 것이다. 그가 세종이다. 어떤 면에서 보면 다음 국왕을 고르는 문제에서 세종은 태종만큼 깊은 고민을 하지 않았다. 이런 점에서는 태종이 훨씬 인간과 현실에 대한 통찰이 깊은 인물이었다. 무의미한 가정이긴 하지만 세종이 아버지 태종이 했던 것처럼 수양대군에게 왕위를 물려주었더라면 역사의 비극도 피하고 왕권도 강화하는 길이 열렸을지도 모른다. 세조가 즉위 후에는 뛰어난 치적을 보였기에 더욱 이런 아쉬움이 남는다.

세종의 후계는 병약했던 문종이었다. 불행하게도 이것이 조선왕조의 첫 번째 정상적인 왕위계승이었다. 1450년의 일이다. 그러나 불과 2년 만에 문종이 세상이 떠나고 어린 단종에게 '정상적인' 계승이 이뤄졌지만 그것은 비극의 시작이었다. 결국 1453년 수양대군은 단종을 보위하던 김종서·황보인 등을 죽이고 계유정난을 일으켜 왕권을 장악한다.

예종은 세조의 둘째 아들이긴 했지만 형인 의경세자 이장(李暲-성종의 아버지로 훗날 덕종으로 불린다)이 어려서 세상을 떠났기 때문에 자연스럽게 세자의 자리를 물려받았다는 점에서 정상적인 절차를 거쳤다고 할 수 있다.

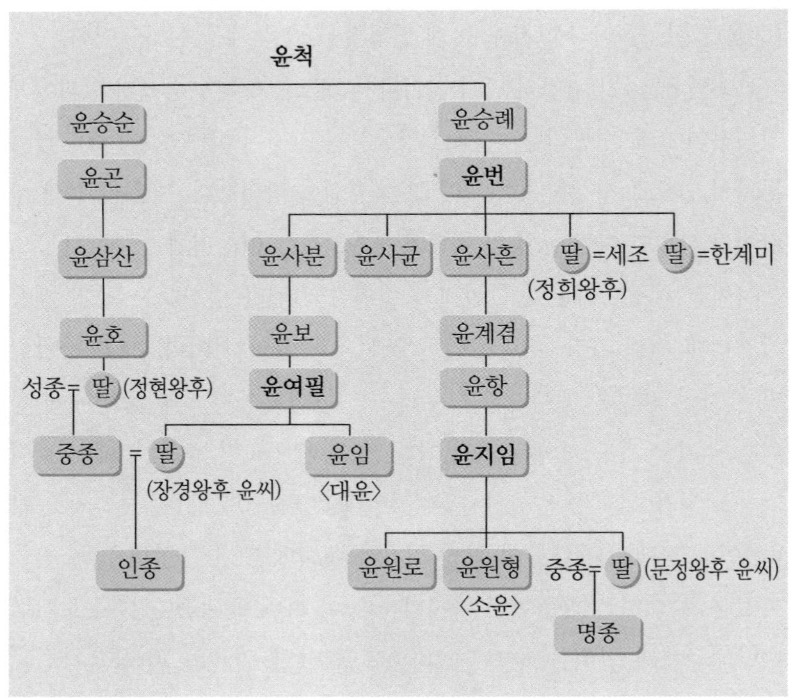

그리고 우리가 살펴보게 될 성종은 세조의 왕비였던 정희대왕대비와 한명회의 '결탁'으로 편법을 통해 왕위에 올랐다. 만일 남이가 병권을 쥐고 있었다면 이 같은 편법은 불가능했을 것이다. 남이의 사전 제거와 성종의 편법 즉위는 다소 복잡하긴 하지만 이렇게 직접적으로 연결되어 있었다.

성종에 이어 왕위에 오른 연산군은 '정상적'이다. 그러나 연산군은 유학의 이데올로기를 정면으로 거부했고 개인적인 향락에 빠져들어 결국은 신하들이 반정을 일으켜 배다른 형제인 진성대군에게 왕위를 넘기게 된다. 소위 중종반정이 그것이다. 이름만 '중종'반정이지 주역은 중종이 아닌 신하들이었다. 반정(反正), 정상으로 되돌린다는 뜻의 반정은 실은 신하들이 국왕을 바꾸겠다는 택군(擇君)의 한 가지 방법에 불과하다.

각종 사화가 빈발하는 속에서 중종에 이어 인종이 대윤(大尹)과 소윤(小尹)의 갈등 속에서 대윤의 지지를 받아 국왕에 오르지만 결국 소윤의 지원자이기도 한 문정왕후 윤씨의 친자식인 명종에게 왕위를 물려주게 된다. 문정왕후(1501년 연산군 7년~1565년 명종 20년)는 중종의 계비로 중종 12년(1517년) 왕비에 책봉되었다. 1545년 명종이 12세의 나이로 왕위에 오르자 8년간 수렴청정을 하였다. 그 과정에서 동생인 윤원형을 신임하여 소윤 일파에게 정권이 돌아갔다.

한편 중종은 첫 번째 계비 장경왕후 윤씨에게서 인종을 낳고 두 번째 계비인 문정왕후 윤씨에게서 명종을 낳았다. 이들 두 계비는 같은 파평 윤씨이며 장경왕후에게는 아우 윤임이 있었고 문정왕후에게는 아우 윤원형이 있었다. 윤임과 윤원형은 같은 파평 윤씨이면서 서로 정권을 잡으려고 일찍부터 반목하여 세간에서는 각각 대윤, 소윤이라고 칭했다. 중종이 죽고 인종이 즉위하자 윤임이 세력을 얻어 사림을 많이 등용하여 사림이 일시적으로 그 기세를 회복하였다. 그러나 인종이 재위 8개월 만에 죽고 명종이 12세의 나이로 즉위하자 이번에는 상황이 역전되어 윤원형이 득세하게 되었다. 윤원형은 인종의 외척인 윤임을 중심으로 하는 대윤 일파를 공격하기 위해 을사사화를 일으켜서 윤임을 사사하였다.

그리고 선조는 더 복잡하다. 단적으로 선조가 누구인가 하면 중종과 후궁 창빈 안씨 사이에서 난 덕흥군의 셋째 아들이다. 도저히 국왕의 자리를 꿈꿀 수 없었던 인물이 영의정 이준경의 후원으로 왕위에 오른 것이다. 방계가 왕을 이었다 해서 방계승통이라고 불렀다.

대략 14대 왕까지 살펴보았을 때 형식적으로나마 정상적 과정을 거쳐 국왕의 자리에 오른 경우는 문종, 단종, 예종, 연산군, 넷뿐이다. 이중 문종과 예종은 병으로 일찍 세상을 떠났고 단종과 연산군은 신하들에 의해 왕위에서 쫓겨났다. 심하게 말하면 14대 국왕이 나올 때까지 정상적으로 국왕의 자리에 올라 정상적인 통치를 한 국왕은 단 한 명도 없었던 셈이다.

권력 유지를 위해 국왕도 죽인 조선의 신하들

학계가 총 27명의 조선 국왕 중에서 독살당했거나 독살당했을 가능성이 높은 임금으로 꼽는 수가 여덟 명이다. 예종, 인종, 선조, 효종, 현종, 경종, 정조, 고종 등이 그들이며 그 밖에 소현세자나 사도세자도 왕위를 둘러싼 권력투쟁의 희생자였다는 점에서 같은 범주에 넣을 수 있다. 이들 대부분의 국왕은 조선 중기 이후의 국왕이며 유일하게 예종만 조선 전기의 국왕이다. 조선 전기에는 태조, 태종, 세종, 세조 등의 이름이 보여주듯 왕권(王權)이 강력했다.

이덕일은 『누가 왕을 죽였는가』(푸른역사)에서 실제 독살되거나 독살설이 나돈 국왕과 세자 아홉 명의 기록을 추적하고 있다. 이들 중에는 실제로 독살당한 임금도 있고 그렇지 않은 임금도 있으며 진상이 불확실해 '설(說)'에 그친 임금도 있다.

진위 여부를 떠나 27명의 임금 중 무려 여덟 명이나 독살설에 휘말렸다는 사실 자체는 중기 이후 조선 정치 체제의 취약성을 보여주는 명확한 증거다. 그 때문에 조선 역사를 탐구하는 일은 단순히 '조선'이라는 과거의 왕조를 연구하는 데 그치는 것이 아니라 1948년 건국 이래 정치체제의 불안정성을 드러내고 있는 현대 한국 정치의 뿌리를 파헤치는 작업이기도 하다.

이덕일은 중국이나 일본과 달리 조선에 국왕 독살설이 유난히 많은 이유에 대해 "조선에서 왕권이 위협받고 심지어 독살의 대상으로 전락하는 데 결정적인 역할을 한 것은 당론이다"라고 밝히고 있다. 또 "독살설에 휘말린 국왕들을 보면 한 가지 공통점이 있다. 독살설의 배후에 그 임금을 반대했던 정당이 존재하며 숙종 즉위 때를 제외하면 임금이 죽은 후 어김없이 그 당이 집권한다는 점이다"라고 말한다. 즉 특정 정파가 특정 임금(혹은 그 임금을 뒷받침하는 정파)과 정치적 갈등이 극에 달했을 때 임금을 갈아치우는 것을 해결책으로 선택하지 않았는가 하는 의구심이 든다는 것이다. 결국 은밀하게 임금을 갈아치우는 방법이 독살이고 공공연하게 갈아치우는 것이 중종반정이나 인조반정 같은 반정이다. 그리고 중종반정이나 인조반정 모두 정당성을 갖춘 세자의 자격으로 왕위에 오른 연산군과 광해군을 내몰았다는 점에서 공통점을 갖는다. 즉 왕위 계승의 정통성을 갖췄다 하더라도 자신들의 이해관계와 충돌할 경우 신하들은 '성리학의 명분'을 내세워 국왕을 내쫓았던 것이다.

그리고 예종의 경우를 살피기에 앞서 독살설 문제와 관련해 한 가지 주목할 사실이 있다. 다 그런 것은 아니지만 독살의 배후에는 대부분 대비나 그 형제, 외척들이 깊이 관련되어 있다는 것이다. 실제로 독살을 실행하려면 그런 정도의 가까운 인물이 아니고서는 거의 불가능하다.

예를 들면 인종 독살설의 배후에는 계모인 문정왕후 윤씨가 있었다. 야사에 따르면 "언제 우리 모자를 죽일거냐"며 늘 인종을 핍박하던 대비가 하루는 만면에 웃음을 띠면서 맞아주더니 다과를 내놓았고 인종은 계모 윤씨가 난생 처음 자신을 반겨주는 것에 감격해 맛있게 다과를 먹었는데 그 후 앓기 시작하더니 숨을 거두었다는 것이다.

선조 독살설의 주창자는 광해군을 내쫓고 인조반정이라는 쿠테타를 일으킨 인목대비와 서인 세력이었다. 한마디로 자신들이 폐출시킨 광해군의 '악행'의 하나로, 광해군이 선조에게 독이 든 찹쌀밥을 주어 독살했다는 것이다. 그러나 아무런 물증도 없다. 다만 여기에도 인목대비라는 왕가의 여성이 자리하고 있다. 인목왕후(仁穆王后, 1584년 선조 17년~1632년 인조 10년)는 선조의 계비로 선조 35년(1602년) 왕비에 책봉되어 1606년에 영창대군을 낳았다. 당시 광해군이 세자의 지위에 있었다. 실권자인 소북(小北)의 유영경 등이 적통론(嫡統論)을 내세워 적출(嫡出)인 영창대군을 세자로 추대하려고 하였다. 그러나 1608년 선조가 급사하고 광해군이 즉위하자 유영경 등의 소북파가 몰락하고 정인홍을 중심으로 한 대북(大北) 정권이 들어서게 되었다. 이들은 광해군이 적출이 아니고 선조의 둘째 아들임으로 해서 왕위를 위협받았던 경험 속에서 광해군과 같은 공빈 김씨의 소생인 임해군을 제거하고 영창대군을 폐서인한 뒤 살해했다. 여기에 그치지 않고 대군의 외조부 김제남을 사사했으며, 인목왕후를 폐비한 다음 서궁에 유폐시켰다.

정조도 독살설에 휩싸였다. 특히 정조의 최후를 지킨 인물이 정순왕후(貞純王后, 1745년 영조 21년~1805년 순조 5년) 김씨라는 점에서 눈길을 끈다. 정순왕후는 조선 제21대 왕 영조의 계비로서, 원비 정성왕후가 죽은 2년 후 영조 35년(1759년) 왕비에 책봉되어 가례를 행하였다. 15세에 왕비가 되었으나 단호한 성품으로 궁중의 법도를 잡았고, 나이 많은 사도세자와 틈이 생겨 그를 죽이는 데 배후 세력이 되었다. 1776년 정조가 즉위하여 시파(時派-개혁파)가 득세한 후에는 오빠 김구주가 유배되는 등 곤경을 겪었으나 1800년 어린 순조가 즉위하자 수렴청정하면서 벽파(僻派-보수파)와 결탁하여 시파를 몰아내고, 다음

해 신유사옥을 일으켜 천주교에 관련된 남인들을 숙청하였다. 또 종친 은언군 일가족을 같은 이유로 사사하였다.

영조 말년 권력을 누리던 정순왕후와 그 집안은 정조의 즉위로 하루아침에 나락으로 떨어졌다. 게다가 정순왕후와 그의 아버지 김한구는 사도세자 제거에 적극 앞장섰던 인물이다. 결국 정조가 사망하고 순조가 열한 살의 나이에 권좌에 오른다. 그리고 정순왕후는 섭정을 하게 된다.

정리하자면 이전 국왕의 부인인 대비가 기존 세력과 연결되어 있다가 자신들의 뜻과 다른 인물이 국왕을 잇게 되거나 국왕에 올라 탄압을 가해올 때 독살의 가능성은 늘 자리하고 있는 것이다. 이런 정황적 구조는 예종의 경우에도 그대로 적용될 수 있다는 점에서 면밀한 분석을 요한다.

잠재적 위협 세력의 구심점 구성군 이준을 제거하다

성종을 어렵사리 왕위에 올린 정희대왕대비와 훈구파 집권 세력은 여전히 불안했다. 구성군 이준의 존재 때문이었다. 이미 훈구공신들이 예종 때에도 예방적 차원에서 제거하려 했던 이준이었다. 사실 예종 사후 번갯불에 콩 구워 먹듯 서둘러 잘산군을 왕위에 올린 것도 실은 구성군 이준을 중심으로 한 왕실 내 반대 세력의 예봉을 꺾기 위함이었다.

그런데 문제는 구성군 이준이 아무런 움직임을 보이지 않는다는 데 있었다. 같은 적개공신인 남이와 강순이 제거될 때도 이준은 친국 광경을 물끄러미 지켜만 보았다. 한때 최고의 병권을 움켜쥐기도 했지만 시대의 흐름을 담담하게 받아들일 뿐이었다.

실은 그럴수록 집권 세력의 불안감은 더 커질 수밖에 없었다. 결국 집권 한 달을 갓 넘긴 성종 1년 1월 8일 작전이 시작됐다. 사헌부에서 최세호의 난언(難言)에 구성준 이준이 언급된 바 있으니 이준을 국문해야 한다고 아뢴 것이다. 다음 날에는 사간원에서도 같은 이유로 이준을 국문할 것을 청했다. 그러나 성종은 난언에 언급되었다는 이유만으로 이준을 국문할 수 없다고 물리쳤다.

최세호의 난언이란 성균관 직장을 지낸 최세호가 자신의 고향 사람과 밀담을 나누는 과정에서 자기 집안 사람인 구성군 이준이 왕위에 오를 만한 사람이라고 말했다는 사실이 그 고향 사람에 의해 폭로된 사건을 말한다. 그런데 나흘 후인 1월 13일 '문제의 3형제' 좌찬성 한계미, 서평군 한계희, 우승지 한계순이 함께 편전의 문 앞에 찾아와 즉위 직후인 지난해 12월 5일의 일이라며 충격적인 '사실'을 아뢴다. 한계미의 고변(告變)이다. 자신이 도총부에 출근해 있는데 권맹희가 찾아와 시국 걱정을 하면서 "무엇 때문에 형(월산대군)을 버리고 아우를 세우는가?"라고 물었다. 또 권맹희는 '구성군도 왕위의 물망에 오를 수 있는 인물이다', '최세호는 세조 때 임영대군 부인의 친족으로서 총애를 받았으니 잘 배려해야 할 것'이라고 말했다. 이때 한계미는 이조판서를 겸하고 있었기 때문에 일종의 인사 청탁을 받은 셈이었다. 다소 모호하긴 하지만 다시 한 번 구성군 이준의 이름이 오르내리고 있다. 게다가 임영대군은 다름 아닌 이준의 아버지다.

다음 날 2품 이상 문무관리들이 대궐 뜰에 늘어선 가운데 하동군 정인지가 총대를 멨다. 난언에 언급된 이준을 서울 밖으로 내쳐야 한다는 것이었다. 수렴청정을 하던 대왕대비는 남편인 세조가 총애했던 인물이라며 짐짓 반대 의사를 펴다가 신하들의 거센 요구에 밀리는 척하며 구성군 이준의 귀양을 허락한다. 결국 이준은 경상도 영해로 귀양을 가야 했다. 그리고 그곳에서 10년간의 유배 생활 끝에 생을 마감한다.

최세호와 권맹희도 멸족지화(滅族之禍)를 당한다. 특히 권맹희는 세조의 즉위에 공이 큰 좌익공신 3등 권개의 아들로 세조의 총애를 받아 도승지, 함경도 관찰사까지 올랐지만 불필요한 말을 많이 하고 오만방자하여 주변 인물들에게도 비판의 대상이 됐던 인물이다. 사관은 이 사건을 기록하며 "결국 그 가문을 멸망시켜 버렸다"고 적고 있다.

2년에 걸친 성종 집권 드라마의 완성 : 좌리공신 책봉 논란

예종의 3년상이 끝난 1471년 성종 2년 3월 26일 성종은 갑자기 신숙주, 한명회, 정현조 등 원로들에게 명하여 좌리공신을 정하는 문제를 의논하도록 지시하고 있다. 좌리(佐理)란 말 그대로 임금이 백성을 다스리는 데 보좌를 잘한 공이 있다는 뜻이다. 그런데 이게 문제가 안 될 수가 없다. 왜냐하면 신하의 기본 임무가 임금을 보좌하는 일인데 그것을 이유로 공신을 정하겠다는 것은 일종의 자기모순이기 때문이다. 그러나 동시에 즉위 후 1년 반가량이 지나서야 정통성 문제에 대한 이런저런 논란이 어느 정도 가라앉고 성종 즉위가 하나의 현실로 받아들여지기 시작했다는 뜻이기도 하다. 가장 위협적인 세력이던 구성군 이준도 마침내 경상도로 귀양 보냄으로써 위험 요소를 원천적으로 제거했다. 당분간은 물리적으로뿐만 아니라 명분상으로도 성종의 왕위를 넘볼 수 있는 세력은 없어졌다. 이렇게 본다면 결국 성종 즉위는 '1년 반에 걸쳐 진행된 일종의 무혈(無血) 쿠데타'로 보는 게 가장 실상에 맞다고 할 수 있을 것이다. 구성군 이준을 제거함으로써 마침내 무혈 쿠데타는 완성되었고 좌리공신 책봉은 일종의 자축연이었던 셈이다.

바로 다음 날 성종은 이조에 그 이유를 밝힌 글을 내린다. 대왕대비가 자신에게 왕업을 잇게 하였다는 점을 상기시킨 다음 이렇게 말하고 있다.

"나에게 맡겨진 책임이 중하기 때문에 오로지 몸을 삼갔는데, 이제 신료들이 좌우에서 분주하게 마음을 다하고 힘을 써서 인심이 크게 안정되고 국가가 태평해졌으니 내가 그 공을 가상히 여긴다."

이렇게 해서 신숙주, 한명회, 최항, 홍윤성, 조석문, 정현조, 윤자운, 김국광, 권감을 1등공신으로, 이정, 이침, 정인지, 정창손, 심회, 김질, 한백륜, 윤사흔, 한계미, 한계희, 송문림을 2등공신으로 하는 좌리공신 명단이 4등까지 발표되었다. 1등공신 중 소위 원상에 속하지 않는 사람은 정현조와 권감 두 사람이다. 정현조는 정인지의 아들로 세조와 정희대왕대비 사이에서 난 의숙공주와 결혼했다. 대왕대비의 사위이자 성종에게는 아저씨뻘이었다. 아버지가 2등공신인 데 반해 아들이 1등공신이었다는 것은 『실록』에는 기록되지 않은 모종의 역할을 했다고 봐야 할 것이다. 앞서 본 대로 성종이 즉위하던 날 하성군 정현조는 신숙주와 정희대비 사이를 오가며 연락책을 맡았던 인물이다. 또 대비가 "얼마간 슬피 울고 나서" 원상들에게 "누가 임금이 될 만한가?"라는 물음을 전하도록 한 인물이 바로 정현조와 당시의 도승지 권감이었다.
좌리공신 책봉과 관련해 또 하나 눈여겨봐야 할 대목은 한명회 집안이다. 한명회 자신은 1등공신, 같은 청주 한씨 집안의 한계미 · 한계희는 2등공신, 한계순은 3등공신, 한명회의 아들 한보와 한계미의 아들 한의가 4등공신에 책봉되었다. 1등공신 신숙주의 아들 신정과 신준도 4등공신에 책봉되었고, 2등공신 정인지의 아들 정현조는 1등공신에, 정숭조는 4등공신에 책봉되는 등 공신 트리오 한명회 · 신숙주 · 정인지 집안에서만 공신이 열 명을 넘어섰다.

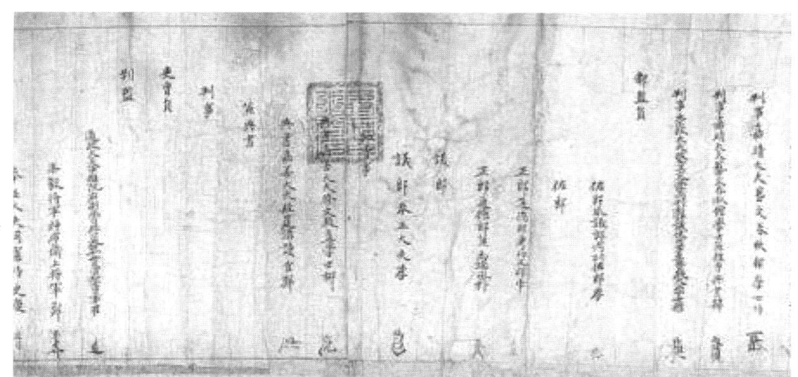

공신녹권_ 공이 있는 신하에게 나라에서 공신으로 임명하던 증서로, 개인의 신상기록과 공적 및 포상 내용이 기록된다. 의안백 이화의 개국공신녹권.

그러나 공신을 책봉하던 그날 사헌부 지평 김수손 등이 "태평한 시대에 공을 논하는 것은 마땅치 않다"고 비판하고 나섰다. 김수손은 훗날 사간원 대사간까지 오르게 되는 인물이다. 성종이 "부득이한 형편이 있어서 그랬다"고 하는데도 그들은 "태조·태종의 시대라면 공신이 있는 것이 마땅합니다. 세종의 태평한 조정에서는 공신이 없었는데 지금 무슨 까닭으로 공을 보답하려고 하십니까? 청컨대 봉하지 마소서"라고 반대했으나 성종은 그저 "어찌 그 공이 없겠는가"라며 얼렁뚱땅 넘어가는 모습을 보이고 있다.

다음 날에는 하급 관리들의 용기 있는 행동에 민망했던지 한명회의 사람으로 그 자신도 4등공신에 포함되어 있던 대사간 김수녕(金壽寧, 1436년 세종 18년~1473년 성종 4년)까지 찾아와서 좌리공신을 정하는 것은 부당하다고 말한다.

그러나 성종은 김수녕의 주장에 대해서도 명확한 논리를 제시하지 못한 채 "그것을 다시 말하지 말라"고 답할 뿐이다. 사실 이것은 지지 세력을 넓히기 위한 한명회와 정희대왕대비의 고육지책이기도 했다.

그러니 대답이 궁할 수밖에 없었다. 그런데도 다른 한편에서는 여기에 끼지 못했다 해서 "종친과 재추로서 공신의 반열에 들지 못한 자가 39 인이었는데 스스로 공로를 서술해서 녹훈을 청하였으나 회답하지 아니하였다"고 한다. 세상의 인심은 그러했다.

조선왕조에는 성종 이전까지 개국(開國)공신, 정사(定社)공신, 좌명(佐命)공신, 정난(靖難)공신, 좌익(佐翼)공신, 적개(敵愾)공신, 익대(翊戴)공신 등 7공신이 있었다. 7공신은 어쨌거나 나라를 세우거나 반대 정파를 누르거나 난을 제압하는 등의 결단과 행동이 관련된 것이었다. 이런 맥락에서 사헌부 집의 손순효와 사간원 사간 성준의 합동 상소는 한명회를 중심으로 한 훈구파들의 가장 아픈 곳을 직접 공격하고 있다는 점에서 주목할 만하다.

그에 앞서 손순효와 성준이 어떤 인물인지 역사 기록을 통해 간략하게 정리해 볼 필요가 있다. 손순효(孫舜孝, 1427년 세종 9년~1497년 연산군 3년)는 내외직을 두루 거쳤으며 그의 인품과 관련해서는 비교적 많은 자료가 남아 있다. 그것들에 따르면 "손순효는『대학(大學)』,『중용(中庸)』에 밝았고 청백리였을 뿐 아니라 왕에 대한 충절 또한 뛰어난 것 같으나, 큰소리치기를 좋아하고 술버릇이 별로 좋지 않아 국왕과의 주석에서도 실수하는 일이 많았으며 해학을 섞은 공론(空論) 때문에 주위의 빈축을 사는 일이 적지 않았다"고 한다.

한편 성준(成俊, 1436년 세종 18년~1504년 연산군 10년)은 훗날(성종 10년) 전라도 관찰사가 되었고, 성종 12년(1481년) 이조참의, 우부승지, 좌부승지를 지내고 이듬해 우승지, 형조참판, 중추부 동지사가 된다. 성종 19년(1488년) 대사헌, 이조판서를 거쳐 우참찬이 되고 성종 22년(1491년)에는 영안도 절도사로 나아가 북정부원수로서 도내에 쳐들어온 야인을 정벌한다. 연산군 9년(1503년) 영의정에 오르고 세자사(世

子師)를 겸하게 되었으나 이듬해 갑자사화가 일어나자 연산군의 생모인 성종비 윤씨의 폐위와 사사(賜死)에 관여한 죄로 교살당하게 된다.

이 시점에서 보자면 손순효나 성준 모두 훈구 척신들과는 비교적 거리가 있었고 기개나 충절 면에서도 만만치 않았던 인물들이었다. 이들은 다음과 같은 논지를 전개했다.

첫째, 성종의 즉위 과정은 세종과 크게 다를 바 없다. 그리고 세종이 33년 동안 통치하면서 이른바 좌리공신이란 칭호는 없었다. 그나마 10~20명, 많아야 30여 명 수준이던 공신의 숫자도 좌리공신에 와서는 70여 명에 이르니 과연 그들에게 무슨 공이 있다는 것인가?

둘째, 대왕대비께서 세조의 뜻을 받들어 성종으로 하여금 종사의 주인이 되게 하신 것으로 모두들 알고 있는데 조정대신들이 무슨 공이 있으며 원상이나 6조, 심지어 대간에게 무슨 공이 있다는 것인가?

셋째, 아무런 드러난 공훈도 없이 70여 명을 공신으로 정하는 것은 기근이 심한 이때에 민심의 이탈만을 부를 뿐이다.

이들은 연일 상소를 올렸지만 받아들여지지 않자 4월 3일에는 "언관의 책임을 다할 수 없다"며 사직하는 사태까지 벌어졌다. 여기에는 사헌부의 장령 이육·박숭질, 지평 김수손, 사간원의 헌납 유문통, 정언 박형량·남윤종 등이 동참했다.

오죽했으면 다음 날 1등공신 신숙주와 3등공신 도승지 정효상까지 나서 "신 등은 명백하게 나타나는 공훈이 없으므로 대간의 말이 과연 옳으니 그 말을 따르소서"라고 성종께 건의하지만 묵살당했다. 이로써 좌리공신 논란은 일단락됐다. 이제 훈구대신들이 추진했던 성종의 온전한 즉위가 이루어진 셈이었다. 그러나 즉위가 곧 통치로 이어질 수는 없었다. 여전히 성종의 나이는 열다섯밖에 되지 않았기 때문이다.

2장

임금이 되고서야
학문 수련을 시작하다

할머니 정희대왕대비의 지극 정성

훗날 호학(好學)으로 정평이 난 성종도 열세 살에 갑자기 국왕이 될 때까지는 제왕학과 같은 특별한 공부를 별도로 한 적이 없었다. 아니 할 수가 없었다. 애당초 세자의 후보에조차 오른 적 없이 어린 시절을 보냈기 때문이다.

설사 그의 형 월산군이 세자였다고 해도 사정은 크게 다르지 않았을 것이다. 조선 왕실에서는 다음 왕이 될 세자에 대해서는 '세자시강원'이라는 별도의 교육기관까지 설치해 철저한 제왕학 교육을 했지만 그렇지 않은 경우에는 서화(書畵)나 풍류를 즐기는 쪽으로 유도했다. 형제들 간의 권력을 둘러싼 암투를 사전에 예방하기 위해서였다.

이런 면에서 보면 세종은 정말로 특이한 존재였다. 세자가 아니면서도 학문에 심취함으로써 말 그대로 준비된 국왕의 길을 스스로 걸었다. 반면 성종은 '준비 안 된 국왕'의 전형이다. 전혀 국왕이 될 가능성이 없었기 때문에 제대로 배우지 않았다. 게다가 아직 나이도 어렸다.

즉위 당시 성종의 정신세계는 타불라 라사(tabula rasa), 즉 아무것도 씌어지거나 그려져 있지 않은 백지(白紙)상태였다. 따라서 초벌그림을 어떻게 그리느냐에 따라 성종 시대의 방향과 골격이 정해지게 되어 있었다. 할머니 정희대왕대비는 시아버지 세종이나 남편 세조와 같은 멋진 군왕으로 성장해 주기를 바랐다. 자신의 눈으로 번영의 시대를 직접 보았기 때문이다. 그러나 신하들의 생각은 조금 달랐다. 아니 많이 달랐다. 세조의 시대를 생각하면 더욱 그랬다. 국왕 중심보다는 신권(臣權) 존중으로 나아가주기를 바랐을 것이다.

신하들의 입장에서 다행스러웠던 것은 이미 어느 정도 세계관이 싹터버린 열아홉 살의 예종과 달리 열세 살 성종의 경우에는 백지상태에서 자신들이 원하는 대로 밑그림을 그려 넣을 수 있었다는 점이었다. 훗날 불교를 멀리하고 다소 경직되었다고 할 정도로 성리학에 기울었던 성종의 학문 경향은 이 같은 신하들 입장이 투영된 결과라고 할 수 있을 것이다.

대왕대비, "글을 읽으면 기운이 다 없어진다"

아마도 전혀 공부가 되지 않은 성종을 변명하기 위해서인지 할머니인 정희대왕대비는 경연을 맡고 있는 신하들에게 성종 1년 1월 10일 이런 지시를 내린다.

"세조께서 일찍이 대행왕(大行王-예종)에게 이르기를 '글을 외우지 말라. 글을 외우면 기운이 다 없어진다'고 했다. 또 늘 주상(성종)과 월산대군을 볼 때마다 반드시 말씀하기를 '글읽기를 일삼지 말아라.

글 읽는 것은 너희들이 서두를 것이 아니다'라고 했다. 무릇 사람이 어릴 때에는 글읽기를 좋아하지 않는 것이 대다수인데, 세조의 명령도 또 이와 같은 까닭으로 주상의 학문이 숙달하지 못하였다. 지금 주강(晝講)에서 다만 전일에 수업한 음만 한 번 읽고는 해석은 하지 않으니 나는 혹시 이해하지 못하는 곳이 있을까 염려된다. 지금 이후부터 음과 해석을 각기 한 번씩 읽는 것이 어떻겠는가?"

이에 대해 원상 윤자운과 도승지 이극증은 "만약 전일에 두 번 수업한 것을 주해까지 해석하게 된다면 성상의 옥체가 피로하실까 염려되오니, 다만 대문(大文-대체적인 개요)만 해석하는 것이 편리할 것입니다"라며 정중하게 거절한다.

그런데 대왕대비의 이 말은 차분하게 분석해 볼 필요가 있다. 먼저 세조가 했다는 '글을 외우지 말라. 글을 외우면 기운이 다 없어진다'는 말의 뜻과 그에 대한 정희대왕대비의 엉뚱한 오해다. 세조는 아버지 세종의 밀명을 받아 훈민정음 창제와 그 이후 불경 번역 사업을 주도했을 만큼 만만찮은 학식을 갖췄다. 만일 세조가 정말로 정확하게 이런 말을 했다면 그것은 공부를 하지 말라는 뜻이 아니라 공부의 방법에 관해 이야기하는 것으로 봐야 한다. 박식을 자랑하는 암기보다는 문리(文理)를 깨치고 뜻을 이해하는 데 더욱 노력하라는 뜻으로 해석해야 한다. 그것은 다름 아닌 세조의 아버지 세종이 늘 강조하던 공부법이기도 했다. 특히 그 말을 한 대상이 바로 세자이다. 장차 임금이 될 세자에게 공부하지 말라는 이야기는 아마 연산군이라도 하지 않았을 것이다.

다음으로 성종과 월산대군에게 했다는 '글읽기를 일삼지 말아라. 글 읽는 것은 너희들이 서두를 것이 아니다'라는 말이다. 여기서 주목해야 할 문장은 두 번째 문장, 즉 너희들은 서둘러 글을 읽을 필요가 없다는 대목이다. 이 말은 세자에 대해서와는 반대로 너희 둘은 "왕이 될 리 없으니 책을 가까이하면 오히려 안 좋다"는 뜻으로 한 말이다. 적당히 인생을 즐길 수 있는 서화나 잡기를 먼저 익히라는 뜻이다.

너무 급하게 한명회에게 떠밀리다시피 성종 즉위를 추진하다 보니 이처럼 엉성한 논리가 나오는 것이다. 게다가 대왕대비가 실제로 학문으로서의 글읽기가 갖는 본래의 뜻을 몰랐을 가능성도 있다. 그건 정희대왕대비가 무식해서라기보다는 한문을 몰랐기 때문이다. 1470년 성종 1년 1월 13일의 기록이다. 신하들이 대비의 수렴청정을 청하자 대비는 이렇게 답한다.

"나는 문자를 알지 못하니 정사(政事)를 청단하기가 어렵다."

이 말은 그냥 겸양의 표현이 아니었던 것 같다. 대비의 이 말에 대해 원상 신숙주는 "승지가 문자를 해석하여 아뢴다면 청단하기에 어려움이 없을 것입니다"라고 말하고 있다.

열세 살 초학자(初學者)로 경연을 시작하다

그러면 열세 살에 왕위에 오른 성종의 당시 학문 수준은 구체적으로 어떠했을까? 최초의 경연(經筵)은 성종 1년 1월 7일 창덕궁 내 보경당에서 있었다. 다른 쪽에서는 구성군 이준을 제거하기 위한 공작이 한창일 때였다. 통상 경연은 세자 시절 서연(書筵)을 통해 이미 어느 정도의 학식을 익힌 국왕이 경서나 역사서를 함께 읽으며 학문에 밝은 신하들과 정사도 함께 논의하는 자리다. 그러나 성종은 세자가 아니었기 때문에 서연 과정을 거치지 않았고 경서나 사서를 읽는 훈련이 전혀 되어 있지 않았다. 그래서 이 자리에는 강의를 전담하게 되는 선생뿐만 아니라 원상인 신숙주, 윤자운 등도 함께 참석했다. 첫날 강의는 학식이 뛰어났던 중추부 동지사 정자영이 맡았다. 내용은 『논어』의 '학이편(學而篇)'이었다. 정자영이 음독과 해석을 각기 세 번씩하면 임금이 그것을 각각 한 번씩 따라하는 방식이었다. 이렇게 어린 왕을 대상으로 경연을 갖는 것 자체가 조선왕조에서는 처음 있는 일이라 신하들은 말할 것도 없고 정희대왕대비로서도 여간 신경이 쓰이는 게 아니었다. 참조할 만한 전례도 없었다.

경연을 언제부터 어떻게 할 것인지를 정하는 것부터 아주 시급한 문제였다. 그래서 즉위한 지 열흘쯤 지난 1469년 성종 즉위년 12월 9일 당대 최고의 경륜가이자 석학인 신숙주가 무엇으로 어떻게 경연을 진행할 것인지의 사목(事目), 즉 요즘식으로 말해 커리큘럼과 교수 계획을 만들어 대왕대비에게 올렸다.

첫째, 『논어』를 진강(進講)하고, 둘째, 아침 강의(朝講)에는 음독과 해석을 각각 세 번씩 하고 난 후 임금이 음독과 해석을 각각 한 번씩 읽고, 낮 강의(晝講)에는 임금이 아침에 배운 음독과 해석을 각각 한 번씩 읽도록 했으며, 셋째, 조강하는 자리에는 원상 중에서 두 명씩 당직을 맡아 참석하고 경연 당상 1인, 낭청 2인, 승지 1인, 대간 각 1인이 참석하고 저녁 강의(夕講)에는 승지 1인, 경연 낭청 1인, 사관 1인이 궁중에 들어와 참석토록 했다.

교육 방법을 둘러싼 대비와 원상들의 충돌

대왕대비는 무엇보다 할머니의 입장에서 어린 손자에 대한 걱정이 앞섰다. 아무것도 모르는 열세 살 손자가 대신들 앞에서 주눅이 들어 크게 위축될 것이 뻔했다. 그래서 신숙주의 사목을 전해 들은 대왕대비는 시강(侍講)하는 사람이 너무 많은 것 같다는 의견을 밝혔다. 사람 수라도 줄여서 열세 살 초학자 임금의 원로대신들에 대한 공포심을 줄여보자는 것이었다. 이에 원상들이 논의해 조강 때는 대간과 경연 낭청 1인을 제외하기로 결정했다. 그러나 실제 경연이 시작되자 원안대로 대사헌 이극돈과 대사간 강자평도 참석했고 경연 낭청에서도 시강관 유권과 기사관 김종이 참석했다. 그 사이에 이들의 반발이 있었던 것이다.

그러자 대왕대비는 경연 개시 5일을 앞둔 1월 2일 다시 대신들을 경연에서 전부 배제하는 것이 어떠냐는 의견을 낸다.

"대행왕(예종)이 일찍이 말하기를 '대신을 맞이해 볼 적에는, 늘 대신이 나를 보고서 어떻게 여기는가를 생각하게 돼 편하게 자세를 정할 수 없다'고 했다. 하물며 지금 주상은 나이가 어리므로 경연에 나아가서 대신을 대면해 보는 것이 아마 어렵게 여겨질 것이다."

그러나 원상 한명회와 구치관은 "대신은 접견하지 않을 수가 없습니다. 처음에는 비록 어렵게 여겨지겠지만 시간이 흐르면 저절로 어려움이 없어질 것"이라며 단호하게 거절했다. 훈구의 힘이 정희대왕대비를 훨씬 뛰어넘고 있었다. 그리고 경연은 궁극적으로 학술 토론과 함께 정치 토론의 자리임을 염두에 둔 거절이기도 했다. 사실 한명회나 구치관의 의견이 맞는 것이었다.

성종의 교육에 쏟은 대왕대비의 열성은 대단했다. 1월 7일 첫 경연에서 동지사 정자영이 진강을 마쳤으나 마음에 썩 들지 않았다.

"오늘 경연에서 해석한 음과 뜻이 분명하지 못하다. 주상께서 처음 배우면서 어찌 능히 환하게 알겠는가? 후에는 이와 같이 하지 말고 분석하여 진강하기를 힘써야 한다. 일찍이 듣건대 승지 정효상이 진강을 잘한다고 하니 승지가 이 일을 맡을 수가 없겠는가?"

정자영(鄭自英, ?~1474년 성종 5년)은 성균관에서 사예 등을 지냈고 경연에서 경사(經史)를 강론하게 되자 세조가 그 해박한 지식에 탄복하여 사헌부 장령으로 발탁한 인물이다. 세조 13년(1467년) 공조참판, 성종 1년(1470년) 중추부 지사를 거쳐 예조판서에 이른다. 그는 특히 역학(易學)에 뛰어났다고 한다. 그리고 오랫동안 성균관 학관을 지내면서 많은 선비를 양성하였기 때문에 관리로서보다는 교육자로서 명성이 높았던 인물이다. 그랬기 때문에 정자영이 첫 진강을 맡았다.

따라서 대비의 우려는 실제로 정자영의 진강 내용이 그랬다기보다는 나이에서 오는 문제점일 수 있었다. 그때 이미 정자영은 정확지는 않지만 세종 16년 (1434년)에 문과에 급제한 것으로 보아 대략 예순 전후의 나이였다. 반면 대비가 언급한 승지 정효상은 당시 30대 후반이었다. 하지만 대비의 이 같은 요청 또한 "정자영이 경학에 정통하여 본디부터 강을 잘하는데 오늘은 이것이 처음이기 때문에 시원스럽지 못했을 뿐"이라며 신숙주는 정중하게 거절한다.

두 번째 경연이 끝나고 다시 교육 방법에 관해 의견을 내는 대왕대비의 모습은 마치 자식 교육이라면 지극 정성을 다하는 요즘 한국의 어머니들의 모습과 전혀 다를 바 없다.

"주상께서 처음 배우면서 문리(文理)에 통달하지 못하였는데 조강에는 당상관이 음과 뜻을 진강하여 주상께서 이미 습득하게 해놓고,

낮 강의를 맡은 주강관이 혹시 다른 뜻으로 설명한다면 주상께서는
혼동을 일으킬 것이 분명하다. 지금부터는 조강을 맡았던 당상관이
그대로 주강에도 들어가는 것이 좋겠다."

이는 분명 일리 있는 지적이다. 실제로 『논어』를 읽을 때는 비교적
쉽고 명확해서 그런지 대비가 우려하는 논란이 없다가 다음 해 2월 15
일 『맹자』를 읽으면서부터는 경연을 책임지는 당직 원상 윤자운·김국
광과 진강을 책임진 정자영이 해석을 둘러싸고 정면충돌하는 장면이
나온다. 간단히 말하면 한문을 해석하면서 어디서 어디까지가 인용인
지를 놓고 의견이 갈려 이들 사이에 고성이 오가는 불미스러운 일까지
생겼다. 그나마 대왕대비가 나서 "이렇게 논란을 벌여야 시비를 정확
히 가리지 않겠는가"라고 무마해서 별 탈 없이 넘어갈 수 있었다.

경연을 하루도 거르지 않은 성실한 수재

어린 성종은 1월 7일 경연이 시작된 후 1월 한 달 24일 동안 하루도 빠지지 않고 경연과 주강을 반복했다. 훗날 드러나게 되지만 학문에 대한 호기심이 남달리 왕성하고 성품 또한 근면 성실하지 않고서는 불가능한 일이다. 그것은 타고났다고 봐야 한다. 이런 패턴은 그가 수렴청정을 끝내고 왕위를 물려받을 때까지 7년 동안 계속된다. 그때까지 월평균 경연 일수가 25일 이상이다. 심지어 하루 두 차례로 끝나지 않고 첫 경연 이후 불과 한 달 반이 지난 2월 20일부터는 저녁때 하는 석강까지 하루에 세 번씩 공부를 한다. 여기에는 "항상 동궁에서 내시와 함께 있으면 무슨 도움이 되겠는가? 자주 대신을 접하면 도움되는 말을 많이 들을 수 있으니 이 또한 좋지 아니한가"라는 대왕대비의 생각이 크게 작용했다. 대왕대비의 생각이 바뀐 것이다. 또 공부에 힘이 붙기 시작한 성종 2년 10월부터는 성종 자신이 밤에 하는 야대(夜對)까

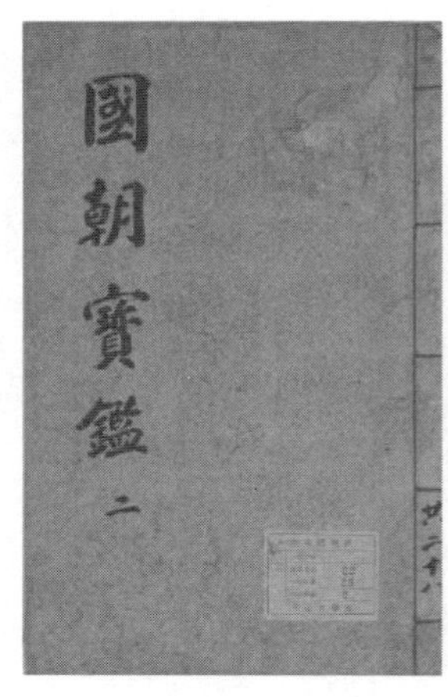

『국조보감』 표지와 조판_ 조선시대 역대 왕의 업적 가운데 선정(善政)만을 모아 후세의 왕들에게 교훈이 되도록 편찬한 편년체 역사책.

지 자청하는 바람에 하루에 네 차례씩 공부를 하게 된다. 야대에서는 별도로 조선시대 국왕들의 행적만을 간추린 『국조보감(國朝寶鑑)』을 강하였다.

『국조보감』이란 역대 국왕의 행적을 기록한 짤막한 형태의 편년체 역사책이다. 처음에 세종이 권제와 정인지 등에게 명하여 태조와 태종의 보감을 만들게 하였으나 완성하지 못했으므로, 세조 3년(1457년) 수찬청을 두고 권람과 신숙주 등에 명하여 글을 지어 올리게 하였다. 그리고 이듬해 태조·태종·세종·문종, 4대의 사적을 기록한 세칭 『사조보감(四朝寶鑑)』 전 7권이 완성되었다. 아마도 성종이 보았던 것은 이 책이었을 것이다. 그리고 숙종이 이단하에게 선조 때의 일을 정리한 보감의 찬진을 명하여 숙종 10년(1684년) 『선묘보감(宣廟寶鑑)』 전 10권이 완성되었고, 영조 때 이덕수 등으로 하여금 숙종의 사적을 찬진케 하여 영조 6년(1730년) 『숙묘보감(肅廟寶鑑)』 전 15권이 완성되었다. 정조 때 조경 등에 명하여 정종, 단종, 세조, 예종, 성종, 중종, 인종, 명종, 인조, 효종, 현종, 경종과 영조의 보감에 착수해, 이미 완성되어 있는 세조 때의 『국조보감』, 『선묘보감』, 『숙묘보감』을 합한 『국조보감』 전 68권 19책이 완성되었다. 『실록』을 직접 볼 수 없었던 국왕들에게 선조들의 치적을 정리하여 볼 수 있도록 하는 데 목적이 있었던 책이라 할 수 있다.

그 밖에도 윤대(輪對)라고 해서 승지와 사관이 각 한 명씩 참석해 중앙 각 관서의 운영 상태와 문제점을 중심으로 토론하는 자리까지 있었다. 여기에도 성종은 성종 2년부터 스물두 살이 되는 성종 9년까지 성실하게 참석했다. 성종은 국왕이 되고서야 국왕이 되기 위한 제왕학 연마에 꼬박 10년을 쏟아 붓게 된다.

성종 1년 6월 5일 원상 김질이 "날씨가 무더우니 하루에 세 번 경연에 나아가는 것은 성체(聖體)를 피로하게 할까 두려우니, 주강을 정지하고 석강에도 편복(평상복)으로 행하는 것이 편하겠습니다"라고 건의했다. 그러나 성종은 "내가 촌음(寸陰)을 아끼는데 어찌 주강을 정지할 수가 있겠는가? 또 편복을 입고 신하들을 접견할 수는 없다"고 물리친다. 또 다음 해 2월 29일 대왕대비는 편전에서까지 책읽기를 계속하는 성종이 대견하기도 하고 걱정도 돼서 "피로하지 않으오?"라고 묻자 성종은 "마음이 저절로 독실하게 좋아하므로 피로한 줄은 알지 못하겠습니다"라고 답한다. 다른 『실록』들을 보면 태종의 경우에도 경연을 게을리 할 경우 신하들이 이를 비판하고 『실록』은 그대로 기록한 것으로 보아 성종의 이런 성실한 공부 태도는 조금도 과장이 아닌 사실이라고 봐야 한다.

공부의 빠른 진척

그에 앞서 경연을 시작한 지 18일이 지난 1월 25일 『실록』에는 성종의 당시 학문 수준을 보여주는 흥미로운 일화가 나온다.

"임금이 경연에 나가서 『논어』를 강하는데 「왕손가(王孫賈)가 물었다. '아랫목에 잘하기보다는 차라리 부엌 귀신에게 잘해라'」라는 장에 이르러 임금이 묻기를 '『소학(小學)』에도 왕손가란 사람이 있는데 이것이 바로 그 사람인가?' 하니 도승지 이극증이 대답하기를 '다른 시대의 사람입니다' 하였다. 그리고 다시 서면으로 '논어의 왕손가는 위나라 사람이고 소학의 왕손가는 제나라 사람입니다'라고 아뢰었다."

여기서는 두 가지 중요한 사실이 드러난다. 하나는 성종이 『소학』은 이미 뗐다는 것이고 또 하나는 질문의 수준이 소박하기 그지없다는 것이다. 『논어』의 이 문맥에서 질문을 던진다면 왕손가가 한 말이 무슨 뜻인지를 묻는 게 정상이다. 이 말에는 겉으로 드러나는 현상보다는 숨겨져 있는 본질을 중시하라는 교훈이 담겨 있기 때문이다.

그러나 아직 어린 성종은 자신이 이미 알고 있는 것과 새로 배운 내용을 단순 비교하는 수준에 머물러 있다. 그리고 『소학』은, 뒤에서 살펴보겠지만 성종이 가장 좋아한 유학의 경전이다. 이 점은 『대학연의』를 중시한 세종과 대비되는 대목이다. 세종은 『대학』, 성종은 『소학』을 즐겨 읽었던 것이다.

그해 12월경이면 『논어』 다음으로 『맹자』를 진강하는데 여기서는 군데군데 내용에 관한 질문을 하기 시작한다. 특히 12월 11일자 강의는 상징적이기까지 하다. 『맹자』 관련 대목만 인용한다.

"장창(臧倉)이 말하기를 '예의는 어진 이로 말미암아 나오는 것인데 맹자는 모친상을 부친상보다 넘치게 하였으니 임금께서는 맹자를 만나보지 마십시오' 하므로 공(公-임금)이 '그렇다'고 했다."

성종은 이 대목을 보면서 "장창이 노나라 평공에게 고한 것은 그 말이 옳은 것이냐"고 묻는다. 연초와 달리 내용에 관한 상당히 예리한 질문이다. 이에 대해 동지사 이극배와 참찬관 김지경 모두 "장창의 말이 틀렸다"고 답한다. 이극배에 따르면 모친상을 부친상보다 넉넉하게 치른 것은 그 사이에 살림이 나아져서이지 어머니를 아버지보다 더 공경한 때문은 아니라는 것이다. 또 김지경은 소인배 장창이 군자인 맹자를 견제하기 위해 그렇게 말했다고 설명한다.

김지경(金之慶, 1419년 세종 1년~1485년 성종 16년)은 성균관 대사성을 거쳐 세조 11년 대사간을 지내고 예종 즉위 초(1468년) 이조참의가 되었으나 예종의 미움을 받아 파직되었다가 성종 즉위년(1469년)에 예문관 부제학으로 복직했다. 성종 2년(1471년)에는 대사헌이 되었고 훗날 두고두고 성종의 각별한 총애를 받았다. 참고로 김지경의 아들 김응기도 학문이 뛰어나 10년 정도 성종의 경연을 맡게 된다. 부자(父子)가 학문이 뛰어나 성종의 사랑을 받았던 것이다.

"예로부터 군자와 소인은 형세가 서로 용납되지 못하여 군자가 나아오면 소인이 물러가고 소인이 나아오면 군자가 물러가는 것입니다."

김지경의 이 말은 어쩌면 성종의 머릿속, 아니 가슴속에 깊이 각인되었는지도 모른다. 훗날 훈구파를 견제하고 사림파를 등용하려고 애

쓰는(물론 여기서 훈구파=소인, 사림파=군자라는 등식이 성립하는 것은 아니다) 정책의 근간이 이런 맥락에서 형성되었기 때문이다.

성종 2년, 1471년이 되면 경연의 내용은 한층 심화된다. 보기에 따라서는 『맹자』의 내용 자체에 충실하기보다는 신하들이 자신들의 세계관을 노골적으로 열다섯 살 임금에게 심으려는 의도도 드러난다. 1월 30일 석강에서 시강관 김계창은 『맹자』에 나오는 구절 '어떤 것을 남의 말을 안다고 합니까'라는 구절을 갖고서 엉뚱하게도 자신의 척불론을 전개한다. 맹자가 당대의 양자(楊子)와 묵자(墨子) 사상을 비판한 적이 있음을 들어 "부처와 노자의 해악은 양자와 묵자보다 더 심하다고 했습니다"라며 논리 비약을 하고 있는 것이다. 또 김계창은 다음 날인 2월 1일에는 "옛사람들이 이르기를 『논어』, 『맹자』를 완전히 배우면 6경은 배우지 않아도 통할 수 있다고 했다"며 "지금 『맹자』를 읽고 있는데 다음 책으로 들어가면 『논어』를 잊어버릴까 두려우니 5~6일이나 10일에 한 번씩 『논어』 한 편을 같이 읽도록 하소서"라고 책읽기의 순서까지 정해준다.

김계창(金季昌, ?~1481년 성종 12년)은 예종 1년(1469년) 예문관 응교로 있으면서 『세조실록』 편찬에 편수관으로 참여하였고, 성종 12년(1481년) 이조참판에 임명되었다가 곧 병으로 사직하였다. 시문(詩文)과 경사(經史)에 뛰어나 세조와 성종조의 문풍 진작에 기여하였으나, 예종 때 사관 원숙강이 한명회, 신숙주 등을 의식하여 『실록』의 내용을 완화시킨 것을 밀고하여 여러 사람이 화를 입는 바람에 두고두고 후세의 비난을 받게 되는 인물이다.

학계에서 '원숙강의 사초개말(史草改抹)'이라 부르는 이 사건은 예종 1년 『세조실록』 편찬에 참여한 실록청 기사관 원숙강이, 사초(史草)에 작성자의 성명을 첨부토록 하자 사초 작성의 공정함을 기할 수 없다고 반대하고 다른 한편으로 사초에 과오 사실이 기록된 한명회나 신숙주 등과 같은 대신들로부터 보복이 두려워 비위 관계 기사를 몰래 고치다가 발각되어 주살된 사건을 말한다. 밀고를 통해 원숙강을 죽게 만든 장본인이 바로 김계창이었던 것이다.

3월 13일에는 사헌부 장령 박숭질이 공부 혹은 학문의 본질에 대해 일러주는 대목이 나온다.

"경연은 모름지기 임금이 신하에게 따져 물어서 성학(聖學-제왕학)에 이르도록 하는 것이 요체입니다. 따라서 구두점을 어디다 다느냐는 식의 문법적인 문제뿐만 아니라 성현이 이루어놓은 법이나, 고금의 정치의 옳고 그른 점, 민생의 좋고 나쁜 점이 책에 자세히 실려 있으므로 만약 뜻이 어렵거나 의심나는 곳이 있으면 바로 질문해서 밝힌 다음이라야 성학이 진보할 수 있을 것입니다."

이것은 역으로 아직까지는 성종의 학문이 문법에 매달리는 수준에서 못 벗어나고 있음을 보여주는 인용이기도 하다. 내용에 관한 한 신하들의 일방적 강의가 있고 성종은 의문나는 부분에 대해 한두 가지 질문을 하는 정도였다. 4월 14일에는 동지사 이승소가 『맹자』를 진강하다가 '누구인들 아니 지키겠는가마는 자신을 지키는 것이 (모든) 지키는 일의 근본이 된다(孰不爲守 守身 守之本也)'는 대목과 관련해 의미심장한 해설을 하고 있다. 당시 성종에게는 가장 어울리면서도 의미 있는 교육 방법이라 할 수 있다.

"이것은 맹자가 사람이 자신을 지키는 것을 강조하여 말한 것입니다. 인군(人君-임금)의 일신에 이르러서는 위로는 종사를 지키고 아래로는 억조창생과 관계되어 지극히 중대하니 그 몸을 삼가 지키지 않을 수가 없습니다. 그러나 안으로는 환관과 궁첩이 있고 밖으로는 거마(車馬)와 복종(僕從)이 있어 사냥과 유람하는 즐거움에 이르러서는 오직 뜻대로 하는 까닭에 자신을 지킬 수 있는 자가 드뭅니다. 이 때문에 역대로 현군이 많지 아니하고, 중국에서 삼대(三代-하, 은, 주) 이후로도 한나라의 문제·경제, 당나라의 태종 등 두어 인군뿐이 었습니다. 또한 처음에는 부지런하나 끝에 가서는 게을러지는 것이 사람의 상정(常情)이니, 처음부터 끝까지 일관되게 자신을 지킨다는 것은 그만큼 어렵습니다."

이승소(李承召, 1422년 세종 4년~1484년 성종 15년)는 세조 때 예조 참의, 충청도 관찰사를 지냈고 예종이 즉위하자 예조참판에 올랐다. 성종 2년(1471년)에는 좌리공신 4등에 책록되어 양성군에 봉해지고, 예조판서로 승진하였다. 성종 11년(1480년)에는 이조와 형조의 판서 를 지내면서 신숙주 등과 함께 『국조오례의(國朝五禮儀)』를 편찬한다. 당대의 문장가로 예악, 음양, 율력, 의학, 지리 등 다방면에 조예가 깊 었으며, 청렴하여 집 안에 화려한 장식이 없었다고 한다.

실제로 어려서 성실하게 공부에 전념했던 성종도 뒤로 갈수록 자신 을 경계하는 일에 게을러졌다는 점에서 이승소의 이 말은 시사하는 바 가 크다. 특히 성종 11년부터 13년 사이에는 경연은 내팽개친 채 이승 소의 말대로 사냥과 유람하는 즐거움, 술과 여자 등 말 그대로 주색잡 기에 빠져 연산군의 전조(前兆)를 보여주는 듯했다. 그래서 이승소의 이 같은 경전 해석은 더욱 간절하다.

성종 3년이 되면 『정관정요(貞觀政要)』를 강한다. 할아버지 세조가 특 히 좋아했던 책이다. 이 책은 중국 당나라 태종의 뛰어난 언행을 기록한 책으로 태종이 위징, 방현령 등 신하들과 나눈 정치적 토론을 군도(君道), 정체(政體), 임현(任賢-훌륭한 인재를 발탁), 구간(求諫-국정에 대한 비판을 구함) 등으로 분류해 편집한 책으로 오긍(吳兢)이 편찬하였다. 당 태종은 국내 정세의 안정과 경제력 회복에 힘을 기울여 '정관(貞觀)의 치(治)'라는 태평성세를 이루었다. 특히 그는 한때 유혹에 빠지기도 했으나 신하들의 간언에 열린 마음으로 귀를 기울여 전횡에 빠지지 않았다. 위정자의 교과서로 한·중·일 3국에서 널리 읽혔다. 이 책은 조선에서도 국왕들이 즐겨 읽는 책이었고, 1116년(고려 예종 11년)에는 이 책을 주해한 『정관정요주해(貞觀政要註解)』(전 10권)가 편찬되기도 했다. 다소 사색적인 성향의 세종은 『대학연의』를 좋아했고 이 책은 별로 좋아하지 않았다. 그러나 역대 신하들은 가능하면 국왕들이 이 책을 즐겨 읽어주기를 기대했다. 1월 5일 『정관정요』를 읽은 후 검토관 채수가 임금의 물음에 대해 답한 내용을 보면 그 이유를 알 수 있다.

"그 임금이 비록 직언 듣기를 싫어하더라도 신하로서는 마땅히 끓는 기름 가마라도 피하지 않고 감히 말하는 것이 옳습니다. 하증(何曾)처럼 물러나 집에서 말하는 것이 어찌 신하의 도리이겠습니까? 임금이 자신의 잘못을 듣기 좋아하지 않으면 사람마다 다투어 아첨하게 되어 직언하는 이는 드물 것입니다."

그러면 이 말을 하는 채수는 어떤 인물인가? 채수(蔡壽, 1449년 세종 31년~1515년 중종 10년)는 성종 때 대사헌으로 있으면서 폐비 윤씨를 살려줄 것을 청하다 파직된다. 연산군이 즉위하자 예조참판, 평안도 관찰사 등에 임명되었으나 병을 핑계로 나아가지 않았고 갑자사화 때 유배되었으나 중종반정이 일어나자 가담하였다. 그러나 더 이상 관직

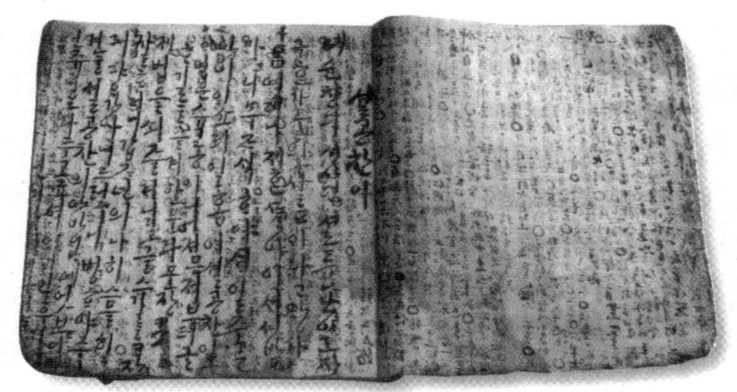

설공찬전_ 폐비 윤씨를 살려줄 것을 청하다 파직된 채수의 한문 소설로, 최근에 한글 번역 필사본이 발견되어 화제가 되었다.

에 머물지 않고 경상도 함창에 은거하면서 독서와 풍류로 여생을 보냈으며 지리와 문학, 음악 등에 깊은 관심을 쏟았다. 최근 발견되어 학계에서 큰 화제가 된 소설『설공찬전(薛公瓚傳)』의 작가이기도 하다.

1473년 성종 4년, 이제 성종도 나이 열일곱을 맞고 있었다. 성실하고 머리가 좋았기 때문에 성종의 학문은 하루가 다르게 진보하여 그해 1월에『시경(詩經)』을 읽고 있다. 3월 12일 경연에서 동지사 이승소는『시경』을 강독하다가 한 대목과 관련해 "태평하여 무사할 때에는 원로들을 멀리하고 신진을 등용해서 선왕(先王)의 옛 법을 변경하는 임금이 많은데, 이것은 임금으로서 경계해야 할 일입니다"라며 급진 개혁론을 경계하고 있다.

5월이면『서경(書經)』을 읽는다. 5월 1일『서경』을 읽다가 성종은 시강관들에게 아주 흥미로운 질문을 던진다.

"성인(聖人)이라도 생각하지 않으면 어리석은 자가 되고, 어리석은 자라도 잘 생각하면 성인이 된다고 하였는데, 어리석은 자가 잘 생각한다고 하여 과연 성인이 될 수 있겠는가?"

당연히 가져봄 직한 의문이지만 이런 질문을 던지는 배경에는 성종 자신이 더 이상 스스로를 어리석은 자로 생각지 않는 자부심이 느껴진다. 그런데 아무리 성실한 성종도 사람인지라 때로는 나태함을 보이는데 1474년 성종 5년 1월 21일 대사간 정괄 등에게서 정면으로 비판을 당한다. 정괄은 훈구파의 실력자 영의정 정창손의 아들이다.

"학문의 길은 촌음을 아끼고 열심히 노력하여 그치지 않아야 하며 다른 사정으로 그칠 수는 없습니다. 지금 듣건대 경연을 정지하였다 하며, 또 듣건대 후원에서 활쏘기 구경을 하였다 하니 활쏘기 구경은 유희일 뿐인데 어찌 그 때문에 경연을 폐하는 것이 마땅하겠습니까?"

이에 대해 성종은 즉각 "너희 말이 옳다. 내가 실로 잘못하였다"고 인정했다. 정괄(鄭适, 1435년 세종 17년~1495년 연산군 1년)은 성종 4년(1473년) 대사간에 올라 국정 전반에 걸친 개혁 방안을 개진하였다. 이어 병조참의를 역임하고, 황해도 관찰사로 나갔다가 한성부 좌윤, 대사헌, 이조참판을 거쳐 이조판서에 올랐다. 그 후에도 중추부 지사, 한성부 판윤, 병조판서, 우찬성, 형조판서 등 요직을 거쳐 성종 21년(1490년) 경상도 관찰사로 나갔다. 연산군 1년(1495년) 우의정에 올라 정승이 되지만 그해에 사은사로 명나라에 갔다가 돌아오는 길에 죽는다.

성종 5년 18세가 되어서도 성종은 신하들이 시키는 순서에 따라 공부를 하는 모습을 보인다. 3월 3일 경연이 끝나자 다른 사람도 아닌 한명회가 나서 "『춘추(春秋)』의 강독이 끝난 뒤에 『예기(禮記)』를 강하려 한다고 들었습니다. 그러나 신이 생각건대 『예기』도 물론 중요하지만 『통감강목(通監綱目)』은 고금의 치란(治亂)이 갖추어 실려 있으므로 임금이 마땅히 먼저 강해야 할 것입니다. 청컨대 주강과 석강에는 『강목』을 겸하여 강독하게 하소서"라고 건의하자 성종은 "『예기』와 『강목』은 권질이 많아서 동시에 강독할 수 없다. 내가 마땅히 『강목』을 강하겠다"며 한명회의 의견을 받아들인다.

역사를 읽다

성종 6년이 되면 성종의 공부는 중국의 경서와 『통감강목』 같은 역사서를 거쳐 마침내 『고려사』를 읽는 단계에 이른다. 경서를 끝내고 역사서를 읽는다는 것은 실전(實戰)형 제왕학에 뛰어든다는 뜻이다. 따라서 질문도 대단히 현실적이다. 강을 마치고 성종은 "고려의 임금 가운데 의종(毅宗)이 가장 못한가"라고 묻자 동부승지 현석규는 "충혜왕의 잘못됨은 의종보다 더합니다. 충혜왕의 협량하고 경박하고 더러운 행실은 입으로 말할 수 없습니다"라고 답한다. 현석규(玄碩圭, 1430년 세종 12년~1480년 성종 11년)는 성종 5년(1474년) 도승지가 되어 형옥(刑獄)을 신속하게 처리하여 왕의 신임을 받았다. 그 후 대사헌, 형조판서를 지냈다. 평안도 관찰사로 재임 시에는 선정을 베풀어서 백성들의 청원으로 임기가 지난 뒤에 1년간 더 재직하고 어의(御衣)를 하사받기도 했다. 그러나 현석규에 대한 사신의 평은 정반대다. "일찍이 평안도 관찰사가 되었을 때 임금이 환관 이효지를 보내어 가서 위로하게 하니, 현석규가 잔치를 매우 풍성하게 베풀었으며, 이효지에게 준 선물이 이루 헤아릴 수가 없었다. 현석규가 이효지를 보고 울면서 주상을 그리워하는 마음을 말하였다. 또 일찍이 사신이 되어 북경에 가지고 간 반전포(盤纏布)를 고의로 모두 쓰지 아니하고, 돌아와서 반납하기를 청하였으나 임금이 허락하지 아니하였으니, 정상(情狀)을 속여서 명예를 구하는 것이 이와 같았다."

이어 성종은 호기심에서 "경들은 각각 나의 과실을 말하라"고 권한다. 이는 나름의 의미가 있다. 이제 더 이상 책 속에 갇혀 있는 게 아니라 경사(經史)의 '현실 적용'을 처음으로 시도하는 것이기 때문이다. 아직은 초보 단계이긴 하지만 성종의 학문은 조금씩 현실정치 속으로 발을 내딛고 있었다.

7월 27일의 낮 강의에서는 훨씬 심각한 문제까지 다룬다.『통감강목』중 송나라 임금이 심경지(沈慶之)를 죽인 대목에 이르러 성종과 신하들이 나누는 대화 내용이다.

"임금은 '혼암(昏暗)한 군주는 폐위시키고 현명한 군주를 세우는 것은 옛날에도 있었는가? 송나라 임금 자업의 나쁜 짓이 이와 같았는데도 심경지가 현명한 군주를 능히 세우지 못하는 것은 무슨 이유인가?'라고 물었다. 이에 대해 지사 이극배는 '심경지는 충신임은 분명하나 다만 대신으로서 능히 할 말을 다 하고 힘껏 간하여 임금의 과실을 바로잡지 못하고 이에 문을 닫고 빈객(賓客)을 사절하면서 자기 한 몸의 계책만 도모했으니 어찌 큰일을 결단하고 행할 수 있었겠습니까'라고 답했다."

이처럼 국왕을 교육하는 자리에서 공공연하게 신하가 임금을 바꿀 수 있다는 '택현론' 혹은 '택군론'이 논의되었다는 것은 당시 신하들의 권세가 그만큼 절대적이었다는 뜻이기도 하다. 특히 성종은 이 이야기를 하는 순간에는 다음 해에 태어나게 될 자신의 아들 연산군이 훗날 '혼암한 군주'로 낙인찍혀 신하들에 의해 쫓겨나는 조선의 첫 번째 군주가 되리라고는 꿈에도 생각지 못했을 것이다.

군주로서 자신감을 갖다

8월 23일 경연에서는 대단히 흥미로운 장면이 나온다. 성종의 학문이 문장의 문체를 비교하는 안목을 갖추는 데까지 이르렀음을 보여주는 기록이기 때문이다. 이날 성종은 동지사 서거정과 이야기를 하면서 서거정이 쓴 교서를 유순이 작성한 교서와 비교한 뒤 다음과 같이 말한다. "유순의 글은 너저분하고 좀스러움이 많이 있는데 서거정의 것은 말이 간략하고 뜻이 매우 좋은 편이다." 이는 사실 놀라운 발전이다.

서거정과 유순은 당대를 대표하던 정치가이자 문필가였다. 『동문선』의 저자로 유명한 서거정(徐居正, 1420년 세종 2년~1488년 성종 19년)은 6세 때 글을 읽을 줄 알아서 사람들이 신동이라 하였다. 성종 19년에 죽기까지 여섯 왕을 섬겨 45년간 조정에 봉사하면서 6조 판서를 두루 거치고 한성부 판윤을 두 번, 대사헌을 두 번 지냈고, 대제학으로 23년을 지내면서 문형(文衡)을 관장하고, 임금 앞에서 경학(經學)을 45년간 진강하였으며, 과거의 시관(試官)을 스물세 번이나 지내면서 많은 인재를 뽑았다. 글씨에도 능해 성종 때 창경궁이 준공되자 궁 안의 전당, 정각(亭閣)과 여러 문의 액호(額號)를 지었을 뿐만 아니라 대부분의 현판 글씨도 그가 직접 썼다. 그의 업적은 무엇보다도 그가 편찬한 많은 사서(史書), 지리지(地理誌), 문학서(文學書) 등에서 빛이 난다. 특히 그가 편찬한 『동국여지승람』은 우리나라 최초의 통일적인 인문지리서로서 우리 영토에 대한 자부심과 역사 전통에 대한 신뢰를 바탕으로 하는 그의 역사의식을 반영하고 있는 것으로 평가되고 있다. 또한 『동국통감』도 지었다. 『실록』에 따르면 그는 성격이 편협하고 융통성이 없다는 평을 받기도 했으나, 한편으로는 매우 낙천적인 성격이었고, 술과 농담, 해학을 즐겨 매월당 김시습 등과 친분을 나누기도 했다.

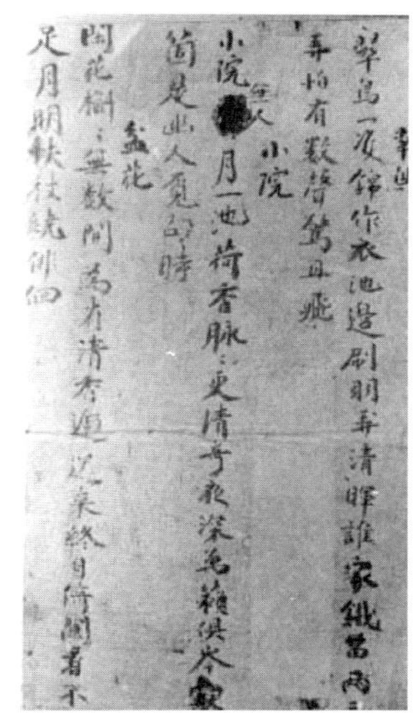

서거정 필적_ 『동문선』의 저자로도 유명한 서거정은 성종 19년에 세상을 떠나기까지 45년간 여섯 왕을 섬기며 6조의 판서를 두루 거쳤다.

문인 학자형에 가까웠던 서거정과 달리 유순(柳洵, 1441년 세종 23년 ~1517년 중종 12년)은 학문적인 능력과 관리로서의 능력을 고루 갖춘 인물이었다. 집현전 응교와 우부승지 등을 차례로 역임하고 성종 9년(1478년) 홍문관 부제학이 된다. 연산군 4년 무오사화 때 파직되었다가 곧 복직되어 그해 한성부 판윤에 올랐으며 1503년에는 영의정에까지 오른다. 1506년 중종반정이 일어나자 정국공신 2등에 봉해지지만 연산군 때 요직에 있었다는 이유로 면직되었다가 중종 9년(1514년)에 다시 영의정에 오른다. 어려서부터 문명이 있어 전국 곳곳에 시문(詩文)을 남겼으며 의약과 지리에 밝았고 한다.

사실 이런 두 사람의 경력만 놓고 본다면 성종이 이렇게 저렇게 비교할 수 있는 차원을 훨씬 뛰어넘어 있었다. 다만 성종이 이런 두 사람의 글을 비교한다는 것 자체는 좋게 말하면 나름대로 글을 보는 취향이랄까 안목이 생겨났다는 뜻이면서 동시에 자신의 세계관이 조금씩 가닥을 잡아가고 있었다는 뜻이다. 이런 맥락에서 닷새 후인 8월 28일 『고려사』의 충혜왕 때를 강하면서 성종이 던지는 말은 의미심장하다. 이조년이 성심을 다해 간언을 했으나 그뿐이었고, 나머지 신하들이 아부를 일삼아 충혜왕이 참담한 실패에 이르게 된 대목을 읽으면서 한 말이다.

"신하의 현명함과 우매함은 군주가 임용하는 여하에 달려 있을 뿐이다. 군주가 현명하면 임용한 사람도 모두 현명할 것이고 군주가 현명하지 못하면 임용한 사람도 모두 현명하지 못할 것이다."

리더십의 역할과 관련해 상당히 핵심을 찌르는 말이다. 동시에 국왕으로서 자신감이 묻어나는 언급이다. 실제로 이날로부터 2주 후인 9월 12일 성종은 자신의 친아버지를 대왕으로 추대하는 소위 '회간대왕 부묘 논쟁'을 주도적으로 촉발시킨다. 4개월을 끈 이 논쟁에서 마침내 승리함으로써 그는 수렴청정의 그늘에서 벗어나게 된다. 바야흐로 독립된 군왕 성종이 모습을 드러내게 되는 것이다.

그리고 한참 후의 이야기이긴 하지만 워낙 머리가 좋고 다독하는 성종이었기 때문에 경연에서 진강하는 신하들이 쩔쩔매야 했다. 이긍익의 『연려실기술』에 나오는 성종에 관한 일화 한 가지다. 이미 성종의 실력이 신하들을 뛰어넘고 있었기 때문에 신하들은 다음 날 공부할 부분을 교재에 미리 표시하여 예습을 해야 하는 지경이었다. 경연관 민이는 부하 직원이 실수를 해서 다음 날 공부해야 할 대목과 다른 곳에 표시를 해두었다. 민이(閔頤 , 1455년 단종 3년~1505년 연산군 11년)는 성종 17년(1486년) 문과에 장원급제하였고, 연산군 10년(1504년) 홍문관 직제학에까지 오르게 되는 인물이다.

막상 경연이 시작되었는데 민이가 엉뚱한 곳을 읽자 성종은 "어느 곳을 읽는가? 표 붙인 곳이 아니니 제대로 읽도록 하라"고 직설적인 면박을 준다. 당황한 민이는 처음 보는 부분을 제대로 읽어 내려갈 수 없었다.

"신이 본래 학술이 없고 문리도 해독하지 못하였는데 요행히 과거에 합격하였습니다. 경연이 있는 날에는 아침 일찍 출근하여 미리 예습을 하였기 때문에 예습하지 않은 곳은 알지 못합니다. 서리가 책표를 잘못 붙여 엉뚱한 곳을 예습했습니다. 읽어야 할 곳은 글 뜻이 어려워 읽지 못하겠습니다. 신이 임무를 감당하지 못하니 죽어도 모자라겠습니다. 신의 죄를 다스려주소서."

그러나 성종은 그의 솔직한 태도를 가상하게 여겨 오히려 통정대부로 승진시켰다. 이 일로 인해 후대에 비슷한 실수가 일어났을 때 사람들은 이를 '민이의 고사(故事)'라 비유하기도 하였다.

반듯한 성품, 강한 자긍심

성종의 성품과 자질은 어려서부터 반듯했던 것 같다. 외모가 준수하고 기상과 도량이 뛰어나 세조가 각별히 사랑했다는 것이 하나의 증거다. 게다가 담대했다고 한다. 어려서 궁궐에서 클 때 하루는 형 월산군과 함께 글을 읽고 있는데 벼락이 내리쳐 어린 환관이 벼락에 맞아죽었다. 옆에 있던 사람들은 너무 놀라 서 있기가 힘들 정도로 다리에 힘이 쭉 빠져 어쩔 줄 몰라 하고 있는데 잘산군만이 마치 아무 일도 없었다는 듯 말과 행동에 조금의 변화도 없이 침착했다고 한다. 훗날의 모습과도 크게 다르지 않은 장면이다.

성종 1년 5월 26일 조선을 방문하고 돌아가던 명나라 사신을 접대하고 돌아온 어세겸이 대왕대비에게 사신의 말을 전하는 대목이다.

"어제 중국 부사(사신 중에서 정사에 이어 서열 2위)가 홍제원에 이르러 신과 작별하면서 말하기를 '내가 일찍이 듣건대 전하의 춘추가 열넷이라고 하는데, 이제 보니 말과 행동이 하나도 실수가 없고 또 총명형철(聰明瑩澈)하니 참으로 조선의 성주(聖主)입니다. 내가 조정에 돌아가서 아뢰면 반드시 기뻐하고 경축하며 감탄하기를 마지않을 것입니다'라고 하였습니다."

다소 외교적인 수사가 포함되어 있고 그것을 신하가 전하고 있다는 것을 감안하더라도 그리 심한 과장이라고 할 수는 없다. 홍제원은 일종의 국영 여관으로 중국으로 가는 의주가로에 설치되었으며 위치는 지금의 서울시 서대문구 홍제동이다.

그리고 성종 5년 4월 9일 성종은 승정원에 아주 재미있는 지시를 내린다. 앞으로 원상들은 경연에서 몸이 불편하면 강이 끝나기를 기다리지 말고 먼저 나가도 된다고 허락한다. 원로들에 대한 넉넉한 마음 씀씀이를 볼 수 있다. 아무래도 원상들은 나이가 많은데 "임금이 학문을 좋아하여" 하루에 세 번씩 경연에 나아가 시강관과 논란을 벌이다 보면 날이 저물어서야 끝이 나곤 했던 것이다. 말로만 그친 게 아니라 실제 6월 20일 처음으로 원상 정창손과 조석문에게 특별히 명하여 먼저 나가게 하자 신하들이 송구스러워했다. 이에 대해 성종은 "오늘은 더위가 심하므로 그리하였다"고 따스한 마음씨를 보인다.

이런 맥락에서 6월 18일의 기록은 반대로 의미심장하다. 동부승지 김영견은 성종의 다독(多讀)하는 독서 스타일을 세종의 예를 들어 간접 비판한다.

"신이 듣건대 세종께서 일찍이 이르기를 '나는 글을 읽되 백번 되풀이하지 않는 것이 없다'고 하셨답니다. 대저 글을 읽는 방법은 요령이 정독에 있거니와, 한갓 많은 글을 읽으려고 힘쓰면 반드시 정(精)하지 않게 될 것입니다."

독서 스타일은 일반적으로 그 사람의 심성을 읽는 중요한 단서가 된다. 아무래도 정독을 하는 사람들은 박학함을 과시하기 위해서가 아니라 어느 하나를 깊이 파고드는 차분하고 끈질긴 성격에서 그렇게 하는 것이다. 세종이 전형적으로 그런 성품의 인물이었다. 실제로 세종은 세종 15년 2월 2일 '학자들의 과시형 다독 독서법'을 다음과 같이 비판하고 있다.

"'지금 사람들이 글을 읽어서 한나라의 유학자만큼이라도 얻음이 있어도 좋겠다. 한유(漢儒-한나라 유학자)들은 각각 한 가지 학문만 오로지하였기 때문에 극히 자세히 보고 깨쳤는데 지금 사람은 겨우 이것 한 가지를 보고는 또 저것 하나를 보기를 요구하므로 나중에 도무지 연구해 얻음이 없다'고 한 말에 이르러 임금(세종)이 말하기를 '이것이 내가 학자들에게 걱정하는 것이다. 사서오경, 백가제사(百家諸史) 등을 어찌 하나같이 정밀하게 읽고 익힐 수 있겠는가? 지금 학자들이 사서오경을 두루 익히고자 하므로 소득이 없을 것은 명백하다. 반드시 정숙하여 관통하고자 한다면 경전에 전념하는 학문 방법이 가장 효과적이다.'"

마치 성종을 향한 비판처럼 들리기도 한다. 예를 들면 성종 7년 10월 13일 이미 조강에서『통사강목』을 강하고 주강에서『대학』을 강하고 있는데 성종은 석강에서는『명신언행록』을 강하겠다고 지시한다. 그러자 승지 등이 나서『강목』과『대학』을 읽고서 온고(溫故-되새겨 자신의 것으로 만드는 것)하는 데도 벅찬데 별도로『언행록』까지 읽는 것은 너무 많다고 반대했다. 이에 대해 성종은 "경 등이 알 바가 아니다. 아침에『강목』을 강하고는 내가 이미 한 번 읽었으니, 주강에서는 굳이 읽을 필요가 없으므로 석강에서는『언행록』을 강할 수 있다"고 맞섰다. 머리가 좋아서 그랬겠지만 경전의 경우는 그저 소리 내어 읽는다고 되는 책이 아니며 특히 국왕에게 이런 다독법은 치명적일 수도 있었다. 자기 과신에 빠져들 위험이 크기 때문이다. 신하들은 '이삭은 나왔으나 열매가 여물지 않는다'는 수이부실(秀而不實), 즉 학문에 대한 의욕은 있으나 중도에 포기하게 되는 사태를 우려하고 있었다.

이 무렵이 되면 성종은『통사강목』을 읽으면서 신하들과 문답을 주고받기 시작한다. 신하들에 비할 바는 아니지만 어느 정도 자신의 생각이 생겨나기 시작했다. 더불어 경연에서 강을 마치고 나면 각종 현안을 대신들과 토의하는 시간도 늘어난다. 학문적·정치적으로 급속하게 성숙해 가고 있었다.

그리고 성종은 가부(可否)가 분명한 성품의 소유자였다. 일도양단(一刀兩斷). 우회적이기보다는 직선적이었다. 좋고 싫음이 분명했다. 그의 이런 면모는 뒤에서 보게 될 회간대왕 부묘 논쟁과 폐비 윤씨 사건에서 단적으로 드러난다. 성종은 자신을 낮추기보다는 국왕으로서의 자의식이랄까 자존심을 숨김없이 드러내는, 대단히 자긍심 강한 성품의 소유자였다.

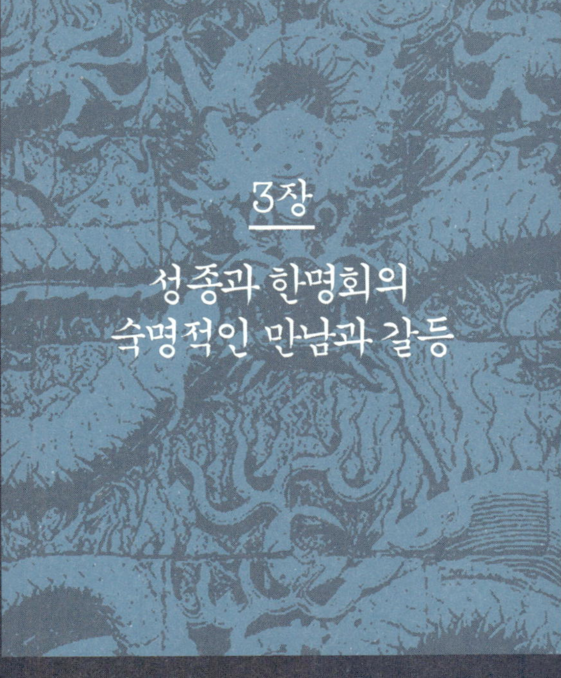

3장

성종과 한명회의
숙명적인 만남과 갈등

한명회의 나라

정승이라 공명은 청사에 빛나는데

풍류 즐겨 압구정 그 이름이 자자하네

삼한의 주옥 비단 그 곳에 전부 쌓였고

팔부의 가수 악기 뜰에 모두 있었다오

가련할사 뜬세상 흐르는 물 똑같은데

고깃배는 어인 일로 빈 물가에 떠 있나

지는 꽃 향그런 나무 찾을 만한 곳은 없고

석양빛만 낡은 난간 쓸쓸하게 비추누나

—다산 정약용이 압구정에 올라 지은 시

성종 2년 1471년 좌리공신 책봉이 논란 끝에 일단 마무리되자 무소불위 (無所不爲)의 권력, 말 그대로 못 할 게 아무것도 없을 만큼 막강한 권력이

압구정_ 한명회의 별야(別墅)가 있던 곳으로, 정자를 짓고 명에 사신으로 가는 길에 한림학사 예겸에게 청하여 정자의 이름을 지어 받았다. 정선, 비단에 담채.

한명회의 손안에 고스란히 주어졌다. 한명회는 공과(功過), 특히 큰 공과 큰 허물이 함께 있는 인물이다. 세조, 예종, 성종 집권기를 통틀어 한명회의 권세가 가장 높았던 때도 바로 이 시기다. 성종이 수렴청정을 받느라 아무런 견제도 할 수 없었던 때였다.

조선에는 태조의 개국공신에서 성종의 좌리공신에 이르기까지 80년 사이에 무려 일곱 차례의 공신 책봉을 통해 400명에 이르는 공신이 생겨났다. 게다가 원종공신이라 해서 공신의 자제와 사위에게도 공신칭호가 남발되었다. 이들까지 포함하면 대략 3,000명 정도의 공신이 활개를 치고 있었다고 볼 수 있다. 게다가 성종이 너무 어려 국왕권이 약화될 대로 약화된 시점에 이들을 견제할 세력은 아무도 없었다. 예를 들어 성종 18년(1487년) 한명회가 죽었을 때 실록이 기록한 졸기의 한 대목이다.

"권세가 매우 성하여 따르는 자가 많았고 빈객이 문에 가득하였으나 응접하기를 게을리 하지 아니하여 한때의 재상들이 그 문에서 많이 나왔으며 조정의 신하로서 한명회 말의 채찍을 잡는 자까지 있기에 이르렀다. 성격이 번잡한 것을 좋아하고 과장하기를 기뻐하며 재물을 탐하고 색을 즐겨서 뇌물이 잇달았고 집을 널리 점유하고 기생첩을 많이 두어 그 호부(豪富)함이 일시에 떨쳤다. 여러 번 사신으로 명나라를 다녀왔는데 명나라의 늙은 환관 정동(鄭同)에게 아부하여 많이 가지고 간 뇌물을 사사로이 황제에게 바쳤으나 함께 간 부사가 감히 말리지 못하였다."

한마디로 한명회는 세조 시대의 화신(化身)이다. 한명회로 인해 세조 시대와 성종 시대는 서로 다른 시대가 아니라 같은 시대로 묶인다.

성종에게도 당연히 공과(功過)가 있다. 그런데 과를 이야기할 때 한명회를 빼고서 모든 잘못의 책임을 성종에게 돌리는 것은 공평하지 못하다. 동시에 성종과 한명회의 관계를 정확하게 이해하지 못하면 성종의 공에 대해서도 인색해질 수 있다. 그렇다고 한명회가 성종에게 부정적인 유산만을 남긴 것도 아니다. 한명회도 공과가 있는 인물이다. 현실의 역사는 복잡하게 얽혀 있기 마련이다.

성종에게는 앞뒤를 가로막는 두 개의 거대한 산맥이 있었다. 결론부터 이야기하면 성종은 이 두 산맥을 모두 넘지 못했다. 그도 만만치 않은 인물이었지만 그를 앞뒤에서 가로막고 있던 산맥은 너무나 높았고 너무나 거대했다. 정신적으로는 세종이라는 산맥이 그를 뒤에서 막고 있었고 앞에는 한명회라는 현실정치의 산맥이 버티고 서 있었다.

성종이 열세 살 나이로 임금의 자리에 올랐을 때 한명회는 이미 인생의 절정기라고 할 수 있는 55세였다. 한명회는 성종의 장인이었고 정희대왕대비와 함께 성종 자신을 조선의 국왕으로 만들어준 두 사람 중 한 사람이었다. 한명회는 자신의 전폭적인 후원자이자 국왕의 권력을 위

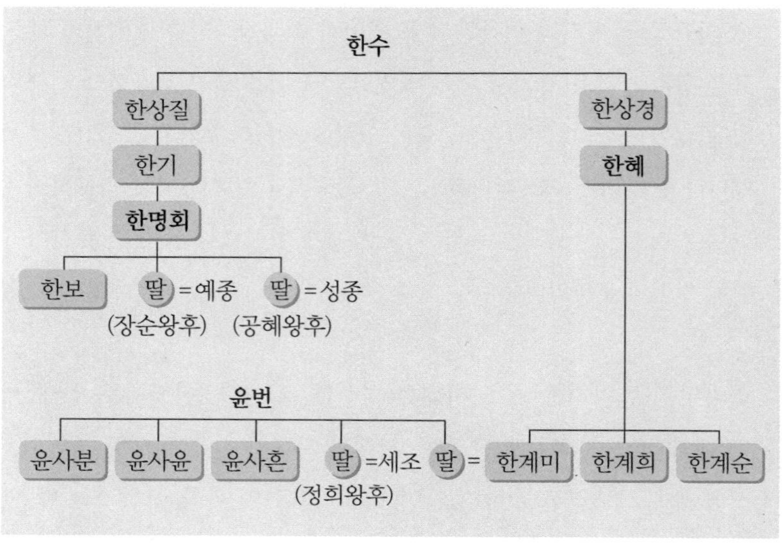

협하는 최대의 정적(政敵)이었다. 이처럼 성종과 한명회는 태생적으로 쉽게 풀기 힘든 딜레마의 늪에 빠져 있었다. 국왕으로서 성종의 25년 정치 활동 중 대부분(18년)은 길게 보면 정희대왕대비로부터의 탈주임과 동시에 한명회로부터의 탈주이기도 했다. 어쩌면 한명회와의 대립 관계가 더 심했다고 할 수 있다. 적어도 할머니 정희대왕대비는 부담을 주는 존재이기는 했으나 정적일 수는 없는 관계였다. 그리고 성종의 그 같은 탈주는 결론부터 말하면 그리 성공적이지 못했다.

한명회, 불우한 젊은 시절을 보내다

한명회는 태종 15년(1415년)에 태어났다. 여러 글에 전하듯이 태어났을 때 그는 형체도 제대로 갖춰져 있지 않아 여종이 낡은 솜옷으로

102

싸서 방치해 두었다. 여러 달이 지나서야 사람 형체가 갖춰졌기에 흔히 '칠삭둥이'로 불린다.

세상에는 이처럼 서둘러 나왔으나 세상에 그의 이름이 알려지는 데는 많은 세월을 기다려야 했다. 그는 일찍 부모님을 잃고 집안 어른들에 의해 양육되었다. 그런데 그의 남다른 기질을 뚫어본 그의 작은할아버지 한상덕은 집안을 일으켜 세워줄 인재라며 "한명회는 집안의 천리마"라고 불렀다. 한명회의 할아버지 한상질은 고려 말 정당문학(政堂文學–종2품에 해당하는 고위 관직)을 지냈으나 일찍 세상을 떠났고 부친 한기 또한 한명회가 태어난 지 얼마 안 되어 세상을 떠났다.

『실록』 졸기에는 "일찍이 어버이를 여의고 가난하여 스스로 떨쳐 일어나지 못하였으며 글을 읽어 자못 얻은 바가 있었으나 여러 번 과거에 합격하지 못하였다"고 젊은 시절을 표현한다. 그가 개국공신이었던 할아버지 덕으로 경덕궁직(敬德宮直)이라는 미관말직에라도 이름을 올린 것은 문종 2년(1452년), 나이는 이미 37세를 넘고 있었다. 경덕궁이란 이성계와 이방원이 왕위에 오르기 전에 거처했던 개성의 집으로 천도 후 태종이 수리 증축하여 경덕궁이라 부르고 한양 천도 후 관리 두 명을 파견했다. 한명회는 그 중 한 명이었던 것이다.

당시 개성에는 한양에서 파견된 다른 관청의 고위 관리들도 많았다. 이들이 한번은 만월대에 모여 잔치를 벌이고 한양 출신끼리 계를 만들기로 했다. 송도계는 그렇게 해서 생겼다. 이 말을 들은 한명회는 당연히 가입을 원했지만 말직이라는 이유로 수모만 당하고 거절당했다. 한명회가 천하대세를 잡은 후 송도계원들이 어떻게 되었을까는 물어볼 필요도 없다. 오죽했으면 이미 그 당시에도 눈앞의 권력만 믿고 남을 깔보는 사람을 '송도계원'이라고 했겠는가?

그러나 세상에는 송도계원 같은 부류의 인간들만 있는 게 아니다.

한명회는 체구가 작은 데 비해 머리는 매우 컸다. 그가 경덕궁직에 있으면서 인근의 영통사로 놀러갔는데 그때 한 노승이 주위 사람들을 물리치고 한명회에게 조용히 이르기를 "그대의 두상에는 광채가 있으니 이는 귀인이 될 징조"라고 했다는 일화가 『실록』에도 전한다. '대갈장군'이라는 말도 여기서 나왔다고 한다.

권람과의 관포지교(管鮑之交)

한명회가 훗날 수양대군과 연결되는 데 결정적인 계기를 만들어준 것은 권람과의 오랜 우정이었다. 나이는 한명회가 한 살 위였지만 두 사람 다 명문가의 자손이면서도 출세를 하지 못하고 있다는 공통점이 있었다. 한명회의 할아버지는 명나라에 가서 '조선(朝鮮)'이라는 국호를 받아왔고, 권람의 할아버지는 개국공신 권근이었다. 게다가 작은아버지 권규는 태종의 딸 경안공주의 남편이었다.

두 사람에게 개국공신의 불우한 후손이라는 것보다 더 큰 공통점은 세상에 대한 숨길 수 없는 야심이었다. 20대 때 두 사람은 명산대천을 함께 돌며 1년이고 2년이고 산천유람으로 세월을 보냈다. 명형교(忘形交), 자기 자신을 잊을 정도로 친한 사이였다. 그러면서도 두 사람은 달랐다. 한명회는 늘 권람에게 "문장 도덕은 내가 그대에게 양보하지만 사업을 경륜하는 데는 어찌할쏘냐"라며 놀렸다. 보다 구체적으로 두 사람의 차이를 잘 보여주는 일화가 성종 대의 문신 이륙(李陸, 1438년 세종 20년~1498년 연산군 4년)이 쓴 문집 『청파극담(靑坡劇談)』에 전한다. 당대의 이야기이기 때문에 실화일 가능성이 크다.

"길창군 권람은 상당군 한명회와 미천할 때부터 사귀어서 서로 허물없이 사는 처지였다. 권람에게 젊은 여자 종이 있었는데 태도와 얼굴이 뛰어나게 아름다워서 권 공은 늘 마음속으로 생각하고 있었으나 부인이 무서워 감히 어찌하지 못하고 상당에게 상의하니, 상당이 말하기를, '상사병을 앓는 것처럼 하여 공갈하자'고 하였다. 권람이 그의 말처럼 하고 있는데 한명회가 밤중에 비밀리 들어와 회화나무 꽃 삶은 물을 전해주며 온몸에 이것을 발라서 황달병 증상같이 만들게 했다. 며칠 후에 또 한명회가 와서 울며 큰 소리로 말하기를, '내 벗은 죽겠구나. 맥박은 느리고 기운이 이렇게 약해서야 곧 쓰러지겠구나. 부인은 어찌 한 계집을 아껴 주인의 목숨을 살리지 않는고' 하니, 그 부인은 알아차리고 드디어 길일을 택하여 종 아이를 보내 주인을 구했다. 이튿날 한명회가 다시 가니, 권람이 말하기를, '대사는 이미 이루어졌다' 하고 둘이 서로 껄껄대고 웃었다. 그 후 두 사람은 책략을 협력하여 중흥의 원훈(元勳)이 되었다. 그들의 기이한 꾀와 신비한 계략은 대개 이와 같았다."

권람도 한명회처럼 늦게, 그러나 2년 빠른 문종 즉위년(1450년) 문과에 장원급제하여 사헌부 감찰이 되었고 이듬해 집현전 교리가 되어 수양대군과 함께 병서(兵書)인 『역대병요』를 편찬하였다. 이때부터 수양대군은 권람을 눈여겨보아 두고 가까이 지냈다. 특히 두 사람은 만났다 하면 음식 식는 것도 모르고 끼니를 넘겨가며 밀담을 나눠 수양대군 집 하인들은 권람을 '국물 식히는 서방님'이라고 불렀다고 한다.

수양과의 만남

1452년 문종이 병으로 일찍 세상을 떠나고 열두 살의 단종이 왕위에 오르면서 한명회는 일찌감치 거사를 도모하기 시작한다. 단종 즉위년 (1452년) 7월 23일 개성에 있던 한명회가 서울에 와서 지금의 남산 기슭에 있던 권람의 집을 방문한다. 권람은 병이 있어 사직하고 치료차 동래 온천을 다녀온 직후였다.

한명회가 말한 요지는 다음과 같다. 임금이 어려 대신들이 권력을 좌지우지한다. 나랏일이 하루가 다르게 잘못되어 간다. 안평대군 이용이 딴 마음을 품고 소인배들을 모으고 있다. 수양대군이 큰 인물이라고 들었다. 자네가 일찍부터 수양과 가깝다고 했다. 그냥 지켜만 볼 것인지 여쭤봐 달라.

이 말을 들은 권람은 그날로 수양을 찾아갔다. 이날 대화에서는 한명회의 이름이 등장하지 않는다. 다만 한명회의 말에 따라 수양이 시국을 어떻게 전망하는지를 타진해 보는 수준의 대화였다. 권람이 보기에는 수양의 시국 전망이 자신이나 한명회의 전망과 그리 다르지 않았다.

5일 후 권람이 다시 수양을 찾아와 "모름지기 장사로서 사생(死生)을 부탁할 만한 자 두어 사람을 얻어서 창졸(倉卒)의 변에 대비하소서"라고 하자 수양은 묻는다. "매우 좋은 말이다. 그러나 장사를 얻게 해줄 만한 자가 누구인가?"

"한명회가 할 수 있습니다."

수양으로서는 처음 들어보는 이름이었다. 권람은 한명회를 이렇게 소개했다. "한명회는 어려서부터 기개가 범상하지 않고, 포부도 작지 않으나, 시운이 맞지 않아 지위가 낮아서 사람들이 아는 자가 없습니다. 공(公)이 만일 거사하실 뜻이 있으시면 이 사람이 아니면 할 수 없을 것입니다."

"예로부터 영웅은 또한 둔건(屯蹇-세상이 험하여 처세하기가 힘듦)함이 많으니 지위가 낮은들 무엇이 해롭겠느냐? 내가 비록 그 얼굴을 보지 못하였으나, 이제 논하는 바를 들으니 참으로 나라의 큰 인재로다. 내가 마땅히 대면하여 상의하겠다."

이 무렵 한명회는 스스로를 포의천부(布衣賤夫), 말 그대로 남루한 옷을 입은 비천한 필부라고 불렀다. 다만 주변에서 그의 재주를 알고 있던 사람들은 한명회의 움직임에 주목하고 있었다. 친구 이현로는 안평대군과 가깝게 지냈다. 윤9월 8일 자신을 찾아온 한명회에게 이현로는 자신이 이미 안평에게 한명회를 추천했노라고 말한다. 수양의 책사가 한명회였다면 이현로는 바로 안평 쪽의 책사였다.

"내가 이미 안평대군에게 추천하였으니, 한번 가서 뵙는 것이 옳다. 평생의 길을 얻는 것이 모두 여기에 있다."

그러나 한명회는 자신은 그럴 만한 능력이 없는 사람이라며 이현로의 제안을 물리친다. 당시로서는 쉽지 않은 결정이었다. 한편 수양과 한명회의 만남은 곧바로 이뤄지지 않았다. 아마도 안평대군 쪽에서 견제가 그만큼 심했기 때문일 것이다. 수양과 한명회의 만남은 해가 바뀌어 단종 1년 3월 21일 남산골 청학동 권람의 집에 있는 정자인 후조당(後凋堂)에서 이뤄진다.

"옛날에는 남산 가운데 가장 으슥했던 골짜기였기로 청학동으로 불렸다. 도교사상에서 영행한다는 청학이 사는 선향(仙鄕)이라 해서 청학동이요, 한양에서 가장 경치 좋은 삼청동, 인왕동, 쌍계동, 백운동과 더불어 한양 5동 가운데 하나였다.

세조는 임금이 된 연후에도 자주 이 청학동에 들러 권람의 정자인 후조당에서 놀고, 바로 그 서편 벼랑 밑에 있는 돌샘물을 즐겨 마셨는데 이것이 연고가 되어 어정(御井)이란 이름을 얻은 것이다."(『이규태의 600년 서울』, 조선일보사, 118쪽)

한명회를 처음 보는 순간 수양은 "옛 친구같이 여겼다"고 『실록』은 기록하고 있다. 수양이 먼저 조심스럽게 운을 뗐다.

"역대 왕조의 운수는 혹은 길기도 혹은 짧기도 하여 비록 고르지는 아니하지만, 그러나 모두 말엽의 임금이 덕을 잃고 정사를 어지럽게 하며 마땅하지 않은 사람을 임용함으로 말미암아, 백성이 도탄에 빠져 하늘이 노하고 백성들이 원망한 연후에 곧 멸망하는 데 이르렀다. 지금 주상께서 나이는 비록 어리다고 하지만 이미 큰 도량이 있으니, 만약 잘 보좌만 한다면 족히 수성할 것이다. 다만 한스러운 것은 대신이 간사하여 어린 임금을 믿고 맡길 수 없으며, 도리어 두 마음을 품어 선왕(先王-문종)이 부탁한 뜻을 저버리는 것이다. 지난번에 권람을 통해 그대가 이 세상에 뜻이 있음을 알았으니 나를 위하여 주책(籌策-책략을 설계함)을 하라."

"두루 옛날의 일을 보건대, 국가에 어린 임금이 있으면 반드시 옳지 못한 사람이 정권을 잡았고, 옳지 못한 사람이 정권을 잡으면 여러 사특한 무리가 그림자처럼 붙어서 화(禍)가 항상 일어났습니다. 그때 충의로운 신하가 일어나 반정(反正)을 한 뒤에야 그 어려움이 곧 형통해졌습니다. 안평대군이 대신들과 결탁하여 장차 반역을 도모하려 하는 것은 길 가는 사람들도 아는 것이나, 실상의 증거를 포착해 그 역모를 드러낼 수 없으니, 비록 즉시 거의(擧義)하려고 하여도 이루기 어려울 듯합니다."

한명회는 정보전(情報戰)을 이야기하고 있다. 실제로 이때부터 수양은 종 조득림으로 하여금 안평대군의 종이나 대신들의 종과 다양한 교제를 갖도록 하면서 정보 수집에 들어간다. 저쪽도 안평대군, 김종서, 황보인 등이 중심이 돼 활발한 움직임을 보이고 있다는 것을 알게 된다. 이틀 후 수양과 한명회는 후조당에서 두 번째로 만난다.

"근자에 권람으로부터 그대가 선비를 많이 얻음을 알고 마음으로 기뻐한다."

"명공(明公-수양대군)의 위엄에 힘입어 호걸들을 설득하니 마음을 돌린 자가 많습니다. 그들은 밤낮으로 친히 만나 뵙기를 간절히 바라고 있습니다. 조용히 불러 대접해 주시고, 그들에게 진실함과 정성스러움을 보여주어서 신의를 굳게 하소서."

"좋다."

그러자 한명회는 내금위(內禁衛-무예가 특출한 자로 구성된 일종의 특수 경호대) 소속의 양정, 유수, 유하 등 장정들을 소개했고 수양은 이들을 후하게 대접했다. 이들은 수양이 전망하는 정국의 흐름에 관해 전해 들은 뒤 이렇게 다짐한다.

"저희들은 비천한 사람이지만 공의 말씀을 듣고 오히려 분격함을
이기지 못하겠습니다. 진퇴에 오직 명을 따르고 두 마음이 없을 것을
맹세합니다."

그 후에도 한명회는 홍달손을 비롯한 숨은 무장들을 속속 수양에게
소개하면서 세를 넓혀나갔다. 홍달손은 한명회와 동갑으로 호방하며
무략을 갖춘 인물이었다. 운명의 시간은 다가오고 있었다. 9월 25일
권람의 종 계수가 황보인의 종에게서 결정적인 정보를 입수한다. 자기
주인이 김종서 등과 의논하여 단종을 폐위시키고 안평대군을 임금으
로 세우려 하는데 거사일은 10월 12일과 22일 중 하나로 하기로 했다
는 것이다. 상황은 급박하게 돌아가고 있었다.
마침내 9월 29일 수양대군의 집에서 수양과 한명회, 권람, 홍달손,
양정, 유수, 유하 등은 10월 10일을 거사일로 잡는다. 그런데 10월 2일
비상사태가 발생했다. 권람의 첩보에 따르면 '저쪽'에서 이쪽의 움직임
을 포착했다는 것이다.

"황보인이 대군께서 거사하고자 한다는 것을 듣고 비밀리에 김종
서에게 편지를 보내 '큰 호랑이가 이미 알았으니, 어찌하겠소?' 했
더니, 김종서가 '큰 호랑이가 알았더라도 어찌하겠소?'라고 하였답
니다."

성패의 갈림길이었다. 수많은 사람들의 목숨이 왔다 갔다 하는 순간
이었다. 한동안 말이 없던 수양은 결심한다.

"저들이 알았다 하더라도 회의하는 데 3일, 계획을 세우는데 3일,

약속하는 데 3일로 쳐도 족히 8~9일은 걸릴 것이니, 우리가 정한 10일의 기한만 어기지 않으면 문제가 없다. 그러나 말이 자꾸 입에서 나오면 사람은 비록 알지 못하더라도 귀신이 알고, 귀신이 알면 사람이 결국 아는 것이니, 혹시라도 입 밖에 내지 말고 더욱 조심하여 기다리고 다시는 와서 의논하지 말라."

10월 10일 새벽은 밝아오고

수양은 10월 10일 새벽, 최측근, 권람, 한명회, 홍달손을 불러 결의를 밝히고 자신이 김종서를 직접 죽이겠다는 등의 밑그림을 밝힌다. 수양은 "내가 오늘 여러 무사들을 불러 집 뒤뜰에서 활쏘기를 하며 조용히 이르겠으니, 그대들은 갔다가 얼마 후 다시 오라"고 말한다. 수양의 집은 경복궁과 창덕궁 사이에 있었다. 그날 오전 수양의 집 뒤뜰에는 그동안 접촉해 두었던 무사들이 속속 모여들었다. 활쏘기가 시작되고 술자리가 펼쳐졌다. 정오 무렵 권람이 수양의 집을 찾았다. 수양이 문 밖으로 나와 뒤뜰의 상황을 전한다.

"강곤, 홍윤성, 임자번, 최윤, 안경손, 송석손, 홍귀동, 민발 등 수십 명이 지금 활쏘기를 하고 있다. 그런데 곽연성은 오기는 했으나 어미의 상중(喪中)으로 사양하기에 여러 번 되풀이하여 타이르니 비록 허락은 하였으나 어렵게 여기는 빛이 있다. 그대가 다시 설득해 보라."

그러고 나서 수양은 다시 뒤뜰로 갔다. 이어 곽연성이 나왔다. 곽연성은 수양이 단종 즉위년(1452년) 사은사로 명나라에 갈 때 군관(軍官)으로 수행해 인연을 맺었던 인물이다. 곽연성은 흔들리고 있었다.

처음에는 상중이라며 "명령을 따르기 어렵다"고 했다. 권람이 말한다.

"선비는 자기를 알아주는 사람을 위하여 죽는 것이다. 지금 수양
대군께서 국가를 위하여 의를 일으키는 것인데, 자네가 어찌 구구하
게 작은 절의를 지키겠는가? 또 충과 효에는 두 가지 이치가 없으니,
자네는 사양하지 말고 큰 효를 이루라."

마침내 결심을 한 곽연성은 권람에게서 쿠데타 계획을 상세하게 전
해 들은 다음 한 가지 중요한 문제점을 지적하기도 했다. 수양이 김종
서의 집에 갔다가 정확히 언제 돌아올지를 모르니 그 사이에 성문이
닫히는 경우에 대한 대비책을 물은 것이다. 결국 곽연성은 거사에 참
여해 정난공신 2등에 책록된다.

해가 저물어가고 있었다. 뒤뜰에서 아무 말도 없이 활쏘기를 하고
있는 무사들에게 계획을 말한다. 기본적으로는 동의하면서도 송석손,
유형, 민발 등이 나서 주상께 먼저 아뢰야 한다고 절차상의 문제를 제
기했다. 서로 의견이 엇갈려 시간만 흐르고 불가능하다는 주장도 만만
찮았다. 논의 중에 북문 쪽으로 도망치는 자까지 나왔다. 흔들리고 있
었다. 실은 수양 자신도 흔들렸다. 이때 수양이 한명회에게 의견을 구
하자 이렇게 답한다.

"길 옆에 집을 지으면 3년이 되어도 이루지 못하는 것입니다. 작은
일도 오히려 그러한데 하물며 큰일이겠습니까? 일에는 역(逆)과 순
(順)이 있는데, 순으로 움직이면 어디를 간들 이루지 못하겠습니까?
일의 방향이 이미 먼저 정하여졌으니, 지금 의논이 비록 통일되지 않
더라도 그만둘 수 있습니까? 대군이 먼저 일어나면 따르지 않을 자가

없을 것입니다."

그러나 송석손 등은 수양의 옷을 끌어당기며 강하게 만류했다. 이에 수양은 말리는 자를 발로 차버린 후 하늘을 가리켜 맹세한다.

"지금 내 한 몸에 종사의 이해가 달렸으니, 운명을 하늘에 맡긴다. 장부가 죽으면 사직(社稷)에 죽을 뿐이다. 따를 자는 따르고, 갈 자는 가라. 나는 너희들에게 강요하지 않겠다. 만일 고집하여 기회를 그르치는 자가 있으면 먼저 베고 나가겠다. 빠른 우레에는 미처 귀도 가리지 못한다. 군사는 신속한 것이 핵심이다."

뒤뜰에서 대문 쪽으로 나오니 그 유명한 장면이 연출된다. 훗날 수렴청정을 하게 되는 수양의 부인(훗날 정희대왕대비)이 말없이 수양에게 갑옷을 입혀주었다. 왕건의 유씨 부인, 태종의 민씨 부인의 전통을 이었다고나 할까? 수양은 종 임어을운을 데리고 김종서의 집으로 향했다. 양정, 유수, 홍순손 등도 멀리서 뒤를 따랐다. 이 장면은 마치 예종 때 남이 장군을 잡아들이던 장면을 연상케 한다. 드라마 등에서도 많이 소개된 장면이다.

김종서 체포 작전

수양 일행은 서대문 밖 김종서의 집으로 향했다. 수양은 권람으로 하여금 김종서의 집을 엿보게 하였다. 권람이 문을 두들기고 들어가자 김종서는 그를 별실로 불러들여 한참 동안 이야기를 나누었다. 권람의 목적은 하나였다. 김종서가 집에 있다는 것을 확인하는 것. 권람이 돌아오자 수양은 말에 올랐다. 김종서의 집 주위는 30여 명의 병사들이 지키고 있었다.

수양이 양정으로 하여금 칼을 품에 감추게 하고 김종서의 집에 이르니, 아들 김승규가 문 앞에 앉아 신사면, 윤광은과 얘기하고 있었다. 김승규가 수양을 보고 맞이하였다. 수양이 그 아비 보기를 청하니, 김승규가 들어가서 고하였다. 한참이 지나서 김종서가 나왔다. 수양이 계속 멀찍이 서 있자 김종서는 안으로 들어갈 것을 청했다.

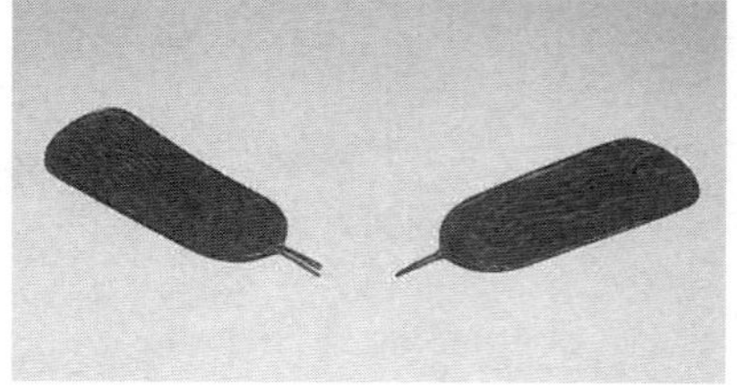

사모(위)와 사모뿔 고려 말에서 조선 시대에 걸쳐 벼슬아치들이 관복을 입을 때 쓰던 모자.

"해가 저물었으니 문에는 들어가지 못하겠고, 다만 한 가지 일을 청하려고 왔습니다."

그래도 김종서가 두세 번 들어오기를 청하였으나 수양은 계속 거절했다. 어쩔 수 없이 김종서가 앞으로 나왔다. 김종서가 나오기 전에 수양은 자신의 사모(紗帽)뿔이 떨어져 없어진 것을 깨달았다. 수양이 웃으며 말한다.

"정승의 사모뿔을 좀 빌립시다."

김종서는 서둘러 자신의 사모뿔을 빼어주었다. 그러자 수양은 엉뚱한 이야기를 꺼낸다. 그리고 주변에 있던 윤광은과 신사면을 쳐다보며 "비밀한 청이 있으니 너희들은 물러가라"고 했다. 김종서는 하늘을 우러러보며 한참 말이 없었다. 윤광은과 신사면은 수양의 말에도 불구하고 오히려 멀리 피하지 않았다. 수양은 김종서에게 말한다.

"또 청을 드리는 편지가 있습니다."

김종서가 편지를 받아 물러서서 달에 비춰 보는 순간 수양이 신호를 보냈다. 임어을운이 철퇴로 김종서를 쳐서 땅에 쓰러뜨렸다. 김승규가 놀라서 그 위에 엎드리니, 양정이 칼을 뽑아 내리쳤다. 수양이 천천히 양정 등으로 하여금 말고삐를 흔들게 하여 돌아와서 돈의문에 들어가, 권언 등을 시켜 지키게 하였다. 이로써 사실상 상황은 종료된 셈이었다. 남은 것은 뒤처리. 피의 숙청이었다.

생살부(生殺簿)

김종서를 처리한 수양은 거사 사실을 전하고 단종을 위협해 조정대신들을 입궐토록 명했다. 그런데 조건이 하나 있었다. 종을 데리고 오지 말고 혼자 들어오도록 한 것이다. 이날 한 손에 생살부를 들고 대신(大臣) 학살을 진두지휘한 장본인이 바로 한명회였다.

"조극관, 황보인, 이양이 제3문에 들어오니, 함귀 등이 철퇴로 때려 죽이고, 사람을 보내어 윤처공, 이명민, 조번, 원구 등을 죽이고, 삼군진무(三軍鎭撫) 최사기를 보내어 김연을 그 집에서 죽이고, 삼군진무 서조를 보내어 현릉의 비석을 감독하고 있던 민신을 비석소(碑石所)에서 베고 또 최사기와 의금부 도사 신선경을 보내어 군사 일백을 거느리고 안평대군을 성녕대군의 집에서 잡아 압송하여 강화(江華)에 두고, 세조가 손수 편지를 써서 그 뜻을 이르고, 또 시켜서 말하기를, '네 죄가 커서 참으로 주살(誅殺)을 면할 수 없으나, 다만 세종과 문종께서 너를 사랑하시던 마음으로 너를 용서하고 다스리지 않는다'고 하였다. 용(瑢-안평)이 사자(使者)를 대하여 눈물을 흘리며 말하기를, '나도 또한 스스로 죄가 있는 것을 안다. 이렇게 된 것이 마땅하다'고 하였다.

　이날 밤에 달이 떨어지고, 하늘이 컴컴하여지자 별똥별이 떨어졌다. 병조참판 이계전이 두려워하여 나팔을 불기를 청하였다. 수양이 웃으며 말하기를, '무엇을 괴이하게 여길 것이 있는가? 조용히 하여 진압하라'고 하였다."

거사 닷새 후인 10월 15일 '나라의 난을 평정했다'는 의미에서 정난(靖難)의 공을 논하여 수양대군, 정인지, 한확, 박종우, 김효성, 이사철, 이계전, 박중손, 최항, 홍달손, 권람, 한명회 등 열두 명을 1등공신으로 분류하였다. 여기서 우리는 순서에 주목하여야 한다. 내용으로 보자면 당연히 수양대군의 지도, 한명회의 기획, 권람의 실행, 홍달손의 행동이 1등공신의 순서여야 한다. 그런데 '혁명 동지' 3인은 말석을 차지했고 진행 과정에서 두드러진 활약을 보기 힘들었던 인물들이 대거 상위를 차지하고 있는 것이다.

　사실 정인지부터 최항까지는 거사 준비와는 관계가 없는 인물들이다. 다만 거사 당일 단종을 보좌하는 자리에 있으면서 거사를 방해하지 않은 공이 컸다. 거사가 있던 날 궁중에 있었던 정인지는 중추원 판사, 한확은 좌찬성, 김효성은 중추원 판사, 이사철은 우참찬, 이계전은 병조참판, 박중손은 도승지, 최항은 승지였고 박종우는 태종의 딸 정혜옹주와 결혼한 왕실 종친으로 수양을 도왔다. 즉 대부분은 다분히 운 좋게 대궐에서 당직 근무를 하다가 수양의 거사를 방해하지 않은 공으로 1등공신이 된 셈이었다. 그런 데다가 한명회는 경덕궁직이라는 말직밖에 지낸 경력이 없기 때문에 맨 뒷자리를 차지할 수밖에 없었다.

그럼에도 불구하고 10월 10일 이전의 한명회와 그날 이후의 한명회는 이미 전혀 다른 사람이었다. 실제의 공으로만 본다면 『실록』의 공신 순서는 수양을 제외하고는 정반대로 하는 게 옳을 정도다. 정난 직후 그는 군기 녹사라는 직함을 받는다. 여전히 8품 정도의 말직이었다. 그리고 곧바로 정4품의 사복시 소윤이 되고 이듬해 승정원의 동부승지로 승진한다. 여섯 승지 중에서는 말석이지만 통정대부의 품계에 해당하기 때문에 마침내 당상관의 자리에 오른 것이다. 그리고 승지란 임금을 가장 가까이 보좌하는 자리이기 때문에 한명회의 앞날은 수양이 건재하는 한 탄탄대로였다.

패왕(覇王) 세조와 권신(權臣) 한명회

계유정난의 성공은 한명회라는 무명의 서생(書生)을 하루아침에 당
대 최고의 권력자로 바꿔놓았다. 그것이 한명회 한 개인의 삶뿐만 아
니라 조선이라는 나라의 성격과 운명에도 적지 않은 영향을 주게 되리
라는 것은 시간이 많이 흐른 뒤에 드러나게 된다. 무엇보다도 태조, 태
종, 세종을 거치며 '왕권(王權)' 우위를 견지해 오던 조선의 통치 구도
가 세조라는 과도기를 거친 다음 '신권(臣權)' 우위, 즉 왕권 약화로 이
행하는 결정적 계기가 한명회라는 인물로 인해 비롯되기 때문이다. 성
종과 한명회의 치열한 신경전을 보기에 앞서 세조와 한명회의 관계를
짚고 있는 것도 그 때문이다.

계유정난 후에도 한명회는 금성대군과 혜빈 양씨를 숙청하고 세조
즉위에 공을 세워 좌익공신 1등에 책록되고 성삼문 등이 세조를 몰아
내려는 계획을 추진할 때는 미리 김새를 파악하여 무력화시킴으로써

사육신 등을 처단하고 세조의 왕위를 지키는 데 결정적인 공을 세웠다. 이로써 그는 국왕을 제외한 신하로서 최고위 품계라 할 수 있는 대광보국숭록대부(정1품 상계)에 오르고 영의정도 여러 차례 지내며 원상까지 맡아 세조와 성종 때의 정사를 좌우하게 되는 것이다. 특히 성종이 즉위할 무렵에는 조정을 들락거리는 실세 대신은 90퍼센트 이상이 한명회와 연결된 사람이라 해도 과언이 아니었다. 결론적으로 말해 한명회라는 인물은 앞을 내다보고 결단을 하는 데 능했던 인물이다. 그리고 늘 사람들을 가까이하면서 심복을 길러냈다. 마치 태종 이방원의 한 면목을 보는 듯하다. 열세 살짜리 성종이 언젠가는 넘어야 할 한명회는 이 같은 과정을 거치며 형성된, 유례를 찾기 힘든 거대한 산맥과도 같은 인물이었다.

좌익공신 1등 한명회

계유정난의 성공이 곧바로 집권은 아니었다. 왕위는 여전히 단종이 지키고 있었다. 수양대군은 정난 이후 영의정, 이조와 병조판서를 겸하는 겸판이병조, 군권을 통괄하는 중외병마도통사 등 정권과 병권을 한 손에 쥐었지만 왕권은 별개였다. 정통성(正統性). 그때나 지금이나 정통성이 없는 권력은 오래갈 수 없다는 것을 수양이 모를 리 없었다. 도덕성 없는 권력은 어쩌면 그 시절이 지금보다 더 취약했을 것이다.

사실 수양의 입장에서는 단종의 자발적인 선위(禪位)가 가장 이상적이었다. 그러나 단종으로서도 자기 마음대로 선위할 수 있는 입장이 아니었다. 정난 이후 단종의 처지는 말 그대로 하루하루가 살얼음판을 내딛는 듯했을 것이다. 행인지 불행인지 정난 때 안평대군이 사사되긴 했지만 금성대군이 단종의 후원자로 버티고 있었다.

28세의 금성대군은 세종과 소헌왕후 사이의 여덟 아들 중 여섯째로 수양의 아홉 살 아래 친동생이었다. 단종이 즉위했을 때 수양과 함께 금성은 왕족을 대표하는 두 사람으로 보필을 약속했었고 그 약속을 지켰다. 안평대군처럼 자기 세력을 도모하지는 않았지만 계유정난이 일어났을 때 반대의 입장을 분명히 했다.

그리고 단종의 정신적 버팀목이 또 한 사람 있었다. 세종의 후궁이었던 혜빈 양씨였다. 세종과 혜빈 양씨 사이에는 한남군, 수춘군, 영풍군 등 세 아들이 있었지만 혜빈 양씨는 일찍 생모를 잃은 단종을 키운 인물이기도 했다. 따라서 후궁임에도 불구하고 당시의 궁궐 상황에서 사실상 '대비(大妃)'의 역할을 하고 있었다. 그리고 금성대군과 혜빈 양씨는 단종 보호라는 점에서 같은 길을 걷고 있었다. 당시 궁에는 태종의 후궁이었던 의빈 권씨도 살고 있었는데 할머니 격인 혜빈 양씨가 단종을 키웠듯이 똑같이 할머니 격인 의빈 권씨가 금성대군을 키웠다. 그리고 혜빈 양씨가 의빈 권씨를 극진히 모셨기 때문에 이들은 모두 가까운 사이였다.

정난 후 10개월이 지난 단종 2년(1454년) 8월 28일 계양군 이증과 영천위 윤사로가 수양대군을 찾아왔다. 계양군 이증은 세종과 신빈 김씨 사이에서 난 여섯 아들 중 장남으로 우의정 한확의 사위이기도 했다. 한확은 다름 아닌 성종의 외할아버지다. 영천위라고 할 때 '위'는 부마로서 임금의 사위를 뜻한다. 윤사로는 세종과 상침 송씨 사이에서 난 정현옹주와 결혼한 세종의 사위로 수양대군과는 처남 매부 사이였다. 이들이 찾아와 금성대군의 동태가 이상하다며 서둘러 조처를 취할 것을 건의했다. 그러나 얼마 전 친동생 안평을 죽인 수양으로서는 또다시 확증도 없이 손에 피를 묻힐 수 없었다. 이 무렵 동부승지로 승정원에서 일하고 있던 한명회도 수양과 독대를 하고서 금성대군의 제거를 청했다. 한명회의 주장은 단호했다. 한사코 반대하던 수양도 결국은 '구체적인 행동이 있으면 제거하겠다'고 약속했다.

이듬해 3월 28일 수양대군은 금성대군을 제거키로 결심한다. 영의정 수양은 우의정 한확, 우찬성 이계린, 좌참찬 강맹경, 병조판서 이계전, 형조판서 이변, 도승지 신숙주, 우부승지 구치관 등을 빈청에 모이게 한 다음 금성대군을 비롯한 60여 명의 숙청을 결정하고 단종에게 글을 올렸다. 당연히 통과되었다. 금성대군은 파직되었다. 그와 가까웠던 화의군 이영은 유배되었다. 화의군은 세종과 영빈 강씨 사이에서 난 아들로 계유정난에 참여한 박중손의 사위이기도 했다.

그러나 이 정도로는 안심할 수 없었다. 결국 단종 3년 윤6월 11일 한명회를 비롯한 측근들의 압력에 수양은 최종 결심을 한다. 금성대군과 혜빈 양씨를 역적으로 지목하고 한남군, 영풍군 등의 유배를 건의했고 당연히 관철되었다. 혜빈 양씨의 세 아들 중 둘째 수춘군이 빠진 것은 그 전부터 수춘군이 윤사로 등에게 금성대군의 동태를 밀고하면서 수양 쪽에 섰기 때문이었다. 당시 15세이던 단종이 그 의미를 몰랐을 리 없다. 허수아비 국왕 3년에 늘어난 것은 눈치뿐이었다. 그날로 단종은 왕위를 작은아버지 수양에게 넘겼다. 말 그대로 찬탈(簒奪)이었다. 그리고 단종은 상왕으로 '추대'되었다.

3개월 후에 즉위에 공이 있다 해서 '좌익공신' 44명을 책봉하는데 그중 1등공신은 계양군 이증, 익현군 이관, 한확, 윤사로, 권람, 신숙주, 한명회, 일곱 명이었다. 이 중 익현군 이관은 세종과 신빈 김씨 사이의 넷째 아들로 계양군 이증의 친동생이었다. 한명회는 이로써 한확, 권람 등과 함께 양 공신(兩功臣)에 올랐다.

단종 복위를 좌절시킨 한명회

아주 흥미롭게도 좌익공신 3등에 사육신으로 유명한 성삼문이 포함
돼 있었다. 외견상의 책봉 이유는 수양이 왕위에 오를 때 승지로서 옥
새를 올린 장본인이었기 때문이다. 그러나 집현전 학사들을 포용하려
는 수양의 전략적 구상이 더 크게 작용했다고 봐야 한다.

사실 충절(忠節)이라는 면에서 성삼문의 기개는 높이 평가할 수 있
지만 『실록』에 따를 경우 단종 복위에 결정적인 실기(失機)를 가져온
장본인이 성삼문이고 반대로 그것을 정확히 포착한 인물이 바로 한명
회다.

권력 찬탈 이후에도 한명회는 여전히 우승지에 머물고 있었다. 그러
나 세조는 수시로 한명회에게 술을 하사하며 "한명회는 다른 공신에
비할 바가 아니다"라며 각별한 총애를 표시하곤 했다. 이런 한명회가
또 한 번 결정적인 공을 세우게 된다.

집권 2년째인 1456년(세조 2년) 6월 1일 유응부와 성승이 주동이 된
단종 복위 세력이 마침내 행동에 들어갔다. 창덕궁에서 열리는 명나라
사신 환영연을 거사의 무대로 삼기로 한 것이다.

별운검(別雲劍), 원래 운검이란 국왕의 좌우에 무장을 하고 시립하
는 2품 이상의 무관을 말한다. 따라서 별운검이란 특별 행사 때 국왕
을 좌우에서 경호하는 무장이었다. 이날 행사에는 조선 초 대표적인
무장 성달생의 아들이자 성삼문의 아버지인 성승과, 세종과 문종의 총
애를 받았던 무과 출신 중추원 동지사 유응부가 별운검을 맡도록 돼
있었다. 두 사람은 이 자리에서 세조와 세자를 제거하는 것을 신호탄
으로 해서 한명회를 비롯한 공신들을 처단키로 했다.

반왕(反王) 세력의 움직임에 촉각을 곤두세우고 있던 한명회는 모반
의 기미를 알아차렸다. 원래 정보전의 1인자 한명회 아니던가. 일단

성삼문 표준 영정_ 조선 초기의 문신으로 훈민정음 창제에 공헌했다. 수양대군의 왕위 찬탈을 불의로 규정하고 단종의 왕위 회복을 도모하다가 발각되어 처참한 최후를 맞았다.

한명회는 세조를 은밀하게 찾아가 "행사장인 창덕궁 광연전은 좁고 날씨가 무더우니 세자 저하는 오시지 말게 하시고 운검도 들이지 않았으면 좋겠다"고 말했고 세조도 순순히 따랐다. 그리고 칼을 찬 성승이 연회장에 들어가려 하자 한명회는 어명이라며 "운검을 들이지 않기로 했다"고 말한다.

갈림길이었다. 여기서 무장인 성승과 유응부는 칼을 뽑았으니 거사를 계속 진행하자고 말했다. 성승은 한명회부터 죽이자고 했다. 그러나 정작 아들 성삼문이 "세자가 오지 않았으니 한명회를 죽인들 무슨 소용이 있냐"며 거사를 늦출 것을 제안했다. 유응부는 "이런 일은 번개같이 해치우는 것이 상책"이라며 강행 의사를 밝혔으나 결국 성삼문과 박팽년의 연기론이 먹혀들었다.

역사의 흐름은 바뀌지 않았다. 바로 다음 날 거사 모의에 참여했던 김질이 장인 정창손에게 의논했고 정창손이 그길로 김질을 이끌고 세조에게 데려갔다. 이로써 단종 복위의 꿈은 수포로 돌아갔고 사육신과 생육신의 이야기가 만들어진다. 1년 후인 1457년 6월 21일 단종은 노산군으로 강등되어 영월에 유배되었다. 그 소식을 들은 금성대군은 마침내 9월 거사를 결심했다. 그러나 관노의 밀고로 발각되어 사사되었고 더불어 혜빈 양씨도 한남군, 영풍군과 함께 유배지에서 사사되었다. 그리고 10월 21일 더 이상의 후원 세력을 잃은 단종도 목을 매 자살한다. 아니 자살했다고 전해진다.

한명회의 장래 사위 성종이 피의 소용돌이 속에서 태어나다

세조 3년, 1457년 한 해는 미세하게 들여다볼 필요가 있다. 성종이 태어난 이 한 해에 조선의 한양 한복판에서는 참으로 많은 비극적 사건들이 벌어졌기 때문이다. 이때의 시기를 훗날 인수대비로 더 유명해진 소혜왕후 한씨의 시각으로 정리해 본다.

1437년 서원부원군 한확의 딸로 태어난 한씨는 수양대군의 맏아들 도원군 이숭(1438년 세종 20년~1457년 세조 3년)과 결혼을 했다. 아직 수양이 왕위에 오르기 전의 일이었다. 시아버지 수양이 계유정난을 일으킨 다음 해에는 장남 이정을 낳았다. 훗날의 월산대군으로 성종의 형이다. 그리고 1455년 수양이 왕위에 오르자 남편은 의경세자가 되었고 자신도 세자빈이 되어 장차 국모(國母)의 꿈을 꿀 수 있게 되었다. 자신의 아버지 한확은 명나라 황친이었고 벼슬이 우의정에까지 올랐으며 정난공신과 좌익공신 1등이었다.

그러나 1456년 9월 11일 명나라에 사신으로 갔다 오던 아버지 한확이 도중에 사망했다. 조정에서는 단종 복위 운동에 가담한 인물들을 처단하느라 피바람이 불 때였다. 일찍부터 사서삼경(四書三經)에 통달할 만큼 학문에 밝아 정치에 관해서도 남다른 안목을 갖고 있었던 한씨로서는 내심 불안감이 커질 수밖에 없었다. "격동의 권력투쟁 와중에 과연 내 남편이 무사히 왕위에 오를 수 있을 것인가?"

이런 가운데 1457년 6월 21일 시아버지 세조의 왕위를 위협할 수도 있던 단종이 노산군으로 강등되어 영월로 유배를 떠났다. 보기에 따라서는 남편 의경세자의 향후 진로가 더욱 탄탄해지는 것일 수도 있었다. 이때 한씨는 둘째를 임신 중이었다. 7월 30일 동궁에서 두 번째 아들을 낳았다. 훗날의 성종이다.

그런데 유감스럽게도 남편인 세자가 자신의 출산 사흘 전인 7월 27일부터 아프기 시작했다. 8월 들어 세자의 병은 더욱 깊어가기 시작했다. 세조는 대신들과 수시로 어떤 약을 써야 할 것인지를 논의하며 고민에 들어갔다. 잠깐 차도를 보이기도 했던 병세는 다시 악화되어 결국 한 달여 만인 9월 2일 세상을 떠났다. 한씨는 하루아침에 청상과부의 신세가 되었고 당연히 국모의 꿈도 산산조각이 났다.

사실 누구보다 충격을 받은 인물은 세조 자신이었을 것이다. 천벌(天罰)인가? 그러나 신하들은 한술 더 떴다. 세자가 죽은 지 불과 여드레 후인 9월 10일, 즉 세자의 상중(喪中)에 영의정 정인지, 좌의정 정창손, 이조판서 한명회, 좌찬성 신숙주가 나서 유배 중인 노산군과 금성대군을 사사할 것을 청했다. 한명회를 제외하면 모두 세종의 총애를 받았던 신하들이 세종의 손자와 아들을 죽일 것을 청하고 있는 것이다. 세조도 처음에는 신하들의 계속되는 요구를 단호하게 거부했지만 결국 한 달여 후인 10월 금성대군과 단종은 차례로 세상을 떠나게 된다.

세조의 자리를 위협하는 세력은 제거되었지만 세자 자리는 네 살의 월산대군이 잇지 못하고 시동생인 해양대군(훗날의 예종)으로 넘어갔다. 그리고 3년 후인 세조 6년(1460년) 세자는 훗날 장순왕후로 추존되는 한명회의 딸을 세자빈으로 맞아들였다. 그러나 다음 해 한씨는 인성대군을 낳은 후 열일곱의 나이로 세상을 떠나고 한명회의 실낱같은 희망 인성대군도 얼마 안 가서 죽는다. 이번에는 한명회에게 내린 천벌(天罰)인가?

이듬해인 세조 8년 한백륜의 딸 한씨가 두 번째 세자빈으로 간택되어 마침내 짧기는 하지만 왕비의 자리에 오르게 된다. 그가 바로 아랫동서 격인 안순왕후 한씨다. 한백륜은 문과 급제자임에도 불구하고 그다지 출세한 편은 아니었다. 한씨가 세자빈으로 간택될 당시 한백륜은 궁중 음식을 검사하는 사옹원 별좌라는 5품직에 불과했다. 아마도 같은 청주 한씨 집안이었던 한명회의 천거(薦擧)가 있었을 것으로 보인다. 그리고 세조 12년 세자와 한씨 사이에 아들이 태어났으니 훗날의 제안대군이다. 예종이 사망했을 때 왕위 계승 서열 1위는 네 살의 제안대군이었다.

한편 한확의 딸 한씨는 이 모든 일들을 지켜보며 절치부심했다. 자신에게는 두 아들이 무럭무럭 자라주고 있었다. 장남 월산군은 한명회의 심복인 병조판서 박중선의 딸과 혼인했고 차남 잘산군은 세조 13년 한명회의 딸(훗날의 공혜왕후)과 혼인했다. 국구(國舅)를 향한 한명회의 두 번째 꿈이 시작되는 순간이었다. 한씨의 입장에서도 당대의 실력자 한명회와 사돈 관계를 맺는 것이 나쁠 게 전혀 없었다.

이시애의 난,
세조 정권의 뿌리를 뒤흔들다

태종 때 조사의의 난이 최대의 반란이었다면 세조 때는 이시애의 난이 그것이다. 두 난 모두 조선 왕실의 거점인 함길도를 근거지로 해서 일어났다는 점에서 공통점을 갖는다. 그러나 아무래도 태종보다는 세조의 경우가 즉위 과정에서의 정당성에 더 큰 하자(瑕疵)가 있었기 때문에 위기감이 더했다. 태종이 공신들을 과감하게 제거한 반면 세조는 그렇게 할 수 없었던 이유도 따지고 보면 불안감의 크기가 태종 때와는 비교할 수 없을 정도였기 때문인지도 모른다.

세조의 경우에는 실제로 집권 초부터 사육신 사건을 비롯해 친동생인 금성대군의 단종 복위 운동, 김종서의 심복이었던 함길도 절제사 이징옥의 난 등 크고 작은 반란과 역모 사건을 겪어야 했다. 이 과정에서 많은 피를 흘려야 했지만 적과 동지의 구분이 명확해지는 나름의 상황적 장점도 있었다.

1467년 세조는 집권 13년을 맞고 있었다. 슬슬 집권 피로 현상이 나타날 때였다. 세조와 한명회를 비롯한 공신들 간의 관계도 예전 같지 않았다. 무소불위의 권력을 행사하는 세조의 공포정치에 대해 훈구공신들은 염증을 느끼기 시작했고 공신들의 전횡에 대해 세조는 불만이 쌓여가고 있었다. 술자리에서 실수를 했다는 이유로 목숨이 날아가는 사람이 있는가 하면 술을 핑계로 세조의 약점인 정통성 문제를 건드리는 정인지 같은 공신도 있었다. 정인지가 술에 취해 세조를 '너(爾)'라고 불렀다가 죽을 뻔한 일은 너무나도 유명하다. 동북 지방에서 불궤(不軌), 즉 반역의 소식이 한양에 들려온 것은 바로 이때였다. 잘산군은 당시 열한 살로 어린 나이이기는 했지만 궁궐에서 자랐기 때문에 대략 무슨 일이 일어났는지는 대궐의 긴박한 분위기로 보아서도 알 수 있었을 것이다.

성종의 할아버지 세조의 역할 모델은 당 태종

세조는 여러 가지 점에서 특이한 인물이었다. 무엇보다 선대왕들과 달리 성리학적 세계관에 그다지 구애되지 않았다. 물론 그도 유교적 세계관에 대한 이해를 갖고 있었다. 그러나 태조, 태종, 세종으로 이어지던 성리학적 세계관과는 상당히 거리가 있었다.

1455년 단종을 상왕으로 올리고 즉위했을 때 세조의 나이 39세였다. 이미 자신의 세계관이 확고하게 자리 잡을 나이였다. 그의 광적인 숭불(崇佛)은 새삼 이야기할 필요가 없다. 어머니를 위해 석가모니의 생애를 담은 『석보상절』을 훈민정음으로 펴내는 작업을 주도했던 그다. 그랬기 때문에 어쩌면 그는 유학 중에서도 성리학적 유학보다는 공맹(孔孟) 중심의 원시 유학을 더 좋아했는지 모른다. 게다가 왕위 찬탈이

라는 치명적 결함을 가진 그로서는 도덕주의 성향이 강한 성리학보다
는 다소 개방적인 원시 유학이 더 맘에 들었는지 모른다. 그가 경연에
서 논의한 책들을 보면 사서 중에서는 『맹자』, 『중용』 정도이고 삼경
중에서는 특이하게도 『주역』에 깊은 관심을 보였다. 특히 말년에는 경
연에서 2년 넘게 『주역』만을 읽었다. 태종이나 세종이 중요하게 여겼
던 송나라 진덕수의 『대학연의』를 읽었다는 기록은 나오지 않는다. 다
만 딱 한 번 세조가 신숙주에게 『송원절요』, 『통감강목』, 『대학연의』 중
에서 어떤 것을 먼저 읽어야 하는가라고 묻자 신숙주가 『송원절요』를
먼저 읽어야 한다는 이야기를 하는 대목이 나올 뿐이다. 『송원절요』는
세조가 즉위 초에 이미 여러 번 읽었던 책이다. 신숙주로서도 '수신제
가(修身齊家)'에서 출발해 '치국평천하(治國平天下)'로 나아가는 『대학』
의 세계관을 논하기에는 그때가 너무 부도(不道)한 시대라고 생각했는
지 모른다.

대신 그가 직접 주해 작업을 지시하며 많은 관심을 보인 중국 고전
은 다름 아닌 『정관정요』였다. 앞서도 밝혔지만 이 책은 당 태종이 신
하들과 함께 정사를 논의한 것 중 정치의 요체와 관련된 것들을 오긍
이 추려서 간행한 것으로 고려 때에는 제왕학의 교과서로 널리 읽혔으
나 조선시대에 들면서 『대학연의』에 교과서 자리를 물려주었다. 『정관
정요』는 좀 더 현실주의적인 정치 노선을 담고 있으나 의리의 측면이
약하다고 해서 특히 사림들에 의해 배척되었다. 하지만 세조는 『대학
연의』보다는 『정관정요』에 더 많은 관심을 쏟았다.

어쩌면 세조는 당 태종을 역할 모델로 삼았는지도 모른다. 그가 수
시로 "한명회는 나의 장자방(한나라 고조의 명신), 신숙주는 나의 위징
(당나라 태종의 명신)"이라 한 것도 어쩌면 그 자신을 은연중에 당 태종
과 동일시하려 했기 때문이다. 사실 당 태종은 세조보다는 태종과 더

가까운 면모를 보였다고 할 수 있다. 그러나 형제들을 죽이고 왕위를 차지했다는 점에서 별반 차이가 없을 수도 있다.

626년 당 왕조는 개창한 지 9년째를 맞고 있었다. 이때 당을 건국한 당 고조 이연의 둘째 아들 이세민은 현무문 뒤에 병사들을 숨겨놓고 있다가 자신과 후계 다툼을 하던 형 이건성과 동생 이원길을 죽이고 아버지 이연을 감금해 버렸다. 흔히 '현무문의 변'으로 불리는 이 사건은 이방원의 경복궁 광화문 쿠데타를 연상시키기에 충분하다. 이성계처럼 이연도 태상황으로 물러나고 자리를 이세민에게 물려주었기 때문이다. 그렇지만 이세민은 황금시대를 위한 기초를 다짐으로써 중국사의 몇 안 되는 명군(明君)이 된다. 그가 바로 당 태종이다. 세조로서도 여러 가지 점에서 닮고 싶은 인물이었던 것이다. 그러나 명군은 아무나 될 수 있는 게 아니었다.

혼맥 형성을 통한 세조의 권력 관리

우리는 흔히 태종과 세조를 비교하기를 즐긴다. 두 사람 모두 형제들과의 투쟁을 승리로 이끌어 권좌에 올랐기 때문이다. 두 사람은 무인 기질이라는 점에서 공통점도 많지만 차이점도 많았다. 태종은 열두 명의 부인에게서 스물아홉 명의 자녀를 두었다. 그런데 세조는 호걸다운 면모에도 불구하고 정희왕후 사이에 2남 1녀, 사육신 박팽년의 누이였던 근빈 박씨와의 사이에 2남 등 부인 두 명에 4남 1녀밖에 두지 않았다. 신하들의 후궁 간택 권유가 이어졌으나 세조는 받아들이지 않았다. 나름의 원칙이 있었다고 할 수 있다.

태종은 외척의 정치 개입은 철저하게 금지했다. 원경왕후의 남동생 셋을 모두 죽음에 이르게 만든 태종이다. 이 점에서는 태종이 세조보다 한 수 위였다고 할 수 있다. 세조는 얼마 안 되는 자식과 손자들까지 훈구공신들과의 강력한 연결 고리를 만드는 데 활용했다. 스스로 훈구공신의 정치를 외척과 연결된 훈척공신의 정치로 만들어가고 있었던 것이다.

먼저 그의 큰아들 의경세자는 1등공신 한확의 딸(훗날의 인수대비)과 결혼시켰다. 둘째 아들 예종은 공신 중의 공신 한명회의 셋째 딸과 결혼시켰다. 그 딸이 죽자 다시 공신 한백륜의 딸과 결혼시켰다. 게다가 손자 잘산군은 한명회의 넷째 딸과 결혼시켰다. 딸 의숙공주는 1등공신 정인지의 아들 정현조와 혼인시켰고 자신이 총애하여 영의정까지 시켜준 조카 구성군 이준도 한백륜의 딸과 결혼시켰다. 예종과 구성준 이준은 사촌지간이면서 동시에 서로 동서였다.

혼맥을 통한 권력 강화는 이것으로 그치지 않았다. 부인인 정희왕후 윤씨의 집안도 총동원되었다. 정희왕후에게는 두 명의 오빠와 한 명의 남동생이 있었다. 처남 4명을 모두 죽인 태종 때라면 엄두도 낼 수 없었겠지만 세조는 정희왕후의 큰오빠 윤사분을 중용했고 그는 예종 때 우의정에까지 오른다. 둘째 오빠 윤사균도 판서까지 지냈으나 세조 7년 세상을 떠나는 바람에 정승의 자리에는 오르지 못했다. 그러나 남동생 윤사흔은 성종 집권에 기여해 좌리공신 2등에 오르고 우의정을 지내게 된다. 정희왕후의 제부인 한계미와 그의 두 동생 한계희, 한계순도 중용했다. 말 그대로 한 줌도 안 되는 훈척(勳戚) 세력이 권력을 쥐는 폐습은 다름 아닌 세조 자신이 열어놓았다.

윤씨의 큰오빠 윤사분과 남동생 윤사흔의 후손들은 훗날 최고의 정적으로 마주치게 된다. 1545년 을사사화가 그것이다. 중종 말년부터 인종을 거쳐 명종 시대에 이르기까지 윤사분의 증손자 윤임은 '대윤의 영수'였고 이에 맞서는 문정왕후 윤씨와 '소윤의 영수' 윤원형의 아버지인 윤지임은 윤사흔의 증손자였다. 따지고 보면 윤임과 윤원형은 9촌지간으로 한집안이었던 셈이다. 성종 즉위 후 불과 65년 만에 일어나게 되는 비극이다.

이시애의 난, 한명회와 신숙주에게 불똥이 튀다

이시애는 대대로 함길도에서 살아온 지방 토호였다. 그의 할아버지 이원경은 이성계의 배다른 형인 이원계와 친구이기도 했다. 회령부사 등을 지낸 이시애가 난을 일으킨 직접적 원인은 호패법 실시 등을 통해 지방에 대한 중앙의 통제를 강화하려 했던 세조의 중앙집권 정책에 대한 반발이었다. 여전히 이 지역은 세종의 6진 개척에도 불구하고 여진족들이 많이 살았으며 세조는 아버지의 북방 정책을 계승해 남도의 사람들을 계속해서 북방으로 이주시키는 방침을 고수했다. 당연히 함길도 토호들의 불만은 커져갔고 특히 호패법이 실시될 경우 이주민들은 영원히 함길도에 묶이게 될 것을 우려하며 중앙에 대해 불만을 토로했다. 그러나 이 같은 불만을 중앙에 대한 건의가 아니라 반란으로 풀려고 한 데는 중앙 정치의 취약성을 꿰뚫어 본 이시애의 통찰이 크게 작용했다.

1467년(세조 13년) 5월 16일 조정은 발칵 뒤집어졌다. 회령부사로 있다가 모친상을 당해 관직에서 물러나 있던 이시애가 동생 이시합, 매부 이명효 등과 함께 군사를 일으켜 길주에서 함길도 절도사 강효문을 제거하고 중앙정부에는 "강효문이 한명회, 신숙주와 연결하여 반란을 일으키려 해서 죽였다"는 보고를 올린 것이다. 가뜩이나 중앙정부의 조처에 대해 불만을 갖고 있던 함길도 백성들은 이시애의 휘하에 구름같이 몰려들었고 순식간에 함길도 전역을 반란군이 장악했다.

　사흘 후 세조는 한명회와 신숙주 문제를 언급한다. 두 사람이 반역을 꾀하지는 않았겠지만 이처럼 반란군의 입에 오르내릴 만큼 백성들의 원성을 사고 있다는 것은 문제라는 지적과 함께 신숙주와 그의 아들 신찬, 신정, 신준, 신부를 모두 의금부에 하옥토록 명했고 한명회는 병을 앓고 있으므로 가택 연금하고 대신 아들 한보와 사위 윤반을 의금부에 가두었다. 또 함길도 관찰사로 나가 있던 신숙주의 아들 신면도 의금부에서 사람을 보내 잡아오도록 조처했다.

　5월 22일 세조는 사정전으로 정인지, 정창손, 구치관, 박원형 등 공신들과 6조의 참의 이상을 모두 부른 다음 의금부 제조 김길통·이함장·성임 등을 비롯해 낭관(조사관)들을 붙잡아 들여 친국에 들어간다. 이유는 의금부에 잡혀 있는 신숙주의 형구(刑具)를 규정대로 하지 않고 느슨하게 한 것은 신숙주의 눈치를 본 것이기 때문에 처벌을 해야 한다는 것이었다. 그리고 곧바로 낭관 중에서 남용신을 지목해 "임금을 업신여기고 신하에게 아부한 죄"를 물어 사형시켰다. 더불어 세조는 "신숙주는 가두고 한명회는 가두지 않았는데 조정 신하 어느 누구도 한명회를 가두자는 말을 하지 않고 심지어 한명회의 죄목을 청하는 사람도 없는 것을 심히 미워한다"고 신하들을 협박했다. 그 자리에서 의금부 제조와 낭관들은 모두 교체되었다.

　그렇다고 딱히 두 사람에게 큰 죄가 있는 것도 아니었다. 6월 5일 세조는 공신들에게 두 사람의 죄를 직접 정해준다. "무례하게 마음대로 한 것이 죄다." 즉 이시애의 난과 상관없이 그동안의 행실을 문제 삼은 것이다. 세조는 흔들리고 있었다. 차제에 두 사람을 제거해야 할 것인가? 그러나 바로 다음 날 두 사람을 석방한다.

　그때에야 다른 공신들이 두 사람을 석방해서는 안 된다고 상소를 올리고 야단을 쳤다. 신숙주는 무례(無禮), 한명회는 전천(專擅)이 문제가 됐다. 전천이란 뭐든지 자기 마음대로 하려 한다는 뜻이다. 구체적으로 신숙주는 국정을 논의하다가 세조와 의견이 갈리면 감히 '주상이 틀렸다'고 주장했다는 것이고 한명회는 세조가 임명한 사람에 대해 자신과 뜻이 맞지 않으면 끝까지 자기 의사를 관철하려 했다는 것이다. 그러나 세조는 더 이상 문제 삼지 않고 두 사람을 다시 조정으로 복귀시켰다. 두 사람의 입장에서는 황천길 입구까지 갔다온 셈이었다.

한편 세조는 초기의 혼란을 극복하고 이시애의 난을 진압하는 데 성공한다. 5월 18일 총사령관인 도총사로 임명된 구성군 이준이 부사 조석문과 함께 병사 3,000명을 이끌고 함길도로 향했다. 그러나 이시애의 반란군이 수만에 이른다는 첩보가 입수되자 5월 23일 강순을 진북 장군, 박중선을 평로 장군으로 삼아 각각 평안도의 3,000군사와 황해도의 5,000군사로 이준을 지원토록 했다. 병력 지원은 지속적으로 이뤄져 이준이 6월 하순 함흥에 진군했을 때 병사의 수는 2만에 이르렀다.

양측의 첫 번째 대결은 북청에서 있었다. 여기서 강순과 남이가 이끄는 3,000명의 진압군 선봉대가 승리해 반란 진압의 교두보를 마련했다. 진압군은 곧바로 이성, 단천, 길주로 압박해 들어갔다. 길주는 바로 이시애가 반란을 일으킨 근거지였다. 결국 8월 4일 만령 전투에서 대패한 이시애의 반란군은 내분까지 겹쳐 자멸하고 말았다.

이시애의 난을 진압하자 20대의 구성군 이준과 남이 장군은 적개공신 1등에 책봉됨과 동시에 조정의 새로운 신진 실력자로 떠올랐다. 특히 남이의 고속 출세는 눈부신 것이었다. 남이는 구성군 이준조차도 탄핵을 서슴지 않을 만큼 권력에 취했다. 한명회, 신숙주를 비롯한 옛 공신들은 한발 물러서지 않을 수 없었다. 그러나 옛 공신들은 남이의 옥사를 계기로, 이어 성종의 즉위와 이준의 유배를 계기로 다시 권력을 장악하게 된다.

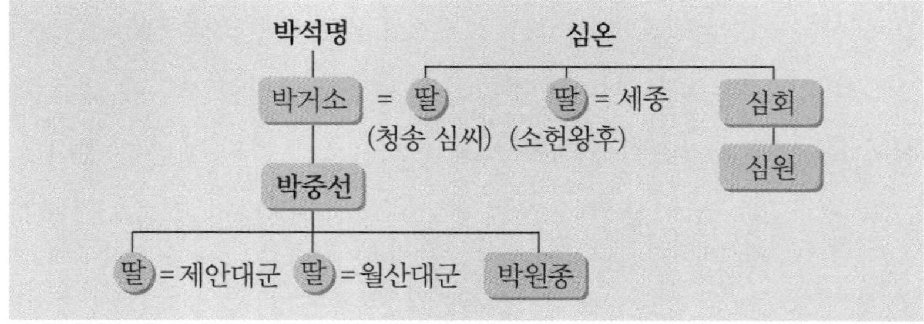

월산대군의 장인 박중선은 한명회의 심복

여기서 우리는 이시애의 난 때 평로 장군으로 활약한 박중선이라는 인물을 잠깐 주목할 필요가 있다. 예종 사망 이후 장남인 월산군이 배제되고 차남인 잘산군이 왕위에 오르게 되는 과정을 정확하게 이해하기 위해 월산군의 장인 박중선과 잘산군의 장인 한명회의 관계를 세밀하게 짚고 넘어야 한다.

박중선(朴仲善, 1435년 세종 17년~1481년 성종 12년)의 아버지는 태종 때의 대표적인 지신사(도승지)로 꼽히는 박석명의 셋째 아들 박거소였고 어머니 심씨는 심온의 딸이었다. 심온은 세종의 장인이다. 아버지 박거소는 세종과 동서지간이었다. 넓은 의미에서 왕실 집안이라 할 수 있다. 그러나 어려서 아버지를 잃고 혼자 세상을 떠돌며 학문과 무예를 익히다가 세조 6년(1460년) 무과에 장원급제했다. 그리고 세조 9년 병조판서 한명회가 양계(함경도와 평안도) 체찰사가 되어 변방을 안정시키는 사업을 할 때 참모가 되어 한명회의 막중한 신임을 얻었다. 그의 딸이 월산군의 부인이 될 수 있었던 데는 한명회의 지원이 결정적이었음은 물론이다. 그 후에도 박중선은 일관되게 한명회의 뒤를 따르며 병조판서와 이조판서 등을 역임하게 된다.

　그런데 박중선의 집안은 왕실과 가까운 인연으로 인해 조선 초기에서 중기로 넘어가는 정치 역정에서 적지 않은 파란을 불러일으킨다. 우선 월산대군과 결혼한 그의 딸은 훗날 연산군에게 겁탈당하는 초유의 불행을 당한다. 결국 박중선의 아들 박원종은 연산군을 내쫓는 중종반정의 주역이 된다. 그리고 성종 즉위로 인해 왕위에 오르지 못한 제안대군은 박중선의 작은 딸과 혼인하게 된다. 그러나 박중선은 성품이 과묵하고 남에게 시비를 말하지 않아 무과 출신으로 높은 관직에 올랐으면서도 별다른 시비의 대상이 되지 않았다.

　한명회와 박중선의 관계는 이처럼 상하 관계였다. 박중선은 한명회의 충직한 부하였던 것이다. 그런 상황에서 자신의 사위 잘산군을 왕위에 올리려는 한명회의 구상을 월산군의 장인 박중선이 막아선다는 것은 애초에 불가능했다.

4장

수렴청정하의 성종:
'사치와 부패의 나라'를 물려받다

부정부패로 물든 훈구(勳舊)의 세상

세조는 태종과 달리 권력 유지에 자신이 없었기 때문에 공신 배척이 아니라 철저한 공신 포용으로 일관했다. 그것은 곧 공신들의 부정부패에 대해서는 어지간하면 눈감아 주겠다는 세조의 묵계(默契)가 있었다는 뜻이기도 하다. 그렇게 14년이 가고 재임 기간 1년 2개월의 예종 때 잠시 수그러들었다가 성종이 즉위하면서 다시 훈구의 세상이 열렸다.

조선시대에 공신이 된다는 것은 권력, 명예와 함께 엄청난 부(富)를 보장받는다는 뜻이었다. 통상 1등공신은 전(田) 150결(結), 노비 13구(口), 시종 일곱 명, 경호병 열 명 등이 주어졌고 더불어 은이나 말을 부상으로 주는 경우도 있었다. 참고로 150결은 정1품에 오른 관리가 받은 과전의 크기였다. 평균적으로 볼 때 1결이 대략 3,000평 정도 되고 쌀 240말 정도가 생산되었다고 하니 그 규모를 족히 알 수 있다.

그래서 앞서 본 한명회의 심복 박중선의 경우를 보면 적개공신 1등,

익대공신 3등, 좌리공신 3등으로 모두 250결의 토지를 나라에서 받았다. 흔히 3공신이라 하면 적어도 450결 이상의 토지는 가졌던 것으로 봐야 한다. 그리고 1등공신에게는 종종 400~500결을 주는 경우도 있었다.

공신들은 대부분 여기서 그치지 않았다. 자신들의 권력을 바탕으로 다양한 방법을 동원해 재산을 늘릴 수 있었고 실제로 그렇게 하는 게 별다른 문제가 되지 않았다. 그에 반비례해서 백성들의 고통이 가중되었음은 두말할 필요도 없다.

훈구공신들의 사치와 부패에 대한 대사헌 한치형의 날선 비판

사실 세조 시대는 군사·문화적으로 상당한 업적을 남겼음에도 불구하고 각종 폐단 또한 이루 말할 수 없이 컸다. 그런 점에서 성종 2년 6월 8일 대사헌 한치형 등이 17개 시국 현안에 관한 개선을 요구하는 장문의 상소를 올린 것은 주목을 요한다. 이를 통해 당시의 당면한 시대적 과제를 엿볼 수 있기 때문이다. 첫째와 둘째는 각각 불교와 미신을 배척해야 한다는 것이고 세 번째이자 실질적인 현안으로 관리들의 부패상을 적나라하게 고발하고 있다. 다소 길긴 하지만 당시 상황을 상세하게 묘사하고 있어 해당 부분을 인용한다.

"오늘날 공(公), 경(卿), 대부(大夫)들이 부귀에 익숙하여 큰 집을 다투어 지으면서 그 한계가 없고, 재력을 다 소진해야 그칩니다. 붉은 칠을 휘황찬란하게 하고, 화려하게 새기고 깎아 장식한 것이 거의 궁궐보다 더 지나치되, 스스로 분수에 지나친 것이 그르다는 것을 괴이하게 여기지 아니합니다. 더구나 장사하는 무리와 노비의 미천한 신분으로도 한번 돈과 재물이 있으면 분수를 헤아리지 아니하고 집과 사택을 다투어 일으키어, 번화(繁華)한 것만을 힘써 숭상하니, 칸수의 많음과 화려하게 꾸민 것이 또 경이나 대부보다 뛰어납니다. 이에 서인(평민)의 집이 조정 신하의 집을 능가하고, 조정 신하의 집이 궁궐과 같이 사치스럽고 크기가 절조가 없습니다. 전하께서 즉위한 이래로 치도(治道)에 예의(銳意)하사, 사냥을 물리치고 쓸데없는 비용을 덜어 근검절약하는 것으로 정치를 하며 힘쓰셨는데도, 풍속이 오히려 이와 같으니 신 등은 마음이 아프옵니다. 집이 사치하고 큰 것은 마음과 뜻이 사치하고 큼이며, 집이 높고 큰 것은 마음 씀씀이가 높고 큰 것입니다. 더구나 재목이 산림에 있는 것은 세월로써 이룰 수가 없으며 풍속의 사치스럽고 큰 것은 한도가 없으니, 단기간에 이루기 어려운 목재로써 무한한 용도에 응하는 것 또한 어렵지 않겠습니까? 옛날 세종대왕께서는 일찍이 풍속이 사치하고 참람된 것을 미워하시고, 간각(間閣)의 제도를 세우시니, 대군은 60간(間), 공주와 왕자는 50간, 종친과 문무관 2품 이상은 40간, 3품 이하는 30간, 서인은 10간으로써 억지로 제도를 정하여, 그 분수를 넘고 제도에 지나친 집은 바로 철거하게 하였습니다. 신 등은 이 법을 널리 알리시어 영구히 바뀌지 않는 법전을 삼고, 감히 이것을 지키지 않는 자는 율(律)에 의하여 지은 집을 철거하며, 이미 전에 지은 것도 아울러 모두 철거하여서 사치하고 참람된 풍습을 막기를 청합니다."

한치형(韓致亨, 1434년 세종 16년~1502년 연산군 8년)은 함경도 관찰사, 한성부 판윤, 대사헌 등의 관직을 지냈다. 특히 한성부 판윤으로 재직하던 때에는 사치한 습속을 잠재웠다는 평가를 받았다. 연산군 초기 우의정에 오르게 되는 그는 순박하고 과묵하였으며 별달리 뛰어난 재주는 없었지만 성실하고 부지런하여 항상 관청에서 늦게 퇴근하였다고 한다. 형조판서로 있을 때 조카 한건이 정랑으로 있었다. 그가 매일 늦게 퇴근하는 것을 보고 한건이 "함종부원군 어세겸은 늦게 출근하고 일찍 퇴근해도 무관한데 아저씨께서는 그리 애쓰실 것이 있습니까" 하였더니 그는 "어함종은 문장과 도덕이 출중하여 비록 직무에 태만하여도 오히려 취할 것이 있지만 나는 달리 취할 것이 없으니 직책을 조심해서 지킬 뿐이다"라고 겸손해하였다. 연산군 때 무오사화가 일어나자 김일손의 국문을 담당하여 연산군에게서 공을 인정받아 노비와 재물을 하사받기도 하였다. 그러나 성종 때 윤씨의 폐위를 막지 못했다는 이유로 계속 시달림을 받았으며 연산군 8년 세상을 떠났다. 2년 후 갑자사화가 일어나 부관참시된다.

사실 이 무렵 대사헌 한치형의 활약은 눈부시다. 훈구파들의 만연된 부정부패에 맞서는 데 그는 독보적인 존재였다. 문제의 상소를 올리고서 한 달여가 지난 7월 27일 이번에는 원상이자 좌의정으로 막강한 권세를 누리고 있던 김국광을 정면으로 겨냥한 상소를 올린다. 얼마 전 동생 김정광이 뇌물을 받았다가 변방으로 유배된 바 있고 사위 이한도 뇌물을 받았으니 김국광을 좌의정에 그대로 두어서는 안 된다는 요지였다. 그런데 이한은 성종의 어릴 때 스승이기도 했다. 뒤이어 대사간 김수녕도 김국광을 파직할 것을 청하였다. 결국 8월 8일 김국광은 좌의정에서 물러난다. 다만 원상 직은 계속 유지했다.

오백창 사건

성종 3년에는 권력 남용과 풍기 문란의 합작품이라 할 수 있는 오백창 사건으로 한 해를 지샜다고 해도 과언이 아니다. 오백창이 경상도 관찰사로 있으면서 상주목사 구치명을 시켜 어떤 간통 사건을 무마해 주는 등 불법을 저지른 사실이 3월 9일 사헌부에서 문제가 됐다. 오백창은 한명회가 뒤를 봐주던 인물이었다. 의금부는 오히려 오백창을 문제 삼은 사헌부 지평 최숙정을 좌천시켰다. 명목은 수렴청정하는 대왕대비가 더 이상 추궁치 말라고 했는데도 계속 소를 올렸다는 것이었지만 실은 한명회-대왕대비-성종으로 이어지는 라인에서는 오백창을 문제 삼을 생각이 조금도 없었던 것이다. 최숙정의 소의 일부다.

"간악하고 탐욕스러우며 자신이 재물에 끌려서 죽게 되었는데도 그칠 줄 모르고 이(利)로써 사람을 섬기면서 수치를 모르며 그의 말은 족히 그른 것을 꾸미고 그의 지혜는 능히 사람을 농락합니다."

오백창(吳伯昌, 1415년 태종 15년~1472년 성종 3년)은 세조 4년(1458년)에는 병조정랑에 승진했으며, 지방을 순회하는 체찰사 한명회의 종사관이 되었다. 이때 한명회의 영향력으로 예문관 직제학에 올랐으며 승정원 우부승지를 역임했다. 그리고 이해에 경상도 관찰사를 거쳐 전라도 관찰사에 재직하던 중 1472년 대간에게 탄핵을 받게 된 것이었다.

오백창 논란은 8월까지도 이어지고 있었다. 성종의 논리는 "오백창은 훈구대신이다. 종묘사직에 관계된 것이 아닌데 너그럽게 용서하지 않으면 공신을 장차 어찌 쓰겠느냐"는 것이었다. 세조와 같은 철저한 훈구 보호론이다. 세조는 공신들에게 "앞으로 사형에 해당하는 죄 세 번을 지어도 용서해 준다"고까지 장담했었다. 그런 지시가 한명회와 대왕대비를 통해 성종에게도 이어지고 있었다. 8월 10일에는 대비도 명확하게 오백창의 처벌에는 반대한다는 입장을 신하들에게 밝힌다. 연말까지도 결국 이렇다 할 결론이 나지 않았다.

이런 가운데 10월 6일에는 사헌부에서 대표적인 훈구파 정인지의 종들이 사람을 때려죽인 사건을 아뢰면서 "실제로는 정인지가 종들로 하여금 그 사람을 잡아오게 한 것이니 정인지를 국문하소서"라고 말했다. 물론 정인지를 처벌하지 않았다. 아니, 할 수 없었다. 사신들의 논평이 이를 뒷받침해 준다.

"정인지는 스스로 여러 조정의 훈로라고 생각하여 자주 국법을 범하여도 불문에 부치므로 그 종들이 이것을 믿고 방자하기가 이와 같다."

성종도 사치를 좋아했다

성종 3년 8월 23일 성종은 의정부에 사치를 경계하고 근검절약하라는 내용의 지시를 내린 바 있다. 그런데 그에 대한 사신의 논평이 대단히 의미심장하다.

"풍속이 사치스러운 것을 숭상하기 때문에 임금이 근검하라는 하교를 내린 것이니 이는 임금이 크게 관심을 가진 것이다. 그러나 사치한 습속은 모두 다 (임금 자신이) 의복과 음식의 아름다움을 귀하게 여겨 가까이한 데 연유한 것으로 참람하게 본뜨는 것이 절도가 없어서 드디어 풍속을 이루었으니 탄식할 따름이다."

성종 자신이 의복과 음식을 호화롭게 입고 먹는 것을 대신들이 본뜨고 다시 이것을 민간 사대부들이 본떠서 이런 일이 빚어졌다고 적고 있는 것이다. 과연 성종은 의복과 음식을 호화롭게 입고 먹었는가? 이게 사실이라면 성종 자신은 호화 사치를 누리면서 신하나 백성들에게는 검박함을 강조했다는 말이 된다. 『실록』을 조심스럽게 읽어보면 아무래도 성종은 사치를 하는 쪽이었던 것 같다. 물론 정확히 말하면 어린 성종이 그랬다기보다는 대왕대비나 대비가 귀하게 대하느라고 그렇게 했을 것이다.

이에 대한 증언은 또 있다. 앞서 한치형의 지적대로 사치하는 풍조는 공경대부를 넘어 민간으로까지 확산되고 있었다. 성종 4년 3월 3일 예조에서 올라온 보고서를 보면 "민간과 선비들 사이에서 지나친 사치가 날로 심해져 서인 중에서 무뢰한 무리가 함부로 모라(毛羅)로 만든 갓을 쓰고 교초(膠草)로 갓을 만드는 자도 있습니다. 아무리 금지령을 내려도 끝내 두려워하지 않으니 법을 문란케 하는 것이 이보다 심할 수 없습니다. 이제부터 모라나 교초로 갓을 만드는 공장을 아울러 국문하고 율문에 따라 엄하게 징계하소서"라고 되어 있다. 그런데 왜 이렇게 되었는지 그 원인을 추적해 볼 필요가 있다. 이런 풍조는 당연히 위에서 아래로 흐른다. 위가 깨끗한데 아래가 혼탁할 수는 없다.

이 무렵에는 물질적 사치가 극에 달했을 뿐만 아니라 사회질서의 핵심인 예절과 풍속도 허물어져 가고 있음을 보여주는 기록이 있다. 성종 4년 3월 5일 경연에서 지사 강희맹은 이렇게 말한다.

"지금 풍속이 예전과 같지 아니하여, 윗사람을 능멸하는 풍습이 크게 행해지는데, 이것은 오로지 나이 젊고 기운이 날카로운 자가 일찍부터 요직에 올라 성숙한 덕(德)이 없기 때문입니다. 예전에는 대부가 경에게 예로써 사양하고 사(士)가 대부에게 또 예로써 사양하였으므로, 예절이 존중되고 풍속이 순후하였습니다. 유생은 다 뒷날 등용될 자였는데, 근래에는 스승을 비방하는 자가 있으니, 이것도 투박한 풍속이 그렇게 만든 것입니다. 대저 풍속이란 이룩하기는 매우 어렵고 무너뜨리기는 매우 쉬우므로, 경박한 풍속이 이루어지고 나면 고치기 어려우니, 마땅히 엄하게 다스려서 순후하게 되도록 해야 합니다.”

실제로 바로 다음 날 대왕대비는 승정원에 아주 재미있는 교서를 내린다.

“‘전에『안동풍속(安東風俗)』을 간행한 까닭은 풍습을 검소하게 하기 위한 것이었는데 아직도 그 효험을 보지 못하였다. 주상께서 몸소 절검을 행하시어 모든 의복은 반드시 검소한 것을 숭상하시나 오직 상참과 경연에서만 겉옷에 채단(彩緞-화려한 비단) 옷을 입으시니, 승지들은 이 뜻을 잘 알라’ 하였으므로, 이날 승지는 다들 화려한 옷을 벗었다.”

여기서 성종은 정사를 돌보거나 신하들과 공부할 때 화려한 옷을 입었고 그것을 본 승지들까지 화려한 옷을 입었음을 알 수 있다. 대왕대비의 이 말은 임금이야 어쩔 수 없어서 하지만 신하들까지 따라하지는 말라는 지시다. 이는 훗날 성종의 약점으로 작용하게 되는, ‘너무 귀하게 자란’ 병폐를 보여주는 것으로 해석할 수 있다.

그해 7월 30일 예문관 부제학 이극기가 올린 상소에도 당시의 사치 풍조가 아래위 할 것 없이 퍼져 있음을 보여주는 대목이 들어 있다. 물론 이 상소에서 이극기는 ‘국왕’은 그렇지 않다고 밝히고 있지만 그것이 본심인지는 의문스럽다. 오히려 마지막 부분을 잘 읽어보면 국왕을 넌지시 질타하고 있는 것으로 읽힌다.

“전하께서는 위에다 술을 올리지 말게 하시는데도 아랫사람들은 여전히 술에 취하여 있고, 전하께서는 궐내에서 풍악을 울리지 아니하시는데도 외간(外間)에서는 노랫소리와 피리 소리가 그치지 아니하고, 음식을 서로 다투어 호화롭고 사치스럽게 하기를 숭상하며, 오락이 시도 때도 없이 이루어집니다. 오직 아랫사람들의 선비들의 집에서만 그러한 것이 아니라 윗사람들의 선비들의 집에서도 또한 그러하며, 오직 대부의 집에서만 그러한 것이 아니라 공경과 대신의 집이라도 또한 그러합니다. 여러 사람들이 떼 지어 술에 취하여도 이를 살피지 아니하며, 기강이 해이해져도 이를 떨칠 수가 없습니다. 이 사람이 수창(首唱)하면 저 사람이 응하고, 중앙에서 먼저 하면 외방에서 따르니, 사방의 위아래 사람들이 모두가 서로 더불어 쾌락과 태만에 빠져들고 있습니다. 전하께서 비록 깊은 궁궐 가운데서 음식을 들기를 잊고 잠자기를 폐하신다고 하더라도 또한 어찌 천의(天意)를 돌려서 하늘의 아름다운 징조를 이르게 할 수가 있겠습니까? 이것이 신 등이 깊이 마음 아파하여 전하를 위하여 한마디 말씀을 드리고자 하였던 까닭입니다. 원컨대 전하께서는 조정의 기강을 떨쳐 일어나게 하여, 한결같이 나라의 법규에 따라서 먼저 귀근(貴近)으로부터 백집사(百執事)에게까지 미치게 하고, 백집사로부터 사방의 먼 곳에까지 미치게 하시며, 전하께서도 또 그치지 아니하는 정성을 더하시어 몸소 자신을 닦으시고, 백성들을 편안하게 하고 천심(天心)을 잘 받들어서 하늘의 아름다운 징조에 응하게 된다면 매우 다행하겠습니다."

실제로 성종 5년 3월 3일 경연이 끝난 후 신하들과 국정을 논하는 자리에서 대사간 이예가 나서 궁궐을 화려하게 고치는 데 대해 정면으로 비판적인 의견을 아뢴다. 이예(李芮, 1419년 세종 1년~1480년 성종

11년)는 성종에게 이 이야기를 하던 성종 5년(1474년)에는 문사에게 예문관 직을 준 경우 세종조의 집현전 예에 따라 사가독서를 시키고, 10여 년 간 공부를 시켜 글에 능한 선비를 배출하게 하자는 인재 양성론을 제안하기도 하였다. 훗날 그는 형조판서에까지 오르게 된다.

"띠로 지붕을 잇고 흙으로 계단을 쌓을 수는 없다 하더라도 궁궐을 너무 화려하게 꾸며서 사치스럽고 아름답게 짓는 것을 일삼아서는 안 됩니다. 지금 경회루의 역사를 마쳤는데도 궁궐 장식에 동원할 목적으로 수리도감의 군인 1,000명을 진영으로 되돌려 보내지 않고 있습니다. 무릇 궁궐을 수리하는 일이라면 선공감만으로도 충분히 할 수 있습니다."

이에 대한 성종의 대답은 궁색하기 그지없다.

"내가 사치하고 화려한 것을 숭상함이 아니고, 또 백성을 고달프게 하려는 것도 아니다. 궁궐이 장차 무너지게 되어 부득이 수리를 하게 한 것이다."

그러나 청기와까지 구워가면서 수리한 것을 보면 그것은 수리 보수라기보다는 사치였다. 성종의 이 같은 사치는 다음 해에도 계속돼 성종 6년 2월 8일에는 시강관 유순이 경회루 문제를 제기한다.

"경회루는 바야흐로 나라가 융성하던 세종 때 창건한 것으로 제도가 합당한 것입니다. 전하께서 처음에는 수리만 할 뿐이라고 하였으나, 지금 하고 있는 공사를 보면 규모가 장대 화려하며 또 석주(石柱)

경복궁 경회루_ 경복궁 근정전 서북쪽 연못 안에 세워진 경회루는 나라에 경사가 있거나 사신
이 왔을 때 연회를 베풀던 곳이다.

까지 조각하였으니 옛 제도보다 지나칩니다."

이에 대해서도 성종은 "그대의 말이 옳다. 다만 선조들이 창건한 것
이 허물어지는 것을 앉아서 보고만 있을 수 없기 때문에 중수(重修)한
것뿐"이라며 변명으로 일관한다. 국왕의 사치가 훈구대신들에게 이어
지는 것은 너무나도 자연스러운 것이다. 더욱이 성종 6년 7월 17일 기
록은 성종이 사치를 엄단하는 지시를 내리자 오히려 정인지, 정창손,
한명회, 김국광 등 원상들이 나서서 노골적으로 완화시키기도 한다.
그것은 바로 자신들의 문제였기 때문이다. 예를 들어 '사라능단(紗羅綾
緞-최고급 비난)을 시중에서 매매하는 것을 모두 금지한다. 당상관은
외국의 사신들을 접견하는 경우에만 허용한다'는 성종의 지시에 대해
서 이들은 "당상관은 이미 착용을 허락했으니 사신 접견에만 한정하

고 시중에서 매매하는 것까지 금하는 것은 너무 지나친 듯합니다"라고
정면으로 반대하는 의견을 올렸다.

아마도 당시 어린 성종이 스스로 사치에 물든 것은 아닐 것이다. 정
희대왕대비를 비롯한 3전의 여인들이 사치를 좋아했고 세를 과시하고
싶었던 훈구대신들의 욕심과 맞아떨어지면서 이처럼 호화 사치가 조
선 사회 전반으로 퍼져나가고 있었다고 봐야 한다.

숙명적 '마마보이' 성종

뒤에 보게 되겠지만 성종은 남성적인 면모가 유난히 강한 인물이었다. 그럼에도 불구하고 열세 살에 왕위에 오르고 7년간 수렴청정을 받아야 했고 3대비를 모셔야 하는 입장에 있다 보니 어쩔 수 없이 오늘날의 표현으로 마마보이 같은 면을 보이지 않을 수 없었다. 물론 그것은 좋게 말하면 3전에 대한 그의 효심이 깊었기 때문이라고 할 수도 있고 어린 나이에 왕실을 지키고 대표해야 했던 성종으로서는 불가피한 측면도 있었다. 어느 한쪽으로 단정하기보다는 이런 제반 측면들이 어우러질 수밖에 없었던 당시 상황 속에서 드러나는 성종의 마마보이 같은 면들을 있는 그대로 정리해 둘 필요가 있다.

"대왕대비께서 이를 구하시니 나는 어찌할 수가 없다"

정희대왕대비는 성종의 친할머니다. 실질적으로는 한명회의 힘이 더 컸겠지만 『실록』에는 성종을 왕위에 앉힌 장본인은 세조의 왕비였던 정희대왕대비였다고 나온다. 열세 살 국왕의 친할머니는 수렴청정을 실시했다. 특히 초창기 몇 년 동안은 정희대왕대비와 한명회를 정점으로 하는 원상들 간의 협조 관계에 의해 모든 국정이 운영되었다고 해도 과언이 아니다.

때로는 정희대왕대비의 섭정이 지나쳐 국정의 동반자인 원상들의 반대에 부딪히기도 했다. 그러나 이런 일이 생겼을 때 성종이 할 수 있는 역할은 없었다. 한마디로 정희대왕대비는 집안의 최고 어른이었고 성종은 대왕대비를 지극 정성을 다해 모셨다.

당시 정희대왕대비를 성종이 어떤 자세로 모셨는지를 알아보는 가장 좋은 사례는 불교 관련 기사들이다. 대왕대비는 세조와 마찬가지로 불교를 숭상했다. 반면 성종은 신하들에 의한 유학 세례를 철저히 받아 정신세계 속에 불교가 차지할 공간은 전혀 없었다. 이는 그의 생애 전체를 거쳐 일관되게 나타난다. 신하들이 일방적으로 한 교육의 결과인지는 몰라도 그는 고려 왕조가 망한 것도 불교 때문이라고 확신하고 있었다.

불교 문제는 성종 원년부터 불거진다. 2월 11일 성종은 세종이 말년에 경복궁 안에 지은 내불당을 옮겨야겠다는 뜻을 신하들에게 내린다. 불당을 지은 뒤로 경사가 없고 변고가 겹치기 때문이라는 것이다. 이건 아무리 보아도 성종의 지시가 아니라 대왕대비의 지시다. 여기에는 내불당을 옮기면서 더 멋지게 지으려는 계산이 들어 있었다. 그래서 그해 8월 내불당 역사를 중지할 것을 청하는 상소가 여러 차례 올라왔으나 대왕대비는 막무가내였다.

다음 해 1월 20일에는 사간원 정언 남윤종과 우승지 이숭원이 중국에 가는 사은사를 통해 불경을 사오게 해서는 안 된다고 아뢰자 성종은 "중국에서도 불교를 숭상하는데 무슨 문제란 말인가"라고 답한다. 이때는 아직 나름의 척불관이 생기기 전이었던 데다가 대왕대비의 지시였기 때문에 이렇게 답한 것이다. 실제로 이와 관련해 예문관 부제학 김지경까지 나서 상소를 하자 결국 성종은 "대왕대비께서 이를 구하시니 나는 어찌할 수가 없다"고 속마음을 털어놓는다. 그래도 대간들의 상소가 이어지자 이번에는 대왕대비가 직접 나서 정면으로 공격한다.

"세조가 살아 계실 때는 감히 간하지 못하였을 뿐만 아니라 불경 읽는 것을 듣겠다는 자까지 있었는데 어찌 지금 와서 이렇게 간절히 간하는가?"

그러나 신하들도 전혀 물러서지 않고 불경을 사오도록 한 명령을 거두어달라고 청하자 어린 성종은 "나도 이미 두 번 대왕대비께 청했으나 윤허를 받지 못한 것이니 더 이상 말하지 말라"고 말한다. 3과부와 신하들의 힘겨루기는 쉽게 끝나지 않았다. 결국 신하들의 척불 상소가 이어지는 가운데 대왕대비가 "세조께서 살아 계실 때는 아무 소리도 못 하던 사람들이 그분께서 돌아가시고 얼마 되지 않아 갑자기 불교를 배척하니 내가 매우 분하고 민망할 따름이다"라며 화를 내고 나서야 일단락되었다.

성종 4년 7월 18일에는 대사헌 서거정이 글을 올려 부녀자가 절에 갈 때 여승은 문제 삼지 않는 것을 비판하면서 금지할 것을 요청했다. 한마디로 여승도 절에 가지 못하게 해야 한다는 것이다. 이것은 불교 문제라기보다는 풍속 문제에 가까웠다. 21일에는 대사간 정괄도 같은

차자(箚剳)_ 간략한 메모 형식의 상소문. 1618년 명나라에 출병한 도원수 강홍립에게, 관망하지 말고 합력 진군할 것을 종용한 한 명장의 차.

내용의 차자(箚子 −바로 이 무렵부터 생겨난 간략한 메모 형식의 상소문)를 올렸다. 이에 대해 성종은 대왕대비의 뜻임을 들어 '중과 여승은 일체이니 여승이 절에 올라가는 것을 금하지 못한다'는 입장을 대신 전한다.

당시 왕족의 불교 신앙과 관련해 중요한 사찰은 세종이 세운 내불당과 세조가 세운 원각사였다. 경연에서 연일 신하들이 불교의 폐해를 이야기하자 성종 6년 5월 27일 성종은 신하들에게 질문을 던진다.

"세조께서 불법을 숭상하여 원각사를 창건하실 때에 아랫사람들이 다 그르다고 하였는가?"

그러나 말은 이렇게 하지만 이 무렵 성종의 세계관은 점차 척불 쪽으로 기울고 있었다. 다만 성종 7년 수렴청정을 끝내고 친정 체제를 확립한 이후에도 불교 문제와 왕실 문제에 관한 한 성종은 변함없이 대왕대비의 뜻을 존중했다.

인수대비와 성종

성종의 친어머니인 인수대비는 어떤 인물인가? 인수대비(1437년 세종 19년~1504년 연산군 10년)는 원래 왕비가 되었어야 할 몸이다. 세

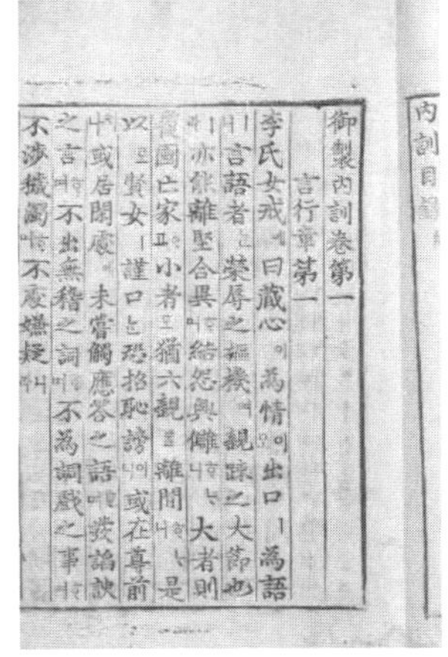

내훈(內訓)_ 성종의 어머니 소혜왕후가 성종 6년(1475년) 부녀자의 교육을 위해 편찬한 책.

조 1년(1455년) 의경세자(훗날 덕종)의 세자빈에 간택되어 수빈(粹嬪)에 책봉되었다. 의경세자가 일찍 세상을 떠나는 바람에 왕비는 되지 못했지만, 세조를 이은 시동생 예종이 1년 만에 사망함으로써 자신의 둘째 아들 성종이 국왕이 되어 남편이 덕종으로 추존되고 자신도 소혜왕후로 책봉되었다가 인수대비에 올랐다.

인수대비는 성품이 총명하고 학식이 깊어 정치에도 많은 자문을 하였다. 불경에 조예가 깊어 불경을 언해하기도 하였고 부녀자를 위하여 지켜야 할 도리인 『내훈(內訓)』을 간행하였다. 성종 때 여성 억압적인 가부장 윤리가 확립되는 데 인수대비의 역할이 컸다는 지적이 나오는 것도 이런 맥락에서다. 그러나 불행하게도 며느리 윤씨의 폐비와 사사에 깊이 관여함으로써 훗날 친손자 연산군이 그런 사실을 알고 관련된 신하들에게 박해를 가하려 하자, 병상에 있던 대비가 이를 꾸짖다가 연산군이 머리로 들이받는 바람에 세상을 떠나게 된다.

실제로 정희대왕대비는 한문을 몰랐지만 인수대비는 한문과 언문에 모두 능했다. 그가 정치적으로도 뛰어난 감각을 갖고 있었음을 보여주는 일화가 『실록』에 있다. 성종 1년 4월 20일 대왕대비는 전지를 내려 "인수왕비가 총명하고 사리에 밝아서 일의 대체를 아니 내가 큰일을 전하여 맡기고자 하는데 어떠한가?"라며 원상과 승지들의 의견을 묻고 있다. 처음부터 섭정을 인수대비에게 넘기겠다는 뜻이었다. 이것은 정희대왕대비와 인수대비의 사이가 그만큼 가까웠다는 뜻이기도 하다. 물론 신하들의 반대로 일과성 해프닝으로 끝나긴 했지만 궁궐 깊숙한 곳에서 나오는 '대왕대비'의 뜻 속에는 인수대비의 뜻도 그만큼 많이 담겨 있는 것으로 볼 수 있는 중요한 대목이다.

이런 어머니에게 성종이 꼼짝 못 했으리라는 것은 쉽게 짐작할 수 있다. 훗날 윤씨를 폐비하고 사사하는 과정에서는 특히 대왕대비보다는 인수대비의 뜻이 크게 작용했음을 확인하게 된다. 성종도 처음에는 윤씨가 싫지 않았으나 엄격한 봉건적 윤리로 무장한 인수대비에게 인정받지 못하는 윤씨에 대해 결국은 '효자' 성종도 거리를 두게 된다.

인혜대비와 성종

안순왕후, 즉 인혜대비가 성종에게 직접적인 영향을 미친 것으로 볼 만한 일은 별로 없다. 예종의 법통을 계승한 성종의 법률상의 어머니인 예종비 안순왕후는 대왕대비나 인수대비와 절친한 관계를 유지했다. 국왕에 오르지 못한 자신의 아들 제안대군이 명을 유지할 수 있었던 것은 분명 이 같은 3전의 화목한 사이가 크게 작용했을 것이다.

그러나 인혜대비도 청상과부가 되어 외아들인 제안대군에게 집착한 때문인지 아들을 두 번이나 이혼시켰고 끝내 첫 부인을 못 잊은 제안대군은 성종의 힘을 빌려 다시 첫 부인과 합치는 우여곡절을 겪게 된다.

수렴청정을 끝내고 친정 체제로

　대왕대비의 수렴청정을 끝내고 친정(親政)의 시대를 연다는 것은 어른 성종, 정치인 성종을 본격적으로 탐구할 수 있는 출발점이라는 면에서 아주 중요한 기점이다. 그리고 그 같은 친정 체제가 어떻게 주어진 것인지, 즉 자신의 권력 장악을 위한 노력이 크게 작용한 것인지, 아니면 주변 상황 때문에 어쩔 수 없이 그렇게 된 것인지를 살펴보는 것은 특히 긴요하다. 결론부터 말하면 성종의 경우에는 이 두 가지가 절묘하게 결합되어 친정 체제로 나아가게 된다. 성종의 홀로서기는 대왕대비의 수렴청정 종료를 뜻함과 동시에 한명회에게서 독립함을 의미하는 것이기도 하다.

어른이 되어가는 성종

성종 5년이면 성종의 나이도 18세로 성년에 이르고 있었다. 신하들과의 관계에서 자신감도 생기고 국정에 대해서도 상당히 빠른 속도로 장악력을 높여가고 있었다. 더불어 향락의 유혹 또한 심해질 수밖에 없는 나이였다. 그리고 성종은 대궐 안에서 귀하게만 자라 문제를 속으로 삭이는 데는 아무래도 약한 성품이었다. 쉽게 말해 인내심이 뛰어났던 인물은 아니었다.

그해 1월 21일 성종은 경연을 정지하고 후원에서 열린 활쏘기 구경을 갔다가 대사간 정괄의 지적을 받게 된다. 이에 대해 성종은 즉각 "내가 실로 잘못했다"고 밝힌다. 그러나 향락에 대한 유혹은 시작에 불과했다.

같은 해 4월 어린 성종에게 청천벽력 같은 일이 벌어진다. 그 전해부터 아프기 시작해 어느 정도 마음의 준비는 했겠지만 한명회의 딸인 왕비 공혜왕후가 중병이 들어 15일 세상을 떠난 것이다. 이에 대한 성종의 반응은 전하지 않는다. 그러나 큰 충격이었을 것이다. 한명회도 얼마 후 대왕대비를 찾아와 울면서 "노신이 죽지 않고 이런 대고(大故)를 봅니다" 하며 슬퍼했다. 아울러 겸직으로 맡고 있던 병조판서 직을 그만두겠다고 하자 오히려 대왕대비는 좌의정으로 제수하며 위로한다. 사실 공혜왕후는 대내외적으로 평판이 좋았고 『실록』도 그의 죽음에 대해 "신민으로서 슬퍼하고 유감으로 여기지 않는 사람이 없다"고 적고 있다. 어쩌면 공혜왕후의 요절은 개인의 불행이 아니라 성종, 나아가 이후 조선 역사 전체의 불행을 초래하는 씨앗이었는지도 모른다. 사이가 좋았던 공혜왕후를 열여덟 어린 나이에 떠나보낸 성종이 받았을 충격을 추체험해 보는 것은 그리 어렵지 않다. 문제는 그가 평범한 개인이 아니라 나라의 장래를 책임진 국왕이라는 데 있었다.

6월 17일 정인지가 "날씨가 무더우니 주강을 멈추소서"라고 하자 바로 중단해 버린다. 과거와는 분명 달라진 태도다. 또 9월 20일에는 개성 방문을 앞두고 노인들을 위로하는 잔치를 준비하는 가운데 노래하는 기생 열 명을 골라 보내라고 한 데 대해 대사헌 이서장 등이 비판하는 차자를 올렸다. 이에 대해 성종은 별일 아니라는 듯 "양로연 때에 노래할 사람이 없기 때문에 부득이한 것이다"라고 하였지만 다음 날 야대에서 직제학 홍귀달은 "후세가 이것을 보고서 조종(祖宗)의 옛일이라고 하여 행할까 두렵습니다. 비록 노래하는 기생이 없을지라도 양로연에는 무슨 손색이 있겠습니까? 성상의 은혜에 취하고 배불러 땅을 치면서 노래하는 것이야말로 참으로 천지의 지극한 음악입니다"라고 말한다. 결국 22일 성종은 예조에 "노래하는 기생을 쓰지 말라"는 전지를 내렸다. 실행하지는 않았지만 무의식중에 드러나는 성종의 속내를 엿볼 수 있는 사건이다.

성종 6년 4월 4일에는 사헌부와 사간원에서 "민발과 임원준은 대신으로, 여러 사람이 있는 자리에서 '너'라고 부르며 서로 헐뜯고 꾸짖고 하였으니 우리 같은 말직의 신하들도 하지 못할 일인데 하물며 대신들이 이래서야 되겠습니까"라고 아뢰었다. 그러나 성종은 "술을 마시다가 농담을 한 것이지, 어찌 다른 뜻이 있겠는가?"라고 관대한 태도를 보인다.

그리고 성종 7년 1월 13일 친권을 대왕대비에게서 되돌려 받았고 5월 19일에는 숙원 과제였던 원상제까지 혁파했다. 이제 말 그대로 대권을 한 손에 쥐게 된 것이다. 그러나 당장은 큰 변화를 보이지 않았다.

성종 8년 4월 13일에는 각도의 관찰사들에게 양반 사족(士族-양반)의 딸이 서른에 가깝도록 출가하지 못했으면 관의 재물을 지원해서라도 결혼을 시키도록 하라는 지시를 내리면서 이런 말을 한다. 아주 드물게 성종의 남녀관을 볼 수 있는 대목이다.

"내가 생각건대 천지가 사귀면 만물이 통하고 천지가 사귀지 않으면 막히어 만물이 통하지 않는 것이다. 남녀도 또한 그렇다. 아내 없는 남자와 남편 없는 여자가 근심이 답답하게 쌓이면 좋지 못한 기운을 부르게 되는 것이다."

그리고 7월 17일 성종은 정승을 지낸 이를 비롯해 의정부, 6조, 사헌부, 사간원, 한성부, 돈녕부 2품 이상과 충훈부 1품 이상을 불러 관제 개혁, 부녀의 재혼 금지 등을 의논토록 한다. '여성 억압적인 제도와 기풍을 확립하기 위해' 모인 이날 다양한 의견들이 속출했지만 이미 반불교 풍토에 유교 일변도의 국왕과 신하들이 모여 토론한 결과, 특히 부녀의 재혼 금지와 관련해 이런 결론이 나온다. 여성 억압의 날이 될 수도 있는 7월 18일 성종은 예조를 통해 이렇게 지시한다.

"전(傳)에 이르기를, '신(信)은 부덕(婦德)이니, 한번 함께 하였으면, 종신토록 고치지 않는다'고 하였다. 이러므로 삼종지의(三從之義)가 있고, 한 번도 어기는 예(禮)가 없더니, 세도(世道)가 날로 비속해지면서부터 여자의 덕이 부정(不貞)하여, 사족의 여자가 예의를 돌보지 않고, 혹은 부모가 강요하기도 하고, 혹은 스스로 중매하여 사람을 따르니, 스스로 가풍을 무너뜨릴 뿐만 아니라 진실로 이 명교(名教 '-유교)를 더럽히게 함이 있으니, 만약 금지하는 제도를 엄히 세우지 않으면 음란한 행실을 그치게 하기 어렵다. 이제부터는 재가한 여자의 자손은 사판(士版-벼슬아치의 명부)에 올리지 않음으로써 풍속을 바르게 하라."

사실 이를 거꾸로 해석하면 이전까지는 재혼이 자유로웠고 재혼하더라도 그 자손이 벼슬아치가 되는 데 별다른 장애가 없었다는 말이기도 하다. '여성 억압적인 조선' 혹은 '가부장적 이데올로기로서의 유학'은 실은 성종이 국왕으로서 힘을 갖는 순간부터 본격화하고 있는 것이다.

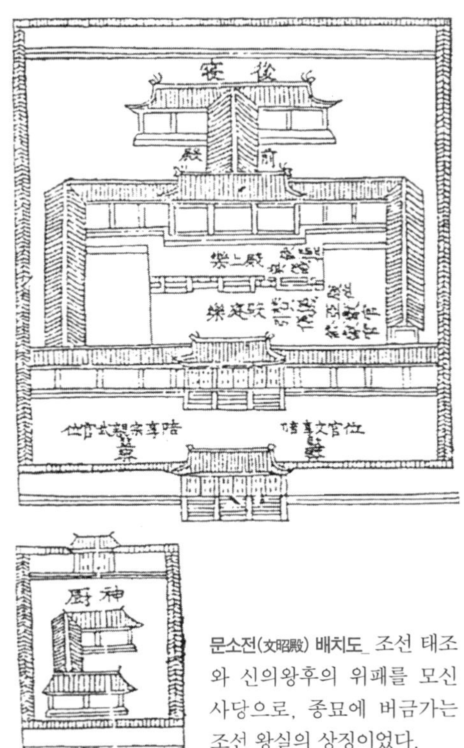

문소전(文昭殿) 배치도_ 조선 태조와 신의왕후의 위패를 모신 사당으로, 종묘에 버금가는 조선 왕실의 상징이었다.

홀로서기의 신호탄, 회간대왕 부묘 논쟁

성종 6년 9월 12일 19세로 거의 성년이 된 성종은 자신의 친아버지를 문소전에 모시는 문제를 논의하라고 신하들에게 이른다. 문소전(文昭殿)은 태조 이성계의 첫 번째 부인인 신의왕후 한씨를 모시던 혼전(魂殿)으로 태조 5년(1396년)에 건립하여 처음에는 인소전(仁昭殿)이라 불렀다. 태종 8년(1408년) 문소전으로 이름을 바꾸었으며, 태조가 죽은 다음에 그의 영정(影幀)도 이곳에 봉안하였다. 세종 14년(1432년) 세종은 문소전을 경복궁 동쪽으로 옮겨서 새로 건립하고, 이듬해 광효전(廣孝殿)에 봉안했던 부왕 태종과 모후(母后)의 위패를 모아서 함께 제사를 지냈다. 임진왜란 때 불타면서 왕실의 모든 제사는 종묘 하나로 통합되었다. 그 이전까지 문소전은 자연스럽게 종묘에 버금가는 조선 왕실의 상징이었고 따라서 문소전에 모시겠다는 것은 곧 종묘에 부제하겠다는 뜻이었다. 그런데 왕위에 오르지도 못한 자신의 아버지를 문소전에 모시겠다는 것은 기존의 왕위 계승 질서에 큰 혼란을 유발할 수밖에 없었다.

이것은 당시 유교의 법도에 맞지 않는 것이다. 그 근거는 4서 5경의 하나인 『예기(禮記)』였다. "남의 후사(後嗣)가 된 사람은 그 아들이 되므로, 사친(私親-친아버지)을 돌볼 수 없다." 즉 성종처럼 왕의 직계 자손이 아니고 방손(傍孫)이나 지손(支孫)이 국왕이 될 경우 친아버지는 다른 사람이 제사를 지내고 본인은 선대왕의 아들이 되어야 한다는 것이다. 그래서 실제로 회간대왕, 즉 성종의 친아버지인 의경세자의 제사는 왕이 되지 못한 성종의 형 월산대군 이정이 맡아서 해오고 있었다. 그런데도 성종이 이런 전통적인 관례를 깨뜨리고 친아버지를 '회간 대왕'이라 부르며 문소전에 모셔 제사를 지내겠다는 것은 좋게 말하면 국왕으로서의 자신감을 갖추기 시작했다는 뜻이었다.

당연히 나흘 후인 9월 16일부터 성종과 신하들 사이에 이에 관해 일대 논쟁이 벌어진다. 당연히 대부분의 신하들은 반대였다. 첫째는 옛 법에도 맞지 않고, 둘째, 이미 대통을 잇는 순간 문소전에는 성종이 예종의 아들로 올라갔는데 친아버지를 문소전에 모시게 되면 기존 체계가 뒤엉켜 현실적으로도 불가능하다는 것이다. 심지어 김유는 "남의 후사가 된 자가 사친을 돌아볼 수 없는 것은 만세토록 바뀌지 못하는 법입니다"라고 말하고 있다. 다만 양성지처럼 "원나라와 고려의 고사(故事)를 꼼꼼히 상고하니 모두 사친을 추존하여 태묘에 부향하였습니다. 이제 전하께서 회간대왕을 모시는 것은 정례(情禮)에 합당합니다마는, 다만 서열상의 문제가 발생할 수 있으니 회간대왕을 예종의 위에 올리는 것이 좋겠습니다"라는 아부성 의견을 낸 신하들도 일부 있었다.

다시 사흘 후인 9월 19일 수렴청정 중이던 대왕대비도 이 논쟁에 끼어들어 성종을 거들었다. 『예기』에 나온 대의명분은 무시한 채 기술적인 문제에 대해서만 지적하며 회간대왕을 부묘하는 게 무슨 문제냐는 식의 주장을 하자 다시 신하들의 반대론이 이어졌다. 이날 기록에는 당시 분위기를 생생하게 전해주는 흥미로운 사신(史臣)의 논평이 들어 있다. 대부분의 신하들이 반대하는 가운데 평소 '군자' 소리를 듣던 이승소가 적극적으로 가능하다는 주장을 펴고 나온 데 대한 논평이다.

"사신이 논평하기를 '이승소는 당시에 군자라고 일컬었는데 부묘 문제에 이르러서는 오직 아첨하는 데 힘쓰고 견강부회하여 도리에 어그러지는 궤변이 아닌 것이 없었다. 평생의 학문이 쓸어버린 듯이 되었으니 진실로 괴이하다 할 수 있겠다. 정인지도 이승소가 하는 말을 보고는 '이승소는 평소의 명망이 이와 같지 않거늘 어찌 사설(邪說)이 여기에 이르렀는가'라고 개탄하였다'고 했다."

다음 날 성종은 "회간대왕 부묘에 문제가 있다는 것을 모르지 않지만 대왕대비의 뜻이 그러하니 토론을 해보라고 한 것인데 모두들 불가하다고 하는 것은 어째서인가"라며 다소 감정 섞인 반응을 보였다. 마치 자신은 관계가 없었다는 듯이 발뺌을 하는 것이다. 도승지 유지가 나서 이 점을 바로 지적한다. "처음에는 어서(御書)로써 의논하게 하고 뒤에 의지(懿旨-대왕대비의 지시)를 일컬었으니 후세에 논란이 있지 않을까 염려됩니다."

그러나 이미 성종의 속뜻은 확고했다. 자기 아버지의 문제였고 따라서 자신의 문제였기 때문이다. 그날 주강에서 보이는 성종의 모습을 보면 분명히 알 수 있다. 주강이 끝나자마자 성종은 중추부 지사 임원준에게 "회간왕의 부묘는 이미 정하였다"고 자신의 결심을 밝힌다. 그러자 아부하기를 좋아하던 임원준이 "이것은 조금도 의심할 만한 것이 없습니다"라며 맞장구를 쳤다. 심지어 성종은 "경연관이 모두 불가하다고 말하더라도 내 뜻은 이미 결정되었다"고 했다. 그러자 시강관 홍귀달이 나서 "전하께서 그 어버이를 높이려고 하시는 효성은 지극합니다. 그러나 대의(大義)로는 진실로 할 수 없는 것입니다"라며 비판을 그치지 않았다. 그때 임원준이 화를 발끈 내며 한나라 선제의 경우 성군인데 선제도 자신의 아버지를 추존하지 않았느냐며 노골적으로 성종 편을 들었다. 홍귀달도 물러서지 않았다. "모두가 옳지 못하다고 이르는데 편벽되게 2~3인의 소신(小臣) 말을 믿으시고 급하게 대사(大事)를 정하시면 신의 뜻으로는 옳지 못하다고 생각합니다.『실록』은 성종이 이에 대해 "대답하지 아니하였다"고 기록하고 있다. 여기서도 사신의 논평은 중요하다.

"이 앞서의 회의에서 의견을 낸 자들은 모두 옳지 못하다고 하였으나 임원준 등 2~3인만이 옳다고 하였다. 의논하는 날에 임원준이 홍귀달을 보고 묻기를 '이제 부묘하는 것이 어떠합니까?' 하니, 홍귀달이 대답하기를 '시비(是非)가 분명한데 어찌 변설(辨說)을 기다리겠습니까?' 하자 임원준이 말하기를 '그렇다면 부묘할 수 없는 것은 명확합니다'라고 하였다. 그런데 막상 의논이 시작되자 도리어 힘껏 주장하고 주상 앞에 이르러서는 또 홍귀달과 더불어 쟁론하기를 이와 같이 하니 듣는 자가 그 얼굴에 침을 뱉으려 하지 않는 이가 없었다."

홍귀달(洪貴達, 1438년 세종 20년~1504년 연산군 10년)은 춘추관 편수관이 되어 『세조실록』 편찬에 참여했으며 연산군 생모 폐비 시에는 반대하여 투옥되기도 한다. 문장은 고아건실(高雅健實)하였으며 입시하면 시간이 지나도록 아뢰어 연산군이 싫어했다고 한다. 10여 조목을 아뢰었는데 모두 궁중의 비밀을 드러내 풍자하는 것이고 말이 매우 간절하고 곧았다. 연산군이 더욱 불쾌하여 경기 감사로 보냈다. 연산군 10년 손녀를 궁중에 들이라는 왕명을 어겨 교살된다. 한마디로 기개가 넘치는 강직한 인물이었다.

홍귀달과 임원준의 싸움이 있고 바로 다음 날인 9월 21일에도 정인지, 정창손 등이 "명분도 그러하거니와 위차(位次)와 칭호 등의 문제로 인해 매우 어렵습니다"라며 핵심적인 반론을 폈다. "만약 회간대왕을 종묘에 부제하면 후세에 (성종처럼) 방지(傍支)로서 국왕의 자리를 계승한 자가 다 사친을 종묘에 부제할 것이니, 이렇게 되면 왕위에 올라 백성을 다스린 임금이 도리어 쫓겨나는 꼴이 되는 셈인데 이것이 어찌 옳겠습니까?" 이에 할 말이 없어진 성종은 "어찌 미래를 염려하여서 당시에 할 만한 일을 행하지 않음이 옳겠는가"라고 억지를 부린다. 폐비 윤씨의 문제 때도 보게 되겠지만 '미래의 일은 그때 가서 알아서 하고'가 성종이 즐겨 사용하던 논법이다. 이런 논란에도 불구하고 결국은 성종의 뜻대로 회간대왕은 종묘에까지 부묘하게 된다. 이는 다른 측면에서 본다면 성종의 홀로서기가 시작되었음을 뜻하는 것이기도 하다. 신하들의 반대를 힘으로 꺾을 수 있을 정도가 되었기 때문이다.

수렴청정에 종지부를 찍은 '6적(六賊) 익명서' 사건

정희대왕대비는 성종 7년 1월 13일 내관 안중경을 시켜 한글 편지 한 장을 원상에게 전했다. 내용은 수렴청정을 거두겠다는 것이었다.

"나는 한 가지 일도 친인척이라고 해서 봐주거나 한 것이 없었는데도 지금 익명서에 말한 것은 오로지 내 몸을 지칭하였으니 최개지의 말을 듣고는 마음이 실로 편안하지 못하다. ……윤사흔이 의정이 된 것도 또한 주상의 명령이다. 더구나 해당 관청에서 도량과 재간에 따라 이를 임용한 것이 아니겠는가? 만약 친인척이라 하여 무조건 이를 물리친다면 이 또한 불합리한 것이 아니겠는가?"

여기서 대왕대비가 말하는 것은 두 가지다. 하나는 익명서와 관련된 것이고 또 하나는 친동생 윤사흔과 관련된 것이다. 첫째 것은 성종 6년 11월 18일 승정원에서 보고한 익명서 사건을 말한다. 승정원 문에 익명서가 붙어 있었는데 일부가 찢어져 전문은 알 수 없었다. 다만 내용 가운데 '강자평이 진주목사가 된 것은 대왕대비의 특명이다'라는 글이 포함돼 있었고, 또 윤사흔, 윤계겸, 민영견, 어유소, 이철견, 이계전의 이름 밑에 적(賊)자와 함께 많은 욕이 씌어 있었다는 것이다. 당대의 6적이었던 셈이다. 이들 여섯 명의 이력을 간단히 보자.

윤사흔(尹士昕, ? ~ 1485년 성종 16년)은 정희대왕대비의 친동생이다. 세조 1년(1455년) 문음으로 군기감정이 되고 좌익공신 1등에 녹훈되었다. 성종 2년(1471년) 성종을 옹립한 공으로 좌리공신 2등에 녹훈되었으며 성종 4년(1473년) 대사헌 서거정으로부터 훈척대신으로 병권을 전횡했다는 탄핵을 받게 된다. 그랬다가 성종 6년(1475년) 7월 이 사건과 관련된 문제의 우의정 자리에 올랐다. 『실록』의 기록을 종합해 보면 윤사흔의 사람됨은 기량이 활달하고 거침이 없었다. 남의 허물을 보면 정면에서 논박할 만큼 직선적인 성격이었으며, 다만 "간혹 술에 취해 선비들을 예(禮)로 접대하지 않아 비방을 받기도 하였다"고 한다.

윤계겸(尹繼謙, 1442년 세종 24년~1483년 성종 14년)은 윤사흔의 아들이다. 세조 3년(1457년) 음보로 관직에 나왔으며 세조는 '이간(吏幹-관리로서의 재주)'이 있다 하여 아꼈다. 예종 즉위년(1468년) 좌부승지로, 남이의 옥사를 다스릴 때 공이 있다 해서 익대공신 3등에 책록되어 영평군에 봉해졌다. 성종 2년(1471년) 성종의 즉위를 도운 공으로 다시 좌리공신 3등에 책록되었다. 이듬해 공조참판으로 경기도 관찰사를 겸하였고, 그 뒤 이조참판을 거쳐 대사헌이 되었다. 훗날 형조와 공조판서를 지낸다. 윤계겸에 대한 사신의 평가는 가혹할 정도다.

"윤계겸은 외척으로 일찍 벼슬에 참여하여 좋은 요직을 여러 번 지내고 일을 꼼꼼하게 살폈다. 그러나 배우지 못하고 아는 것이 없어서 대체(大體)에 어둡고 성미가 급하고 가혹하여 무릇 남을 해치는 일에는 솔선하여 소매를 걷고서 하고, 명성과 총애가 이미 지극하였는데도 늘 만족할 줄 몰랐으니, 작록(爵祿)을 오래 누리지 못한 것이 마땅하다."

민영견(閔永肩)은 정희대왕대비 언니의 외손자였다. 성종 1년 할머니의 도장을 훔쳐 호조낭관에 임명되었다. 이때 대사헌 한치형은 이 인사의 부당함을 지적하는 상소를 올렸다. 한마디로 일을 감당할 능력이 안 된다는 것이다. 그러나 결국 호조정랑이 된다. 연산군 때는 돈녕부 동지사에까지 오른다. 실록은 그가 능력도 없이 아부와 뇌물로 자리를 지키고 대왕대비와의 먼 인척 관계를 적극적으로 활용했다고 비판한다.

어유소(魚有沼, 1434년 세종 16년~1489년 성종 20년)는 무인으로 세조 13년(1467년) 이시애가 반란을 일으키자 좌대장으로 1,000명의 군사를 이끌고 나가 이를 평정하였다. 이 공로로 적개공신 1등 예성군에 봉해지고, 평안도 병마수군절도사가 되었다. 그해 겨울 강순의 좌상대장으로서 건주위의 여진족 추장 이만주 부자를 죽이는 공을 세운 당대의 대표적인 무장이다. 성종 즉위 후 1477년(성종 8년) 병조판서, 다음해 우찬성을 거쳐 이조판서에 제수되었으나 무신을 이조판서로 해서는 안 된다는 문신들의 반대로 다시 우찬성으로 물러앉았다. 그에 대한 『실록』의 평은 후하다. "성격이 진실하고 솔직하여 사람들과 거슬림이 없이 누구나 사랑하고 대중을 용납하여 겉으로 꾸미는 짓을 하지 않았고, 집에 있을 적에도 돈벌이를 일삼지 않았다. 북방에 드나들어 오랑캐들의 실정을 두루 알았으며 사졸(士卒)들과 고락을 같이하여 가는 곳마다 금방 공로가 있었고, 높은 벼슬을 역임했지만 교만하게 처신하지 않았다."

이철견(李鐵堅, 1435년 세종 17년~1496년 연산군 2년)은 정희대왕대비의 사촌동생이며 문음으로 헌릉직을 거쳐 한성부 판관으로 있을 때인 세조 6년(1460년) 무과에 급제하고, 성종 원년인 1470년 중추부 동지사에 올랐으며 이듬해 좌리공신 3등으로 월성군에 봉해졌다. 이어 경기도 관찰사, 형조·호조판서를 거쳐, 성종 6년(1475년) 돈녕부 지사, 우상대장(右廂大將) 등을 거쳐 좌참찬, 경상도 관찰사, 대사헌 등을 지낸다. 성종 24년(1493년) 척신으로서 탐학하고 사치를 좋아하며 전횡이 심하다는 대간의 탄핵을 받아 관직을 물러났다가 연산군 즉위 후인 1495년(연산군 1년) 의금부 지사에 복직되었다. 사신은 이철견이 죽은 후에 "성질이 과장하기를 좋아하며, 배우지 못하여 근본이 없고, 탐하고 음란하고 사치하고 화려하였으되 외척이라는 이유로 벼슬이 찬성에 이르렀으니, 요행이었다"고 가차 없이 비판하고 있다.

이계전은 당시 생존 인물은 아니었다. 이계전(李季甸, 1404년 태종 4년~1459년 세조 5년)은 목은 이색의 손자로 조선 초의 명신 권근의 외손자이기도 했다. 세종 때 도승지를 지냈고 계유정난 때 정난공신 1등에 녹훈되어 호조·병조판서를 지냈다. 병조판서로 있을 때 수양대군이 왕권 강화를 위하여 6조 직계제를 부활하자 하위지 등과 이를 반대하는 소(疏)를 올렸다. 그러나 세조는 더욱 전제권을 강화해 갔다. 이에 성삼문 등 집현전 출신 학자가 중심이 되어 세조 제거 운동을 일으켰으나, 그는 이에 참여하지 않고 반대로 세조를 도왔다. 이 공로로 좌익공신에 녹훈되었다.

그런데 사육신의 한 사람인 이개가 바로 이계전의 조카였다. 이개는 일찍부터 이계전이 수양대군과 가까이 지내는 것을 혐오했고, 결국 자신은 물론이고 아들 이공회, 동생 이유기, 동생 아들 이은산도 형장의 이슬로 사라졌다. 당시 인심으로 볼 때 이계전은 이미 죽었어도 좋게 보아줄 인물은 아니었다. 유일하게 죽은 사람으로 익명서에 그의 이름이 등장한 것도 정희대왕대비의 남편인 수양대군의 사람이었기 때문이다.

『경국대전』 형전(刑典)에 따르면 익명서는 그 내용을 전해서도 안되고 불태워 없애도록 되어 있다. 그래서 문제의 익명서는 즉시 불태워 없어졌다. 그러나 성종으로서는 다른 사람도 아닌 대왕대비가 관련된 일이라 곤경에 처했다. 게다가 6적은 어쨌거나 대왕대비와 직접적으로 연결된 인물들이었다. 그냥 덮어두기에는 그 내용이 너무나도 심각했다. 또 그 중 일부는 궁중 내부의 비밀에 해당되는 것까지도 포함돼 뭔가 사실을 밝혀내지 않을 수 없는 상황이었다.

윤사흔이 우의정으로 임명된 것은 익명서 사건이 터지기 5개월 전인 성종 6년 7월이었다. 그리고 왕실의 족친이 국정에 참여할 수 있는 길을 열어놓은 것도 바로 대왕대비 자신이다. 대왕대비는 성종이 즉위한 직후에 "세조는 신하들의 능력을 가릴 줄 알았으므로 족친이라 하더라도 그 재주에 따라 임명했는데 예종은 그렇지 않았다. 내가 지금 수렴청정을 하게 됐으니 경은 족친으로서 쓰기에 합당치 아니한 자는 천거하지 말라"고 이조판서 한계미에게 지시를 내린 바 있다. 이 말은 뒤집어 말하면 쓰기에 합당한 자는 족친이라는 이유로 무조건 배제하지 말고 적극 천거하라는 말이다.

그런데 한계미가 누구인가? 한계희·한계순의 맏형이었던 한계미(韓繼美, 1421년 세종 3년~1471년 성종 2년)에게 대왕대비는 처형이었다. 말 그대로 족친이었다. 미관말직에 있던 그는 단종 즉위년(1453년)에 사은사로 북경에 가는 수양대군을 수행했고 그것이 인연이 돼 세조가 즉위하자 좌익공신 3등으로 사간원 지사에 올랐고 이어 동부승지, 우승지를 거쳐 호조·형조참판을 지냈다. 이시애의 난 진압에 공을 세워 적개공신 3등으로 우찬성에 올랐고 이후 좌찬성으로 이조판서를 겸하고 있었다. 조금만 들여다봐도 이처럼 대부분의 조정 신하들이 대왕대비와 친인척 관계로 얽혀 있었던 것이다.

원상제 폐지

5월 19일 성종은 의정부에 명하여 원상을 폐지한다고 발표토록 했다. 그 계기를 만든 것은 한명회 탄핵을 주도했던 대사헌 윤계겸이다. 그에게 대왕대비는 고모였다. 그로서는 수렴청정이 끝난 마당에 성종에게 권력이 몰린다고 해서 나쁠 게 하나도 없었다. 성종에게 자신은 인척이었기 때문이다. 실제로 그가 다음 해인 성종 8년 1월 26일에 올린 상소를 보면 한명회에 대해 적대감까지 묻어난다.

"어찌 성명(聖明-임금)이 위에 계신데도 권신의 세력이 이토록 극진하게 될 수 있겠습니까? 법에 의하여 죄를 정한다면 한명회는 죽어도 남는 죄가 있을 것인데, 혼자 큰 법을 벗어나 관록과 직위를 보전할 수 있으니, 전하께서는 죄가 없다고 생각하여 그러십니까? 아니면 죄를 알기는 하나 훈신이라 하여 특별히 용서하시는 것입니까?"

그런 그가 성종 7년 5월 15일 올린 총 9개 항목에 관한 상소에서 "지금이 원상제도를 혁파하기에 적합한 때"라며 원상제 폐지를 건의했다. 정인지, 김질, 김국광 등 원상들도 더 이상 반대할 수 없었다. 그러면서도 원상들은 다른 8개 항목들에 대해서는 "아뢴 대로 하소서"라면서 이 항목에 대해서만은 아쉬움을 남긴 채 "주상의 재량에 달려 있습니다"라고 말한다. 그리고 나흘 후 성종은 전격적으로 이런 결단을 내린 것이다. 이로써 세조 때 생겨나 훈구 척신들의 사령부 역할을 했던 원상제가 마침내 폐지됐다. 이를 기점으로 성종은 정치제도적인 면에서 홀로서기의 첫걸음을 내딛게 된 셈이었다.

원상제의 폐지가 갖는 의미는 혁명에 가까울 만큼 대단히 큰 것이었다. 원래 이 제도는 세조 13년 9월 명나라 사신이 왔을 때 세조의 건강이 악화되어 승정원에서 일을 잘 처리하지 못할까 우려해서 신숙주, 한명회 등에게 명하여 승정원에 나와 임금 대신 일을 보도록 한 데서 시작됐다. 그러면서 원상이라고 불렀던 명칭도 예종을 거쳐 성종이 수렴청정을 받게 되자 그대로 이어져 왔던 것이다. 앞서 본 대로 훈구공신들에 대해 그처럼 기세등등했던 예종조차도 원상제만은 건드리지 못했다.

여기서 우리는 조선의 정치제도에 대해 알아둘 필요가 있다. 가장

크게 보면 태종처럼 강력한 왕권을 지향하는 국왕은 6조 직계제(六曹
直啓制)를 원하고 유학 교양을 갖춘 신하들은 3공(公) 6경(卿) 체제, 즉
의정부 서사제(議政府署事制)를 기대했다. 군주제와 민주제라는 차이
를 감안해서 본다면 6조 직계제는 일종의 대통령중심제이고 의정부
서사제는 일종의 의원내각제라고 할 수 있다. 전자는 권력이 국왕 한
사람에게 집중되는 것이고 의정부 서사제는 국왕과 신하들이 권력을
나눠 갖는 것이다. 그래서 국왕 중심의 6조 직계제가 활성화되면 자연
스럽게 6조와 왕명을 받드는 승정원이 힘을 발휘하였고, 의정부가 권
력의 중심에 서면 6조와 승정원은 위축될 수밖에 없었다. 그래서 태종
이나 세종처럼 강력한 왕권을 추구하는 국왕은 6조 직계제를 선호할
수밖에 없었다. 세종도 후반기에는 건강상의 이유로 의정부 서사제를
채택하기는 했다.

그런데 태종이나 세조처럼 쿠데타로 집권할 경우 공신들과의 갈등
은 불가피했다. 태종은 결국 공신들을 제압하고 6조 직계제를 관철시
킨다. 반면 세조는 6조 직계제를 원했지만 태종처럼 공신들을 숙청해
버리기에는 독자적 권력 기반이 너무나 취약했다. 그래서 외형적으로
는 6조 직계제를 집권 초기부터 세조 12년까지 유지하다가 건강이 악
화되고 나서 원상제를 도입한다.

성종에게 영향을 미친 세조의 술자리 정치

여기서 세조의 유명한 '주석 정치(酒席政治)'가 탄생한다. 세조 시대
의 한 특징으로 '주석 정치'를 꼽는 서울대 최승희 전 교수는 "세조 대
술이 문제가 된 것은 너무 자주 공식·비공식으로 술자리를 마련하여
임금과 신하가 함께 취했기 때문이다. 이는 세조 자신이 술을 즐겨 마

셨고 종친, 공신, 신료들이 이에 호응했기 때문이기도 하다”고 말한다. 실록은 애주가로서 세조의 이 같은 면모를 ‘호음지벽(好飲之癖)’이라고 표현하고 있다.

최 교수의 분석에 따르면 세조는 공사(公私) 자리를 가리지 않고 술자리를 만들었다. 상참(常參)이란 대신들이 매일 편전에서 임금에게 국사를 아뢰는 자리이다. 이 자리가 끝나면 그 자리에 술자리가 마련됐다. 그래서 가장 자주 술자리가 마련된 장소도 정치를 논하는 사정전이었다. 이처럼 세조가 정사를 이야기하면서 술자리를 여는 것은 즉위 때부터 세상을 떠나기 3개월 전까지, 즉 세조 14년 6월까지 이어졌다고 한다.

보통 이런 술자리가 벌어지면 세조뿐만 아니라 종친, 공신, 신료들도 대취할 때까지 마셨다. 그러니 영의정 정인지를 일어나 춤추게 하고 대사헌 김순에게는 그에 맞서 대무(對舞)토록 했다. 얼마나 마셔댔는지, 세조 자신이 세조 8년 3월 좌의정 신숙주 등을 불러 가벼운 술자리를 하면서 이렇게 말하고 있다.

“공신들이 과음으로 죽은 자가 자못 많다. 이계전, 윤암이 그렇고 화천군 권공, 계양군 홍달손 등은 죽지는 않았으나 폐인이 되었다. 이는 크게 잘못된 것이다. 음주를 일체 금지하는 것이 어떻겠는가?”

여기서 세조가 말한 화천군 권공(權恭, ?~1462년 세조 8년)은 태종의 딸 숙근옹주와 결혼한 태종의 사위였다. 무예에 능하여 군정에 기여한 바가 많았다. 홍달손(洪達孫, 1415년 태종 15년~1472년 성종 3년)도 무신으로 어려서부터 무예에 출중하여 내금위에 속해 있었다. 계유정난 때 수양대군을 도와 정난공신 1등이 되고 이듬해 남양군에 봉해

어사도(御射圖)_ 왕이 성균관에서 석전제(釋奠祭)를 지낸 뒤 신하들과 활쏘기를 행하는 대사례 의식 가운데 왕이 활 쏘는 모습을 그린 것이다.

졌다. 세조 1년(1455년)에는 좌익공신 2등에 책록되었으며, 병조판서, 중추부 영사를 거쳐 세조 13년(1467년)에는 좌의정까지 오른 인물이다. 성품이 곧았으나 주색을 즐겼다고 한다.

한마디로 당대 최고의 무신들까지 술에 골병이 들었던 것이다. 그래 놓고도 자신과 함께 먹는 술은 전혀 문제 삼지 않았다. "세조 대 신료들 가운데 세조에게 불경, 무례, 실언하여 파직과 처형에 이른 일들은 모두 술자리에서 일어난 것이었다. 정인지가 여러 차례 불경, 무례, 실언으로 곤욕을 치르고 영의정 강맹경이 일시 파직된 일, 정창손이 파직되고 양정이 세조의 퇴위를 진언하다가 참형을 당한 사건, 서강이 불교에 대하여 시비를 논하다가 처형된 사건 등등이 모두 세조가 베푼 술자리에서 일어난 일이었다."(최승희,『조선 초기 정치사 연구』)

원래 문무의 기질을 함께 갖췄던 세조는 즉위 초부터 활쏘기 구경(觀射)과 사냥 구경(觀獵)을 즐겼다. 특히 활쏘기 구경은 술과 함께 말년까지 이어졌다. 활쏘기는 주로 종친, 재상, 승지들이 함께 구경하는 가운데 경회루, 모화관, 창덕궁의 후원 등지에서 자주 열렸고 그때마다 술자리가 곁들여졌다. 기록을 보면 이런 자리에는 종종 세자도 함께했다. 그 밖에도 사냥 구경을 가거나 온천 행차 때도 반드시 술자리가 따랐다.

176

이렇게 놓고 본다면 수렴청정 중단
논란이 심해질 때 한명회가 하고 많은
이야기 중 대왕대비의 수렴청정이 이
어지기를 바라는 차원에서 "신 등이 언
제나 대궐에 나아와서 안심하고 술을
마시게 되는데, 만약 수렴청정을 이어
가지 않으시면 장차는 안심할 수가 없
을 것입니다"라며 술과 관련된 이야기
를 한 것도 우연이 아니다. 그것은 단
순한 비유가 아니라 실제로 세조 때에
이어 수렴청정하의 성종 때도 늘 대궐
안에서 낮부터 술을 마셔댔던 것으로
볼 수 있다. 앞으로 살펴보겠지만 문제
는 성종도 어릴 때부터 이런 장면들을
수없이 목격한 때문인지 홀로서기를
하면서 적어도 이 점에서는 점점 세조
를 닮아간다.

결국 세조는 6조 직계제를 제도화하
지 못하고 오히려 말년에는 의정부 서
사제보다도 훨씬 왕권이 약할 수밖에

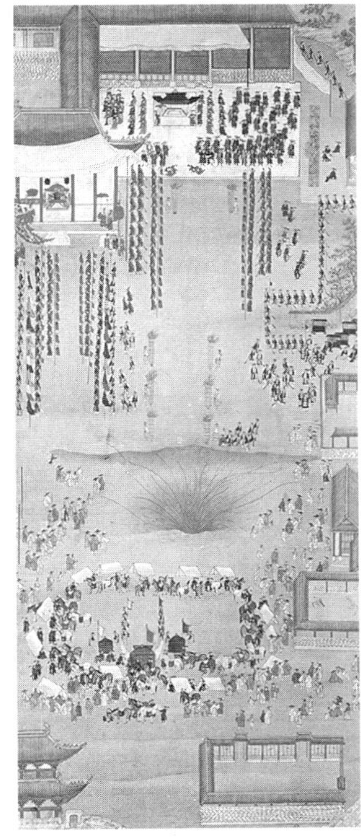

득중정어사도(得中亭御射圖)_ 정조가 혜
경궁 홍씨를 모시고 화성으로 행했
을 때의 모습을 그린 8첩 병풍《화
성행행도》가운데 신하들과 활쏘기
를 한 뒤 매화포를 터트려 불꽃놀
이를 하는 장면을 담은 그림이다.
보물 제1430호.

없는 원상제라는 것을 만들어놓고 세상을 떠났으며 이는 예종을 거쳐
성종 초기에도 그대로 이어진다. 이런 맥락에서 본다면 원상제란 사
실상 신하들이 권력을 독점하다시피 하는 것이라고 할 수 있다. 그랬
기 때문에 성종은 수렴청정에서 벗어남과 동시에 원상제를 폐지하는
혁명적인 결단을 내린 것이다. 그러나 그것이 태종형 6조 직계제로 이

어질지 아니면 세조형 6조 직계제로 하되 공신들과 타협하는 형태로
진행될지는 별개의 문제다. 실은 원상제라는 이름만 없어졌을 뿐 실질
적인 내용은 그대로 유지되기 때문이다.

5장

왕권 강화를 향한 힘겨운 싸움

형식상의 전권을 쥐게 되지만

　수렴청정을 벗어났다고 해서 곧바로 성종의 독자적 권력이 확립되는 것은 아니다. 어떤 면에서는 책임과 부담만 더 커졌다고 볼 수도 있다. 신하들의 입장에서 보자면 왕실의 권한이 대왕대비에서 20세 성종에게 넘어간 데 불과할 뿐이고 이제 신하들의 각종 요구에 성종이 직접 맞서야 하는 상황이 시작되었기 때문이다.

　실제로 성종 7년 벽두부터 친권을 행사하기는 했지만 성종이 자기 스타일의 통치를 구축하는 데는 훨씬 더 많은 세월을 기다려야 했다. 우선 그 자신의 학식이나 경륜이 턱없이 부족했고 여전히 훈구대신들은 곳곳에서 막강한 힘을 행사하고 있었다. 조금 심하게 말하면 성종은 재위 마지막 순간까지도 결국은 훈구의 그림자에서 완전히 벗어나지 못한 것인지 모른다. 게다가 20세의 혈기를 내세우며 공신들과 맞섰던 예종의 비극적인 말로를 성종도 잘 알고 있었을 것이다.

사실 학문적 훈련이 잘되었던 세종의 경우도 신권을 제압하는 데 많은 시간과 노력을 들여야 했다. 22세에 국왕 자리를 물려받고 4년간의 상왕 섭정 기간을 거쳤음에도 불구하고 신하들과의 논쟁에서 어느 정도 힘을 발휘하기 시작하는 것은 태종이 세상을 떠나고 4~5년이 지나고서였다. 하물며 어려서부터 신하들에 의해 키워지고 교육받았던 스무 살 성종이 대왕대비의 수렴청정이 끝났다고 해서 하루아침에 바뀔 수는 없었다. 신하들은 그대로였고 국정의 큰 방향이 바뀐 것도 아니었다.

성종과 김언신의 군자-소인 논쟁

1476년 성종 7년 1월 성종이 마침내 친권을 행사하기 시작한 것을 감안한다면 성종 7년이 사실은 즉위년에 해당하고 성종 8년(1477년)은 성종 1년인 셈이다. 그해 9월 5일 경연을 마치고 성종은 경연에 참여했던 사헌부 지평 김언신과 격렬한 논쟁을 벌인다.

이 논쟁을 살피기에 앞서 우리는 먼저 조선의 정치체제하에서 사헌부란 어떤 기관이며 또 지평이라는 자리는 사헌부에서 어느 정도의 지위를 갖는지를 먼저 짚어볼 필요가 있다. 그래야 성종과 김언신 논쟁의 정치적 의미를 정확히 파악할 수 있기 때문이다.

사헌부란 고려 때부터 있던 기관으로 고려시대 사헌부의 직제는 고려 중엽인 995년(고려 성종 14년) 어사대라 불릴 때는 대부(大夫), 중승(中丞), 시어사(侍御史), 전중시어사(殿中侍御史), 감찰어사(監察御史), 등의 관직이 있었고, 1308년(고려 충렬왕 34년)에는 대사헌, 집의, 장령(掌令), 지평(持平), 규정(糾正)으로 개정되었다. 규정이 감찰로 바뀐 것 말고는 조선시대에도 거의 그대로 이어졌다. 『경국대전』에 명시된

사헌부의 직무 내용을 살펴보면 크게 정치의 시비에 대한 언론 활동, 백관에 대한 규찰, 풍속을 바로잡는 일, 원통하고 억울한 일을 해결해주는 일 등으로 되어 있다. 이러한 사헌부의 구체적 기능을 조선시대 정치에서 찾아보면, 첫째, 언론 활동을 꼽을 수 있다. 언론을 그 직무로 수행하는 기관으로서는 사간원도 있었다. 이를 사헌부와 함께 언론 양사(言論兩司)라 하였다. 이들이 수행하는 언론의 내용은 간쟁(諫諍), 탄핵(彈劾), 시정(時政), 인사(人事) 등으로 구분할 수 있다. 둘째, 정치적 참여 기관으로서 사헌부 관원들은 의정부 6조의 대신들과 함께 조계, 상참에 참여하였고, 정치와 입법에 관한 논의에도 참여하였다. 셋째, 관원은 시신(侍臣)으로서 왕을 모시고 경서와 사서를 강론하는 자리인 경연과 세자를 교육하는 자리인 서연에 입시하였고, 왕의 지방 순시에도 반드시 따라갔다. 그 밖에도 법령의 집행, 백관에 대한 규찰, 죄인에 대한 국문(鞫問), 결송(決訟) 등 법사(法司)로서의 기능을 행하였다. 사헌부의 직무 가운데는 사간원과 함께하는 경우가 많아 이 두 기관의 관원을 병칭할 때는 대간(臺諫)이라 하는데, 사헌부의 관원만을 칭할 때에는 대관(臺官)이라 하였다. 이들 대관은 위엄과 명망을 중히 여겨 예우가 제도적으로 규정되었고, 상하 관원 사이에도 예의와 의식이 준엄하게 지켜졌다고 한다. 대사헌은 종2품, 집의는 종3품, 장령은 정4품, 지평은 정5품이었고 여기까지만 흔히 대관으로 불렸고 감찰은 실무자에 불과했다. 다시 말해 김언신의 직분 '사헌부 지평'이란 국왕에게 간할 수 있는 직위로서는 가장 낮았다.

그런 말단의 대관 김언신이 경연이 끝난 자리에서 형조판서 현석규를 비판했다. 현석규가 동료 신하들과 국사를 논의하다가 자기 말을 듣지 않는다고 눈을 부라리고 팔뚝을 내밀어 위압적 행동을 보였다는 것이다. 『실록』에 따르면 현석규는 동료들에게는 거만하게 행동하면서도 성종 앞에서는 늘 겸손한 척해서 출세를 한 인물로 묘사되어 있다. 그러나 성종은 현석규를 두둔하며 "그대는 현석규가 음험하다고 말하니 소인으로 여기는 것이냐"고 반문한다. 김언신은 단호하게 "사람됨이 음험하면 간사한 소인입니다"라고 답한다. 이렇게 해서 성종과 김언신 사이에 소위 '군자·소인 논쟁'이 점화되었다.

유학 이데올로기가 지배하던 조선에서 군자냐 소인이냐 하는 것은 단순한 성품의 문제를 떠나 그의 총체적 인격을 규정하는 잣대였다. 유교에서 군자라 함은 도덕적으로 완성된 인격자라 할 수 있다. 유학에서는 궁극적으로 성인(聖人), 즉 천인합일(天人合一)의 경지에 이른 사람을 이상으로 삼지만 그것은 현실적으로 불가능하고 그 다음 단계로 군자가 있다. 예를 들면 공자는 『논어』 '술이편(述而篇)'에서 "성인은 내 아직 보지 못하였지만 군자만이라도 만나보았으면 한다"고 말한다. 여기서 군자가 되는 데 중요한 것은 덕이다. 그에 반해 부덕하고 간사하고 자신의 이익만을 추구하는 사람을 유학에서는 소인 혹은 소인배라 부르며 멸시했다. 이런 군자와 소인의 이분법은 명분 위주의 사림파가 정치를 장악하는 조선 중기에 이르면 더욱 강화된다. 그래서 군자냐 소인이냐에 따라 출세 여부는 말할 것도 없고 경우에 따라서는 삶과 죽음의 갈림길에 서는 일까지 생겨났다.

특히 이 무렵 군자·소인 논쟁은 마침내 친권을 행사하게 된 성종에 대한 충성도 문제와 연결되어 있어 사태는 더욱 복잡했다. 사실 이와 유사한 논쟁은 이미 성종이 친권을 행사하기 시작한 직후인 성종 7년 3월 7일 경연을 마친 직후에 지평 성건과의 간략한 논란에서 처음으로 제기된 바 있었다. 성건은 "정사를 되돌리는 초기(친권 행사 초기)는 곧 군자를 나오게 하고 소인을 물리쳐야 할 때"라고 말하자 성종은 성난 목소리로 "지금 누가 군자이고 누가 소인이란 말인가"라고 반박한다. 이때 성건은 원상인 한명회, 유자광, 정창손, 윤자운 등을 지목하며 '소인'이라고 밝혔고 이에 깜짝 놀란 성종은 "군자와 소인의 구분은 비록 성인(聖人)이라도 이를 어렵게 여겼으니 망언을 많이 하지 말라"고 다그칠 정도였다.

성건(成健, 1439년 세종 21년~1496년 연산군 2년)은 세조 8년(1462년) 사마시에 합격하고 주로 사헌부에서 활약했다. 성종 17년(1486년) 도승지를 거쳐 경기도 관찰사, 대사헌에 이르고 성종의 각별한 총애 속에 여러 판서직을 거치게 되는 인물이다. 성숙·성준·성건 3형제의 막내로 모두 명재상으로 이름을 날리게 되는 명문가 출신이었다. 특히 둘째 성준은 훗날 영의정에까지 오르게 된다.

그러나 성건 때와 달리 김언신과의 논쟁을 보면 1년 사이에 많이 성숙한 성종의 모습을 확인하게 된다. 다시 한 번 성종은 "그대가 현석규를 소인이라고 하느냐"고 묻자 김언신은 "참으로 소인입니다"라고 답한다. 이에 성종은 "그것을 어떻게 아느냐"고 군자와 소인을 가르는 판단 기준에 관해 더 구체적으로 질문을 던진다. 이건 누구에게나 쉽지 않은 문제다. 결국은 주관적일 수밖에 없기 때문이다. 그래서인지 김언신의 대답이 약간은 궁색하다.

"근일 행사의 자취로 보아서 압니다. 맹자가 '그 눈동자를 보면, 사람이 어찌 숨기랴'고 하였습니다. 현석규의 용모를 보면 또한 음험한 것을 알 수 있습니다."

"사람을 용모로 판단할 수 있느냐? 중국의 주열은 얼굴이 추하기가 귀신 같으나 마음은 맑기가 물 같았으니, 얼굴을 보고 마음을 아는 것은 성인도 어려운데, 하물며 김언신 네가 알 수 있단 말이냐?"

이에 대해 김언신은 다른 고사를 인용하며 용모로도 족히 심술이 숨겨져 있는 것을 알 수 있다고 맞섰다. 성종은 김언신이 괘씸했을 것이다.

"그대가 '현석규는 소인이고 내가 현석규에게 농락당하였다'고 말하는 것 같은데 그러면 왜 일찍 그 말을 하지 않았느냐?"

"신이 그때는 언관이 아니어서 감히 말하지 못하였습니다. 그러나 현석규가 소인인 것을 좌우의 신하로서 누가 알지 못한다 하겠습니까?"

이제 불똥이 다른 신하들에게로 튄다. 그때 심회는 조심스럽게 "아마도 현석규가 받은 벼슬이 너무 높기 때문에 그렇게 말하는 듯합니다"라며 김언신을 두둔했다. 그러나 홍응은 "현석규가 소인이라는 것을 신은 알지 못합니다"라고 성종을 거든다. 홍응(洪應, 1428년 세종 10년~1492년 성종 23년)은 문과에 장원급제해 사간원 우정언, 집현전 응교 등을 거쳐 세조 9년(1463년) 도승지를 지냈다. 세조의 총애를 받아 세조의 외손녀와 결혼했다. 이후 이조참판, 형조판서, 우찬성 등을 거쳐 성종 10년(1479년) 우의정에 오르게 되는 인물이다.

결국 성종은 "대신이 모두 현석규가 소인이라고 하지는 않으니, 이것은 김언신이 먼저 스스로 임금을 속인 것이다. 정승들에게 두루 물어서 만일 그대 말이 사실이 아니라면 그대는 임금을 속인 죄를 받아야 할 것이다" 하며 크게 화를 낸다. 다행히 사헌부와 사간원이 합사해서 "김언신에게 죄를 주면 우리도 함께 벌을 받겠다"고 나서는 바람에 성종도 "내가 거듭 생각하여 보니 김언신을 반드시 죄줄 필요는 없다"고 한 걸음 물러섰다. 이처럼 성종은 자신의 권위에 도전하려는 기색이 있으면 언관이라 하더라도 얼마든지 벌을 주겠다는 태세가 되어 있었다. 이런 자세는 언관에 대한 열린 태도에도 불구하고 줄곧 반복해서 나타나는 성종의 성격이었다.

문제의 현석규는 분이 덜 풀렸던지 바로 다음 날인 9월 6일 글을 올려 사직을 청했다. 그러면서 김언신의 뒤에는 유자광이 있다고 말한 다음 함께 하옥시켜 달라고 초강수를 뒀다. 이 말에 다시 화가 난 성종은 의금부에 지시를 내린다.

"현석규는 소인이 아니어서 내가 임용하였고 대신들도 모두 소인이라 하지 않는데 지평 김언신이 현석규를 소인이라 하고 '만일 소인이 아니면 신이 극형을 받겠습니다'라며 강변하였으니 김언신을 추국하라."

이때 이조참판 신정이 나서 간하는 신하를 벌하는 것은 심하다며 재고해 줄 것을 요청했다. 신정(申瀞, ?~1482년 성종 13년)은 영의정 신숙주의 아들이며, 태종의 아들 후녕군 이간의 사위이다. 성종은 신정의 요청을 일언지하에 거절한다.

9월 8일에는 예문관 부제학 이맹현 등도 상소를 올려 "언로를 열어서 총명을 넓히셔야 하는데 말하는 자를 죄준다면 이것은 언로를 막고 이목(耳目)을 가리는 것"이라고 비판했다. 중추부 동지사 김유도 같은 뜻의 상소를 올렸다. 이런 가운데 얼마 후 김언신이 포박을 당한 채 승정원 뜰에 끌려 나왔다. 내시 안중경이 오가며 말을 전하는 가운데 성종의 간접 친국이 시작됐다.

"그대가 처음에 자신이 극형을 당하겠다고 말하였는데, 지금 죄가 죽기에 이르렀어도 현석규를 소인으로 여기느냐? 당초에 고집한 것이 잘못이냐?"

"신이 처음부터 죽기를 두려워한 것이 아니고, 또한 잘못 고집한 것도 아닙니다. 현석규는 참으로 소인입니다."

"그대가 죽기에 임하여서도 끝까지 현석규를 소인이라 하고, 나를 중국의 덕종·신종이 소인을 쓴 데에 견주느냐?"

"사람을 보는데 어찌 큰일에서만 보겠습니까? 덕종은 한 사람의 노기를 쓰고 신종은 한 사람의 왕안석을 썼으나, 현석규는 두 사람의 음험과 간사를 겸하였는데 전하께서 쓰셨으니, 신은 과하다고 생각합니다. 신이 현석규를 소인이 아니라고 한다면, 이것은 임금을 속이고 죽는 것입니다."

"내가 그대를 죽이면 걸주(桀紂) 같은 폭군이 되겠다. 그대가 죽어도 용봉(龍逢), 비간(比干)과 더불어 지하에서 놀고자 하느냐?"

"신은 죽는 것을 다행으로 여깁니다."

"그대가 죽음에 임하여 말을 바꾸지 않는 것은 신(信)이라는 말 때문에 그러는 모양이다. 간하는 신하를 죽인 것은 오직 걸주뿐이다. 어찌 임금으로서 간하는 신하를 죽이겠느냐? 내가 그대를 옥에 가둔 것은 그대가 고집을 부리기 때문이다. 당 태종은 간언을 듣는 것이 점점 처음만 같지 못하였다 하는데, 내가 어찌 그와 같겠느냐? 금후로 말할 만한 일이 있거든 숨기지 말고 극진히 말하라. 내가 가상하게 여겨 받아들이겠다. 그대가 강개하고 굴하지 않는 것을 내가 대단히 기뻐한다. 그대의 원래 직책으로 돌아가 일을 보도록 하여라."

그리고 성종은 승정원에 명하여 김언신에게 술을 먹이고 예우하여 보내었다. 여기서 우리는 현석규의 아첨에 놀아나기는 하지만 다른 한편으로 직언을 기꺼이 받아들이려고 애썼던 성종의 모습을 보게 된다.

훈구에 대한 태도 변화

성종 9년(1478년) 4월 9일 성종은 주계 부정(조선시대 종친부, 사복시, 훈련원 등에 설치된 종3품의 관직) 심원을 불러 "네가 상소한 것 중에 '세조 때의 훈신을 쓰지 마소서!'라고 했는데 내가 무슨 말인지 모르겠다. 네가 무슨 마음을 가지고 이런 말을 하였는가?"라고 묻는다. 이에 심원은 "독대를 허락하신다면 있는 그대로 이야기하겠다"고 말했다. 요지는 간단했다. 그동안 훈신이라고 해서 모두 중용하였는데 고사를 보면 한나라 광무제도 정권을 잡은 뒤에 공신에게 일을 맡기지 않은 것처럼 사람을 가려서 써야 한다는 것이었다. 그러자 성종은 "지금 대신들은 모두 세조 때의 훈구인데 이들을 버리면 장차 누구를 쓰란 말인가?"라고 반문한다. 이에 대해 심원은 "모두 쓰지 말라는 게 아니라 재주와 덕을 갖춘 자는 쓰고 어질지 못한 자는 쓰지 말자는 뜻"이라고 밝혔다.

심원은, 세종의 처남으로 일찍이 영의정을 지내고 원상으로서 성종을 보필하고 있던 심회의 아들이다. 성종과는 먼 인척 간으로 왕실 사람이었다. 심원의 말을 듣고 난 성종은 "이는 작은 일이 아니므로 내가 마땅히 참작해서 헤아리겠다"고 의미심장하게 답한다. 실제로 그것은 자칫하면 정권이 뿌리째 흔들릴 수 있는 엄청난 일이었다. 그런데 심원이 나가기가 무섭게 훈구파인 도승지 임사홍은 정반대의 주장을 편다. "훈구는 비록 작은 허물이 있을지라도 너그러이 용서하여 한가로운 자리에 두고 국정에 참여하게 해야 합니다." 한가로운 자리에 두고 국정에 참여하게 하는 자리란 다름 아닌 원상이나 중추부 등을 말한다. 그러면서 "심원은 다만 옛글을 읽었을 뿐이고 시의적절하게 조처함을 알지 못하니 이는 진실로 어리석고 망령된 사람입니다"라며 인신공격까지 했다.

여기서 우리는 유자광과 함께 성종과 연산군 때의 대표적인 문제아 임사홍이 어떤 인물인지 좀 더 상세하게 알아둘 필요가 있다. 임사홍(任士洪, ?~1506년 연산군 12년)은 의술에 뛰어났으나 반듯하지 못한 처신으로 비판을 많이 받았던 좌찬성 임원준의 아들이자, 효령대군의 아들 보성군 이용의 사위였다. 왕실의 일원이었던 임사홍은 성종의 어머니 인수대비의 극진한 사랑을 받아 훗날 큰아들 임광재는 예종의 딸 현숙공주에게, 작은아들 임숭재는 성종의 딸 휘숙옹주에게 장가를 보내 왕실과 삼중 사중으로 깊숙하게 얽히게 된다. 그럼에도 불구하고 앞으로 보게 될 현석규 모함과 관련해 유배를 가게 되고 성종은 그의 사람됨을 극히 싫어해 정권에서 이렇다 할 자리를 주지 않았다. 연산군 즉위 후에 다시 왕실 어른으로 행세하면서 연산군 4년 유자광을 사주해 무오사화를 일으키고 연산군 10년에는 연산군과 함께 갑자사화를 일으켜 정적들을 도륙하였다. 특히 연산군의 음란한 생활을 조장하여 중종반정이 일어나자 공적 1호로 지목되어 즉각 처형당한 인물이다.

심원은 상소에서 훗날 사림파로 분류되는 정극인, 정여창, 강응정 등을 '성현(聖賢)의 무리'라고 높이 평가하였다. 그러나 임사홍은 이에

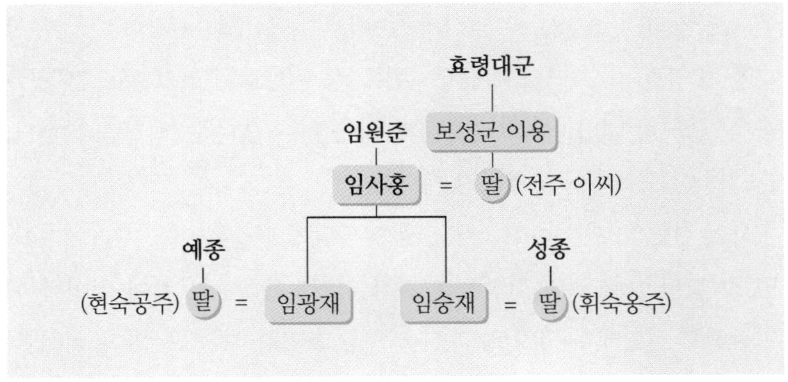

대해서도 "정여창과 강응정은 어떤 사람인지 알지 못하나 정극인은 문종 때 천거를 받아 관직에 올랐으며 강개함이 남과 조금 다를 뿐 어찌 성현의 무리라고 할 수 있겠습니까?"라며 이는 모두 심원의 과장이라고 통박한다. 정극인은 교과서에 실리기도 했던 유명한 「상춘곡」의 작가다. 오죽했으면 사관도 "신하는 마땅히 간하는 말을 받아들이도록 임금에게 경계하는 말을 올려야 하는데 임사홍은 이런 식으로 말을 했으니 실언한 죄를 피할 바가 없다"고 비판하고 있다.

사실 심원의 상소는 사림들이 초기 단계에서 결집하는 가운데 나온 빙산의 일각에 불과했다. 그로부터 일주일쯤 지난 4월 15일 문제의 인물 남효온의 상소가 나온다. 여기서도 그는 인물을 제대로 써야 하는 문제를 강조하고 있다. 조선 중기 이후 훈구 대 사림의 대립이 생겨나는 맹아(萌芽)라고 할 수 있는 남효온의 상소에 대해서는 뒤에 상세하게 살펴볼 것이다.

훈구 세력들은 뭔가 이상한 조짐을 느꼈다. 조직적인 움직임으로 보지 않을 수 없었다. 특히 동부승지 이경동은 "남효온은 심원이 천거한

강응정의 무리"라고 밝히며 "아무래도 남효온의 상소가 주계 부정 심원의 상소와 같은 것으로 보아 한 손에서 나온 것인 듯하다"며 국문할 것을 주장한다. 그러나 성종은 "이를 붕당(朋黨)이라고 이르는 것은 옳지 못하다. 내버려두고 국문하지 않는 것이 옳다"는 입장을 밝힌다. 1~2년 전과는 확연히 달라진 태도다.

사실 성종의 마음속에는 어느 정도 사림의 편을 들어줄 생각이 있었던 것 같다. 4월 24일 경연을 마치자 이번에는 권력투쟁이 일어날 때 여간해서 전면에 나서지 않고 신숙주 등을 앞장세우고 뒤에 물러서 있던 한명회까지 직접 나서 "심원의 상소는 훈구를 비판하는 것이 아니라 세조를 비판한 것"이라는 논리로 심원을 감싸려는 성종을 몰아붙인다. '세조가 이러저러했다'는 것은 성종의 아킬레스건이기도 했다. 그럼에도 불구하고 성종은 "내가 말을 듣고자 해서 심원이 한 말인데 그걸 이유로 벌한다면 누가 제대로 된 말을 하겠는가"라며 국문을 허락하지 않았다.

훈구에 대한 조직적인 공세, 임사홍 탄핵 사건

심원과 남효온의 상소와 태동기에 있던 사림 세력들의 공동 음모 여부를 둘러싼 훈구대신들과 신진 소장파들의 논쟁이 격렬했던 성종 9년(1478년) 4월이 채 끝나기도 전인 4월 27일 홍문관 부제학 유진과 예문관 봉교 표연말 등이 이번에는 임사홍을 탄핵하는 글을 올린다. 표연말은 정여창, 남효온 등과 함께 사림파의 시조라 할 수 있는 김종직의 대표적인 문인이기도 했다.

이들의 주장은 심원이 성종과 독대한 직후 도승지 임사홍이 심원을 비판한 것을 문제 삼는 것이었다. 그것을 위한 논리는 크게 두 가지다.

하나는 천재지변이 발생하면 국왕은 자신의 치세를 돌아보며 더욱 성찰하고 겸허해야 하는 것은 유교의 핵심 사상인 천인감응(天人感應)설에 따른 것인데 임사홍은 국왕이 그럴 필요가 없다고 말했으며, 이와 관련된 대간들의 간하는 목소리에 귀를 기울여야 하는데 오히려 임사홍은 대간들의 소리에 귀 기울일 필요가 없다고 주장했다는 것이다. 이에 대해 임사홍은 표연말 등의 논리를 반박하고 자신의 입장을 변호하는 글을 올렸다.

성종은 그 후 사헌부·사간원 양사의 관리들을 모두 불러 심원의 글과 임사홍의 글을 모두 보여준 뒤 토론케 하니 하나같이 "임사홍은 소인배이자 간신"이라고 성토했다. 오죽했으면 "경들도 어질다고 할 수 없다. 만일 임사홍이 소인이고 임원준이 탐오한 것을 알았으면 어찌하여 두려워서 몸을 움츠리고 말하지 아니하다가 홍문관(유진), 예문관(표연말)에서 말하기를 기다린 뒤에야 따라서 논박하는가?"라며 김언신과의 논쟁 때 썼던 그 논법을 다시 사용하고 있다. 왜 알았다면 미리 말하지 않았느냐는 것이다. 또 홍문관, 예문관에 대해서도 "만일 임사홍이 소인인 것을 알았으면 어찌하여 일찍 아뢰지 아니하고 오늘에서야 말하는가?"라고 비판했다.

이때부터 성종과 표연말 및 홍문관 응교 채수 사이에 끈질긴 논쟁이 계속된다. 보기에 따라서는 이들이 성종의 말꼬리를 잡는 듯한 반박까지 해대지만 놀랍게도 이 논쟁은 중단되지 않고 이어졌다. 결국 성종은 "내가 알았으므로 장차 처리할 것이니 경들은 물러가라"고 말한다. 국왕이 이 정도 이야기하는 것은 사실상 신하들의 말을 받아들이겠다는 것과 마찬가지의 뜻이다.

이렇게 되자 성종은 일단 한 걸음 물러서며 관련자들끼리 대질을 시키는 등 난상토론을 벌이게 한다. 여기서 우리는 나름대로 사실(事實)

을 존중하려는 합리적 군주 성종의 한 면목을 볼 수 있다. 논쟁이 진행될수록 현석규를 소인으로 몰아세웠던 유자광-임사홍-김언신 라인이 거꾸로 궁지에 몰린다. 결국 이 일로 유자광은 동래로, 임사홍은 의주로 유배를 당해 성종 시대 내내 불우하게 지내게 된다. 그리고 일종의 행동 대장 역할을 했던 김언신도 불행한 삶을 살다가 죽었다.

새로운 정치의 모색

아직 스물두 살밖에 안 된 젊은 국왕 성종에게 너무 많은 것을 기대
하는 것은 애당초 무리다. 그러나 그는 워낙 머리가 좋고 독서량이 많
았다. 그리고 정치에 대한 열정도 컸다. 자신의 뿌리라고 할 수 있는
세조 시대에 대한 정면 비판도 문제 삼지 않았다는 것은 그 자신이 뭔
가 새로운 정치를 모색하고 있었다는 뜻이다. 그렇지 않다면 아무리
수렴청정이 끝났다고 하더라도 정희대왕대비가 살아 있는 상황에서
세조 시대를 부정하는 것을 그대로 두지 않았을 것이기 때문이다.

문제는 '어떻게?'였다. 새로운 정치를 하려면 무엇보다 새로운 세력
이 있어야 했다. 앞서 본 군자-소인 논쟁에 대해 성종이 예민하게 반
응한 것도 실은 자신과 함께할 새로운 세력이 과연 누구인지를 가리는
일이 쉽지 않은 사안이었다는 사실과 연결된다.

또한 그 자신이 새로운 정치를 위한 원대한, 혹은 심오한 구상을 갖

고 있어야 했다. 이 점에서도 성종은 그리 유리하지 못했다. 나이가 너무 어렸고 따라서 세상을 아직 몰랐다. 이런 가운데 자칫 새로운 정치만을 고집하다가는 참담한 실패 혹은 처참한 비극을 부를 수도 있었다. 적어도 이 점에서 성종은 어느 정도 평가받을 만하다. 큰 성공을 거두었다고 할 수 없지만 그 같은 실패나 비극으로 나아가지도 않았기 때문이다.

인사 제도의 혁신 '실험'

일부 훈구대신이 젊은 (사림) 세력의 지원을 이끌어내 같은 훈구의 일원인 유자광과 임사홍을 유배 보냈다는 것은 세조 때부터 이어져 온 훈구공신의 판도에 중대한 변화가 생기기 시작했다는 뜻이다. 낡은 세력과 새로운 세력의 난상토론을 지켜보면서 의욕 충만한 젊은 정치가 성종이 어느 정도 세력 교체의 가능성을 보았을 수도 있고 동시에 서둘러 신진 세력을 형성해야 할 필요성을 느꼈을 수도 있다. 이를 실현하기 위한 수단으로 성종이 실험한 시도 중의 하나가 이조, 예조, 병조의 문무 병용 근무제이다. 사냥과 활쏘기 등을 좋아한 것으로 보아 상무(尚武) 정신의 중요성을 알고 있었던 성종은 문약(文弱)을 경계하고 조정에 새바람을 불어넣는 방법의 하나로 이들 3조(三曹)에 문관과 무관을 교대로 등용토록 하라고 전지를 내린 바 있다.

성종 9년(1478년) 7월 11일 대사헌 김유 등은 『경국대전』을 바꾸지 않고서는 불가하다는 입장을 올렸지만 성종은 무시했다. 그해 3월 10일 이조와 병조에 내린 지시를 보면 이 무렵 성종의 인재관과 당시 조정의 문제점에 대한 인식을 볼 수 있다.

"사람을 쓰는 길이 진실로 한 면만은 아니다. 인사의 가장 큰 핵심은 마땅히 현명하고 능력 있는 자로 하여금 차례를 뛰어 승진하게 하고, 의지가 약한 자는 퇴출케 해야 모든 관료가 각기 그 직무에 적합하게 될 것이다. 그런데 지금은 여러 관사(官司)의 임기가 만료된 자는 물러나는 게 아니라 전례에 따라 모두 승진하거나 다른 자리로 옮기게 되므로, 인원은 많고 자리는 적어서, 어진 이와 어질지 않은 자가 함께 길이 막히게 되어, 사람을 쓰는 도리에 어긋남이 있다."

평범하지만 중요한 통찰이며 적어도 훈구대신들이 인사 전횡을 일삼고 있던 당시로서는 문제 해결의 방향을 정확하게 꿰뚫어본 인사 개혁 방안이다. 특히 이 지시를 이조와 병조에 내렸다는 데 주목할 필요가 있다. 대사헌 김유 등이 문제를 제기한 문무 병용 근무제의 핵심 부서가 바로 이조와 병조, 예조였기 때문이다. 이조는 문관의 인사를, 병조는 무관의 인사를 담당하는 기관이다. 그래서 당시 이조와 병조를 함께 부를 때 사람을 뽑는 부서라는 의미에서 전조(銓曹)라고 불렀던 것이다.

사헌부의 반대 상소가 올라오자 사흘 후인 7월 14일 성종은 승정원에 지시를 내려 승지들의 의견을 구한다. 도승지 손순효, 우부승지 이경동은 "문무를 병용하는 것 자체는 좋은 일이긴 하나 『경국대전』을 어기는 문제가 있고 특히 예조의 경우에는 문신도 아무나 맡지 못하는 자리인데 더욱이 무인이 맡을 수는 없다"는 논리를 편다.

심지어 성종의 지시를 작성한 바 있던 좌승지 박숙진, 좌부승지 김승경도 "전날 신 등이 『경국대전』을 상고하지 아니하고 갑자기 전지를 만들었는데 지금 다시 생각하니 병조의 당상관과 당하관 그리고 이조의 당상관 같으면 무신이라도 할 수 있습니다만 예조의 당상관과 당하관 및 이조의 당하관은 무인이 감당하기 어려울 것"이라고 밝혔다. 실제로 이들 직책은 기본적으로 학문에 대한 상당한 조예가 없이는 맡기 어려운 자리이다.

끝으로 우승지 홍귀달, 동부승지 김계창은 "새 법을 세워서 비록 오늘날에는 무방하다 하더라도 뒤에 폐단을 낳게 되는 일이 있습니다. 더구나 훗날 폐단을 낳게 될 줄을 알면서 억지로 해서야 되겠습니까? 만일 부득이한 일이라면 3조에서 문무를 교대로 임용하라고 포괄적으로 말씀하지 마시고 어떤 조에는 문무를 겸용하고 어떤 조에는 문신을 전용하라고 지정해 주신다면 사람을 쓰는 데 근거가 있게 되고 해당 조에서도 권한을 사적으로 남용하는 일이 없을 것"이라고 말하니 그 자리에 있는 여러 승지들도 동의를 표했다. 결과적으로 상당 부분 성종의 의지가 관철된 것이다. 그러나 대사헌 김유는 7월 15일 경연이 끝나자 다시 이 문제를 제기한다. 여기서 문무 겸용에 대한 성종의 정확한 생각을 읽을 수 있다.

"이제 무신을 3조에 참여시켜 쓰도록 하셨는데 신이 생각할 때 이조는 인물을 전형하는 곳이고, 예조는 옛 전적과 글을 상고하며, 병조는 나라의 병사와 병기를 관장하고 있으니 관계되는 일이 가볍지 않습니다. 지금은 비록 한두 사람이라도 임무를 감당할 만한 사람이 있어 벼슬을 제수한 것이지만 뒤에는 반드시 분수에 맞지 않는 것을 바라고 인연으로 강청하여 그 때문에 공직을 그르치게 하는 자가 있게 될 것입니다. 성상께서는 반드시 문무를 병용하는 것을 좋은 일로 여기시는데 지금 무신 어유소가 찬성이 되고 박양신이 참지가 되었으니 문무를 병용하지 않았다고 할 수 없습니다. 하물며 굳이 그렇게 하신다면 호조·형조·공조, 3조에 무신을 쓰지 말라는 법이 없는 것이겠습니까?"

"요즘에는 단 한 사람의 무인도 6조의 낭관(정5품의 정랑과 정6품의 좌랑을 함께 이르는 말)이 된 사람이 없는 것을 어떻게 설명하겠는가? 재능이 진실로 임무를 감당할 만하면 비록 이조, 예조, 병조에 쓴들 무슨 해가 되겠는가?

이 대화에서 우리는 이미 성종의 머릿속에 중책을 맡기고 싶은 사람이 생겨났다는 것을 알 수 있다. 그래서 곧바로 성종은 "내가 알고 있는 사람이 있으면 진실로 마땅히 특례로 기용하되, 그 나머지는 『경국대전』을 따르는 것이 옳겠다"는 일종의 타협안을 내놓는다. 그러면서 다짐하듯이 "사람을 등용하는 데 그 사람됨의 현능한가 현능하지 못한가의 여하를 살펴볼 뿐이다"라고 말했다. 물론 성종이 과연 이런 인사의 대원칙을 제대로 지켰는가는 별개의 문제다. 조정 주변에는 여전히 정희대왕대비의 친인척들을 비롯한 각종 외척들이 득세하고 있었기 때문이다.

성종의 새로운 세력 만들기, 홍문관 사람들

홍문관(弘文館)은 옥당(玉堂) 혹은 옥서(玉署)로 불렸고 특히 성종 때는 사헌부, 사간원과 함께 3사(三司)를 형성했다. 세조는 사육신을 비롯해 자신에게 반대한 사람들이 대부분 세종 때의 집현전 출신이라는 이유로 집현전을 폐지했다. 그 후 세조 9년 집현전이 폐지되면서 예문관에 이관되어 있던 장서각을 홍문관으로 개편했다. 그러나 전성기 때의 집현전처럼 정무에 관여할 수는 없었고 전통적인 집현전의 업무였던 궐내의 경서 관리와 문한(文翰-국가 공식 문서) 관장을 주로 했다. 그렇지만 성종 대에 들어오면서 홍문관은 신진 인사의 교두보 역할을 하고 점차 정치에 대한 영향력도 키워가게 된다.

홍문관이 본격적으로 도서관 기능을 뛰어넘어 학술 언론기관으로 성장하기 시작한 것은 성종 9년 3월부터다. 새로운 정치에 대한 성종의 의욕이 정점에 이르렀던 때와 시기적으로 일치한다. 직제는 대제학(정2품)이 가장 높았고 당대 최고의 글쟁이라는 '문형(文衡)'으로 불리었다. 밑으로 제학(종2품)이 있는데 대제학과 제학은 다른 자리를 겸해서 맡았다. 실질적인 홍문관의 책임자는 정3품 당상관인 부제학이었고 그 밑에는 정3품 당하관인 직제학이 있었다. 이어 전한(종3품), 응교(정4품)·부응교(종4품)·교리(정5품)·부교리(종5품)·수찬(정6품) 부수찬(종6품)이었고 박사는 정7품, 저작은 정8품이었다. 그리고 정자는 정9품으로 가장 낮았다. 직제는 집현전의 그것과 거의 같다.

묘하게도 성종이 홍문관에 언론기관으로서의 힘을 실어준 성종 9년 상반기는 심원과 남효온의 훈구 비판 상소로 조정이 술렁이던 때다. 아마도 인적 구성으로나 제도적으로 볼 때 신진 인사의 핵을 이루는 사림 성향의 인물도 이때부터 등장하기 시작했다고 볼 수 있을 것이다. 『실록』을 정밀하게 들여다보면 이 무렵 성종은 훈구를 대체할 세력을 장기적으로 육성하려는 원대한 계획을 갖고 있었던 것 같다. 다만 그것을 그 이후에도 계속 관철하려고 노력했는가는 별개의 문제다. 그래서 4월 24일 인재 등용의 원칙을 이조에 내리는데, 거기에 보면 "진실로 뛰어난 사람이라면 비록 하루아침에 높은 지위에 오를지라도 마땅하다. 인재는 그릇을 쓰는 것과 같아서 각기 적당한 데가 있다"고 역설하고 있다. 어린 나이에 비하면 뛰어난 안목이다.

4월 28일 대간과 홍문관, 예문관의 전 관원들을 불러 임사홍을 둘러싼 일대 논전을 벌였는데 여기에 홍문관 관원들의 면모가 조금씩 드러난다. 부제학 유진, 응교 채수, 부응교 이우보, 교리 안침, 수찬 이창신·허침 등이 그들이다.

그렇다고 홍문관 관원들이 성종에 대한 맹목적 충성을 다하는 친위 세력은 아니었다. 오히려 다른 기관에서 하지 못하는 민감하고 어려운 문제까지 직언을 서슴지 않았다. 그래도 혹은 그래서 성종 또한 홍문관을 아꼈다. 홍문관 관원들을 모두 모아 "취하도록 마셔라" 하며 맛있는 술과 좋은 안주를 내리는 일이 잦았다.

정확히 어떤 동기였다고 말하긴 힘들지만 성종은 신진 인사들의 등용을 서둘렀다. 아마도 예종이 일찍부터 그랬듯이 훈구대신들의 행태가 자신이 보기에도 지나치다고 느꼈음직하고 또한 국왕으로서 자신과 편하게 국정을 끌고 갈 젊은 인사들이 필요했을 수도 있다. 과거시험도 수시로 임의대로 실시했다. 과거를 통한 인재 발굴을 너무 서둘렀던지 성종 10년 1월 24일에는 사헌부 대사헌 이극기와 홍문관 부제학 성현 등이 각각 글을 올려 과거를 지나치게 빈번하게 치르는 것에 대해 비판하고 있다.

"신 등이 삼가 『경국대전』을 상고하건대 문과와 무과는 3년에 한 번 시험(식년시)하고, 10년에 한 번 중시(重試)하게 되었으니, 진실로 소양을 쌓게 해서 실재(實才)를 얻음에 힘쓰게 함이었습니다. 그런데 근래에 선비를 뽑는 것이 빈번하니 이는 『경국대전』에 어김이 있을 뿐만 아니라, 사람들이 요행을 바라고, 일제히 구차스럽게 다투어가며 허세만을 숭상하여 덕을 이룬 뛰어난 인재는 적어질까 걱정입니다. 또 중시는 아조(我朝-조선)에서 비롯되었으니, 진실로 옛 제도가 아닙니다. 선비가 된 자는 이미 과거로 말미암아 국가에서 채용하였으니, 전하께서 재량에 따라 어떻게 임용하느냐에 달렸습니다. 그러니 『경국대전』에 의하여 연한(年限)을 따라서 과거를 치르도록 함이

좋겠습니다."(이극기)

"사람을 뽑아서 국가에서 임용하는 것은 매우 성대한 일입니다. 그
러나 근년 이래로 과거가 빈번하여 명경과는 이미 거행한 것이 겨우
한 달이 지났는데 또 선비를 뽑으려고 하니, 신 등은 온당하지 못하
다고 생각합니다."(성현)

그러나 성종은 이 두 가지 요청을 모두 단호하게 거절했다. 성종 10
년 하반기에는 윤씨 폐비 문제와 사냥 등으로 정신이 없는 가운데도
성종은 윤10월 29일 전국적으로 학술이 뛰어난 인재를 널리 구하는 명
령을 각 도에 내린다.

세종 때의 사가독서를 되살리다

성종 11년 3월 20일 성종은 세종 때의 제도를 본받아 홍문관원으로
하여금 세 명씩 휴가를 받아 돌아가면서 산사에 들어가 독서에 전념케
하는 사가독서를 실시한다. 4월 24일에는 홍문관원들을 대상으로 시
짓기 대회를 열어 수찬 조위가 1등을 차지했다. 조위(曺偉, 1454년 단
종 2년~1503년 연산군 9년)는 이때 실시한 사가독서에 첫 번째 요원으
로 뽑혔다. 그 후 동부승지, 도승지에 이르고, 호조참판, 충청도 관찰
사, 중추부 동지사를 역임하였다. 연산군 4년(1498년) 무오사화 때 김
종직의 시고(詩稿)를 편찬한 장본인이라 하여 오랫동안 의주에 유배되
었으나 순천으로 옮겨진 뒤 그곳에서 타계하였다. 성리학의 대가로서
당시 사림들 사이에서 대학자로 추앙되었고, 김종직과 더불어 신진 사
림의 지도자로 활약했던 인물이다.

여기서 우리는 사가독서에 대해 간략하게 알아둘 필요가 있다. 이것은 말 그대로 임금이 휴가를 내려서 책을 읽게 하는 제도다. 사실 성종이 이 제도를 다시 실시했다는 것 자체가 홍문관의 기능 확충과 더불어 세종을 본받고자 하는 성종의 깊은 뜻이 고스란히 담겨 있다.

사가독서란 유능한 인재를 양성하여 문운(文運)을 진작하려는, 오늘날의 '국비 연구생' 제도라 할 수 있다. 그 첫 시행은 세종 8년(1426년) 12월 집현전 부교리 권채, 저작랑 신석견, 정자 남수문, 세 명을 선발한 것으로 전문 독서 연구에만 몰두케 하였다.

세종 24년(1442년)에도 문풍 진작을 위해 제2차로 신숙주, 성삼문, 박팽년, 하위지, 이개, 이석형 등 여섯 명을 사가독서하게 했다. 그런데 1차 때는 자택에서 책을 읽도록 하는 바람에 친지들과 교류가 이어져 공부에 전념할 수 없다는 지적이 나왔다. 그래서 이들은 절에 머물게 해 세상과 거리를 둔 채 독서에 전념했다. 신숙주 등은 진관사에서 글을 읽었다. 그 후 문종 2년(1452년)에는 대부분 훗날 성종 때의 중신으로 활약하게 될 홍응, 서거정, 이파, 최항, 김수온, 강희맹, 유성원, 이승소 등 열한 명이, 단종 1년(1453년)에는 허조, 박기년 등 네 명이, 세조 때에는 노사신, 성현 등 열네 명이 절에 들어가 학문과 인격을 연마했다.

문종 때 사가독서한 인물 중에 눈길을 끄는 훈구파 인물은 김수온이다. 김수온(金守溫, 1409년 태종 9년~1481년 성종 12년)은 세종의 특명으로 집현전 학사로 발탁되어 『치평요람』 편찬에 참여하였다. 세종 28년(1446년) 승문원 교리가 되어 왕명을 받아 『석가보(釋迦譜)』를 증수하였다. 이는 세종이 먼저 세상을 떠난 부인 소헌왕후의 명복을 빌기 위해 석가의 전기를 만든 것인데 수양대군이 훈민정음으로 번역하였다. 수양대군과는 이때 깊은 인연을 맺었다. 세조 때 호조판서를 지낸 그는 서거

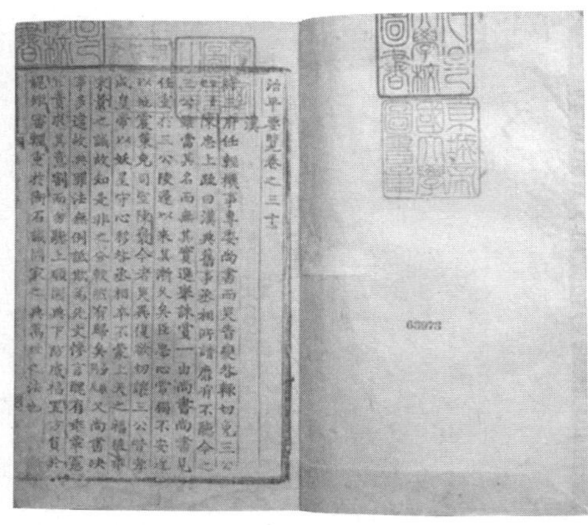

『**치평요람**』_ 한국사와 중국 역사의 사적 중 귀감이 될 만한 사실을 모아 후세에 도움이 될 수 있도록 엮은 책.

정, 강희맹 등과 함께 문명(文名)을 떨친 당대 최고의 문사였다. 벼슬이 재상에 이르고 세종과 세조의 총애를 받았으나 학문에만 몰두하고 빈곤을 면치 못하여 살림이 구차하였다고 한다. 한때는 머리를 깎고 중이 되려고 하는 등 기행을 보였으며 관리로서의 재주는 없어 이렇다 할 자리는 맡지 못했다.

세조 때 사가독서한 인물 중에는 성현을 특기해 둘 만하다. 그는 '성숙·성준·성건 3형제'와는 4촌 간이었다. 특히 『용재총화』의 저자로도 잘 알려져 있는 성현(成俔, 1439년 세종 21년~1504년 연산군 10년)은 예종이 즉위하여 여섯 명의 경연관을 두자 그 중 한 자리를 차지하였는데 왕이 특히 그를 가까이에 두고 경사를 강론케 했다. 이미 형 성임을 따라 한 차례 북경에 다녀온 바 있던 성현은 이듬해(1475년) 한명회를 따라 두 번째로 북경에 다녀왔다. 성종 19년(1488년) 평양에 있을 때는 명나라 사신 동월(董越)과 왕창(王敞)을 맞아 접대연에서 서로 시를 주고받았는데 그들이 탄복해 마지않았다고 한다. 그 후 조선을 다

204

녀오는 자가 있으면 반드시 그의 안부를 물었다고 한다.

성현이 대사헌을 거쳐 경상도 관찰사가 된 것은 성종 24년(1493년)이었다. 이 해에 그는 유자광, 신말평 등과 더불어 우리나라 음악사상 가장 방대하면서도 귀중한 업적으로 꼽히는 『악학궤범(樂學軌範)』을 펴내었다. 벼슬은 연산군 때 좌찬성까지 올랐지만 갑자사화 때 부관참시된다.

그런데 세조가 왕위를 찬탈한 뒤 집현전은 설립 40여 년 만에 혁파됨으로써 이 사가독서제는 소멸되었다가 성종 때 두 차례에 걸쳐 각각 채수, 유호인, 조위 등 여섯 명과 조지서, 박증영, 이달선 등 여덟 명이 선발되어 사가독서했다. 그래서 사가독서를 한 사람은 세종 8년(1426년)부터 성종 17년(1486년)까지 60여 년 동안에 총 52명에 이르렀고 이들은 대부분 나이가 들어 시대를 이끄는 당대의 지도자로 활약했다. 그러나 성종 때의 사가독서인들은 세종 때나 문종 때 사가독서를 했던 사람들만큼 크게 성장하지는 못한다. 오히려 연산군의 등장으로 엄청난 고초를 겪어야 했다.

신진 인사 발굴에 적극적이었고 홍문관을 설치하고 강화했으며 사가독서를 실시했다고 해서 성종이 신진 인사들을 대거 등용하여 훈구 세력을 제압했다는 식의 단순논리로 나아가서는 안 된다. 그런 식으로 서술한 책들이 없는 것도 아니다. 그러나 이런 일은 성종 재위가 끝날 때까지도 실제로 일어나지 않았다. 앞서 말한 대로 훈구 세력의 압도적 우위 속에 새로운 세력을 만들어보려는 몸부림을 보인 정도라고 하는 것이 실상에 가깝다.

제1차 해외 원정 : 서정(西征)

성종이 친정을 실시한 지 4년째 되던 성종 10년 윤10월 11일 명나라에서 자신들의 국경을 노략질하는 건주위의 여진을 정벌하겠다며 파병을 청하는 칙서를 내렸다. 이에 성종이 정승과 의정부 병조를 불러 파병 여부를 의논하게 하자 정창손, 한명회, 김국광, 윤필상, 홍응, 이극증 등은 사대(事大)를 명분으로 파병을 지지했고 윤사흔, 이극배, 한계희, 권감, 어유소, 어세공, 여자신, 이길보, 신부 등은 실익이 없다며 파병을 반대했다.

파병 지지론의 선봉은 실은 명나라 조정과 가까웠던 한명회였다. 한명회는 수렴청정이 끝남으로써 자신의 절대적 후원자였던 정희대왕대비의 힘이 약화되자 성종의 훈구 견제에 맞서는 수단의 하나로 명나라를 이용하기 시작했다. 그는 조선을 찾는 사신들에게 극진한 대접을 했고 또 사신으로 북경을 방문할 때는 환관들을 매수해 황제에게까지 뇌물을 쥐 환심을 사려고 했다. 그러니 한명회는 당연히 파병을 지지할 수밖에 없었다. 그리고 형제간인 이극증과 이극배 사이에 서로 찬반이 엇갈린 것도 눈길을 끈다.

파병을 반대한 인물 중 어세공(魚世恭, 1432년 세종 14년~1486년 성종 17년)은 훈구대신 어효첨의 아들로 어세겸과는 형제지간이다. 1467년 이시애의 난이 일어나자 함길도 관찰사로 부임하여 난을 평정하는 데에 공을 세워 적개공신 2등 아성군에 봉해진 인물이다. 1469년(예종 1년) 사은사로 명나라에 다녀온 뒤 한성부 판윤, 경기도 관찰사, 공조판서, 병조판서 등을 지냈고 경학과 역학에 조예가 깊었다고 한다.

여자신(呂自新, 생몰년 미상)은 무과에 급제한 뒤 순천부사를 지냈다. 그때 문종의 사위인 정종(鄭悰)이 역모에 연루돼 순천에 안치되었다가 사사되고 그의 부인인 경혜공주를 순천의 관비로 삼았으나 사역을 시키지 아니하였다. 정종과 경혜공주 사이의 아이는 정희대왕대비가 거두어 길렀다. 그 뒤 성종 10년(1479년) 병조참판이 되어 연산군의 생모 윤비 폐출에 반대하는 상소를 올렸고 또 활, 칼 등 무기를 정비하자고 건의하였다. 성종 17년(1486년) 영안남도 절도사가 되어 변방의 방어에 공을 세웠다. 연산군 때는 갑자사화에 연루되기도 하였으나 연산군 12년(1506년) 중종반정이 일어난 뒤 병조·형조판서를 지내며 많은 치적을 올렸다. 훗날 아들 여윤철과 함께 청백리(淸白吏)로 이름이 높았다.

파병 반대론자들을 보면 윤사흔은 무인 출신이고, 이극배도 문인이긴 하지만 세조 때 북방 야인 정벌에 나선 바 있으며 나머지도 대부분 무인이거나 병사(兵事)를 잘 이해하는 인물들이었다. 즉 요즘식으로 하자면 외교 전문가들은 파병을 지지하고 군사 전문가들은 반대하는 형국이었다고 할 수도 있다.

그러나 문제를 제기한 바로 그날 성종은 전격적으로 파병을 결정한
다. 이렇게 해서 파병 규모는 1만 명으로 하고 총지휘관(서정대장)은
우찬성 어유소가, 선전관은 심안인이 맡기로 했다. 병력은 평안도에서
7,000명, 황해도에서 2,000명, 영안도에서 1,000명을 차출한다는 계획
을 세웠다.

작전 실패를 둘러싼 책임 논란

그러나 파병 결정을 내리고 윤10월 28일에 기세 좋게 떠난 원정대는
한 달도 안 돼 작전을 중단하고 파진(罷陣-병사들을 각자 집으로 돌려
보내고 군대를 해체함)했다는 소식을 조정에 전해온다. 간단히 말해 압
록강을 앞에 두고 기병이 갈 만한 곳은 얼음이 얼지 않아 건널 수가 없
고 얼음이 두텁게 언 곳은 강을 건너더라도 사람 하나가 겨우 지나갈
만큼 지세가 불리해 접근이 불가능하기 때문에 10일 동안 압록강 변에
머물다가 파진했다는 것이다. 쉽게 말해 적진에는 들어가지도 않고 작
전을 종료했다.

왜 어유소는 제대로 공격도 하지 않고 지세 불리를 이유로 파진해
버린 것일까? 사실 그곳은 어유소에게는 낯선 곳이 아니다. 세조 13년
(1467년)에도 명나라의 요청에 따라 정벌을 시도해 족장을 살해하는
등 작전 성공을 거둔 바 있었다. 그러면 어유소는 왜 이번에는 압록강
을 건너지도 않고 병사들을 집으로 돌려보낸 것일까? 그런데 더 큰 문
제는 이 사실을 명나라에 어떻게 설명할 것인가였다. 원정대에서 보고
서가 들어온 이틀 후 한명회가 성종에게 말한다.

"아마 강이 얼지 않아서 적진에 들어가지 못했다고 한다면 명나라

조정에서는 이를 믿지 않을 것입니다. 전하께서 성심을 다해 사대를 하고 있는데 이 같은 작은 일로 명나라의 의심을 산다면 그것은 대의에 맞지 않는 일입니다. 이미 풀어버린 병사는 다시 모을 수 없지만 유방군(留防軍-지방 소속 군인으로 일종의 예비군) 1만 명이 있으니 장수가 거느리고 가서 도강이라도 했다가 돌아오면 설사 적진에 들어가지 않더라도 명나라에 뭐라 말할 명분이 있지 않겠습니까?"

어유소의 파진 소식에 크게 실망해 있던 성종에게는 솔깃한 이야기였다. 사실 20대 초반의 성종이 파병 쪽으로 기울어진 데는 국왕의 위신을 세우고 싶기도 했고 당시 폐비 문제 등으로 복잡해질 수 있는 명나라와의 관계를 원활하게 해두어야 한다는 계산도 작용했다. 그래서 성종도 한명회의 의견에 동의하면서 자연스럽게 제2차 서정대를 조직하는 문제와 함께 어유소에 대한 책임 논란이 불거지게 된다.

한명회의 주장이 있은 지 5일 후 경연에서 대사헌 김양경은 어유소를 벌할 것을 청했다. 설사 정세가 그러했다 하더라도 어유소가 자기 마음대로 파진한 것은 처벌해야 한다는 주장이었다. 그러나 성종은 "어유소도 그곳의 형세를 보고 생각이 있어 그리했을 것"이라며 유보적 태도를 취한다. 다시 한명회가 나선다. 우선 급한 대로 유방군 중 정예 군인 4,000명을 뽑아 강이라도 잠깐 건너갔다 돌아오자는 것이었다. 이에 성종이 동의했고 그렇게 해서 좌의정 윤필상을 도원수, 평안도 절도사 김교를 부원수로 하는 서정군이 다시 압록강을 향해 떠났다. 그게 11월 19일이다.

이들은 12월 9일 압록강을 건너 적의 진지 속으로 들어가 열여섯 명의 목을 베고 열다섯 명을 사로잡았고 포로 일곱 명을 구출하는 그리 혁혁하지 못한 전과를 거두고 돌아왔다. 그나마 다행이기는 했다. 성종은 이런 결과를 다음 해인 성종 11년 1월 7일 이조참판 어세겸을 사신으로 삼아 명나라 조정에 보고했다. 이것으로 일단 명나라의 요청에 대한 성의 표시는 끝났다. 이에 대해 서울대 최승희 교수는 "성종은 한명회의 사대명분론에 끌려 엄동설한에 서정군을 다시 파견하여 명에 대한 명분을 지키는 데 급급하였고 왕으로서 의연한 모습을 보여주지 못하였다"고 부정적으로 평가한다. 4,000명의 병사가 가서 열여섯 명의 수급 운운한 것만 봐도 당시 파병의 성과가 미미했음을 알 수 있다. 오죽했으면 이들 장수와 군사에게 상을 내리자 1월 8일 대사간 등이 차자를 올려 상을 내리는 것은 옳지 않다고 비판을 했을까?

6장

왕권을 장악하다

왕실의 존엄을 높이다

성종은 대략 집권 12~13년을 지나면서 왕권을 확실하게 장악하는 모습을 보여준다. 열세 살에 왕위에 올라 7년간의 수렴청정을 제외한다면 나이로는 스물대여섯, 친권을 행한 지 6~7년 후다. 뒤에 집중적으로 살펴보겠지만 술과 사냥, 여색에 빠질 수 있었던 것도 뒤집어 생각하면 이 같은 왕권 장악에 따른 자신감과 무관치 않다.

참고로 세종의 경우에는 스물두 살에 왕위에 오르지만 4년 동안은 상왕인 태종의 섭정을 받아야 했고 그로부터 4년이 흘러서야 본격적으로 신하들을 제압하고 왕권을 확립했다. 그때 세종의 나이 대략 서른 무렵이었다.

앞으로 확인하게 되겠지만 성종이 왕권을 장악해 간 스타일은 세종과는 많이 다르다. 세종은 신하들과의 논쟁이나 권력투쟁을 할 때 국왕이라는 지위를 내세우지 않았다. 신하들과 대등한 입장에서 서서 끈질기게 논쟁을 하고 마침내 학문적 우위를 확보하는 방식으로 신하들을 제압해 갔다. 반면 성종은 신하들과 학술적 토론도 하지만 논리에서 밀린다 싶으면 즉각 국왕의 지위를 내세웠다.

그러다 보니 세종은 능력 위주로 신하를 쓴 반면 성종은 자신에 대한 충성도를 중시했다. 세종은 이미 그 자신이 신하들의 능력을 판가름할 줄 알았지만 성종은 그에는 미치지 못했다. 그 결과 간신들이 발호하는 폐단이 생겨났다.

그렇지만 성종은 국왕의 길이 어떠해야 하는지는 알고 있는 인물이었다. 간신에 이끌리면서도 대간들의 비판에 마음의 문을 열려고 끊임없이 노력했고 향락에 빠지면서도 국정의 기본을 지속적으로 챙기는 면모를 보여줬다. 어떻게 보면 세종이 이상적인 국왕이라면 성종은 인간적인 모순의 굴레를 벗어나지 못했지만 현실적으로 볼 때 양호한 국왕이라 할 수 있다. 게다가 태종이 공신들을 말끔히 정리한 상태에서 권력을 이양받았던 세종과 달리 공신이란 공신은 모두 모아놓은 세조 시대의 유산에서 어린 성종이 자유로울 수 없었다. 성종의 수렴청정 기간은 왕권이 땅에 떨어질 대로 떨어진 상태였다. 그랬던 만큼 왕권 강화를 향한 성종의 반발력은 그만큼 컸다고 볼 수 있다.

"왕자에 대한 예절을 높이라"

성종 12년 초 성종은 작심한 듯 예조에 명을 내렸다. "『경국대전』에는 문무관이 길에서 왕자를 만났을 때 어떻게 해야 하는지 예가 실려 있지 않으니 그것을 상의하여 아뢰라."

지난 20여 년 간은 훈구파의 세상이었다. 게다가 세조에서 예종, 성종으로 넘어오는 과정에서 왕자들은 너무 어렸고 자신들을 은연중에 세조와 대등하게 생각했던 훈구들은 왕족에 대해서도 대수롭지 않게 생각하는 경향을 보였다. 그러나 이제 성종의 아들들, 왕자들이 커가고 있었다. 장남(훗날의 연산군)의 나이도 여섯 살을 넘겼다. 왕자로서 품격을 익혀야 할 때였다. 아마도 갑자기 이런 전교를 내린 것으로 보아 그 직전에 길에서 왕자와 문무관이 만났다가 좋지 않은 일이 벌어졌을 가능성이 높다. 이를 전해 들은 성종이 격분해서 이런 지시를 내린 것으로 봐야 할 것이다. 1월 15일 예조에서는 세종 시대의 사례를 찾아내 아뢰었다.

'문무관이 길에서 왕자를 만날 경우 2품 이상은 말에서 내려 길 왼편에 서서 읍(揖-두 손을 맞잡아 얼굴 앞으로 들어 올리고 허리를 앞으로 공손히 구부렸다가 몸을 펴면서 손을 내리는 인사 예절)을 하고 왕자도 말에서 내려 답례를 하며, 통정대부(정3품 상계)나 당상관(통정대부 이상의 관리)과 대간은 말에서 내려 두 손을 가지런히 모은 채 길가에 선다. 왕자가 가마를 탔을 경우는 경례를 하고, 말을 탔을 경우는 채찍을 버리고 예모(禮貌-공손한 표정)를 짓고서 지나가며, 3품 이하와 산관(散官-실제 직무는 없이 관품만 가진 관리)으로 있는 종친, 그리고 감찰(대사헌 관리)은 말에서 내려 공수(拱手)하고 왕자는 답례를 하지 않으며, 사부(師傅-스승)와 존장(尊長-공경해야 할 연로한 어른)은 여기에 해당되지 않는다.'

성종은 그대로 시행하라고 일렀다. 사실 이것만 봐서는 당연하게 생각할 수도 있다. 그런데 실상은 그렇지 않았다. 5일 후 이례적으로 친형인 월산대군 이정과 사촌동생인 제안대군 이현 등이 직접 찾아와서 "이 법을 세종께서 세운 것이긴 하지만 세조께서는 너무 지나치다고 해서 이 법을 적용하지 않았습니다" 하며 철회할 것을 요청했다. 그러나 성종은 단호하게 뿌리친다. 그럼에도 불구하고 월산대군과 제안대군은 다시 설득을 시도한다.

"중국에서는 황제의 아들을 모두 제후로 봉하기 때문에 대부(大夫)를 만나는 데에도 군신(君臣)의 분수가 있기 때문에 이 예를 시행하는 것이 마땅합니다. 그러나 우리나라는 제후국이므로, 왕자 또한 신하여서 왕자와 대부(大夫)가 크게 간격이 있는 것은 아닙니다. 무릇 임금의 예가 행해진 연후라야 백관들이 길 왼편에서 국궁(鞠躬-존경의 뜻으로 몸을 활처럼 굽힘)하는 것인데, 왕자라고 하여 그 예를 이와 같이 하는 것은 너무 지나친 듯합니다."

월산대군은 친형이고 제안대군은 성종 때문에 왕위에 오르지 못한 비운의 사촌동생이다. 두 사람은 가장 가까운 입장에서 혹시라도 훈구세력에게 정면으로 맞서다가 예종처럼 성종이 정치적 곤경에 처하게 될까봐 우려했을 것이다. 그러나 성종은 단호했다. "우리나라는 본래 중국의 제도와는 다르다. 세종께서 어찌 그런 점들을 헤아리지 않고 이런 제도를 만드셨겠는가?" 왕권 강화를 위한 성종의 단호한 의지가 담긴 목소리다.

신임이 컸던 도승지 채수도 파직시키다

세조는 쿠데타 동지라는 차원에서 공신들을 바라본 반면 길러진 국왕 성종은 반대로 자신과 신하들의 거리를 넓히는 것을 중요하게 생각했다. 종친들에게는 관대하고 신하들에게는 비교적 엄격했던 것도 그런 맥락에서다. 그해 2월 종친인 옥산군 이제가 인사에 개입했다가 문제가 됐지만 성종이 직접 불러 경고를 주는 선에서 마무리됐다. 그런데 두 달 후인 4월 3일 성종의 신임이 두터웠던 도승지 채수 등이 대사간 김작 등에게서 탄핵을 받는다. 명나라 사신의 접대를 전담하게 될 임시 기구인 영접도감의 실무진 구성에 문제가 있다는 이유였다. 영접도감은 중국 사신과 친분을 나눌 수 있는 기회의 장이었고 이는 곧 출세의 디딤돌이었다. 조사 결과 도승지 채수는 5촌인 경수를, 좌승지 변수는 5촌인 양원을, 우승지 성현은 5촌인 윤우를, 우부승지 이공은 3촌인 김유악을, 동부승지 이세필은 인척인 안자성·강숙희를 천거한 것으로 드러났다.

승정원 관리 전체를 교체하면 문제가 생긴다며 결단하지 못했다. 그러나 4월 10일 "신임 승지들이 비록 일에 익숙하지 못하더라도 현직 승지들이 큰 잘못을 저질렀다면 마땅히 죄를 주어야 한다"며 그날부로 채수, 변수, 성현, 이공, 이세필을 모두 파직시켰다.

왕권 희롱하는 전(前) 장인 한명회를 국문하다

고려 말 학자 중에 이숭인(李崇仁, 1349년 고려 충목왕 3년~1392년 태조 1년)이라는 인물이 있었다. 호는 도은(陶隱)으로 흔히 고려시대 삼은(三隱)이라고 할 때 포은 정몽주, 목은 이색, 야은 길재 등을 꼽지만 일부 학자에 따라서는 야은 길재 대신 도은 이숭인을 꼽기도 한다. 조선 개국 때에는 정몽주 일파로 몰려 정도전파에 의해 남평(南平-나주)으로 귀양을 갔다가 살해된 인물이다.

이숭인이 남긴 글 중에 "용산은 전부터 토지도 비옥하여 오곡이 잘 된다. 수륙의 교통이 좋아 이틀이면 경도(개성)에 도달할 수 있으므로 귀인들이 여기에 별장을 마련하는 이가 많다"는 내용이 있다. 이미 고려시대부터 한강 변에는 권문세가들의 별장과 정자들이 많았음을 보여준다.

조선시대라고 예외는 아니었다. 세조와 성종 때의 훈구대신들 중에

이수정(二水亭) _ 지금의 염창동 강변에 있는 정자로 한음 이덕형 형제가 말년에 은거하기 위해 세운 정자이다. 정선, 1740년, 비단에 담채.

서도 이석형은 낙산 기슭에 계일정이라는 정자를 짓고 술과 시로 풍류를 즐겼으며, 당대 최고의 권세가 한명회도 한강 건너편에 압구정(狎鷗亭)이라는 정자, 아니 별장을 지어놓고 질펀한 술자리와 시짓기를 했다.

한강 변에 즐비한 별장들

그동안 기록에 남아 있는 것을 바탕으로 성종 시대에 한강 변에 있던 주요한 정자나 별장들을 살펴보자.

먼저 세조 2년(1456년)에 건립된 제천정(濟川亭)은 지금의 서울시 보광동 강가 언덕, 즉 한남대교 북쪽 어귀에서 서쪽으로 바라보이는 용산구 한남동 541번지 일대에 있었다. 세조 때부터 명종 때에 이르기까지 한강 변의 정자 가운데서 왕들이 가장 자주 찾은 곳이다. 특히 성종은 이곳을 좋아했다. 이곳은 한성십영(漢城十詠)에도 나오듯이 광희문을 빠져나와 남도 지방으로 내려가는 길목 나루터 옆에 있었기 때문에 왕이 선릉이나 정릉에 제사하고 돌아오는 길에 잠시 들려서 쉬기도 하였으며 또한 중국 사신이 오면 으레 이 정자에 초청하여 풍류를 즐기게 하였다.

'제천정은 한강 북쪽에 있는데 경치가 뛰어났다. 명나라 사신으로 관광하는 이는 먼저 이 다락에 오르고 또 이곳을 지나는 선비들이 날마다 많이 모여든다. …… 양화도 북안에 희우정(喜雨亭)이 있는데 원래 효령대군의 정자였으나 후에 월산대군의 소유가 되었다. 성종 임금께서는 해마다 관가(觀稼) 취세(聚稅), 함선의 수전(水戰) 연습 때면 친히 희우정에 납시었다. …… 월산대군이 세상을 떠난 뒤로는 다시 납시지 않았다. 그 대신 여러 차례나 이곳 제천정에 납시면서 정자의 규모가 적고 좁다 하여 이를 고쳐 짓게 하였다.'

이 기록으로 보아 월산대군이 세상을 떠난 성종 19년(1488년) 이후 얼마 안 되어 작은 정자를 크게 고친 것으로 보인다.

'인조 2년 갑자(1624년)에 이괄(李适)이 서울을 범하매 임금이 왕대비와 종묘 및 사직단 신주를 받들고 공주로 피난길을 떠나던 밤 한강을 건널 때 제천정에 불을 질러 그 불빛을 의지하고서야 강을 건널 수 있었다.'

망원정_ 세종의 형인 효령대군의 별장으로, 세종이 정자에 들렀을 때 단비가 내려 '희우정(喜雨亭)'이라 이름 지었다. 성종 때 월산대군이 정자를 고쳐 지어 망원정(望遠亭)이라 하였다. 서울 마포구 망원동 소재.

따라서 이때에 불에 타 없어진 것으로 보인다.

멀리 바라본다 혹은 멀리 바라보인다고 해서 망원정(望遠亭)으로 불리기도 했던 희우정(喜雨亭)은 제천정과 함께 조선 초기 왕실의 대표적인 별장으로 서울특별시 마포구 합정동에 있었다. 세종 7년(1425년) 왕이 농사 형편을 살피려 이곳에 거둥하였다가 새 정자에 올랐을 때 마침 비가 내리자 세종이 매우 기뻐하여 정자의 이름을 '희우정'이라 하였다. 세종의 작은형 효령대군은 이러한 왕의 행차와 명명에 깊이 감사하여 당시 서도로 이름 높던 부제학 신장으로 하여금 현판을 쓰게 하고 시문의 대가인 변계량에게 기문을 짓게 하였다. 변계량은 기문에서 이렇게 썼다.

'정자의 제도가 사치하지도 않고 누추하지도 않은데 백악산이 뒤에서 굽어보고 한강이 앞에서 흐르며 서남쪽의 여러 산은 넓고 멀어서 아득하여 구름과 하늘과 연기가 물 밖으로 저 멀리 보일 듯 말 듯 하다. 굽어보면 고기·새우도 역력히 셀 수 있는데, 바람 실은 돛과 모래 위의 새들은 바로 정자 아래서 오가며 천여 그루의 소나무는 푸르고 울창하여 술상 위로 어른거린다.'

그 후 연산군 12년(1506년) 7월에 연산군은 망원정을 크게 확장할 것을 명하였다. 이때 지붕은 초가로 하고 건물은 천여 명이 앉을 만큼 크게 짓게 하며 정자 위에서 바라다보이는 곳은 공사(公私) 건물을 막론하고 모두 철거하도록 하였고 정자의 이름도 수려정(秀麗亭)으로 고치게 하였다. 그러나 이해 9월 중종반정으로 모든 공사는 중지되고 철거됨에 따라 망원정도 다시 옛 모습으로 돌아가 명사들이 풍류를 즐기는 명소가 되었다. 이곳은 경치가 매우 좋아 명나라 사신을 접대하던 연회장으로도 사용되었으며 1925년 대홍수 때 유실되었다.

예종의 아들로, 성종의 즉위로 인해 국왕이 되지 못한 사촌동생 제안대군의 유하정(流霞亭)은 지금의 서울시 성동구 옥수동에 있었다. 그 후 제안대군을 모시는 일종의 사당이라 할 수 있는 수진궁(壽進宮)에 소속되었다가 광해군 때 폐허가 되다시피 했다. 효종이 국왕이 되기 전 머물면서 중창되었다. 정조는 국초에 신하들이 놀이하던 옛일과 호당(湖堂-사가독서하는 곳)의 전례에 의하여 3월과 9월 두 차례로 규장각 각원에게 휴가를 주어 유하정에서 풍류놀이와 독서를 하게 하고 내각 관원으로서 실직이 없는 사람도 나아가서 독서하게 하였다.

지금의 서울시 광진구 화양동 110번지 32, 34호 일대에 있었던 화양정(華陽亭)은 남쪽으로 한강이 보이고 북쪽으로는 삼각산, 도봉산, 수

복원된 낙천정(樂天亭)_ 태종이 세종에게 왕위를 물려주고 머물던 정자. 서울 광진구 자양동 소재.

락산, 용마봉이 한눈에 보이는 경승지로 세종 14년(1432년)에 건립되었다. 세조 3년(1457년) 6월 21일 단종이 노산군으로 강봉되고 다음 날 첨지 어득해의 군사 50명의 호위를 받으며 영월로 귀양 갈 때 화양정에서 하룻밤을 지냈다. 그리고 이곳을 떠날 때 앞으로 다시 돌아오기를 바란다는 뜻으로 회행정(回行亭)이라 불렀다고 전한다. 또 고종 19년(1882년) 6월 임오군란이 일어나 명성왕후가 변복을 하고 창덕궁 뒷문으로 나와 충주로 화를 피할 때 광나루까지 가던 도중에 이곳 화양정에서 잠시 쉬어 갔다고 한다. 뒷날 명성왕후가 창덕궁으로 환궁하게 되자 사람들이 '정말 화양정이 회행정이 되었다'며 고개를 끄덕였다는 말도 전한다.

서울시 광진구 자양동에 있던 낙천정(樂天亭)은 태종이 즐겨 찾던 곳이다. 한강이 발아래 감돌아 흐르고 그 건너 남한산성이 병풍같이

벌려 섰고 남쪽에 청계산, 관악산 그리고 서쪽에는 남산이 한눈에 들
어왔다. 태종은 이곳뿐만 아니라 서울 동쪽에 풍양궁과 서쪽에 연희궁
을 지어 번갈아 거처하며 만년을 즐겼으나 이곳에 많이 거둥하여 중요
한 정무를 친히 듣고 결정하였다고 한다. 대마도 정벌을 최종 결정한
곳도 바로 이곳이었다.

　남산 연맥이 동남쪽으로 뻗어나가 한강으로 이어 닿는 강안, 즉 서
울시 용산구 한남동 459번지에 있던 천일정(天一亭)은 황희의 손자 사
위이자 성종 때의 대표적인 훈구파 김국광이 처음 지었으며, 그 후 오
성부원군 이항복(李恒福, 1556년 명종 11년~1618년 광해군 10년)의 소
유가 되었다. 정자의 이름은 당나라 왕발(王勃)의 〈등왕각서(滕王閣
序)〉에 있는 '추수공장천일색(秋水共長天一色)'에서 취하여 이름 지었다
한다. 강 건너로는 한명회가 지은 압구정이 보였다.

　그 밖에도 많은 훈구대신들이 자신들의 권세를 과시하기 위해 한강
변에 정자와 별장을 즐비하게 지어 술과 시를 즐겼다.

압구정

　한명회의 아름다운 별장 압구정은 현재의 서울시 강남구 압구정동
산310번지 일대인 동호대교 옆, 현대아파트 11동 뒤편에 있었다. 세조
와 성종 시대의 최고 권력자 한명회는 자연 풍광이 좋은 이곳을 골라
정자를 지었다. 압구정을 낙성하는 날에는 왕을 위시하여 조정의 문신
들을 초청했다. 당시 그의 권세가 하늘을 찌르고 있었음을 보여준다.

　한명회는 중국에 사신으로 들어가는 기회를 이용하여 전부터 알고
있던 명나라 한림학사(翰林學士) 예겸(倪謙)에게 정자의 이름을 지어
줄 것을 부탁했다. 예겸은 세종 때 신숙주와 성삼문이 수시로 찾아가

훈민정음 창제를 위한 운학(韻學)을 배웠던 바로 그 학자이다.

'……내 이름짓기를 압구(狎鷗)라 하고 이르기를 갈매기는 물새 중에서 한가한 놈이다. 강이나 바다 가운데 빠졌다 떴다 하고 물가나 섬 위에 날아다니는 것으로 사람이 길들일 수 있는 물건이 아닌데 어찌 친압할 수 있겠는가. 그러나 위태로운 기미를 보면 바로 날아 떠오르고 공중을 휘난 뒤에라야 내려앉는 것이니 새이면서 기미를 보는 것이 이 같은 까닭으로 옛적에 해옹(海翁)이 아침에 해상으로 나갈 적에 갈매기가 이르러 오는 수를 백으로 헤아린 것은 기심(機心)이 없는 까닭이요, 붙들어 구경하고자 함에 미쳐서는 공중에서 춤추며 내려오지 아니하니 그것은 기심이 동했기 때문이다. 오직 기심이 없으면 갈매기도 자연히 서로 친하고 가까이할 수 있을 것이다. ……만물의 정은 반드시 기심이 없은 뒤에라야 서로 느끼고, 만사의 이치는 반드시 기심이 없은 뒤에라야 서로 이루어지는 것으로 털끝만큼이라도 사심이 붙어 있게 하여서는 안 될 것이다. 기심이 진실로 없게 되면 조정에서는 사람들이 더불어 친하기를 즐기지 아니할 자 없고 이 정자에 오를 적에는 갈매기도 더불어 한가히 친압하지 아니함이 없으리라. 부귀와 이록(利祿)에 대하여서는 자신에게 관계가 없는 것같이 한다면 이는 도에 나아감이 높은 사람이 아니겠는가. 정자를 이로써 이름 지음이 아마도 마땅할 것이다. 만물을 다스리는 것도 본래 무심함이라 하였다. 내가 공에게 바라는 것도 자못 이와 같다.'(『신증동국여지승람(新增東國輿地勝覽)』권 2에서)

그러나 이름과 달리 권세와 부를 추구하는 데 당대 1인자였던 한명회였기에 이곳을 지나는 사람들은 누구나 비웃었다. 워낙 유명해서 중국까지 소문이 나 중국 사신들까지 서울에 오면 강가에 배를 띄워놓고 여기서 놀고 싶어했다. 사실은 성종 자신도 성종 7년(1476년) 11월 6일 압구정시(狎鷗亭詩)를 직접 지어 하사했고 조정 문신들도 서로 경쟁적으로 시를 지어 바쳐 그 시가 수백 편이나 되었다. 겸재 정선의 그림 중에서 〈압구정도(狎鷗亭圖)〉에 보면 압구정의 모습이 자세하게 나온다. 그 후 이 별장은 박영효(朴泳孝, 1861년~1939년)의 소유가 되었다가 갑신정변이 일어나 박영효가 국적(國賊)으로 일체의 재산이 몰수될 때 이 정자도 헐렸다고 한다.

성종의 분노, "압구정은 헐어 없애야 마땅하다"

사단(事端)은 압구정을 둘러싸고 발생했다. 성종 12년 6월 24일 상당부원군 한명회가 성종을 찾아와 "중국 사신이 신의 압구정을 구경하려 하는데 이 정자는 매우 좁으니 말리는 것이 좋겠습니다"라고 말한다. 그래서 성종도 우승지 노공필을 시켜 중국 사신에게 "압구정은 좁아서 놀기에 적합지 않다"고 전했으나 중국 사신은 굳이 "좁더라도 가보겠습니다"라고 말했다. 그런데 한명회가 느닷없이 "매우 좁다"며 말려 달라고 한 것은 나름의 수 계산이 있었다. 그 수는 바로 다음 날 드러난다. 6월 25일 한명회가 다시 와서 이렇게 말했다.

"내일 중국 사신이 압구정에서 놀고자 하므로, 신이 오늘 아침 중국 사신에게 가보았더니, 중국 사신이 신과 점심 식사를 함께하자고 했습니다. 상사(上使-중국 사신단 중의 정사)가 '내가 얼굴에 종기가 나서 낫지 않았으므로, 가지 못할 듯합니다' 하기에, 신이 청하기를, '나가 놀며 구경하면 병도 나을 것인데, 답답하게 객관(客館-사신의 숙소)에 오래 있을 필요가 있겠습니까?' 하니, 상사가 말하기를, '그러면 제가 가도록 하겠습니다' 하였습니다. 신의 정자는 본래 좁으므로 지금 더운 때를 당하여 잔치를 차리기 어려우니, 해사(該司-해당 부서)를 시켜 정자 곁의 평평한 곳에 큰 장막을 치게 하소서."

바로 전날 한명회의 이야기는 결국 중국 사신을 모시지 않겠다는 게 아니라 압구정이 좁다는 이야기였다. 그리고 자신의 개인적인 정자를 임시로 확장하는 데 노골적으로 해당 관서를 시켜 공사를 하도록 해달라는 주청이었다. 더욱이 그런 큰 장막은 국왕이 사용하는 용봉차일(龍鳳遮日)밖에 없었다. 예전 같으면 몰라도 국왕으로서의 위의(威儀)를 세우겠다고 작심하고 있던 이때의 성종으로서는 더 이상 받아들일 수 없었다. 아니 정확하게 말하면 더 이상 참을 수 없었다.

"경이 이미 중국 사신에게 정자가 좁다고 말하였는데, 이제 다시 무엇을 이야기하고자 함인가? 그렇게 좁다고 여긴다면 제천정에 잔치를 차려야 할 것이다."

그러자 한명회는 한술 더 떠 성종의 지시는 무시한 채 압구정의 처마를 잇대어 정자를 넓힐 수는 없겠느냐고 묻는다. 한명회는 중국 사신의 위세에 기대어 성종에게 간접적인 협박을 하고 있는 것이다. 그러나 이제 25세의 성인이 된 성종 또한 일국의 어엿한 국왕으로서 한 치도 물러서지 않는다. 한명회는 일흔을 바라보고 있었다. 예전의 한명회가 아니고 또 예전의 성종이 아니었다.

"이미 압구정에서 잔치를 차리지 않기로 하였는데, 무엇 때문에 처마에 잇대는가? 지금 큰 가뭄을 당하였으므로 뜻대로 유람할 수도 없거니와 내 생각으로는 압구정은 이번 기회에 헐어 없애야 마땅하다. 중국 사신이 중국에 가서 이 정자의 풍경이 아름답다는 것을 말하면, 뒤에 우리나라에 사신으로 오는 사람이 다 유람하려 할 것이니, 이는 새로운 폐단을 여는 것이다. 또 조정대신들 중에 강가에 정자를 꾸며서 유람하는 곳으로 삼은 자가 많다 하는데, 나는 아름다운 일로 여기지 않는다. 내일 제천정에 사신들을 위한 오찬을 차리고 압구정에는 장막을 치지 말도록 하라."

이렇게 되자 한명회는 "신은 정자가 좁고 더위가 심하기 때문에 아뢴 것입니다. 그러나 신의 아내가 본래 숙질(宿疾-만성 질병)이 있는데 이제 더 심해졌으므로, 내일 그 병세를 보아서 심하면 제천정일지라도 신은 가지 못할 듯합니다" 하며 몽니를 부렸다. 성종은 이번 사신의 유람 문제와 관련된 최종적인 방안을 승정원에 지시한다.

"강가에 정자를 지은 자들이 누구누구인지 모르겠다. 이제 중국 사신이 압구정에서 놀면 반드시 강을 따라 두루 돌아다니면서 놀고야 말 것이고, 뒤에 사신으로 오는 자도 다 이것을 본떠 유람할 것이니, 그 폐단이 어찌 끝이 있겠는가? 우리나라 제천정의 풍경은 중국 사람이 예전부터 알고, 희우정은 세종께서 큰 가뭄 때 이 정자에 우연히 거둥하였다가 마침 큰비를 만났으므로 이름을 내리고 기문(記文)을 지었으니, 이 두 정자는 헐어버릴 수 없으나, 그 나머지 새로 꾸민 정자는 일체 헐어 없애어 뒷날의 폐단을 막으라. 또 내일은 제천정에서 오찬과 술자리를 차리고 압구정은 구경만 하게 하라."

그러나 이것으로 '압구정 사건'은 끝나지 않았다. 이제 시작이었다.

"한명회를 국문하라!"

한명회가 물러간 즉시 승정원의 승지들이 들고일어났다. 아내가 아프면 중국 사신이 구경하려고 해도 사양했어야 할 텐데 중국 사신이 아프다는데도 유람을 청해놓고 이제 와서 성종이 허락하지 않으니 아내의 병을 핑계 대며 '제천정일지라도 가지 못하겠다'고 한 것은 임금에게 대든 것이라는 것이다. 승지들은 국문해야 한다고 말했다. 성종도 단단히 결심을 굳힌 듯 "그 말이 매우 옳다. 그러나 천천히 분부하겠다"고 말한다.

다음 날 경연에서 당장 이 문제가 쟁점으로 떠올랐다. 신하들은 하나같이 한명회를 벌하여야 한다고 말했다. 이럴 경우 일반적으로 국왕은 무시하거나 "내가 알아서 하겠다"는 정도로 답한다. 그리고 사헌부와 사간원에서 계속 문제를 삼으면 그때에야 못 이기는 듯 처벌을 하는 게 일종의 관례였다. 그런데 경연 자리에서 신하들의 의견을 듣고 성종은 특유의 직설법으로 이렇게 말한다.

"정승(한명회)이 잘못하였다. 전일 북경에 갈 때에는 아내의 병이 심하여 거의 죽게 되었어도 갔는데, 이제 하루의 일 때문에 아내가 앓는다고 사양하는 것이 옳겠는가? 내가 어진 임금이 아니라고 해도 신하의 도리가 어찌 이러할 수 있겠는가? 승정원에서 말하기를, '한명회가 청한 대로 허락받지 못하였으므로 분한 마음을 품고 이 말을 한 것이다' 하였는데, 실정은 알 수 없으나, 그 말은 실제로 분한 마음을 품은 듯하였다."

그리고 즉각 한명회를 국문하라고 명하였다. 즉 사헌부나 사간원의 요청이 없었는데 경연 자리에서 한명회의 국문이 결정된 것이다. 조선 시대에 이런 일은 흔치 않았다. 더욱이 그 대상이 천하의 한명회 아닌 가? 성종의 분노가 어느 정도였는지 짐작할 수 있다. 즉각 한명회가 와서 변명을 하는데 한마디로 앞뒤가 맞지 않았다. 성종은 "정승의 뜻 을 내가 어찌 모르겠는가"라면서도 단호하게 "그러나 이 일은 정승이 잘못하였다"고 못을 박았다.

한명회에 대한 국문 지시가 내려가고 7월 1일 사헌부에서 조사 결과 를 올리자 성종은 '죄는 크지만 조정에 공이 있는 공신이고 나에게도 구은(舊恩-국왕이 되게 해준 것)이 있으니 직첩을 거두고 성 밖에 나가 살게 하는 게 어떠냐'며 신하들의 의견을 구한다.

여기서 신하들은 확연하게 둘로 갈렸다. 영의정 정창손, 좌찬성 한 계희, 우찬성 강희맹 등 훈구 세력들은 "직첩만 거두고 성 밖에 나가 살라는 지시는 거두소서"라고 말한다. 반면 우의정 홍응, 좌참찬 이철 견, 우참찬 이승소 등 신진 세력들은 성종의 견해대로 직첩을 거두고 성 밖에 나가 살게 하자는 쪽이었다.

결국 성종은 직첩만 회수하는 쪽으로 결정을 내린다. 그런데 그 이 유가 재미있다. "성 밖에 나가 살도록 했다가 중국 사신이 이를 알고서 용서하여 주기를 청하게 되면 처치 곤란하기 때문"이라는 것이었다. 이는 곧 한명회가 그만큼 중국 사신과 밀착해 있었다는 뜻이기도 하 다. 다시 말해 북경에 사신으로 드나들던 한명회는 성종이 점차 독자 노선을 추구하자 자신의 권력 기반이 약화되는 것을 알고 환관 정동에 게 각종 뇌물을 써서 자기편으로 만들어놓았다. 이제 한명회는 권세 유지를 위해 중국의 힘에 기대고 있었다.

그래서 다음 날 대사헌 조간 등이 한명회를 비판하면서 정창손 등은

같은 훈구라 하여 한명회를 두둔한 것이라고 말하자 성종은 "그것은
내가 결단한 것이고 꼭 영의정(정창손)의 의논을 따른 것은 아니다"라
고 말한다. 즉 중국을 더 의식했다는 말이다. 결국 이렇게 빼앗은 직첩
도 4개월여가 지난 11월 17일 돌려주었다.

권력의 균형추가
성종 쪽으로 기울기 시작하다

성종의 호학(好學)하는 성품은 친정을 실시하고서도 크게 바뀌지 않았다. 다만 경연에 임하는 태도는 아무래도 어릴 때에 비해 다소 느슨해진 것은 사실이다. 당시 25세에 이른 성종이 아직 사람을 보는 눈은 영글지 못했지만 학문에 대해서는 조금씩 자신감을 갖게 될 때였다. 그래서 성종은 신하들의 학문이나 시작(詩作)을 시험하는 것을 즐겼다. 딱히 그 과정에서 학문을 더 배우겠다는 태도보다는 신하들의 경쟁을 위에서 내려다보며 인재들을 골라내는 국왕으로서의 권력을 한껏 행사해 보겠다는 생각이 더 강했다. 여기에는 국가 시책에 관한 일종의 논문 현상 공모까지 포함된다.

한명회에 대한 논란이 한풀 꺾일 무렵인 7월 29일 성종은 승정원에 명하여 다음과 같은 주제로 홍문관 관원들이 각자 대책을 담은 글을 올리도록 한다.

'평안도, 황해도 두 도는 가뭄이 매우 심하여 백성이 기근을 당하고, 또 중국 사신이 본국에 왕래하므로, 사신을 영송(迎送)할 즈음에 지대 공돈(支待供頓-극진하게 모심)의 비용과 짐을 실어 나르는 폐해로 말하면 슬픔이 맺힌다 하겠는데, 그 구휼할 방도와 회복할 계책이 어디에 있는가? 그대들은 좌우에 가까이 있으므로 내 뜻을 익히 알 것이니, 각각 죄다 진술하여 아뢰라.'

백성에 대한 사랑과 사신에 대한 은근한 분노가 녹아들어 있는 주제다. 어떤 관원은 '평안도의 백성들을 다른 곳으로 옮기자'고 했고 또 어떤 관원은 '평안도만 그런 게 아니라 팔도가 다 그렇다'는 식의 글을 올리자 성종은 "이는 망령된 주장으로 현실을 전혀 모르고 하는 소리"라고 강도 높게 비판한다. 그리고 글 하나를 골라 "이 글 하나만이 우수하다"며 누구의 글인가 묻는다. 김종직의 문하 김흔의 글이었다. 아마도 다음 날 경기도, 황해도, 평안도 등 중국 사신이 거쳐 가는 곳의 관찰사들에게 내린 지시의 기본 골격이 바로 김흔이 쓴 글이었던 것으로 보인다. 8월 2일 성종은 이런 지시를 내린다.

"사신이 돌아갈 때에 각 지방의 숙소에서 향연을 베풀지 못하도록 이미 영을 내렸으나, 쓸쓸히 지나가게 할 수는 없으니, 형편에 따라 술대접은 하되 될 수 있으면 최소한도의 예만 갖추어 간략하게 하라."

9월 14일에도 성종은 홍문관 관원들로 하여금 대마도 관리에게 벼슬을 내렸더니 사양하였다며 이에 관한 외교문서의 일종인 전문(箋文)을 짓도록 했다. 권건이 장원을 차지했다. 권건(權健, 1458년 세조 4년 ~1501년 연산군 7년)은 훈구 세력 권람의 아들이며, 훗날 중종의 열한 번째 아들인 전성군 이변의 장인이 된다. 문장과 글씨에 뛰어나 문명이 높았으며 『동문선』에 시문 10여 편이 전한다.

영의정에게도 시를 짓게 하다

사실 홍문관원을 상대로 논문을 쓰게 한 것은 장기적으로 보면 왕권 강화 차원이겠지만 그보다는 신진 발굴의 의미가 더 컸다. 공개적인 시험을 통해 수시로 평가함으로써 공정하게 새로운 인재를 발굴하겠다는 의지였다. 10월 18일에도 성종은 홍문관의 권건, 김흔, 조위, 조지서, 이숙감, 박형문, 허침, 정수곤을 불러 '이단을 막지 않으면 성인의 도(유학)가 유행할 수 없으며 이단을 금지하지 않으면 성인의 도가 시행되지 않는다'는 주제로 논문을 쓰게 했다. 이번에는 조지서가 1등을 차지했다. 조지서(趙之瑞, 1454년 단종 2년~1504년 연산군 10년)는 성종 10년 건주위 정벌에 나섰던 서정대장 어유소의 종사관으로 종군하였다. 성종 때 청백리에 녹선되었고 시문에도 능하였다. 연산군 10년 갑자사화가 일어났을 때, 연산군은 그를 직간(直諫)과 집요한 진강(進講)을 이유로 참살하였다. 중종 1년(1506년) 통정대부 도승지에 추증된다.

그런데 홍문관원들을 상대로 논문을 쓰게 하던 그날 사헌부와 사간원이 합사하여 다음 날로 예정된 2품 이하 당상관을 상대로 한 시험의 부당성을 지적했다. 실제로 이런 일은 조선 건국 이후 처음 있는 일이었다. 재상들을 상대로 시험을 하겠다는 것은 대신들의 체면을 깎는 것이라는 지적이었다. 그러나 성종은 단호했다.

"그 재질의 높고 낮음을 보고자 할 뿐이지 조정에 채용하는 데 성적을 감안하는 게 아닌데 왜 이리 난리인가?"

결국 10월 19일 예정대로 성종이 중국 주공(周公)의 '동정론(東征論)'을 출제해 2품 이하 당상관들이 시험을 쳤다. 아니, 치지 않을 수 없었다. 여기서 양성지가 수석을 차지했고 이승소와 이파가 차석이었다.

심지어 11월 14일에는 영의정 정창손에게 여우 털로 만든 옷 한 벌을 하사한 뒤 감사의 뜻을 담은 시를 지어 바치게 하였다. 워낙 시를 짓고 감상하기를 좋아하는 성종이었지만 영의정에게 시를 지어 바치게 한 것은 아무래도 의도적인 것이었다고 봐야 할 것이다. 말 그대로 영의정도 임금의 신하에 불과하다는 것을 분명히 해두려는 속셈이 아니었을까?

12월에도 문신들을 선정전 앞에 모아놓고 제술 경연을 실시했다. 그러자 사헌부 장령 김학기가 이를 비판하는 의견을 아뢰었다. 치도(治道)를 묻는다면 상관없지만 전적으로 문예만을 숭상하는 것은 잘못된 것이라는 지적이었다. 더욱이 문신들은 맡은 바 직무가 있는데 일보다는 글짓기에만 신경을 쓰게 되는 것은 문제라고 비판했다.

성종의 호통, "임금을 두려워하여 입을 다물지 말라!"

그런데 권력의 균형추가 훈구에서 성종으로 기울자 이번에는 신하들이 성종의 눈치를 살피는 폐단이 나타나기 시작했다. 특히 성종 13년에는 유난히 많다. 그해 1월 정사를 보던 중에 한명회의 압구정 사건이 다시 논의의 대상으로 떠올랐다. 대사헌 김승경이 한명회의 복직을 계기로 이를 재론한 것이다. 그런데 다른 신하들은 입을 다물고 아무런 의견도 말하지 않자 성종은 "마땅히 각자 생각한 바를 말하고 임금을 두려워하거나 간관을 꺼려서 입을 다물지 말라!"고까지 이야기한다. 그런데도 서거정은 심지어 "신은 한명회의 일을 확실히 알지 못합니다"라고 했다. 한명회를 의식한 것이기도 하지만 성종의 뜻을 거스르지 않겠다는 의도에서 이렇게 말한 것이다. 마침 『실록』에는 이에 대한 사신의 논평을 별도로 싣고 있다.

"한명회의 불경죄는 온 조정이 통분하게 여기는 것인데 서거정이 알지 못한다고 대답한 것은 입을 다문 것보다 더 심한 것이다."

2월 13일에는 양성지가 상소를 올려 문예 부흥을 위한 구체적인 방안을 제시했다. 특히 각종 문집을 간행할 것을 권했다. 이는 분명 문예나 문집 발간을 좋아하는 성종을 의식한 것이다. 특히 여기에는 성종의 글을 편집해서 책으로 만드는 것도 포함되어 있었다. 이에 대한 사신의 평도 가차 없다.

"당 태종은 등세륭이 글을 올려 태종의 문장들을 모아 책으로 만들기를 권하자 '양나라 무제 부자와 진나라 후주 그리고 수나라 양제가 다 자신의 문집이 있었지만 나라가 망하는 것을 막지는 못했다. 그러니 임금된 자로서는 덕정(德政)이 없을까 걱정해야지 문장을 하여서 무엇 하겠는가'라고 했다. 양성지는 분명 이런 태종의 말이 훌륭하다는 것을 잘 알 텐데 이렇게 소를 올려 청하였음은 무엇 때문일까? 이는 임금이 그런 것을 좋아하고 숭상함을 미리 헤아려 말한 것에 지나지 않는다. 그가 아첨을 바친 것이 심하다."

2월 20일 성종이 송골매 사냥을 하고 돌아오자 사헌부 대사헌 김승경, 지평 황사효와 사간원 헌납 이종윤 등이 송골매를 모두 날려버리라며 강도 높은 비판의 글을 올렸다. 그런데 성종은 이를 '그 뜻이 매우 가상하다'면서도 '나를 사냥에 빠져 덕이 없는 사람으로 몰고 있으니 나의 본뜻을 모르고 그렇게 하는 것'이라는 내용의 글을 직접 쓴 다음 승정원에 "내가 쓴 내용이 어떤가"라고 묻는다. 이에 대해 도승지 이길보와 좌승지 노공필은 "성상의 뜻이 윤당합니다"라고 말한다. 이에 대해서도 사관은 "이길보 등은 임금의 물음을 받고 직언을 하기는커녕 윤당하다고만 말하였으니 이는 임금의 비위를 맞추려는 것이 너무 심하다"고 논평하고 있다.

아부와 아첨에서는 한명회도 빠지지 않는다. 2월 25일 경연에서 또다시 성종과 경연관들 사이에 매사냥을 둘러싼 지루한 공방전이 계속되고 있었다. 신하들은 위험하다고 경고하고 성종은 "열흘 이상 매사냥에 빠져 있다면 나라가 망하겠지만 잘 헤아려서 행동하고 있으니 걱정하지 말라"며 벼랑 끝까지 가는 논쟁이 이어졌다. 그런데 느닷없이 한명회는 일본이나 왜구의 공격에 대비한 방어책을 세워야 한다고 말한다. 사관은 이 대목도 놓치지 않고 적절하게 논평을 해놓았다.

"한명회의 이러한 아룀은 도무지 앞뒤가 맞지 않는 것으로 대간들의 발언을 막으려는 목적으로 한 듯하다. 그래서 이 말을 듣는 자들이 모두 그의 망발을 비난하였다."

사냥에 빠진 성종의 억지, "절제한다면 뭐가 문제인가?"

성종은 유난히 사냥을 좋아했다. 조금 심하게 말하면 주색잡기(酒色雜技)를 좋아했다. 그런데 성종의 입장에서 할 말이 없는 것은 아니다.

아무리 유교를 숭상하는 조선시대라 하더라도 국왕의 자리가 수도(修道)하는 자리는 아니다. '적정선'이 중요한 것이다. 실제로 성종이 이 선을 넘었느냐 아니냐는 객관적으로 가릴 방법이 없다. 다만 성종이 그것을 어떻게 생각하고 있었는지는 알아볼 필요가 있다. 성종에겐 분명 나름의 생각이 있었다.

실제로 그가 사냥에 가장 탐닉했던 성종 13년에 신하들과 언쟁을 주고받는 과정에서 그가 하는 답변을 보면 나름대로 일관성이 있는 것 또한 사실이다. 신하들의 비판은 한결같았기 때문에 성종이 했던 답변 몇 가지를 골라보자.

"내가 만기(萬機)를 버리고 오직 송골매에만 뜻을 둔다는 말인가? 만기의 여가에 한두 마리 송골매를 날려 사냥하는 것이 어찌 정사에 방해가 된다고 하는가?"(2월 14일)

"생각하는 것이 있으면 곧 말하는 것이 대간들의 직무다. 그러나 나도 헤아린 뒤에 이 일을 하는 것이다."(2월 20일)

"내가 만일 사냥하고 노는 데 빠져서 십여 일이 지나도 궁궐로 돌아오지 않는다면 너희들이 말하는 게 옳다. 나는 아직 그 지경에 빠지지 않았다. 그런데 무슨 말이 그리 많은가?"(2월 22일)

"대사헌은 오랫동안 나를 시종하는 자리에 있었기에 내 뜻을 깊이 아는 줄로 여겼었다. 그런데 이번에 보니 나의 뜻을 잘 알지 못하는구나."(2월 25일 도승지로 있던 대사헌 김승경이 자신을 비판하자)

"세조께서도 어떤 때는 후원에서, 또 어떤 때는 들판에서 매를 날려 사냥하기도 하였다. 그러나 내가 이를 본받아 행하는 것은 아니다. 다만 이 같은 작은 일이라도 하지 않는다면 임금은 항상 깊은 궁중에 거처할 뿐이다."(2월 25일)

"사신(史臣)은 마땅히 직필을 해야 한다. 선하다고 기록하는 것도 그의 마음이요, 선하지 않다고 기록하는 것도 그의 마음이다. 그러니 사신의 기록이 선하다고 할지 선하지 않다고 할지를 염려하여 비위나 맞추려 하면 어떻게 되겠는가? 나처럼 부덕한 자가 어찌 사관으로 하여금 선하다고 기록하게 하겠는가? 이것은 사신의 직필이 어떠한가에 달렸을 뿐이다."(2월 28일 경연이 끝나고 시독관 민사건이 계속 이렇게 하면 사관이 모두 기록하게 될 것이라고 협박성 건의를 하자)

결국 신하들은 계속 이렇게 가면 사냥에 빠져 헤어나지 못하게 될 것이라며 사냥 중지를 건의했고 성종은 얼마든지 절제할 수 있으니 걱정 말라고 답한다. 특히 2월 28일자의 기록에서는 국왕으로서 은근한 자신감이 배어 있음을 느낄 수 있다. 신하의 말이 옳은지 성종의 생각이 옳은지는 그 후 그가 어떻게 했느냐에 따라 판가름 나게 된다. 그 후에는 성종 13년 때만큼 과하게 사냥에 탐닉한 기록은 나오지 않는 것으로 보아 성종의 손을 들어줄 수밖에 없다.

현군(賢君)의 잠재성을 드러낸 선정전 향연

향연, 말 그대로 술과 더불어 고담준론(高談峻論)을 나누는 자리이다. 그리스어 심포지움(Symposium)이 바로 향연이다. 아주 특이하게도 『성종실록』 13년 11월 24일자에는 성종이 신하들과 질펀하게 술을 마시면서 성리학을 비롯한 유학의 각종 경전들을 자유자재로 오가며 즐기는 장면이 생생하게 나온다. 성종의 따스한 인간미와 여전한 호학(好學)도 고스란히 느낄 수 있는 보기 드문 광경이 아닐 수 없다.

원래 이 자리는 성종이 하루 전날 경연에서 당시로서는 최신 학문이라 할 수 있는 성리학을 놓고 신하들끼리 패가 갈려 논란이 벌어지는 것을 보고 흥미를 느껴 마련한 자리였다. 그래서 성종은 승정원에 "이학(理學-성리학)을 아는 대신을 적어서 아뢰면 내가 어제 들었던 바를 바탕으로 논쟁을 더 이어가겠다"고 지시한다. 그래서 승정원에서는 좌의정 윤필상, 우의정 홍응, 선성부원군 노사신, 중추부 영 이극배, 돈녕부 영 윤호, 달성군 서거정, 양천군 허종, 예조판서 이파, 공조판서 손순효, 함종군 어세겸, 성균관 동지사 이극기를 써서 아뢰었다. 성종이 선정전에 나아가자 이들이 들어왔고 성종은 주연(酒宴)을 베풀도록 명하였다. 신하들이 다 들어오자 성종이 말문을 열었다.

"어제 논란하는 것을 들으니 매우 가상하였다. 오늘도 전일처럼 논란하는 것이 좋겠다."

그러자 윤필상 등은 "청컨대 이파, 손순효, 어세겸, 이극기로 하여금 대답하게 하소서. 신 등이 묻겠습니다"라고 화답하고 성종은 "좋다"고 한다.

드디어 『대학(大學)』의 명명덕(明明德), 신민/친민(新民/親民), 지지선(止至善)을 강하고, 또 심(心), 성(性), 정(情)을 강하였는데, 이극기가 대답하기를 매우 분명하게 하고 손순효도 따라서 대답하였다. 이를 지켜보던 성종은 대답을 않는 두 사람을 향해 "예판(禮判-예조판서)과 함종군은 대답하는 바가 없으니, 마땅히 묻도록 하라"고 말한다. 어쩔 수 없이 이파가 "사단(四端)이 발하는 것은 이(理)만 있고 기(氣)는 없이 자연히 나오는 것입니다"라고 하자 좌우에서 이구동성으로 이파를 몰아세웠다.

　"이파의 대답은 망령된 것입니다. 사단이 발하는데 어찌 기가 없겠습니까? 기가 없으면 사단이 어디로부터 발하겠습니까?"

이파도 굴하지 않고 자기주장을 고집하였다. 그때 성종은 "이론은 정합성이 있어 앞뒤가 맞아야 한다"고 말한다. 그러자 좌우에서 함께 달려들어 이파의 이론을 꺾으니, 이파가 조금 굽혔다. 이때 성종은 "여러 선비들의 소견이 판서(이파)와 같은 이가 있는가? 승지, 주서(注書), 사관은 모두 말하라"고 명한다. 도승지 노공필이 나섰다.

　"천하에 어찌 기가 없는 물건이 있겠습니까? 사단이 발하는 것은 반드시 기가 있는 것인데, 이파의 말은 망령된 것입니다."

임금이 조금 웃었다. 이로써 논쟁의 1회전이 끝나고 2회전으로 넘어갔다. 2회전의 주제는 『대학』에 나오는 탕지반명(湯之盤銘)의 '날마다 새롭게 한다(日新)'였다. 손순효가 나와서 큰 소리로 말했다.

　"전하께서 날마다 새롭게 하고 또 새롭게 하여 순(純)함이 그치지 아니하니 성상의 덕은 신이 흠잡을 수 없습니다. 원컨대 날마다 그 덕을 새롭게 하여 처음부터 끝까지 한결같이 하소서."

이어 서거정이 "나라를 다스리는 요지는 『대학』만 한 것이 없으니, 원컨대 마음에 두소서"라고 말했다. 윤필상 등은 성종에게 "『대학』을 강하는 것은 이미 마쳤으니, 또 무슨 책을 강할 것입니까?"라고 물었다. 그때 손순효가 이렇게 말했다.

"『대학』에 다 강하지 아니한 곳이 있습니다. 마지막 장에 '한낱 신하가 있어서 단단(斷斷)하고 다른 재주는 없으나 그 마음이 휴휴(休休)하면 그를 용납할 수 있을 것 같다'고 하였는데, 대신이 된 자가 군자를 올려 써서 여러 벼슬에 골고루 두면 이는 용납할 수 있는 자이며, 사당(私黨)을 끌어서 안팎에 펴두면 이는 능히 용납할 수 없는 자입니다."

이어 손순효는 또 "『서경(書經)』에 이르기를, '성인이라도 생각을 아니 하면 어리석게 되고, 어리석은 자도 생각을 하면 성인이 된다'고 하였으니, 원컨대 전하께서는 공경(敬)으로써 안을 곱게 하고, 옳음(義)으로써 밖을 방정하게 하여 생각하소서"라고 말하자 윤호가 말을 던진다.

"전번 탄일(誕日)에 시를 짓도록 명하셨는데, 시를 짓지 않은 이는 손순효뿐입니다."

임금이 상전(尚傳 – 정4품의 내시)으로 하여금 재촉하게 하였더니 손순효가 '충서(忠恕)' 두 글자를 써서 올렸다. 이를 보고 웃으며 성종은 이렇게 말한다.

"판서(손순효)가 전에 도승지로 있을 때 늘 나에게 요순의 도로써 정치를 행하라고 권하더니, 오늘은 비록 취하였으나 말하는 바가 모두 마음속에 품고 있던 것이다."

2회전은 다소 싱겁게 끝났다. 이로써 『대학』에 대한 강(講)은 끝났다. 성종은 3회전의 주제로 『주역』을 논하도록 명한다. 허종이 건괘(乾卦) 초구(初九)에서 구이(九二), 구삼(九三)까지 물으니, 이극기가 처음처럼 대답하지 못하였다. 임금이 말하기를 "마땅히 하도낙서(河圖洛書)를 물으라" 하자, 허종과 이극기 등이 논쟁을 주고받았다. 하도낙서란 『서경』에 나오는 말로 『주역』의 팔괘와 『서경』에 있는 홍범구주의 바탕이 되었다는 일종의 상상도로서 이날 향연에서 대단히 추상적인 차원의 논의까지 이루어졌음을 보여준다. 그러나 이를 제대로 논할 만한 신하가 없었기 때문인지 성종은 주제를 바꾼다. "『중용(中庸)』을 논의하라."

이번에는 이극배와 허종이 장(章)마다 다투었다. 강이 구경〔九經-천하를 다스리는 데 필요한 아홉 가지 도(道)〕을 자유롭게 다루는 단계에 이르자, 손순효가 아뢰기를, "재물을 천하게 여기고 덕을 귀하게 여김은 어진 이를 권하는 것이니, 원컨대 전하께서 유의하소서" 하였다. 손순효가 또 『주역』 태괘(泰卦) 구이(九二)의 효사(爻辭)를 외우면서 그 뜻을 해석하고 아뢰었다.

"태괘의 형상은, 하늘은 높으면서 밑에 있고 땅은 낮으면서 위에 있으니 바로 상하가 서로 사귀는 형상입니다. 지금 전하께서 신 등을 나오게 하여 낮추고 겸손하게 물으시면서 신 등으로 하여금 위에 말을 다 하게 하시니, 이는 바로 통태(通泰)한 때입니다."

철릭_ 상의와 하의를 따로 구성하여 허리에 연결한 독특한 형태의 옷이다. 고려 중기 이후부터 착용했으며 조선 초기를 거쳐 중기에는 널리 보편화되었다.

손순효가 또 "충서(忠恕) 두 글자를, 원컨대 전하께서 유의하소서" 하니, 임금이 모두 가상하게 여겨 받아들였다. 그리고 좌우 신하에게 이르기를, "손 판서가 오늘 말한 바는 간절하고 경계하는 말이 많으므로 내가 상을 주고자 한다"고 말하고 자줏빛 비단으로 만든 철릭(帖裏)을 하사하였다. 철릭이란 상의와 하의를 따로 구성하여 허리에 연결시킨 특이한 형태의 관복이다. 대체로 고려 중기 이후부터 착용하였으며 조선 초기에 여러 계층에서 다양한 용도로 쓰였고 중기에는 널리 보편화된 옷이다.

그때 밤이 이미 깊어가고 있었다. 재상들이 주상의 몸이 피로할 것을 염려하여 물러가고자 하니, 성종은 기쁨에 겨워 말한다.

244

"임금이 어진 사대부와 접하는 날이 적고 환관이나 궁첩을 가까이 하는 때가 많으니 이것이 그 병통이다. 내가 오늘 경들과 강론할 수 있어서 듣지 못한 바를 더욱 많이 들었으니 또한 즐겁지 아니하랴? 경들은 물러가지 말고 다시 논란하라."

그러면서 성종은『시경(詩經)』의 대의(大義)를 강하게 하였다. 윤필상 등이 '관저(關雎)', '황의(皇矣)' 등 여러 편(篇)을 강하였다. 강을 파하자 북쪽 오랑캐 사람을 쇄환(刷還-포로 등을 되돌려주는 일)하는 외교 현안을 논의하였다. 이극배, 허종 등은 이렇게 말한다.

"지금 만약 군사를 일으켜서 들어가 공격하면 원한을 맺을 뿐만 아니라 완전한 성공을 이룬다는 것도 기약할 수 없습니다. 지금을 위하는 계책으로는, 해마다 들어가서 공격한다고 소문을 내어 저들로 하여금 명령에 분주하게 돌아다니는 데 피곤하게 하여 일을 편히 하지 못하게 하면 혹시 와서 투항할 수가 있을 것입니다."

여러 재상들이 모두 올바른 방법이라며 동의하였다. 그런데 이때 노사신이 손순효를 곤란하게 만드는 요청을 한다.

"전에 이 일을 의논할 때에 손순효는 '산꼭대기에 앉아서 저들을 불러 혹은 베고 혹은 매질하겠다'고 하였는데, 오늘 명하여 대답하게 하는 것이 어떻겠습니까?"
손순효가 답한다.

"신이 만약 명령을 받고 간다면 마땅히 요로(要路)에 웅거하고 산꼭대기에 앉아서 태평소를 불고 약주를 따라 마시면서 저들을 불러 혹은 참(斬)하고 혹을 매질할 수 있습니다. 신의 전일의 말은 망령된 것이 아니라 진실로 신이 품은 마음입니다."

손순효가 말을 끝내자 좌우에서 몰래 웃었다. 그리고 자리가 파하여 재상들이 모두 취하여 서로 붙들고 나갔다. 그런데 손순효의 이 말은 한 달여 후인 성종 14년 1월 4일 경연 자리에서 다시 한 번 화제가 된다. 경연에서 강이 끝나자 사헌부 장령 박형문이 손순효의 발언을 문제 삼았다.

"요즘 여러 번 전강(殿講-선정전 등에서 하는 경연)으로 인하여 신하들이 혹 술에 취해서 실례를 하는데, 근자에 손순효가 아뢰기를, '신이 높은 산꼭대기에 올라가 의자에 앉아서 약주를 마시면서 야인을 잡아다 형틀을 채우고 죄를 묻겠습니다'라고 하였으니, 이 같은 농담을 어찌 임금 앞에서 발할 수 있겠습니까? 매우 옳지 못합니다."

아마도 '높은 산꼭대기에 올라가 의자에 앉아서'라는 대목이 임금을 상징하는 것이 아니겠느냐는 지적이다. 이에 대해 성종은 확고한 자신감으로 답한다.

"무릇 사람이 취하면 반드시 속마음을 털어놓는 것인데 임금과 신하 사이에 품은 것을 반드시 진술하는 것이 무엇이 옳지 못한 것이 있겠는가? 만약 머리와 꼬리를 두려워하여 말을 골라서 하면 교언영색(巧言令色)하는 것인데, 이것이 옳겠는가? 사람으로 하여금 임금 앞에서 담론하지 못하게 하면 임금이 누구와 함께 사람의 어질고 어

질지 못한 것과 정치의 잘하고 못한 것을 논하겠는가? 대간의 말이
매우 옳지 못하다. 손순효의 말이 비록 허풍기가 심한 듯하나 다만
마음속을 털어놓았을 뿐이다. 무슨 다른 뜻이 있었겠는가? 군신 사이
에는 항상 공경하는 것만을 위주로 할 수는 없다."

『실록』에 따르면 박형문은 한마디 말도 못 하고 물러갔다고 한다.
그리고 물러가서는 성종의 노여워함이 두려워서 승정원에 나아가 대
죄(待罪-스스로 벌을 받겠다고 나섬)하려고 하였는데, 성종이 끝내 묻
지 않자 그제야 물러갔다. 국왕으로서 성종의 위엄이 한껏 드러나는
장면이 아닐 수 없다.

멀고 먼 성군(聖君)의 길

성종 14년 1월 18일 성종은 승정원에 뜻밖의 지시를 내린다.

"내가 지금 『근사록(近思錄)』과 『전한서(前漢書)』를 보고 있다. 그러나 성경현전(聖經賢傳)만 알고 제자백가의 글을 알지 못하면 선악을 분별할 수 없으니, 두 책을 다 본 뒤에 '장자(莊子)'·'노자(老子)'·'열자(列子)' 3자(三子-모두 도가 계통의 사상가들)의 글을 강하고자 하는데, 경 등의 뜻은 어떠한가?"

이것은 흔히 유교 통치의 기본 질서를 확립한 국왕으로 알려져 있는 성종의 전혀 다른 면모를 보여주는 장면이다. 특히 성리학의 교과서와도 같은 『근사록』을 읽으면서 노장사상을 읽고 싶다는 뜻을 공개적으로 밝힌 것은 무슨 의미일까? 단순한 학문적 호기심을 넘어 자신의 세계관을 체계적으로 확장시키고 싶어 하는 성종의 의지가 드러난 것으로 봐야 하지 않을까? 자신의 학문이 한쪽으로 편식하고 있다는 것을 알아차렸다는 뜻이기도 하다. 아마도 열세 살에 국왕이 되어 신하들에 의한 일방적인 유학적 세계관을 주입받다가 처음으로 사상적인 독립을 시도했다고 볼 수 있는 대목이다.

그러나 조선이 어떤 성격의 왕조인가? 다름 아닌 유불선의 대립 중에서 불교와 선, 즉 도교를 이론적·체계적으로 배격하고 성립된 전형적인 유교 국가다. 세종이나 세조가 불교에 대해 호의적인 입장을 보였다고는 하나 태종을 거쳐 세종, 세조 대까지도 조선이 유학의 세계관 위에 서 있다는 것을 한 치라도 부정하려 했던 국왕은 없다. 불교에 대해 관심이 있다 하더라도 그것은 개인적인 독서 취미일 뿐, 지금 성종처럼 공식적인 논의의 장인 경연에서 불교나 도교 사상을 이야기했던 국왕은 없었다. 신하들로서는 상당한 충격을 받았을 것이다.

그래서 다른 신하들도 아닌 승정원 승지들로부터 바로 다음 날 '불가(不可)'라는 의견이 올라온다.

"전하께서 『장자(莊子)』 등의 글을 강하여 그 그릇됨을 보고자 하셨는데, 신 등이 그윽이 생각건대, 예로부터 경연에서 이 글을 강하지 아니하였습니다. 그러니 개인적으로 보시다가 만약 야대에서 해석하지 못하는 곳을 물어보시는 정도는 가능하겠지만 경연관이 『장자』 등을 진강하는 것은 불가하다고 여깁니다."

그러자 성종은 상당히 타당성 있는 질문을 던진다.

"만약 이 글을 보는 것을 잘못이라고 한다면 유교 경서 가운데도

『장자』를 인용한 곳이 한 군데가 아닌데, 그것을 모두 없애버린 뒤에 진강해야 할 것 아닌가?"

또 하루가 지난 1월 20일이 되어도 승정원에서는 가타부타 보고가 없자 성종은 다시 승정원에 묻는다.

"3자(三子-노자, 장자, 열자)를 강하고자 하는 나의 물음에 어찌하여 아직까지 대답하지 아니하는가?"

먼저 승정원을 대표해 도승지 이세좌는 불가한 이유를 밝힌다.

"신 등은 생각건대, 임금은 마땅히 성현(聖賢)의 글을 보고 고금의 다스려지고 어지러웠던 자취를 상고할 뿐이며, 『장자』, 『노자』, 『열자』는 바로 이단의 글인데 경연에서 진강하는 것은 필요치 않다고 여깁니다."

홍문관 박사 이거도 홍문관에서 의논한 결과를 보고했다. 이거(?~1502년 연산군 8년)는 세종 때 대제학을 지낸 이변의 손자로 충무공 이순신의 증조부다. 성종 17년(1486년) 사간원 정언에 임명되었고 주로 승문원 등에서 문장을 관할했으며 이때는 홍문관 박사로 있었다.

"『장자』, 『노자』, 『열자』는 이단이므로 볼 필요가 없습니다."

이에 대해 성종은 "성현의 글을 읽고서 그 옳은 것을 알고 이단의 글을 읽고서 그 그른 것을 알게 하는 것이 또한 옳지 아니한가?"라고 반문한다. 그러자 이거는 이렇게 답한다.

"공자가 말하기를, '이단을 공부하면 해롭다'고 하였는데, 그것을 해석한 이가 말하기를, '점점 젖어서 그 속으로 들어간다'고 하였으니, 하필 이단의 글을 널리 본 뒤에야 그 옳고 그른 것을 분변하겠습니까?"

그러나 학문에 대해 자신감을 갖고 있고 나아가 국왕으로서 자신감에 충만해 가던 성종이었다.

"하고 아니하는 것은 내가 마땅히 처리하겠다. 3자에 능통한 자를 기록하여 아뢰라."

그런데 일주일 후 성종은 우승지 강자평을 불러 호통을 친다. 3자에 능통한 자를 아뢰라고 했는데 아마도 제대로 찾아보지도 않고 실력도 없는 몇 사람을 추천한 것을 성종이 알아차리고서 진노했던 것으로 보인다.

노장사상을 읽어보려 했던 성종의 시도는 결국 이런 논란 끝에 흐지부지되었다. 게다가 얼마 후 정희대왕대비가 사망함에 따라 학문적 논란을 벌일 여유조차 사라져버렸다. 사실 이 시점은 조선사상사에서 나름의 중대한 갈림길이었다고 볼 수도 있다. 비교적 탄력적인 유학을 바탕으로 지탱해 왔던 조선왕조가 보다 경직된 주자학적 성리학으로 가느냐 아니면 이단을 포괄하는 폭넓은 세계관으로 가느냐의 갈림길이었다고 볼 수 있기 때문이다. 결국은 경직되고 교조적인 주자성리학의 길로 접어들게 된다.

대불핍인(代不乏人)

대불핍인, 어느 시대에건 인재가 부족하지는 않다는 뜻으로 중국 전한(前漢) 때 유향(劉向)이 쓴 『전국책(戰國策)』에 나오는 말이다. 원래이 말은 조정에 소인배들이 득시글거리게 되면 참된 인재를 구하기가 정말 어렵다는 역설의 의미를 갖는 말로 국왕의 사람 보는 눈이 그만큼 중요함을 일깨워주는 명언이다. 군자를 발굴하고 일하도록 하는 것이야말로 전통 사회에서 국왕이 마땅히 보여줘야 할 최고의 리더십이다. 그런데 다른 사람도 아닌 국왕 자신이 인재 부족을 한탄하며 갈구하는 상황을 우리는 어떻게 받아들여야 할 것인가?

성종 13년 11월 24일 선정전 향연을 준비토록 하면서 성종은 "이학(理學-성리학)을 아는 대신들을 적어서 아뢰면 내가 어제 들었던 바를 바탕으로 논쟁을 더 이어가겠다"고 말한 바 있다. '어제 들었던 바'란 다름 아닌 성리학에 관한 신하들의 논의였다. 사서오경을 숙지하게 된 성종의 학문은 점차 철학적 단계로 접어들고 있다. 그가 노장을 읽고 싶어 했던 것도 아마 같은 맥락이었을 것이다.

성종 14년 1월 13일 성종은 이번에도 선정전에서 그때와 비슷한 향연을 연다. 이 자리에는 영돈녕 이상과 진산군 강희맹, 달성군 서거정, 우찬성 허종, 좌참찬 이승소, 예조판서 이파, 공조판서 손순효, 동지사 이극기와 유진, 대사성 노자형과 승지들이 입시하였다. 이 중 처음 이름이 등장한 노자형(盧自亨, 1414년 태종 14년~1490년 성종 21년)은 성종 13년(1482년) 사성을 거쳐 대사성(성균관의 최고 책임자) 등을 역임하면서 주로 성균관에서 인재 양성에 힘썼다. 이듬해 70세의 나이로 사직을 청하였으나 허락받지 못하였다. 성리학에 정통하여 주위로부터 존경을 받았고, 후진 양성에 공을 세운 전형적인 학자이다. 『실록』이 전하는 그날의 분위기다.

"임금은 이 자리에 전 찰방(察訪-정해진 역로를 순찰하는 업무를 담당하던 종6품 문관 외관직) 이관의를 불러서 『대학』과 『중용』을 강하게 하고, 시강관 서거정·허종 등에게 명하여 성리(性理)의 근원을 논하게 한다. 또 천지의 도수(度數), 일월성신(日月星辰), 세차(歲差), 역수(曆數)의 일을 묻자, 이관의가 물음에 따라서 대답한다. 혹은 맞고 혹은 맞지 아니하였다. 이관의는 젊어서 시서(詩書)에 통달하고 성리학에 정밀하여 한때의 선비가 함께 추앙하는 바가 되었으나 여러 번 과거에 합격하지 못하고 찰방 벼슬로 마쳤는데, 이때의 나이 75세였다. 집이 이천에 있는데 손순효가 경의(經義)에 밝다 하여 추천한 까닭으로 부른 것이다."

성리학에 관한 논의를 마친 후 성종은 "다시 사람을 쓰는 도를 논해보자"고 제안하면서 인사(人事)의 어려움을 실토한다.

"예로부터 제왕이 어찌 일부러 소인을 써서 나라를 그르치게 하고자 하였겠는가? 군자와 소인을 구별하지 못하는 것을 근심할 뿐이다."

이를 통해 볼 때 성종은 당시 신하들에 대한 불만이 상당히 컸다는 것을 알 수 있다. 주변에 쓸 만한 사람이 없다고 생각한 것이다. 그런데 이날 문제의 손순효가 술에 취하기는 했지만 의미심장한 말을 던진다.

"손순효가 술이 취하여 앞에 나와 아뢰기를 '원수(元首-임금)가 밝으면 고굉〔股肱-고굉지신(股肱之臣)의 준말로 국왕이 총애하는 신하〕이 어질고 모든 일이 편할 것이며, 원수가 밝지 못하면 고굉이 게으르고 모든 일이 허물어질 것입니다' 하고, 인하여 두 번 절하니, 임금이 아무런 말이 없었다."

아무런 말이 없었다? 자신의 어질지 못함을 정면으로 비판하는 데 대해 화가 난 때문인지 어처구니가 없어서 그랬던 것인지는 정확히 알수가 없다. 다음 날 성종은 각 도의 관찰사들에게 유시했다.

"내가 근신들과 더불어 성리학을 강론하니 매우 이익이 있으므로 여러 사람의 논의를 널리 받아들여서 나의 과문(寡聞)한 것을 스스로 성찰하고자 한다. 성리학을 연구한 자는 비록 쉽게 얻지 못하더라도 경서에 밝고 행실이 닦여졌으나 억울하게 세상에 시험되지 못한 사람이 어찌 없겠는가? 찾아서 아뢰라."

전국적으로 경학에 밝은 인재를 구하라는 지시를 내린 것이다. 사실 이런 지시는 여러 해 전부터 반복해서 나온 것이기도 하다. 다만 이때 에 이르러서는 단순한 신진 인사보다는 '경학에 밝은', 혹은 '성리학을 깨친' 신진 인사들을 찾으려 하는 게 조금 다를 뿐이다. 그러나 그의 지시가 이행되지 않은 것인지 강호에 사람이 정말로 없었던 것인지 그 해 10월 30일 성종은 의정부에 다시 한 번 인재를 널리 구하라는 지시 를 내린다. 여기서는 절박함마저 묻어난다.

"지난번에 여러 차례 전지를 내려 중외(中外)의 관리로 하여금 각 각 아는 바를 천거하게 하고 허심탄회하게 기다려온 이래 겨울과 여 름이 여러 번 바뀌었으나, 아직까지 한 사람도 와서 고하지 않으니, 남아 있는 참다운 인재가 없다는 것인가? 혐의스러운 비방을 피하려 는 것인가, 장차 잘못 천거했다는 꾸지람을 두려워해서인가? ……

아! 너희 조정에 있는 3품 이상 관원과 시종·대간 및 현직에 있는 감사·도사·절도사, 3품 이상의 수령들은 힘써 마음을 넓혀서 친척과 친구에 구애하지 말고, 만일 뛰어난 재주와 높은 덕이 있는 선비를 얻어서 모두 추천하면, 내가 보통으로 대우하지 아니하겠다. 또 사람으로서 모든 것을 구비할 수 없다는 것은 옛 성인들도 말한 바이니, 만일 한 가지 재주와 한 가지 행실이 있어서 각각 쓰는 데 적당한 자는, 또한 그 이름을 갖추어 아뢰어서 내가 인재를 밝게 들어 써서 정치를 돕는 뜻에 부응하도록 하라."

그런 상황에서 성종은 이 시기를 전후하여 상대적으로 김종직에 대해 극진한 총애를 보여준다. 이를 통해 우리는 당시 성종이 기대하던 인물상이 어떠했는지를 간접적으로나마 알 수 있다. 흔히 사림파 혹은 영남학파의 아버지로 불리는 김종직은 성종으로부터 뛰어난 학식을 인정받아 성종 14년 8월 27일 통정대부 홍문관 부제학으로 승진한다. 마침내 당상관에 오른 것이다. 이때 김종직의 나이 53세였다. 학문이나 경륜이 완숙기로 접어들기 시작한 때다. 곧바로 좌부승지로 옮겼다가 다음 해인 성종 15년 8월 6일 김종직은 도승지로 임명된다. 그러자 김종직은 일단 사양한다.

"좌승지와 우승지가 나이는 적으나 일을 경험한 것이 오히려 많고, 신은 나이가 많아서 총명이 날로 줄어가므로 흔히 잊는 일이 있게 되고 또 세무(世務-세상사)에 익숙하지 못합니다. 도승지는 직책이 가벼운 것이 아니므로 신이 감당할 수 있는 것이 아니니 사양하겠습니다."

김종직 영정_ 고려 말 정몽주, 길재의 학통을 이은 아버지에게 배워, 후일 사림의 조종이 된다. 문장, 사학에도 두루 능하였으며, 절의를 중요시하여 조선시대 도학(道學)의 맥을 잇는 중추적 구실을 하였다.

이에 대해 성종은 이렇게 전교한다.

"좌승지, 우승지는 용렬하여 올리지 않는 것이 아니라, 나이가 적기 때문이다. 경은 승지들 가운데에서 나이가 조금 많고 문장도 넉넉하여 익숙한 것이 많을 것이므로 특별히 도승지로 올려서 승정원을 총괄하게 하는 것이다."

김종직은 한 번 더 사양한다.

"신은 나이가 많아서 걷는 것도 오히려 잘 못하니, 도승지의 직임은 신이 참으로 감당하지 못합니다."

"벼슬 살지 않는다면 모르겠으나, 벼슬 산다면 임금의 명을 어찌 사양할 것이 있겠는가? 다시 말하지 말라."

성종과 김종직 사이의 상호 신뢰를 느끼게 해주는 대화가 아닐 수 없다. 그런데 이날 『실록』은 이러한 김종직에 대한 사관의 논평을 싣고 있는데 대단히 비판적이다.

"김종직은 경상도 사람이며, 학문이 폭넓고, 문장을 잘 지으며 가르치기를 즐겼는데, 그에게서 수업한 자 중에 과거에 급제한 사람이 많았다. 그러므로 경상도의 선비로서 조정에서 벼슬 사는 자들이 종장(宗匠)으로 추존하여, 스승은 제 제자를 칭찬하고, 제자는 제 스승을 칭찬하는 것이 사실보다 지나쳤다. 조정 안의 신진의 무리도 그런 잘못을 깨닫지 못하고, 따라서 붙좇는 자가 많았다. 그때 사람들이 이것을 비평하여 '경상도 선배의 당(慶尙先輩黨)'이라고 하였다."

이렇게 해서 결국 김종직은 같은 날 도승지가 된다. 이례적으로『실록』은 다시 한 번 김종직에 관한 비판적 논평을 싣고 있다. 그동안 우리 학계에서도 지나치게 김종직을 미화 일변도로 묘사했다는 점에서『실록』의 논평을 꼼꼼하게 읽어볼 필요가 있다.

"김종직이 문장을 잘 짓기 때문에 특별히 성은을 입어, 승정원에 들어가 좌부승지로 옮겼다가 서열을 뛰어넘어 도승지에 제수되니, 사림이 다 눈을 씻고 부러워하며 그가 하는 일을 바라보았다. 임금이 정희왕후의 상중(喪中)에 시를 지어 월산대군에게 내렸으므로 홍문관에서 이것을 간하였다. 임금이 도승지 김종직에게 묻자 김종직이 대답하기를, '운어(韻語-시)를 지은들 무엇이 해롭겠습니까?' 하였으니, 임금의 뜻에 맞추어 둘러대는 것이 이러하였다(이 일은 그해 10월 15일에 생긴 것이다). 뒤에 이조참판에 제수되었을 때에, 마침 동부승지의 자리가 비었으므로, 임금이 이조에 명하여 4품 이상인 자 중에서 감당할 만한 자로 가려서 주의(注擬-문관은 이조에서, 무관은 병조에서 후보자를 심사해 국왕에게 추천하는 것)하게 하였다. 그때 윤은로가 4품인 관원이었는데, 이조판서 이숭원이 첫머리에 윤은로의 이름을 써서 주의하려 할 때 김종직이 말리며 말하기를, '윤은로는 돌아가신 정희대왕대비의 가까운 친족으로서 평소에 명망이 없는데, 이제 첫머리로 천거하면 물의가 있을 것입니다'라고 하였다가, 이숭원이 노한 낯빛을 지어 손수 지우니 김종직이 청하기를, '이미 그 이름을 썼으니 다시 지울 것 없습니다. 영돈녕이 들으면 나를 어떻게 생각하겠습니까?' 하였으나, 이숭원이 듣지 않았다. 이숭원은 먼저 아첨할

뜻을 두었으므로 진실로 죄가 있
거니와 김종직은 먼저 정론을 내
고도 뜻이 확고하지 않아서 권세
에 아부하는 꼴이 되는 것을 면하
지 못하였으니, 평소의 명망이 어
디에 있는가?"

그렇다고 김종직이 아부를 일삼
았던 인물로 보아서는 안 된다.
거꾸로 기개와 충절이 있었지만
경우에 따라 현실 권력의 논리를
따를 줄도 아는 인물 정도로 봐야
할 것이다. 학문적 지식과 문예
그리고 적정 수준의 기개를 가진
신하들을 가까이하려 했던 성종
의 성품으로 보자면 딱 좋아할 인
물인 것이다.

이숭원 영정_ 성종 대에 이조·형조·병조판
서를 두루 거친 명신(名臣)으로 중종 때
청백리에 녹선되었다. 시도유형문화재 제
69호.

　반면 이숭원(李崇元, 1428년 세종 10년~1491년 성종 22년)은 주로 사
간원과 사헌부에서 활약했으며 성종 5년(1474년) 형조판서에 제수되면
서 판서의 반열에 올랐다. 성종 8년(1477년) 대사헌, 한성부 판윤을 거
쳐 이듬해 평안도 관찰사로 나갔다가 이조판서를 지냈다. 그 뒤 의금부
의 당상(堂上)을 거쳐 성종 20년(1489년) 다시 형조판서에 임명되었고
2년 뒤 병조판서로 자리를 옮겼으나 병으로 사직하였는데 곧 타계하였
다. 『실록』에 따르면 "효성과 우애가 깊었고 공손·검약·정직하였으며
염치가 있었다." 재산을 모으는 데 관심을 두지 않아 빈곤하였으나 굳

은 의지를 지녔으며, 일을 처리하는 데에는 부지런하고 엄밀하였다. 중종 때 청백리에 녹선되었다. 가히 나무랄 데라고는 거의 없는 인물이었다고 할 수 있다.

7장

조선 왕실 최대의 비극, 중궁 윤씨를 폐하다

실패로 끝난 1차 폐비 시도

"성색(聲色)을 경계하십시오!" 조선시대 내내 신하들이 국왕에게 고하던 조언이었다. 성색이란 가성(歌聲)과 여색(女色)을 뜻하는 말로 예나 지금이나 절대 권력자에게는 뿌리치기 힘든 유혹이다. 어쩌면 늘 극도의 긴장과 정신적 압박 속에서 살아야 했던 국왕에게 노래나 섹스만큼 쉽게 주변에서 구해 스트레스를 풀 수 있는 위락(慰樂)도 드물었다.

사실 역대 국왕들이 성색(聲色)에 대해 보여준 태도와 실제 행동만을 정리해도 그들의 심성을 읽어내는 훌륭한 텍스트가 될 수 있을 것이다. 그것은 단순한 흥밋거리가 아니다. 한 인간의 적나라한 모습을 볼 수 있는 좋은 단서가 된다.

특히 조선은 인간의 욕망 억제를 기본으로 하는 성리학 위에 세워진, 혹은 세우려 했던 나라다. 따라서 그런 나라의 최고 통치자가 과연 그 자신의 욕망을 어떻게 통제하고 승화시켰는지를 살펴보는 작업은 조선 정치사의 중대한 결 하나를 읽어내는 일이기도 하다.

조선에는 태조, 태종, 세조처럼 정욕이 가장 왕성한 청년기를 다 보낸 후에 왕위에 오른 인물이 있는가 하면 세종, 예종처럼 한창 때인 20대에 왕이 된 인물도 있다. 성종은 열세 살에 왕이 되었으니 10년도 지나지 않아 20대에 접어들게 되어 있었다. 그는 유난히 부부 갈등이 심했던 국왕이다. 정황적으로 보더라도 그렇게 될 개연성이 매우 높았다. 이런 점들을 고려하며 그의 실패한 결혼 생활을 살펴보자. 이전의 태종이나 세종과 달리 성종의 결혼 생활 자체를 집중적으로 조명하는 이유는 그 결혼 실패의 역사 현실적 충격파가 너무 컸기 때문이다. 폐주(廢主) 연산군도 바로 이 실패한 결혼에서 이미 예고돼 있었다.

중궁 윤씨의 질투

시간은 다시 5년 전으로 돌아간다. 1477년 성종 8년 3월 29일. 해가 뜨기가 무섭게 대궐 내 빈청(賓廳-영의정과 좌·우의정이 집무하는 곳)에는 극도의 긴장감이 돌고 있었다. 성종의 특명으로 정승을 지낸 사람과 의정부, 6조 판서, 대사헌, 대사간을 부르게 하니 정창손, 심회, 조석문, 윤사흔, 윤필상, 서거정, 임원준, 이승소, 강희맹, 이극증, 허종, 어유소, 윤계겸, 이예, 김영유 등이 그곳에 모였다. 그 자리에서 언문(한글)으로 쓴 대왕대비의 의지(懿旨)가 발표되었다. 다소 길긴 하지만 당시의 정확한 맥락을 읽어내기 위해서는 전문을 꼼꼼하게 볼 필요가 있다.

"세상에 오래 살게 되면 보지 않을 일이 없다. 이달 20일에 감찰 집에서 보냈다고 일컬으면서 권 숙의(權淑儀-숙의 권씨는 성종의 아버지 덕종의 후궁으로, 여러 숙의를 총괄하여 다스렸다)의 집에 언문을 던지는 자가 있었다. 권 숙의의 집에서 주워 보니 정소용(鄭昭容-성종의 후궁)과 엄 숙의(嚴淑儀-성종의 후궁)가 서로 통신하여 중궁과 원자(元子)를 해치려고 했다는 것이다. 생각건대, 정소용이 한 짓인 듯하다. 그러나 지금 바야흐로 (정소용이) 임신하였으므로 해산한 뒤에 국문하려고 한다. 그런데 하루는 주상이 중궁에서 보니 종이로써 쥐구멍을 막아놓았는데, 쥐가 나가는 바람에 종이가 보였고, 또 중궁의 침소에 작은 상자가 있는 것을 보고 열어보려고 하자 중궁이 숨기는 것을 빼앗아 열어보니 작은 주머니에 비상(砒霜)이 들어 있고, 굿하는 방법을 담은 책이 있었다. 이에 쥐구멍에 있는 종이를 책의 찢긴 부분에 가져다가 맞춰보았더니 그것은 책에서 잘린 부분이었다. 놀라서 물으니, 중궁이 대답하기를, '친잠(親蠶)할 때 종 삼월이가 바친 것'이라고 했다. 그래서 삼월이에게 물으니 모두 실토하여 사태의 전모를 알게 되었다. 중궁이 만일 이때에 아뢰었다면 좋았을 것인데, 중궁이 능히 그러하지 못했다. 중궁이 옛날 숙의로 있을 때 일하는 데에 있어서 지나친 행동이 없었으므로 주상이 중하게 여겼고 3전(三殿-3대비)도 중히 여겼으며, 모든 빈(嬪)들 가운데에 또한 우두머리가 되기 때문에 책봉(冊封)하여 중궁을 삼았다. 그런데 왕비에 오르면서부터 일이 잘못됨이 많았다. 그러나 이미 귀중한 몸이 되었으니 어찌 일마다 책망할 수 있겠는가? 지금에서 본다면 전일에 잘못이 없었던 것은 주상에게 왕비가 없으므로 각각 잘 보이려고 했을 것이다. 지금 주상이 바야흐로 중히 여기고 있는데 중궁이 어찌 주상을 가해하려고 하겠는가? 다만 이것은 잉첩(후궁)들을 제거하려는 것일 것이다. 부인은 옳은 것도 없고 그른 것도 없는 것을 덕(德)으로 삼는 것인데, 투기(妬忌)는 아름다운 일이 아니다. 하물며 제후(諸侯)는 아흡 여자를 거느리는 것인데 지금은 그 수가 차지 않았으니, 어찌 한 나라에서 어머니로서 모범이 되어야 하는데도 하는 바가 이와 같아서야 되겠는가? 우리 3전이 같이 앉아서 묻는다면 중궁도 능히 대답을 하지 못할 것이니, 이것은 애매하여 밝히기 어려운 것이 아니다. 지금 바야흐로 사랑을 받고 있는데도 하는 일이 이와 같은데, 혹시 조금이라도 뜻대로 되지 않는 일이 있다면 어찌 이보다 지나친 일이 있지 않을 것을 알겠는가? 종묘와 사직에 관계됨이 있기 때문에 경들을 불러 의논하는 바이다. 내가 당초에 사람을 분명하게 알아보지 못했음을 부끄럽게 생각한다. 중궁이 이미 국모가 되었고 또한 원자가 있는데, 장차 어떻게 처리해야 할까?"

3전의 이 '의지'에는 몇 가지 중요한 사실이 담겨 있다. 이 글 자체에 특별한 조작이 있었던 것 같지는 않다. 사건의 발단은 보름 전으로 거슬러 올라간다. 조선은 농업 국가다. 그래서 봄이 되면 국왕은 대신들과 함께 직접 밭을 가는 친경(親耕)을 했고 왕비는 뽕밭을 둘러보는 친잠을 했다. 왕비 윤씨도 보름 전에 친잠을 했는데 그때 삼월이에게서 문제의 책과 비상을 얻었다는 것이다.

그리고 이 일과는 별도로 의지는 20일에 일어난 익명서 사건에 관한 이야기도 담고 있다. 정소용이 중궁과 원자를 해하려 했다는 내용

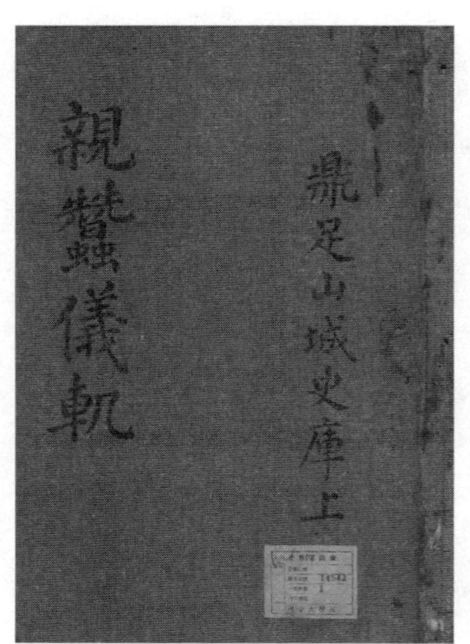

『친잠의궤』_ 왕비가 행하는 친잠에 대한 기록을 모아놓은 책.

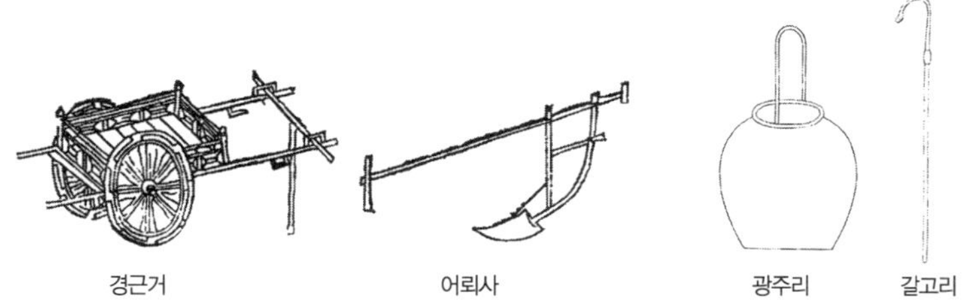

친경도구·친잠도구_ 어뢰사는 왕이 사용하던 쟁기이다. 친경과 친잠에 사용하던 도구들.

을 담은 투서가 사헌부에 들어온 것을 말단 관리인 감찰이 권 숙의에게 전했다는 것이다.

그리고 의지에는 없지만 『실록』에는 기록되어 있는 또 한 가지 중요한 사건은 의지가 내려오기 바로 하루 전인 3월 28일 윤씨의 친정 오빠인 돈녕부 참봉 윤우와 선전관 윤구가 '특별한 이유도 없이' 의금부에 투옥된 일이다. 이 세 가지 일은 서로 어떻게 연결된 것일까? 아니면 별개의 사건들인가?

"내가 제가(齊家)를 하지 못한 소치다"

사실 성종 8년이면 이미 수렴청정에서는 벗어났을 때였다. 물론 다른 문제도 아니고 중궁을 폐하는 문제이기 때문에 집안 어른인 대왕대비를 비롯해 성종이 늘 모시고 살아야 했던 3대비, 즉 정희대왕대비, 예종비인 인혜왕대비, 성종의 친모인 인수대비가 이 문제에 깊이 개입할 수밖에 없는 측면도 있다. 이 '의지'는 따라서 대왕대비만이 아니라 '3대비'의 뜻이 담긴 것이기도 했다. 두 번에 걸쳐 '3전(三殿)'이라는 표현이 등장하는 것은 이를 입증해 준다. 더불어 성종도 중관 김효강을 통해 "내가 즉위한 뒤로 이미 좋은 일도 보고 좋지 못한 일도 보았으니 이것은 내가 제가를 하지 못한 소치인지라 내가 몹시 부끄러워하니, 경 등은 그것을 의논하라"는 교지를 내린다.

『실록』은 교지가 내려진 직후인 29일 이른 아침 빈청의 분위기를 "좌우에서 서로 돌아보고 실색하여 말할 바를 알지 못하였다"고 묘사한다. 결국은 영의정 정창손이 대표로 성종을 만나 "죄를 의논하는 데에 있어서 가벼운 것도 있고 무거운 것도 있는데 마땅히 고사(古事)를 상고하여 아뢰겠습니다"라고 하자 성종은 이미 방향이 섰다는 듯 "이것은 내가 자세히 아는 바이다. 중궁이 또한 스스로 말하기도 하고 간접적으로 듣기도 하였으니, 경 등은 그 죄를 의논하라"고 말했다.

이를 전해 들은 정창손은 대신들을 돌아보며 "주상의 뜻은 폐하려고 하는 것"이라고 말하며 당장 예문관에 가서 『사기(史記)』의 후비전(后妃傳)을 가져오라고 일렀다. 그러나 예문관에서 후비전을 바로 찾지 못하자 조정 신하들은 우왕좌왕하기 시작했다. 『실록』에 따르면 그 순간 예조판서 허종이 "의젓하게" 자리에서 일어나 말했다. 이 말은 김효강을 통해 바로 성종에게 전달되었다.

"옛날에 폐하지 않아야 할 것을 폐하였다가 잘못된 것이 있고, 마땅히 폐해야 할 것을 폐하지 않음으로 해서 옳은 경우도 있었는데, 질투하는 것은 부인의 상정(常情)입니다. 전하의 금지옥엽(金枝玉葉-연산군)이 장차 번성하려 합니다. 그러니 미리 헤아릴 수 없으며 원자가 지금은 비록 어리다 하더라도 장성한다면 어떻게 처리하겠습니까? 그때는 후회해도 미칠 수 없을 것입니다. 신은 청컨대 이런 일을 조정이나 민간에 반포하지 마시고 별도로 하나의 방에 거처하게 하여 2~3년 동안 개과천선함을 기다린 연후에 다시 복위시킴이 옳을 것 같습니다. 만일 그렇지 못하면 그때에 폐하는 것도 무엇이 어렵겠습니까?"

가장 현실적이고 지혜로운 처방을 내놓은 것이다. 그러나 여기서 우리는 평소 성종의 성질 급한 면모를 다시 한 번 확인하게 된다. "이것은 큰 사건이니 종묘와 사직에 고하고 널리 공표하는 것이 옳다"며 밀어붙인다. 그러자 다시 허종이 현명한 방안으로 반박했다.

"성상께서 이 일에 있어서 반드시 깊이 생각하셨을 것입니다. 그러나 마땅히 자세히 참작해야 할 바이니 원컨대 전하께서는 정승들과 함께 다시 3일을 생각하셔서 후회를 남기지 않게 하소서."

이에 대해 성종은 정면 비판한다.

"판서의 말은 잘못이다. 판서의 생각은 훗날 다른 아들을 낳는다면 원자(훗날 연산군)를 어느 곳에 두느냐는 생각일 것이다. 그러나 큰 일을 당했는데 어찌 뒷날을 생각하겠는가? 뒷날에도 대신이 있을 것이다."

폐비를 원한 성종

이날부터 당장 조사가 시작되었다. 조사 결과, 위에서 말한 세 가지 사항은 서로 밀접하게 연결되어 있었다. 당일 윤구의 아내, 종 삼월이와 사비 등이 국문을 당했다. 먼저 문제의 열쇠인 삼월이에 대한 조사 결과다.

"『방양서(方禳書)』는 전(前) 곡성현감 이길분의 첩의 집에서 얻어 사비를 시켜서 등사하게 하였고, 언문으로 쓴 큰 것은 제가 생각해

낸 것으로 윤구의 아내가 썼으며 작은 것은 사비가 썼습니다. 비상은 대부인이 내주셔서 언문과 함께 작은 버드나무 상자에 담아 노비 석동(石同)으로 하여금 감찰의 집 심부름꾼이라고 사칭하여 권 숙의 집에 던지게 하였는데, 모두 제가 꾸민 짓입니다."

다음 날에도 성종은 다시 폐비 문제를 거론한다. 그러나 폐비는 유보한 채 중궁을 자수궁(지금의 옥인동 근처에 있던 후궁들을 위한 거처)에 거처토록 했다. 더불어 관련자들에 대한 국문이 이어져 윤구의 아내는 언문을 모르는 것으로 드러나 면죄되었고, 결국 모든 죄는 삼월이가 덮어쓰고 교수형을 당했으며 사비는 장형 100대를 맞고 변방 고을의 종으로 내쫓겼다.

1차 폐비 시도는 이렇게 일단락되었다. 그런데 아주 흥미로운 것은 이 사건 직후 얼마 안 돼 윤비가 또 임신을 했다는 사실이다. 태어난 직후 사망하기는 했지만 이 아이는 연산군의 동생인 셈이다. 행실이 올바르지 못해 왕비에서 내몰리게 생긴 부인을 찾아가 다시 임신을 시켰다는 것은 무슨 뜻인가? 어쩌면 이런 일이 생겨난 이유는 성종 자신보다는 '3전', 그 중에서도 『내훈』을 지을 만큼 전통적인 여성상을 중시했던 어머니 인수대비의 뜻이 더 크게 작용했을지 모른다는 암시로 해석할 수 있다.

칠거지악(七去之惡)을 걸어 윤씨를 폐하다

칠거지악, 유교 도덕에서 아내를 내쫓을 수 있는 일곱 가지 부덕을 말한다. 시부모에게 불순(不順舅姑), 자식이 없음(無子), 음행(淫行), 투기(嫉妬), 나쁜 병(惡病), 말이 많거나 말썽을 일으킴(多言, 口舌), 도둑질(盜竊) 등이 그것이다. 이것은 쉽게 말하면 전통 사회에서 합법적으로 이혼할 수 있는 근거를 제시한 것이라고 할 수 있다.

그런데 우리는 '칠거지악'에 대해 좋지 않은 선입견을 갖고 있다. '삼종지도(三從之道)'와 함께 조선의 여성들을 옭아맨 악법 중의 악법이라는 것이다. 물론 칠거지악은 꼼꼼히 들여다보면 부계 중심의 혈통을 기반으로 하는 가부장적인 질서를 강화하는 규정들이 대부분이다. 아마도 도둑질만이 예외라고 할 수 있다.

칠거지악은 중국에서 예로부터 전해오다가 조선 초 '대명률'을 수용하면서 우리에게도 이혼에 관한 형법의 하나로 자리 잡았다. 그런데

'대명률'에는 칠거지악에 저촉된다 하더라도 '삼불거(三不去)'라고 해서 처를 내쫓을 수 없는 세 가지 조건이 있었다. 이를 어길 경우에는 장 80대라는 비교적 무거운 형으로 다스렸다. 힘없는 여성을 보호하려는 장치가 없지 않았던 것이다. 삼불거란 아내가 돌아갈 곳이 없을 경우, 부모의 3년상을 함께 지낸 경우, 가난할 때 시집와서 집안을 일으켰을 경우였다. 물론 이런 칠거지악과 삼불거의 형률이 그대로 왕실에 적용되는 것은 아니었다.

성종 10년 6월 1일 마침내 일이 터지다

성종 8년 그 사건 이후에는 『실록』에 윤씨와 관련된 특별한 기록이 거의 없다. 다만 그해 11월 7일자에 흥미로운 기록 하나가 나온다. 성종은 예조의 당상관 이승소를 불러 호통을 친다. 중궁이 동지를 앞두고 3대비전에 하례하는 것은 예를 행하는 것 중에서도 큰 것인데 이를 예조 전체가 나서서 하지 않고 예조의 일개 관리에게 맡긴 것은 잘못되었다는 것이다. 얼마나 화가 났으면 "이런 식으로 할 것 같으면 그 일은 앞으로 다른 부서에서 겸하여 맡도록 하고 예조는 폐지하는 게 좋을 것이다"라면서 이례적으로 직접 사헌부로 하여금 국문토록 했다.

실상은 쉽게 추측해 볼 수 있다. 예조에서 독단적으로 낭청(郎廳-특별 행사가 있을 때 실무를 맡아보는 하급직)으로 하여금 그 일을 맡도록 했을 리 없다. '3전'의 뜻이었던 것이다. 이를 보면서 성종은 아마도 '나야 어쩔 수 없이 3대비의 뜻을 따르지만 신하들까지 그렇게 하는 것을 두고 볼 수 없다'는 생각을 했던 것 같다. 보기에 따라서는 여전히 윤씨에 대한 성종의 애정이 유지되거나 동정심까지 겹쳐 분노는 더욱 커졌다고 판단할 수도 있는 기록이다.

그리고 2년이 지난 성종 10년 6월 1일 "중궁의 탄일이었는데, 하례를 정지하고 표리(表裏-옷감)만 올렸다." 다시 뭔가가 터진 것이다. 이날 저녁 "야대(夜對)를 파한 뒤에 임금이 급히 승지를 부르더니, 조금 있다가 이를 중지시키고, 정승 등을 불러 내일 이른 아침에 대궐로 들어오게 하라고 명하였다." 일은 분명 야대가 파한 뒤에 있었다. 성종은 크게 허둥거리고 있었다. 어떻게 해야 할지 몰라 당황한 모습이 역력하다. 승지를 불러 뭔가를 지시하려다가 취소하고 다음 날 정승들을 부른 것이다.

6월 2일 꼭두새벽부터 영의정 정창손, 상당부원군 한명회, 청송부원군 심회, 광산부원군 김국광, 우의정 윤필상이 모였다. 이들은 선정전에서 성종을 만났다. 이 자리에는 승지, 주서(注書), 사관이 모두 입시하였다. 주서와 사관이 입시한 덕에 이날의 일을 『실록』은 텔레비전으로 중계방송하듯 생생하게 보여주고 있다. 당시 성종의 심리 상태를 사소한 뉘앙스까지 읽어낼 필요가 있기 때문에 그 대목을 약간 손을 봐서 그대로 싣는다. 왜냐하면 이때의 기록이 근거가 되어 성종과 윤씨 사이에서 태어난 연산군이 훗날 신하들을 죽이고 살리고 하는 피의 살육(殺戮)이 일어났기 때문이다. 성종은 먼저 정승들을 급히 부르게 된 연유부터 설명한다.

"임금이 자신의 집안일을 여러 경(卿)들에게 말하는 것은 진실로 부끄러운 일이다. 그러나 일이 매우 중대하므로 말하지 않을 수가 없다. 어제 입직한 승지들과 이를 의논하고자 하였으나, 생각하니 대사(大事)를 두 승지와 결단할 수 없으므로 이에 경들에게 의논하는 것이다. 옛사람이 이르기를, '선경삼일(先庚三日) 후경삼일(後庚三日)'이라고 하였으니, 내가 어찌 생각하지 않고 함이겠는가? 부득이하여서 그러는 것이다."

'선경삼일 후경삼일', 즉 어떤 일을 결단하기 전에 3일 동안 생각하고, 결단하고 나서도 3일 동안 생각하라는 것이다. 그러나 실은 성종이 하루도 생각지 않았음은 금방 알 수 있다. 이미 자신의 결심을 굳혔음을 강조하는 표현 정도로 볼 수 있겠다. 그러면서 전날 밤의 일을 상세하게 털어놓는다. 그의 직선적인 성격이 한껏 드러나는 대목이다.

"중궁이 저지른 일은 길게 말할 필요도 없다. 궁 안에는 시첩(侍妾-후궁)의 방이 있는데, 내가 이 방에 갔는데 중궁이 아무 이유도 없이 들어왔으니, 어찌 이럴 수가 있는가? 예전에 중궁의 실덕(失德)이 심히 커서 일찍이 폐하고자 하였으나, 경들이 모두 다 불가하다고 말하였고, 나도 뉘우쳐 깨닫기를 바랐다. 그런데 지금까지도 고치지 못하고, 이제 오히려 나를 능멸하는 데까지 이르렀다. 이것은 비록 내가 집안을 다스리지 못한 소치이지마는, 국가의 대계(大計)를 위해서 어찌 중궁에 계속 남게 하여 종묘를 받드는 중임을 맡길 수 있겠는가? 내가 만약 후궁의 모략을 듣고 그릇되게 이러한 조처를 한다고 하면 천지(天地)와 조종(祖宗)이 아마도 나를 벌할 것이다.
  중궁의 실덕이 한 가지가 아니니, 만약 일찍 도모하지 않았다가 뒷날 큰일이 있다고 하면 바로잡으려 해도 이미 늦다. 예법에 칠거지악이 있으나, 중궁의 경우는 '자식이 없으면 버린다(無子去)'는 해당되지 않는다."

성종은 칠거지악 중에서 '말이 많으면 버린다(多言去), 순종하지 아니하면 버린다(不順去), 질투를 하면 버린다(妬去)'는 말을 혼자서 중

얼거리더니 "이제 마땅히 폐하여 서인(庶人)으로 만들어야겠는데, 경들은 어떻게 여기는가?"라고 말한다. 방침까지 이미 정해졌다.

신하들도 중전 윤씨에게 등을 돌리다

신하들의 반응도 2년 전과는 달랐다. 그때는 윤씨 자신의 행위라고 할 만한 것이 별로 없었지만 이번에는 달랐다. 쉽게 말하면 후궁과 잠자리를 하고 있는데 윤씨가 침실로 뛰어든 것이다. 아마도 윤씨 입장에서는 자신의 생일인데 하례도 없고 해서 자신을 무시하는 데 대한 항의 차원에서 성종을 찾았을 가능성이 가장 높다. 물론 후궁과 잠자리에 들었으면 그 방에 들어가지 말고 참았어야 했지만 여러 가지 정황을 볼 때 윤씨의 성깔 또한 만만찮았던 것 같다. 신하들도 이번에는 사안의 심각성을 인정한다. 다만 이미 원자(연산군)가 있는데 훗날의 일을 어떻게 할 것이냐는 정도의 걱정만 덧붙였다. 한명회의 말이 대표적이다. 여기에는 정창손, 윤필상 등도 입장이 같다.

"신은 더욱 간절히 우려합니다. 성상께서 칠거(七去)로써 말씀하시니, 신은 말을 할 수가 없습니다. 다만 원자가 있어서 사직의 근본이 되는데, 어떻게 하겠습니까?"

그러나 성종은 이런 신하들에 대해서도 불만을 표시한다.

"경들은 사태의 핵심을 알지 못한다. 한나라 성제(成帝)가 갑자기 세상을 떠난 것은 누구의 소위(所爲)였던가? 대체로 부덕한 사람은 불의한 짓을 많이 행하는 것인데, 일의 자취가 드러나게 되면 화(禍)

가 이미 몸에 미친 뒤이다. 큰일을 수행함에 있어 만약 일찍 조처하지 아니하였다가 일이 다 퍼진 뒤에는 도모하기가 어려울 것이다. 만일 비상한 변이 생기게 되면 경들이 비록 나를 비호하고자 하더라도 때는 이미 늦은 게 될 것이다."

여기서 분명 성종은 엄청난 논리적 비약을 하고 있다. "부덕한 사람은 불의한 짓을 많이 행하는 것"이라며 중궁 윤씨에 의한 암살 가능성을 거론하고 있는 것이다. 이건 누가 봐도 비약이요 엄살이다. 오죽했으면 비서실장 격인 도승지 홍귀달까지 나서 만류했다.

"중궁의 실덕한 바가 가볍지 아니하니, 진실로 이를 폐하는 것이 마땅하겠습니다. 그러나 원자를 탄생하였고 또 대군을 낳았으므로 국본(國本)에 관계되는 바이니, 폐하여 서인으로 삼는 것은 옳지 못합니다. 청컨대 위호를 깎아내리어 별궁에 안치하는 것이 어떻겠습니까? 원자는 장차 세자로 봉할 것인데, 어머니가 서인이 되면 이는 어머니가 없는 것이니, 천하에 어찌 어머니 없는 사람이 있겠습니까?"

당시로서는 가장 현실적인 방안인 셈이었다. 그러나 이에 대해 성종은 "강봉(降封-위호를 깎아내리는 것)을 하면 이는 처를 첩으로 삼는 것이니 크게 옳지 못하다"며 반대했다. 좌부승지 김계창은 다른 신하들보다 한 걸음 더 나아가 현 단계에서의 폐비 자체를 반대했다. 별궁에 옮겨두고서 한 번 더 반성의 기회를 주자는 것이다. 신하들은 폐비 일보 직전까지 갔으나 결국은 없었던 일로 하고 넘어갔던 태종과 원경왕후의 예까지 끌어댔다. 그러나 이에 대해 성종은 내밀한 이야기까지 들춰가며 즉각 반박한다.

"그렇다고 하면 전일(前日)의 일도 경계할 줄 알아야 할 것이다. 근자에 침실을 따로 하고 자신(自新)하기를 바랐으나, 그래도 고치지 아니하였는데, 능히 허물을 뉘우치겠는가? 만일 허물을 뉘우칠 기미가 있다고 하면 내가 어찌 감히 폐한다고 하겠는가?"

그래도 사저로 내보는 것에 대해서는 신하들이 강하게 반대했다. 후궁들도 죄를 지었다 해서 사저로 내보내지 않는데 왕비를 그렇게 해서는 안 된다는 것이다. 어떻게 보면 성종 편을 들어주는 신하는 하나도 없었다. 문제의 심각성에는 동의했지만 해결 방안에는 전혀 동의하지 않았다. 결국 성종은 자기 성질을 참지 못하고 "경들은 중궁을 출궁할 여러 가지 일만 주선하면 그만인데, 무슨 말이 많은가?"라고 직격탄을 날린다. 신하들로서는 자존심이 상하는 말이었다. 그럴 것 같으면 뭐 하러 의견을 구했냐는 생각을 안 할 수 없다. 영의정 정창손의 목소리가 높아진다. 그리고 성종과는 다른 방안까지 내놓는다.

"이미 폐했는데, 어찌하여 반드시 다시 견책을 가하는 것입니까? 하물며 이미 중궁이 되어 한 나라의 어머니가 되었고, 또 원자를 탄생하여 나라의 근본이 되었는데, 하루아침에 강등을 시키어 서인을 만들어 사저로 돌아가게 하면, 사론(士論-선비들의 여론)이 어떠하겠습니까? 청컨대 별전에 폐처(廢處)케 하는 것이 좋겠습니다."

이에 대해 심회, 윤필상 등도 폐하되 별전에 거처케 해야 한다며 동의했다. 그러자 성종은 이런 논리로 맞섰다.

"별전에 두면 따로이 견책하는 뜻이 없다. 그리고 훗날 그 아들이

임금이 되면 마땅히 추봉(追封-사후에 추대하는 것)할 것인데, 지금
서인을 만드는 것이 무슨 큰 문제가 되겠는가?”

그래도 계속 신하들의 반대가 이어지자 이번에는 황당한 논리를 제
시한다. “어찌 별전을 새로 건립하겠는가?” 별전을 새로 지을 수 없어
사저로 내쫓겠다는 궁색하기 그지없는 주장이다. 그러면서 성종은
“정승들은 나가도록 하라. 내 뜻이 이미 정해졌으니, 결단코 고칠 수가
없다”고 고집을 부렸다.

정승과 승지들이 그래도 계속하여 다시 생각하기를 청하니, 성종이
성을 내어 일어서면서 “경들이 물러나지 아니하면 내가 안으로 들어
가겠다”며 내실로 들어가 버렸다. 그러고는 내시에게 명하여 승지를
부른 다음 모두 물러가도록 재삼 재촉했다. 이에 모두 다 나갔으나, 승
정원의 홍귀달, 김승경, 이경동, 김계창만이 머물러 나가지 않았다. 이
들은 다시 문제의 발단이 된 대비전에 재고(再考)를 요청하다가 여의
치 않자 결국 뒤늦게 물러갔다. 얼마 후 중궁이 소교(小轎-작은 가마)
를 타고 사저로 돌아갔다. 그러고 나서 성종은 “동부승지 변수(邊脩)
외에는 모두 다 옥에 가두게 하라”는 충격적인 지시를 내린다. 즉 마지
막까지 남아서 자신을 설득하려 한 도승지 홍귀달을 비롯해 김승경,
이경동, 김계창 등 승정원 고위 관리 전원을 하옥시켜 버린 것이다. 변
수는 일찍 물러가는 바람에 하옥을 면했다.

즉각 영의정 등이 나서 왜 승지들을 하옥시키느냐고 묻자 성종은 서
면을 통해 “이미 정승들과 의논해 결정하였는데, 승지들이 오히려 대
비께 아뢰기를 청하였으니, 이는 다른 것이 아니고 윤씨를 구제하려는
것이다”라고 답하였다. 이에 정창손, 한명회가 나서 “승지들이 무슨 다
른 뜻이 있었겠습니까? 오늘은 일이 많으니 우선 용서하는 것이 어떻

278

겠습니까?"라고 중재를 시도했고 이에 대해 성종도 승지들을 6조의 참의로 자리를 바꾸는 것으로 마무리했다. 그런데 이 말을 하면서 성종은 3전, 여기서는 특히 어머니인 인수대비의 심중과 관련된 의미심장한 이야기를 한다.

"승지들이 대비께 아뢰기를 청한 것은 대비로 하여금 이를 중지하게 하고자 한 것이다. 그러나 내가 이미 두 번이나 아뢰었더니, 대비께서 하교하기를, '내가 항상 화(禍)가 주상의 몸에 미칠까 두려워하였는데 이제 이와 같이 되었으니 나의 마음이 편안하다' 하였으니, 자식 된 자가 부모로 하여금 그 마음을 편안하게 하는 것이 옳지 않겠는가?"

다시 말해 3전 중에서 이번에는 특히 인수대비가 폐비에 가장 적극적이었음을 보여주는 증거다. 실은 성종 8년 폐비 시도 때도 인수대비의 뜻이 가장 큰 작용을 했다고 봐야 할 것이다.

폐비 그 이후

윤씨가 폐비되어 사저로 쫓겨났다는 소식이 전해지자 바로 당일부터 폐비 철회론과 폐비하더라도 별궁에 거처토록 해야 한다는 상소와 주장이 각계에서 쏟아졌다. 이 과정을 유심히 보면 성종의 심리 상태와 그가 폐비를 결심하게 된 속사정 등이 상당 부분 드러난다.

대사헌 박숙진 등이 와서 아뢴다. 새벽의 긴급 소집에 참석지 않은 사람들이다.

"신 등이 사헌부에 있는데, 예조에서 이르기를, '오늘 왕비를 폐하
는 교서를 반포하니 급히 입궐하라' 하기에 놀라움을 이기지 못하여
달려왔습니다. 원컨대 왕비의 죄를 들려주소서."

성종의 대답은 간단하다.

"이미 정승들과 더불어 의논하여 결정하였는데, 어찌 사람마다 다
시 이를 말하겠는가? 승정원에서 듣고 가라."

이번에는 사간원 사간 이숙문 등이 와서 같은 요청을 하자 성종은
또 "승정원에서 들어라"는 답을 반복한다. 얼마 후 대사헌 박숙진, 대
사간 성현 등 사헌부와 사간원이 합사하여 대체적인 이야기는 들었지
만 성종의 말을 직접 듣겠다고 청했다. 이때 성종의 대답은 점차 신경
질적으로 바뀐다.

"승지의 말을 들으면 알 수 있는데, 이제 나를 보고 무슨 말을 하라는
것이냐? 또 그대들의 말을 들어주지 않는다면 어떻게 하고자 하는가?"

국왕이 이렇게 나오는데 신하가 더 나갈 수는 없었다. 결국 박숙진
은 "신이 무엇을 하고자 하겠습니까? 다만 그 자세한 것을 듣고자 하
는 것뿐입니다"라고 말할 수밖에 없다. 이로 인해 박숙진은 그 이후 줄
곧 인사상의 큰 불이익을 당하게 된다.
성종이 총애했던 홍문관 관원들까지 나섰다. 직제학 최경지 등이 아뢰
기를, "왕비의 죄를 알지 못하였는데, 원컨대 죄명을 들려주소서"라고 했
고, 전한 이우보는 중국 고사까지 인용하며 폐비의 부당성을 지적했다.

"예부터 폐후(廢后)로서 난(亂)을 이루지 아니함이 적었습니다. 한 나라 광무제는 한 가지 일로 곽후(郭后)를 폐하여 큰 덕에 심히 누를 끼쳤고, 송나라 인종은 이간(夷簡)의 참소를 듣고 곽씨를 폐출할 때 공도보(孔道輔)가 나서 매우 불가(不可)하다고 하였습니다. 예부터 왕후는 비록 실덕하는 일이 있더라도 종사에 관계되는 것이 아니면 폐할 수가 없는 것입니다. 하물며 지금 왕비는 여성으로서의 과실밖에 나타나지 아니하였는데, 하루아침에 폐하는 것이 옳겠습니까?"

이에 대해 성종은 "궁중의 일은 일일이 열거하기가 어려우며, 오늘 왕비를 폐함은 곽씨와 비교할 것이 아니니, 다시 말하지 말라. 중궁은 매사를 스스로 옳다고 여겨, 비록 3전의 하교라도 들으려고 하지 아니하였다. 그러니 내가 참소하는 말을 듣고서 폐하는 것이 아니다"라고 한다.

여기서 3전과 윤씨의 관계가 어떠했는지, 또 왜 그렇게 되었는지 그 이유가 어느 정도 드러나고 있다. 중궁은 고집이랄까 자기주장이 강한 여인이었다. 아마도 일찍부터 3전에게 '휘둘리는' 성종을 비판했을 가능성도 크다. 이어 성종은 홍문관의 이우보에게 종묘에 윤씨의 폐비를 고하는 글을 쓰라고 하자 이우보는 단호하게 사양한다.

"신이 방금 폐비를 논박하였는데, 어찌 차마 폐비를 고하는 글을 짓겠습니까? 신은 의리상 감히 명을 받들지 못하겠습니다."

이우보는 두 차례의 요청을 거부하고 의금부에 투옥되었다. 대신 조위가 그 글을 지었다.

3사에 이어 이번에는 6조의 판서와 참판들이 연대해서 나섰으나 결

과를 뒤집을 수는 없었다. 특히 별도로 성종을 만난 예조판서 이승소
는 보다 직접적으로 비판을 가했다.

"지금 주상께서 폐비하는 일은 지나치게 급했습니다. 청컨대 다시
여러 번 생각하소서."

결국 이날 저녁 '6월 2일에 윤씨를 폐하여 서인으로 삼는다. 아아!
법에 칠거지악이 있는데, 어찌 감히 조금이라도 사사로움이 있겠는
가? 일은 반드시 여러 번 생각하는 것이니, 만세(萬世)를 위해 염려해
야 되기 때문이다'라는 내용의 교서가 발표된다. 그리고 왕비를 폐한
일을 종묘에 고하였다.

그 이후에도 연일 신하들의 상소가 이어지자 6월 5일 마침내 성종은
정승을 지낸 이와 의정부, 6조, 대간 등을 선정전으로 불러들였다. 이
자리에는 승지, 주서, 사관을 입시하게 하였다. 작심을 하고 역사에 기
록을 남기겠다는 심정으로 속마음을 털어놓는다.

"경들은 모두 다 나에게 대사를 가볍게 조처했다고 한다. 그러나
폐비 결심을 내가 어찌 쉽게 했겠는가? 옛날 제왕이 혹 참소하는 말
을 듣고서 황후를 폐한 자가 있었으나, 내가 어찌 이와 같이 했겠는
가? 대비(인수대비)께서도 말씀하기를, '내가 일찍이 화가 주상에게
미칠까 두려워하여 하루도 안심을 하지 못했으므로, 드디어는 가슴
앓이가 생겼는데, 이제는 점점 나아진다'고 하였으니, 이는 대비께서
폐비한 것으로 인하여 안심이 되었다는 것이다.

지난 정유년(성종 8년)에 윤씨가 몰래 독약을 품고 사람을 해치고
자 하여, 비상을 주머니에 넣어두었으니, 이것이 혹시 나에게 먹이고

자 한 것인지도 알 수 없지 않은가? 혹 무자(無子)하게 하는 일이나, 혹 반신불수가 되게 하는 일, 그리고 무릇 사람을 해하는 방법을 작은 책에 써서 상자 속에 감추어두었다가, 일이 발각된 후 대비께서 이를 취하여 지금까지도 있다. 또 엄씨 집과 정씨 집(윤씨와 갈등을 빚었던 성종의 두 후궁)이 서로 통하여 윤씨를 해치려고 모의한 내용의 언문을 거짓으로 만들어 고의로 권 숙의의 집에 투입시켰는데, 이는 일이 발각되면 엄씨와 정씨에게 해가 미치게 하고자 한 것이다. 윤씨는 항상 나를 볼 때, 일찍이 낯빛이 온화하지 않았다. 또 위서(僞書)를 만들어서 본가를 통하여 이르기를, '주상이 나의 뺨을 때리니, 장차 두 아들을 데리고 집에 가서 내 여생을 편안하게 살겠다'고 하였는데, 내가 우연히 그 글을 얻어 보고 일러 말하기를, '허물을 고치기를 기다려 서로 화합해 살도록 하겠다'고 하였더니, 윤씨가 허물을 뉘우치고 말하기를, '나를 거제나 요동이나 강계에 처하게 하더라도 달게 받겠습니다'라고 해서 내가 이를 믿었더니, 이제 도리어 이와 같으므로, 전일의 말은 거짓이었다.

또 상참으로 조회를 받는 날에는 비가 나보다 먼저 일찍 일어나야 마땅할 것인데도, 조회를 받고 안으로 돌아온 뒤에 일어나니, 그것이 부도(婦道)에 있어서 있을 수 있는 일인가? 항상 궁중에 있을 때에 대신들의 가사(家事)에 대해서 말하기를 좋아하였으나, 내가 어찌 믿고 듣겠는가? 내가 살아 있을 때에야 어찌 변(變)을 만들겠는가마는, 내가 죽으면 반드시 난(亂)을 만들어낼 것이니, 경 등은 반드시 오래 살아서 목격할 자가 있을 것이다."

아마도 폐비 윤씨의 행동에 대한 부정적인 말들은 성종이 폐비를 정당화하기 위해 지어낸 것은 아닐 것이다. 문제는 이런 것들이 과연 폐비에 이를 만한 것인가이다. 성종이 신하들에게 논리상 일방적으로 몰린다고 생각했던지 이번에는 대왕대비가 직접 나섰다. 같은 날 한글로 쓴 언문을 신하들에게 내린 것이다.

"왕비를 폐하는 교서에는 대략만을 말하고 그 연유를 다 설명하지 아니하였으므로, 대간들이 다투는 것 같은데, 주상의 본뜻이 어찌 우연함이겠는가? 부득이한 것이다. 만약 우연한 일이었다면 우리들이 윤씨를 구하지 않았겠는가? 중궁은 전날에 거의 주상을 준봉(遵奉)하지 아니하였고, 덕이 적은 내가 수렴청정하는 것을 보고는 또한 어린 임금을 끼고 조정에 임할 뜻으로 무릇 옛날 조정에 임한 후비(后妃)들의 일을 자주 거론하였다. 주상이 혹 때로 편치 않을 때가 있어도 윤씨는 마음에 개의치 않고 꽃핀 뜰에서 놀고 새를 잡아 희롱하다가도, 만약 제 몸이 편치 않으면 주상을 들볶았다. 평소의 행실이 늘 이와 같으니 우리들은 항상 두려워하였다. 만약 주상이 편치 않을 때를 만나면 독을 어선(御膳-임금의 음식)에 넣을까 두려워하여 여러 가지 방법으로 방비하면서 중궁이 지나가는 곳에는 어선을 두지 않도록 금하였다. 우리들이 비록 이름을 국모라고 하나 본래는 평인(平人)인 것이요, 한 나라에서 높임을 받는 분은 주상이 아니고 누구이겠는가? 그런데도 늘 경멸하여 주상으로 하여금 안심하고 음식을 들 때가 없게 하였다. 그래도 우리가 뭘 어떻게 하겠는가? 비록 자식이 없다고 하더라도 오히려 보전하고자 할 것인데, 하물며 원자가 있었음에랴? 그 악이 날로 커져서 꺼리는 바가 없었으나, 주상은 도량이 너그럽고 인자하므로 매양 비호하면서 허물을 고치게 하려고 한 것이 한 가지 일만이 아니었다. 우리들이 비록 그가 부덕하더라도 옛 현비(賢妃)의 일을 인용하여 가르치기를 곡진하게 하였어도 일찍이 들으려고 생각지 아니하였다. 지금에 와서 이와 같이 결단한 것은 다시 허물을 고칠 가망이 없었기 때문이다. 평소에 시비(侍婢)에게 죄가 있으면, 반드시 이르기를, '지금은 비록 너에게 죄줄 수가 없더라도, 장차는 너를 족멸시킬 것이다'라고 하였으니, 이와 같은 마음으로써 원자를 가르친다고 하면 옳겠는가? 부왕이 위에 있으면서 모름지기 이와 같은 사람을 단절시켜야만 원자를 제대로 키울 수 있을 것이다.

이제 원자에게는 가련한 일이나, 주상의 근심과 괴로움은 곧 제거될 것이고, 우리들의 마음도 놓여질 것이다. 우리들은 항상 제철의 과일을 만나면 차마 홀로 맛보지 못하고 반드시 원묘(原廟)에 올리게 하고 난 다음에 이를 맛보는데, 중궁은 우리들이 비록 간곡하게 타일러도 사사로이 써버렸다. 무릇 불의(不義)한 일을 행했을 때에 우리들이 물으면 대답하기를, '주상이 가르친 것입니다' 하고, 주상이 이를 보고 꾸짖으면, '대비가 가르친 것입니다'라고 하여, 그 거짓된 짓을 행하는 것이 이와 같았다."

윤씨는 성종보다 다섯 살 이상 위였다. 이런 점을 감안할 때 수렴청정 시 대왕대비의 표현대로 국정에 개입하려 했을 가능성이 높다. 어떻게 보면 윤씨는 다소 거칠고 주장이 강하고 씩씩한 성격의 인물이었다고 할 수 있다. 조신함과는 거리가 멀었고 사려 깊은 인물도 아니었다. 그런 사람과 3전의 '마마보이'라고 할 수 있는 성종이 부부애를 유지한다는 것은 사실상 어려웠을 것이라는 점이 쉽게 상상이 간다. 그럼에도 불구하고 '폐비'는 다른 차원의 문제다. 신하들이 제시하듯 그 문제를 해결할 수 있는 길은 여러 가지가 있었기 때문이다. 성종의 마음이 윤씨에게서 완전히 떠나버렸다는 것, 이게 사태의 본질이었는지 모른다. 그리고 국왕으로서의 자존심 혹은 자존심을 손상당했다는 극도의 불쾌감……. 당시 성종의 나이 스물세 살이었다.

그런데도 사론(士論)은 가라앉을 기미를 보이지 않았다. 이번에는 성균관 생원 허형 등 65인이 연대해서 장문의 상소를 올렸다. 내용은 신하들의 그것과 대동소이했다. 성종은 극도로 화를 내며 "모두 의금부에 회부하여 추국하라"고 지시한다. 김계창, 변수 등이 나서 주동자만 처벌하고 나머지는 용서해 주면 어떻겠냐고 말했지만 성종은 단호했다.

"예부터 서생은 국가의 일에 관여하지 않는 것이니 모두 가두도록 하라."

수신제가(修身齊家) 논쟁

이번에는 홍문관 직제학 최경지 등이 상소를 올려 성종의 가장 아픈 곳을 직접 찔렀다. 폐비를 할 것이냐 사저로 쫓을 것이냐를 중심으로 논쟁이 진행되다가 성종의 해명과 대왕대비의 의지가 나오면서 일단 분위기는 윤씨에게 근본적인 문제가 있었던 것으로 바뀌려 하고 있었다. 그런데 왜 이런 일이 생기게 되었는가라는 원인을 지적하고 나선 것이다. 한마디로 솔선수범했다고 생각하느냐고 성종에게 따져 묻고 있는 것이라 할 수 있다.

"대저 부인이란 의리를 알지 못하고 그 도리도 이루는 것이 없으므로, 군자가 몸소 행하여 이끌기에 달려 있는 것입니다.『시경(詩經)』에 이르기를, '처에게 모범이 되어 형제에 이르고 가방(家邦-집안과 나라)을 다스리도다'라고 하였으며, 전(傳-『대학』을 가리킴)에 이르기를 '집이 다스려져야 나라가 다스려진다'고 하였으니, 전하께서는 마땅히 안으로 성찰할 것이지, 어찌 전부 부인의 과실만으로 박대를 하십니까? 전하께서 멀리는 전대(前代)를 본받으시고 가까이로는 여정(輿情-여론)을 살피시어, 별궁에 처하게 해서 호위를 엄하게 하고 관에서 공봉하게 하여 시종(始終) 은혜를 온전히 하시면, 더할 수 없는 다행이겠습니다."

사실은 바로 여기가 세종과 성종이 극단적으로 대비되는 대목이다. 최경지 등의 상소에서 하고 있는 말은 다름 아닌 『대학』 혹은 『대학연의』의 핵심 가르침이다. 국왕도 사람이며 국왕의 힘은 자신을 닦는 데서 온다는 것이다. 반면 『소학』을 좋아했던 성종은 "마땅히 안으로 성찰"하기보다는 "남의 과실을 지적"하는 편이었다. 성종으로서는 치명타였기 때문에 정면 대응이 필요했다.

"그대들은 내가 좋지 못한 일을 하였기 때문에 왕후가 이에 이르렀다고 여기는가? 그러나 요순(堯舜)도 불초(不肖)한 자식이 있었으니, 덕이 부족해서 그러했겠는가? 사유를 물어서 아뢰라."

다소 심하다고 생각했던지 최경지 등은 물러선다.

"신 등은 전하께서 제가(齊家)를 하지 못했다고 이른 것이 아닙니다. 옛사람도 이와 같은 논란이 있었다는 뜻입니다."

그러나 이것은 변명이다. 분명히 그들은 성종의 제가에 문제가 있다고 말했다. 하지만 여기서 더 들어가면 피차 곤란했다. 성종의 여색은 여러 가지 정황으로 보아 이미 신하들의 우려를 사는 단계에 이르고 있었다. 그랬기 때문인지 성종도 더 이상의 정면 대응은 참고 넘어간다.

"그대들은 모두 다 임금을 섬기는 사람인데, 어찌하여 억측으로 임금의 허물을 드러내려고 하는가? 이제 너희들을 죄주고자 하나 우선 그냥 두는 것이니, 다시 말하지 말라."

성종이 말한 '억측', 그것은 다름 아닌 여색이었다. 그리고 억측이 아니라 사실이었던 것으로 봐야 한다. 아무리 깊은 궁중의 일이라도 소문이 안 날 수 없기 때문이다. 그런데 엎친 데 덮친 격으로 윤씨는 폐비당한 지 열흘 만에 또 하나의 비극을 겪는다. 6월 12일자 기록이다.

"왕자가 졸(卒)하였는데, 폐비 윤씨의 소생이었다."

첫 번째 폐비 시도가 있던 직후에 임신했던 그 둘째 아들이 사망했다. 연산군의 친동생이 죽은 것이다.

폐비 윤씨는 왜 죽어야 했나

3전이 증오를 했건 성종의 사랑이 식었건, 윤씨를 폐비해 아예 사저로 내쫓아버림으로써 그들의 불안감이나 불만은 사실상 해소된 것이나 마찬가지였다. 밖에 있는 윤씨가 무슨 모반을 일으킬 위인도 아니고 그런다고 한들 가능하지도 않았다.

그런데 왜 성종은 폐비 3년 후 '사사(賜死)'라고 하는 극약 처방을 선택한 것일까? 사실은 별궁에 거처토록 하지 않고 사저로 내쫓을 때부터 비극의 씨앗은 싹트기 시작했다. 그 정도로 문제가 있는 인물이라면 별궁에 거처토록 한다고 해서 윤씨를 동정하는 여론이 그렇게 크게 일지는 않았을 것이다. 앞서도 나왔지만 태종과 원경왕후의 관계가 그러했다.

폐비 윤씨 사저에 도둑이 들다

그러나 대비 세 명과 스물세 살의 국왕이 왕실의 먼 미래를 구상하며 나라를 이끌어가기에는 역부족이 아니었나 하는 생각이 든다. 8월 16일 대사헌 박숙진은 정사를 논하다가 "신이 두 번 폐비의 집 앞을 지나갔는데, 문 앞에 인적이 없으니, 만일 화재나 도적의 변고가 있으면 전 국모로서의 체모를 손상당하게 될 염려가 없을 수 없습니다. 한갓 이것만이 아닙니다. 옛말에 '3개월이면 천도(天道)도 절후가 조금 바뀐다'고 한 것은 그 오램을 뜻한 말입니다. 윤씨는 목석(木石)이 아니니, 어찌 징계되고 스스로 후회하는 마음이 없겠습니까? 별전에 두심이 옳을 것입니다"라고 아뢰었다. 극도로 화가 난 성종은 그 자리에서 박숙진을 대사헌에서 내쫓았다.

그런데 실제로 3개월 후 윤씨의 집에 도둑이 들었다. 그런데도 성종은 아무런 조처를 취하지 않았다. 그래도 한때의 국모였는데 그 집에 도둑이 들었다면 국왕으로서 격분해야 마땅하다. 윤10월 22일 상참에서 한성판윤 정문형이 보고했다.

"신이 듣건대, 도적이 윤씨의 집에 들어가서 상자를 열고 물건을 가지고 갔다 하는데, 신의 생각으로는 사방이 모두 대신들의 집이므로 본래 불량한 사람이 없을 테지만, 어찌 도적이 남의 집을 넘어 들어와서 도둑질을 할 수가 있겠습니까? 청컨대 이웃 사람을 추문하고 또 그로 하여금 담을 쌓게 하소서."

이에 대한 성종의 반응은 냉소를 넘어 고소하다는 분위기다.

"자신이 도적을 방비하지 않고서 도둑을 맞았는데, 또 어찌 이웃 사람을 추문하겠는가?"

"지금 도둑을 맞은 일로 인하여 윤씨 집의 담을 쌓도록 한다면, 서울 안의 도둑을 맞은 집들도 담을 쌓도록 하겠는가?"

윤씨에 대한 성종의 이 같은 감정은 다음과 같은 성종의 말에서 단서를 찾을 수 있다. 같은 날 경연이 끝나자 시독관 김흔이 아뢰었다.

"신이 지난번 일본 통신사의 서장관으로 대마도에 있었으므로, 처음에는 왕비를 폐위한 일을 알지 못했으나, 돌아온 후 삼가 교서를 본 후에 비로소 알게 되었습니다. 윤씨는 진실로 죄가 있습니다마는, 그러나 원자(元子)가 있으므로 마땅히 따로 한 곳에 두고서 그 원장(垣牆-담)을 튼튼하게 하고는 기다리게 해야 할 것이니, 대간의 말이 진실로 옳습니다."

이에 대해 답하면서 성종은 이렇게 말한다.

"윤씨가 일찍이 스스로 말하기를, '내가 오래 살아서 보기를 원하는 일이 있다'고 했으니, 이것은 반드시 내가 죽은 후에 원자를 끼고서 조정에 임하여 무릇 하고자 하는 일을 마음대로 행하지 않는 것이 없어서, 대왕대비의 친족으로 하여금 죽지 않고 남는 사람이 없도록 하려는 것이다. 원자가 현명하다면 조선의 사직이 염려가 없겠지마는, 만약 원자가 현명하지 못하다면 사직이 영구하게 전해질지 알 수 없겠다."

이것이 윤씨를 죽음으로 몰아가게 한 결정적인 원인이었을 것이다. 윤씨가 이런 말을 했다는 자체보다는 능히 그럴 수 있는 사람이라고 성종은 분명 생각했던 것이다. 신동준은 『연산군을 위한 변명』(지식산업사)에서 "대비들은 윤씨가 폐출된 뒤에도 윤씨가 살아 있다는 사실에 대해 매우 불안해한 것으로 보인다. 대비들의 이 같은 강박관념이 성종에게 그대로 옮아갔을 가능성이 크다"고 짐작한다. 필자도 여기에 동의한다. 그러나 역시 중요한 것은 성종의 생각이다. 결국 성종은 기회가 오면 윤씨를 완전히 제거해야 한다는 생각을 했던 게 분명하다. 그렇지 않고서는 소박을 맞아 쫓겨난 전처라 하더라도 도둑을 맞았다는데 그런 식으로 말할 사람은 없다. 더욱이 성종은 유학 훈련을 제대로 받은 사람이 아닌가?

"그대들은 윤씨의 신하인가 이씨의 신하인가?"

성종은 이듬해인 성종 11년 11월 윤씨를 세 번째 왕비로 맞아들였다. 장차 중종을 낳게 되는 정현왕후 윤씨다. 그리고 사냥과 활쏘기에 빠져 향락의 세월을 보낸다. 특히 성종 13년이 되면 그 정도가 심해져 사냥 중에서도 가장 짜릿하다고 하는 송골매 사냥에 빠져 있다가 2월에 대사간 강자평과 대사헌 김승경의 비판을 받게 된다.

"옛날 제왕들이 진기한 새나 짐승을 기르지 않았던 훌륭한 뜻은 치도(治道)를 위함이었습니다. 그런데 이제 해청이 북도로부터 연달아 이르고 또 새로운 명령까지 내리니 신은 그윽이 염려됩니다. 해청(송골매) 한 물건이 전하께서 14년 간직해 가졌던 훌륭한 마음을 허물어뜨릴 수 있습니까?"

성종 13년 내내 신하들의 간청과 비판과 상소가 이어졌지만 성종은 끝끝내 포기하지 않는다. 심지어 활쏘기를 위해 경연까지 중지한다. 성종에 대한 신하들의 부정적인 생각이 커갔을 것은 보나마나이고 시중의 여론 또한 성종에게 우호적일 수 없었을 것이다. 이런 가운데 8월 11일 정말 엉뚱한 자리에서 폐비 윤씨 문제가 다시 거론된다. 경연에서 시독관 권경우가 우연찮게 윤씨 문제를 끄집어낸 것이 사건의 발단이 되었다. 죄를 지어 지방에 가 있다가 중앙에 복귀하는 바람에 폐비 윤씨 문제와 관련해 자신의 의견을 말할 기회가 없었다며 별도의 안전한 거처를 마련해 주자고 이야기한 것이었다. 그러자 채수나 한명회까지도 '한때 국모'였는데 그렇게 하는 게 좋지 않겠느냐고 맞장구를 쳤다. 이 말을 듣자 성종은 『실록』의 표현대로 하자면 "언성을 높여" 이렇게 말했다.

"이미 서인이 되었는데 여염집에 사는 게 무슨 문제인가? 그리고 국모라고 했는가? 어찌 그가 국모인가? 이는 분명코 원자에게 아첨하여 후일의 지위를 도모하려고 하는 것이다."

이때 원자(연산군)의 나이는 불과 일곱 살이었다. 말이 안 되는 소리지만 어쨌거나 성종의 입에서 나온 말 자체는 권경우, 한명회, 채수, 세 사람이 '일종의 역모'를 꾸미는 것이나 마찬가지라는 뜻의 비판이었다. 순간 경연장에는 숨 막힐 듯한 긴장감이 감돌았다.

채수가 적극적인 변명에 나섰다. 성종의 직설적인 성품으로 볼 때 무슨 일이 생길지 몰랐다. 채수는 신하들 중에서 가장 나이 어린 자신이 서른네 살임을 강조하며 "원자의 세상을 기약한다는 것 자체가 어불성설"이라고 억울함을 펼쳤다.

이에 대해 성종은 "윤씨는 나를 가리켜 '발자취까지도 없애버리겠다'고 말했다"며 "원자도 효자가 아니라면 그만이지만, 효자가 되고자 하면 어찌 윤씨를 어미로 여기겠느냐?"고 말한다. 또 예전에 비상을 숨겨둔 것도 경쟁자인 후궁들을 염두에 둔 것이 아니라 자신을 향한 것이었다고 논리적인 비약을 한다.

그런데 채수는 만일 여염집에 계속 두어야 한다면 옷과 음식이라도 공급해야 한다고 말해 성종의 심기를 다시 한 번 자극한다.

"그대들은 경연관으로서 나의 뜻을 알 만한데도 그런 식으로 말하니, 그대들은 윤씨의 신하인가 이씨(李氏-성종 자신)의 신하인가?"

화가 머리끝까지 난 성종은 "그대들은 윤씨 문제와 관련해 '온 나라의 신하와 백성들이 통한(痛恨)하지 않는 이가 없다'고 했다. 그렇게 통한한 자가 누구인지 말하라"고 언성을 높였다. 그리고 윤씨의 오라비들을 의금부에 가두도록 명하면서 의정부, 6조, 대간들을 불러들였다. 비교적 내밀한 이야기를 하는 자리인 경연에서 이뤄진 윤씨 문제가 공식적인 국정의 쟁점이 되는 순간이었다.

동시에 성종은 권경우가 했던 말을 정리해 대비전에 올렸다. 대비전에서는 한글로 자신들의 입장을 밝혔다. 여기에 보면 폐비 윤씨를 둘러싼 여론이 성종과 3전에게 불리하게 돌아가고 있는 것을 개탄하는 대목이 들어 있다.

"지금은 곁에 있는 악한 것을 이미 제거하였으니 우리가 비록 (성종과는) 다른 처소에 살지만 마음은 안심이 된다. 그런데 이제 권경우의 말을 보면 온 나라 사람들의 마음을 장차 다 변하게 할 것이다."

폐비 윤씨의 사사(賜死)

성종 또한 자신에 대한 부정적 여론이 커가는 것을 부담스러워하지 않을 수 없었다. 결국 성종은 8월 16일 의정부, 6조, 대간들을 선정전으로 불러들여 윤씨 문제를 처리할 수 있는 방안을 내놓으라고 명한다. 이미 성종 자신은 윤씨를 사사(賜死)하기로 결심한 후였다. 지난 4~5일 동안 이어진 논란에서 성종의 확고한 결심을 목격해서인지 대부분의 신하들은 "대의로 결단을 내려야 한다"는 입장을 내놓았다. 한명회조차 성종의 서슬에 질려 윤씨 사사를 지지하는 입장을 밝혔다. 그 사이에 다들 돌아서 버린 것이다.

이날 성종은 좌승지 이세좌를 시켜 윤씨를 그 집에서 사사토록 했다. 이세좌는 훈구공신 이극감의 아들이다. 이세좌는 자신은 윤씨의 얼굴을 모른다는 핑계로 내시 한 명을 붙여달라고 했다. 자신의 손으로 직접 윤씨를 사사했다는 오명을 쓰지 않으려는 생각이었던 것 같다. 그러나 연산군 때 이조판서와 예조판서에까지 올랐던 그도 연산군 9년(1503년) 인정전에서 열린 양로연에 참석했다가 어사주의 잔을 돌릴 때 잘못하여 어의(御衣)에 술을 쏟는 실수를 저질러 함경도 온성으로 귀양을 갔다. 그리고 이듬해 윤씨에게 사약을 전달한 사실이 드러나 자살의 명을 받고 자결함으로써 불행하게 생을 마치게 된다.

한편 성종은 자신의 결단을 3전에게 아뢰었고 3전은 한글로 된 서간을 통해 "장래에 아부하는 무리들이 반드시 옳고 그른 것을 뒤집어 죄없는 사람을 모함하여 해칠 것이니" 이번 결정은 아주 잘한 것이라는 입장을 밝혔다. 윤씨를 지켜줄 사람은 아무도 없었다. 결국 이날 윤씨는 사약을 받고 세상을 떠나고 만다. 그리고 윤씨의 어머니와 오빠들은 겨우 목숨을 건지고 유배를 떠나야 했다. 연산군에 의한 갑자사화의 비극은 이런 식으로 굴러가며 아버지였던 성종에 의해 준비되고 있었던 것이다.

8장

끝내 뛰어넘지 못한 양대산맥,
3전과 한명회

3전(殿)에 대한 효심과
국왕으로서의 위신이 충돌하다

성종 14년 1월 2일자 『실록』에는 묘한 기사가 실려 있다. 사헌부 지평 조위가 와서 몇 사람의 인사 발령이 잘못되었다고 지적한다.

"임보형을 사축(司畜-궁중에서 사용할 각종 가축을 기르던 사축서의 책임자로 종6품직)으로 제수하였는데, 임보형은 전에 아내 양씨가 음란한 짓을 했다고 무고하여 종을 시켜서 아내를 끌어내게 하였으므로 유사(有司)가 심문하여 죄를 내린 바 있습니다. 그런데 이제 또다시 벼슬하는 대열에 끼이게 되었습니다. 그리고 이선남은 일찍이 괴산군수가 되어 함부로 형벌한 까닭으로 벼슬을 깎아 영구히 쓰지 못하게 하였는데 이번에 돈녕부 판관(종5품직)으로 제수하였습니다. 이숭수는 대왕대비의 인장을 위조하였다가 일이 발각되어 죄를 받았는데 이제 또 승진하여 당상관이 되었습니다. 이 세 사람은 사람들이 모두 천하게 여기는데, 신은 그윽이 의혹됩니다."

이에 대해 성종은 뜻밖의 대답을 한다.

"이숭수는 대왕대비의 가까운 친척이고 임보형도 왕대비의 친척이
므로 모두 명을 받들어 서용한 것이다. 이선남도 반드시 서용하라는
명이 있었을 것이니, 이조에 물어보라."

성종이 친정을 실시한 지가 벌써 7년이 넘어가는데도 3전의 영향력
이 여전함을 보여주는 것이다. 이틀 후 또다시 사헌부 장령 박형문도
같은 내용을 아뢰자 성종은 이렇게 변명한다. 이숭수는 나이가 많기
때문에 특별한 직무를 맡는 것은 아니고 이선남의 경우에는 이미 사면
을 받았고 임보형의 경우에는 굳이 그릇이 안 된다면 문관이 아닌 무
관으로 임명하겠다는 것이다. 사실 그조차도 성종 마음대로 할 수 있
는 사안이 아니었던 셈이다.

대왕대비가 세상을 떠나다

이렇게 막강했던 권력을 누렸던 정희대왕대비도 세월 앞에서는 어
쩔 수 없었다. 같은 날 오후 약방을 책임지고 있던 정창손과 권찬이 와
서 대왕대비가 지금 뱃속에 병이 있고 기운도 많이 떨어져 있으므로
온양 온천으로 온탕을 가는 것을 정지하는 게 좋겠다고 말한다. 권찬
은 당대 최고의 명의였다. 그러나 성종은 "나도 이를 헤아린 지 오래되
었다. 그러나 대왕대비께서 하시고자 하니 간하여 말릴 수 없다"고 말
했다.

당시 온양에는 왕실 전용 온양 별궁이 있었다. 세종이나 세조 등 역대 국왕들이 각종 피부병이나 눈병, 종기 등으로 고생을 많이 했기 때문에 치료를 목적으로 세워진 행궁이다. 규모는 대략 6,000여 평으로 그 후에도 현종, 숙종, 영조 등이 이곳을 찾았다.

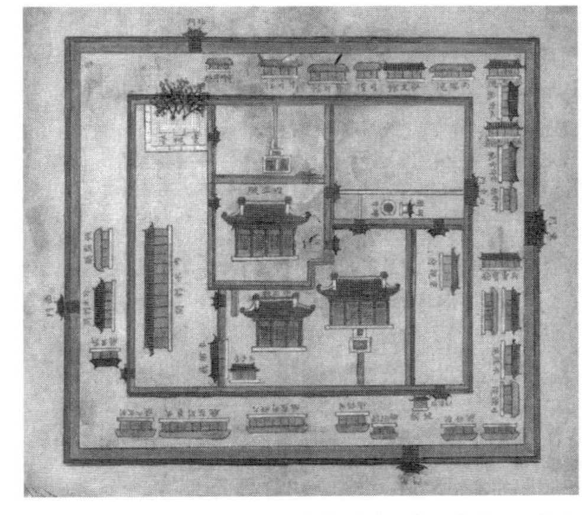

온양별궁전도_ 온양에 있던 왕실 전용 별궁이다. 국왕들의 치료와 요양을 목적으로 세운 행궁이다.

그리고 4개월이 지난 4월 1일 새벽 좌승지 김세적이 온양에서 돌아와 정창손과 권찬의 권유를 뿌리치고 온양 별궁으로 행차했던 대왕대비가 위독하다는 소식을 전했다. 의정부와 6조에 명하여 만약에 대비케 하고 공조판서 손순효를 즉시 온양으로 보냈다. 그러나 김세적이 온양을 출발한 직후인 3월 30일 대왕대비는 이미 숨을 거두었다. 이때 대왕대비의 나이 66세였다. 성종으로서는 큰 충격이 아닐 수 없었다.

그런데 슬픔을 가누기도 전에 뜻하지 않은 소식이 닥친다. 4월 13일 우의정 홍응이 현지에 내려간 왕대비와 대비의 다음과 같은 교지를 전했다.

"비구니 윤씨가 여기 와서 머물러 있다가 한열(寒熱)의 병을 얻어 코피가 나오고 반점이 생기어 병세를 헤아릴 수가 없으니, 우리가 재궁(梓宮-왕족의 관)을 모시고 급하게 돌아가면, 원컨대 주상께서는 빈전(殯殿-빈소)에 거둥하지 마소서."

임종도 못한 성종으로서는 안타까운 일이었다. 그런데 상황은 더욱 심각해진다. 다음 날 양전(兩殿)의 교지에서는 상궁 어리도 병을 얻었으니 성안에 빈전을 설치하는 것보다는, 광릉(세조의 묘) 가는 길에 있는 동대문 밖 효령대군이나 영순군의 집 중 하나를 빈전으로 하자는 것이었다.

이런 일은 처음이었기 때문에 성종은 말할 것도 없고 신하들도 어떻게 해야 할지를 몰랐다. 자연스레 격렬한 논쟁이 벌어졌다.

영의정 정창손, 좌의정 윤필상, 선성부원군 노사신, 중추부 영사 이극배는 굳이 그렇다면 재궁은 궐내로 봉안하고 성종이 궐 밖으로 피할 것을 주장하였다. 중국 사신이 조문을 하려 해도 성 밖의 사저는 너무 좁아서 곤란하다는 의견까지 덧붙였다.

이에 대해 성종의 장인이었던 돈녕부 영사 윤호, 예조판서 이파는 기존의 안대로 영순군의 집에서 모시는 것도 임시방편이긴 하지만 예를 잃는 것은 아니라는 의견을 냈다. 그러자 성종은 윤호와 이파의 손을 들어준다.

"앞서 왕후를 궁궐 밖에 빈소를 차렸으니, 이것은 권도(權道)이나,
내 뜻도 양전의 뜻을 따르려고 한다."

여기서 성종은 권도를 이야기한다. 이것은 전형적인 유학의 개념으로 경도(經道)에 대응하는 말이다. 경도 혹은 상도(常道)란 삼강오륜과 같은 일반적인 행위 원칙인 데 반해 권도는 경도를 기계적으로 적용하면 더 큰 위험이 예상되는 경우 일시적으로 상도에서 벗어나 위기를 타개하는 구체적인 행동 규범을 말한다. 결국 빈전은 영순군 집에 설치된다. 『실록』의 사관은 이와 관련해 이파를 강도 높게 비판했다.

"이파는 예관(禮官)의 장으로서 정론(正論)에 의거하지 아니하고 왜곡되게 고례(古例)를 이끌어 임금의 뜻을 좇으니, 식자들은 이를 그르게 여겼다. 이파의 사람됨이 총명하고 활달하여, 전고(典故)에 널리 통달하고 힘써 후학을 진취시켜 한 시대의 풍류에 일가를 이루었으나, 자못 호화 사치하고 과장됨이 심하였다."

뜻하지 않은 위신 추락, 성종 14년 4월 15일

정희대왕대비의 서거는 정상적으로 본다면 성종의 권력이 더욱 강화되는 계기가 될 수 있었다. 그런데 빈전 설치 문제로 이어지면서 그동안 성공적으로 굳혀오던 국왕으로서의 입지가 오히려 큰 타격을 입게 된다. 그 일은 4월 15일 하루 동안에 일어났다. 우찬성 허종이 찾아왔다.

"대행 대비의 빈전을 성 밖에 모시기로 이미 정하여졌다고 들었습니다. 예전에 하륜이 외방에서 죽었으나 태종께서는 성안으로 들여와 그 집에 빈소를 차리게 허락하셨습니다. 그런데 이제 국모께서 외방에 계시다가 빈천(賓天)하셨으니, 어찌 궁 밖에다가 빈전을 차리겠습니까? 전하께서는 널리 중의(衆議)를 모아 그 옳은 것을 따르소서."

사실 이 의견은 신하들 대부분의 생각이었다. 게다가 신하들은 일반 백성들이 어떻게 생각할지가 더 걱정이었다. 마치 대왕대비가 세상을 뜨자마자 밖으로 내치는 형국이 될 것으로 우려한 것이다.

"내가 어찌 깊이 생각하지 않았겠느냐? 다만 행궁(行宮)에서 여러

사람이 병을 얻은 까닭으로, 양전의 교지가 이와 같으니 내가 효심이
부족한 것이 아니라 부득이한 것이다."

허종은 정 그렇다면 성 밖이 아니라 성안의 마땅한 곳을 택할 것을
권한다. 성종도 자신의 결정이 잘못된 것임을 인정하며 "근래에 일이
마음과 어그러져서 이에 이르렀다"고 말한다. 그러면서도 "만약 중의
를 널리 모으면 모두가 불가하다고 여길 텐데 그렇게 되면 일이 매우
어려워질 것이니 장차 어찌 하겠느냐?"고 반문한다. 역시 자기로서는
어쩔 수 없다는 입장이다.

여기서 우리는 한 가지 질문을 던져볼 필요가 있다. 대왕대비의 재
궁을 피하려는 것이 양전의 뜻 때문이었는가 아니면 성종 자신도 혹시
전염병에 걸릴까봐 두려워한 때문이었는가?

허종이 물러가자 이번에는 홍문관 부제학 유순 등이 와서 아뢰었다.
비슷한 이야기였다. 이에 대한 성종의 대답에는 솔직한 인간적 고민이
묻어난다.

"내 어찌 어린애가 아닌데 스스로 알지 못하겠는가? 나 또한 효심
이 없어서가 아니다. 다만 양전께서 거듭 나로 하여금 피하게 하므
로, 내가 즉시 재궁을 뵐 수 있도록 청을 드렸으나 윤허를 입지 못했
다. 마음속에 참으로 고통스런 번민이 있다."

사헌부 대사헌 이철견 등이 와서 결정을 바꿔야 한다고 아뢰었다.
이철견은 정희왕후와는 친척지간이다. 그러나 성종의 대답은 전과 크
게 다르지 않다. "형편이 그렇게 되었다"는 것이다. 그러면서 논쟁의
초점은 점차 백성의 인식 문제로 옮겨간다. 성종이 "경 등의 말이 매우

당연하다. 그러나 사세가 이에 이르렀으니 다시 고칠 수 없다"고 하자 이철견은 "양전의 교지보다 사안의 합당함이 더 중요하다"고 맞선다.

"경들은 성내에 빈전을 하면 진실로 후하고, 성 밖에 빈전을 하면 진실로 박하다고 생각한다. 그러나 설사 그렇게 한다고 한들 경들도 내 뜻을 알지 못하는데 어찌 집집마다 일일이 알려 사람들로 하여금 다 내 뜻을 알게 할 수 있겠는가?"

"대행 대비의 공덕(功德)은 이미 백성들의 마음속에 깊이 자리하고 있습니다. 그런데 이제 성문 밖의 사저에 빈전을 하면 어리석은 백성 이 어찌 전하의 지극한 정성에서 나왔음을 알겠습니까?"

예의 그러하듯 논리 부족을 느낀 성종이 먼저 감정을 드러낸다.

"경들은 지금 나의 효성이 부족하다고 극론(極論)을 하고 있다. 그 러나 이번 일은 양전의 지시가 있었고 그것이 의(義)에 해로움이 없 는 까닭으로 그대로 따를 뿐이다."

이철견 등도 물러서지 않았다.

"신 등이 어찌 전하의 정성이 박하다고 말하겠습니까? 다만 양전 의 교지를 따르지 않음과 재궁을 문 밖에 모시는 것은 일의 경중이 있으니, 살피지 않을 수 없는 것입니다."

궁지에 몰린 성종은 평소에 정희대왕대비가 했다는 말까지 끌어들여 궁색한 변명을 한다.

"양전의 교지에 이르기를, '대행 대비께서 평일에 늘 말씀하시기를, '만일 질병과 흉사가 있으면 주상께서 몸소 임하지 말게 하라'고 하였으니, 만약 몸소 임하면 하늘에 계신 대비의 신령께서 편안하게 여기시겠느냐?' 하니, 내교(內敎-양전의 교지)가 이와 같으므로 내가 감히 어기지 못하겠고, 더구나 성빈(成殯-장례)하는 모든 일을 이미 영순군의 집에 갖추어 양전에게 아뢴 까닭으로 들을 수가 없다."

"비록 성안에 빈전을 한다 하더라도 전하께서 임하지 않으시면, 이것은 돌아가신 대왕대비의 뜻을 따르는 것이니, 원컨대 한번 승낙을 듣고 물러가겠습니다."

"솔직히 내 생각을 말하자면 만약 성안에 성빈하면, 양전께서 반드시 빈전의 곁을 떠나지 않으실 것이니, 이것이 염려되는 것이다. 경들은 오래 대관(臺官)을 하여 내 뜻을 잘 알 것인데, 어찌 그것을 고집하는가?"

"신의 뜻으로 생각하기는 전하께서 대의로써 결단하시고, 성안에 빈전을 하되 빈전을 방문해서는 안 된다는 뜻을 아뢰면, 양전께서도 억지로 하시지는 못할 것입니다. 원컨대 한번 승낙을 듣고 물러가겠습니다."

이철견 등을 물리친 성종은 이번에는 초강수를 둔다. 성 밖에 설치한 빈전에 자신이 직접 가서 밤낮으로 지키겠다는 것이다. 이에 신하들은 모두 반대한다. 처음부터 이렇게 했어야 했다. 그게 지도자이기 때문이다. 아마도 세종이었다면 처음부터 빈전을 궁내에 설치하고 자신은 그곳을 떠나지 않겠다고 했을 것이다. 그것도 정치적 제스처가 아니라 진심에서 우러나와서. 반면 성종은 신하들에게 자신의 약점은 보일 대로 다 보인 후에야 자신의 뜻대로 할 수 있었다.

3전에 대한 효심으로 창경궁을 창건하다

성종이 집권했을 당시 한양에는 개국 때부터 있던 경복궁과 창덕궁이 있었다. 경복궁은 정궁이었고 창덕궁은 이궁(離宮)이었다. 또 창덕궁은 경복궁의 동쪽에 있다고 해서 '동관대궐', 줄여서 동궐로 불렸다. 그런데 세조가 1459년(세조 5년) 경복궁에서 창덕궁으로 옮겨오면서 사실상의 정궁 역할을 하게 되었다. 자연스럽게 성종도 주로 창덕궁에 머물렀다.

그런데 성종은 3전을 모셔야 했기 때문에 자신의 침전을 대왕대비에게 내주고 자신은 다른 곳에 머물러야 했다. 게다가 두 명의 왕대비까지 있었기 때문에 대왕대비는 수렴청정이 끝나는 것을 계기로 내전을 성종에게 비워주고 자신들은 수강궁으로 옮기려 하였다. 태종이 세종에게 왕위를 물려준 뒤 상왕으로 있으면서 머물기 위해 지은 수강궁은 세조가 세상을 떠난 곳이기도 했기 때문에 대왕대비에게는 각별한 곳이었다. 문제는 그동안 수강궁은 사용하지 않아 대대적인 수리 또는 재건이 필요했다.

앞서 보았던 대로 성종은 일찍부터 궁궐을 호화롭게 꾸미는 데 관심이 많았다. 경회루를 수리하면서 원래보다 더 화려하게 꾸미려다가 대간들의 호된 비판을 받기도 했다. 그래서 차제에 수강궁을 수리하기보다는 사실상 새로운 궁궐을 짓고 창덕궁도 넓히기로 결심한다. 이를 위해 수리도감을 설치한 것이 성종 10년 무렵이다. 그러나 이때만 해도 새로운 궁을 짓는다는 생각보다는 창덕궁을 넓히는 데 주안점이 있었다. 그런데 생각대로 되지 않은 것 같다. 성종 11년 6월 23일의 기록이다.

"창덕궁의 전들이 기울고 위태하므로 금년에 보강 공사를 하려고 하였는데 관상감에서 말하기를 '금년은 불길하다' 하고 대비께서도 '역사(役事)를 정지하라'고 명하셨기 때문에 정지한다. 준비한 재목은 수리도감으로 하여금 썩지 않게 하여 후일에 시행하도록 기다려라."

실제로 성종 10년부터 목재를 벌채하는 등 준비를 하였지만 그 사이에 여진 정벌 참여, 왕비 윤씨의 폐출과 정현왕후의 책립, 흉작, 성종 개인의 사냥 탐닉 등으로 인해 창덕궁 확장과 신궁 창건은 예정대로 진행되지 않았다. 오히려 지지부진했다고 보는 게 정확하다. 그렇게 2~3년을 보내고 성종 13년 6월 8일 성종은 신하들에게 이 문제를 구체적으로 논의할 것을 지시한다. 여전히 핵심은 새로운 궁을 짓는 게 아니라 창덕궁을 수리하는 문제였다.

승정원에 그런 지시를 내리자 도승지 노공필은 먼저 수리도감 제조에게 물어볼 것을 권한다. 그래서 도감 제조를 불렀다. 당시 제조는 한계순과 김겸광이었다. 두 사람은 "금년에 시작하지 않으면 준비해 놓은 재목들이 반드시 썩을 것입니다"라고 답했다. 그러자 성종은 다시 영돈녕(領敦寧-돈녕부 영사) 이상에게 의논하게 하라"고 재차 지시한다. 그만큼 쉽지 않은 문제였다. 신하들의 만만찮은 비판이 예상되었기 때문이다.

정창손과 홍응은 고사를 인용하며 올해 풍년이 드는 것을 보고 내년

쯤에 상황을 보고서 시작하는 게 좋을 것이라고 답했다. 반면 한명회와 심회는 어차피 공사에 투입할 병졸들은 모아놓았고 재목은 올해가 지나면 썩게 되어 다시 준비하기 어려우니 내년에는 무조건 공사를 시작하는 게 좋겠다고 답했다. 윤필상도 한명회와 심회 쪽의 손을 들어주었다. 백성들을 동원하지 않는다면 굳이 내년에 한다고 해서 큰 민폐를 끼치는 것은 아니라는 주장이었다. 오직 이극배만이 나무는 잘 쌓아두면 문제가 없으니 농사의 풍흉을 잘 살펴본 뒤 수년 뒤에 하는 게 좋다고 말했다. 이를 지켜본 성종은 결국은 결정을 하지 못하고 가을쯤에 다시 이야기하자며 논의를 맺었다. 물론 성종은 속으로 창덕궁 보수 나아가, 창경궁의 창건을 서두르고 싶었지만 상황이 너무 좋지 않았다. 사실 창덕궁 확장 수리에 대해서도 비판이 만만찮았는데 거기다 신궁을 창건하겠다는 것은 쉬운 결심이 아니었다.

그해 12월 14일에 성종은 수리도감에 '내년은 바로 창덕궁을 수리할 길년이므로 먼저 한 집을 짓도록 하라'고 지시를 내린다. 이때 수리도감 총책임자인 도제조 이극배는 이 지시를 받고 헷갈렸다. 이극배는 성종을 직접 찾아, 옛터에 그대로 복원공사를 하는 것인지 모두 헐고 다시 짓는 것인지 묻는다. 그리고 어느 쪽이 됐건 기공은 2월 중 해가 길어질 때로 하면 좋겠다는 의견을 올렸다. 그런데 매사 분명하기 그지없던 성종의 대답이 애매모호하다. 게다가 수강궁 이야기까지 추가됐다.

> "창덕궁은 쓰러질 정도는 아니니 다 고칠 필요는 없고, 수강궁은 3전께서 지금 옮겨서 거처하시니 내년 가을에 수리를 시작하는 것이 좋겠다. 무릇 궁실(宮室)은 마땅히 낮고 향양(向陽)하여야 하며 쓰일 곳이 많아야 할 것이고, 매우 높고 크게 할 것은 없다."

성종이 말은 이렇게 했지만 곧바로 창덕궁 확장과 창경궁의 신창에 들어간 것으로 보인다. 불과 4개월 후인 3월 3일 성종은 당시 가장 총애하던 홍문관 응교 김종직에게 창덕궁의 새 건물 상량문을 지어 올리게 했다. 상량문을 지어 올리게 했다면 이미 이때 건물의 기본 골격은 어느 정도 갖춰졌다는 말이다. 즉 이극배와 애매모호하게 이야기를 나눈 직후 실은 창덕궁 확장과 새로운 궁 건립을 비롯한 모든 방향이 결정되었던 것이다. 여기서 잠깐, 김종직이 올린 상량문을 보자. 사림의 대부(代父) 운운하는 기개와는 거리가 먼 내용의 상량문을 써 올렸기 때문이다.

'건축하기를 빨리 하지 말라고 하여도 백성들이 와서 다투어 일을 하네.'

성종 자신도 이를 보고서는 민망했던지 "이것은 문왕(주나라의 현군)의 일이니 내가 어찌 그에 비견할 수 있겠는가? 고치도록 하라"고 지시한다.

실제로 열흘 후인 3월 12일 사헌부 집의 김수광과 사간원 사간 유자한이 가뭄이 심각하다며 "수강궁의 토목 역사는 정지시키는 것이 어떻겠습니까"라고 조심스럽게 건의한다. 아마도 훗날 창경궁으로 불리게 될 새로운 궁의 건립 사실이 『실록』에서 명시적으로 드러난 것은 이 때의 기사가 최초일 것이다. 이에 대해 성종은 "군이 대간들의 말이 아니더라도 마음이 편안하지 못하다. 그러나 이 역사만은 부득이한 것이다. 역사를 정지시킨다면 재목이 반드시 썩을 것이고 결국 해야 할 역사라면 다시 재목을 마련하기 위해 백성들을 힘들게 만들 것이다"라며 강행 의사를 밝혔다. 김수광도 물러서지 않았다. "봄철 농사일이 가장 급한 시기를 당했으니 재목이 썩더라도 아까울 것이 없다"며 "만일 풍년이 들어 백성의 먹을 것이 넉넉하게 된다면 100채의 집을 짓는다 한들 무엇이 문제가 되겠습니까"라고 맞섰다. 성종은 "장차 수리도감에 물어보고서 처리하겠다"고 둘러댔지만 공사는 강행된다. 그런데 3월 30일 정희대왕대비가 온양 행궁에서 세상을 떠나는 바람에 공사는 중단될 수밖에 없었다. 장례 절차를 둘러싼 논쟁이 어느 정도 마무리되고 6월에 대왕대비를 광릉에 안장한 후에야 다시 수강궁 역사 문제가 제기되는데 그게 8월 14일이다. 수리도감과 승정원에서는 역군(役軍-역사에 동원한 병졸)의 수가 모자라 기한 안에 공사를 마치기 어렵다며 "중들을 역사에 참여시키고 도첩을 주자"는 안을 내놓았다. 승적이 없는 중들을 공사에 동원한 후 승적을 주겠다는 발상이다. 실은 역군의 수도 모자랐겠지만 5개월 가까이 대왕대비의 장례 문제로 손을 놓고 있었기 때문에 기한을 맞추기 어렵게 된 것이다.

그래서 11월이 되면 수리도감은 더욱 서둔다. 대략 다음 해 말까지로 되어 있는 기한을 맞추는 게 어렵다고 보였기 때문이다. 11월 10일 수리도감은 수군 6,000명을 추가로 징발할 것을 요청했다. 그러나 다음 날 사간원 정언 안진생은 "날씨가 추우니 수리도감의 역사를 정지할 것"을 주청했다. 이에 성종은 "내가 어찌 그런 사정을 모르겠는가? 그만두지 않는 것은 공역이 많아서 내년에도 끝내지 못할까 두려워서다"라며 밀어붙인다. 오죽했으면 성종 15년 3월 19일 사관은 수리도감 도제조 이극배에 대해 "임금의 뜻에 아첨하고 순종하니 백성이 무슨 죄가 있는가"라고 가차 없는 비판을 가한다. 실은 상량문을 지은 김종직의 뜻도 이극배나 크게 다르지 않았다.

새로운 궁궐에 대한 성종의 관심은 지극했다. 그렇다 보니 많은 사람들이 성종 자신을 위해 궁을 짓는 것으로 생각하는 것 같았고 이에

창경궁 전경_ 조선시대 궁궐로 태종이 거처하던 수강궁 터에 지은 궁이다. 세조비 정희왕후, 예종비 안순왕후, 덕종비 소혜왕후, 세 대비를 모시기 위해 성종이 1483년(성종 14년)에 창건했다.

대해 성종은 부담을 느끼고 있었다. 실제로 6월 28일 성종은 "새 궁궐을 만드는 것은 내 한 몸의 즐거움을 위한 것이 아니라 오로지 양전을 위한 것이다"라는 사실을 굳이 강조한다. 공사 현장을 직접 찾는 일도 있었다. 이렇게 서두른 결과, 성종 15년 9월 27일 마침내 창경궁은 완성된다. 그리고 10월 4일 궁 건립에 공을 세운 수리도감 도제조 이극배는 1계급 특진과 안장 갖춘 말, 제조 한계순·김겸광·정괄은 1계급 특진과 말을 받았고, 기와 제작을 담당한 와서(瓦署) 제조 성준은 1계급 특진했다. 그 밖에도 관련자 수십 명이 큰 포상을 받았다.

다시 신하들의 비판이 잇따랐다. 경복궁이나 창덕궁을 창건했을 때도 말 한 필 내린 것이 포상의 전부인데 너무 지나치다는 것이다. 이런 논란의 와중에 10월 7일 우의정 홍응이 성종의 아픈 곳을 바로 찌른다.

"신이 일찍이 『실록』을 상고하건대, 경복궁의 역사(役事)가 지극히

312

크며, 그때에 종묘를 함께 세웠는데, 종묘는 선왕(先王)과 선후(先后)를 위한 것입니다만 상을 내린 것은 이처럼 지나치지 아니하였습니다. 창경궁은 비록 양전을 위해 지었다고 하더라도 전하께서 스스로 거처하시는 궁인데, 작상(爵賞)이 크게 지나치니, 지극히 온당치 못합니다."

종묘 축조 때도 말 한 마리가 상의 전부였는데 양전을 위한다는 이유로 크게 포상하는 것은 논리적으로 말이 안 된다는 지적도 아팠지만 실은 '전하께서 스스로 거처하시는 궁'이라는 대목이 치명적이었다. 발끈한 성종은 "내가 신궁에 스스로 거처하는 것을 우의정이 어떻게 아는가"라고 따져 물으면서 "그동안 양전을 위하는 내 뜻을 이해하지 못하고 비판하는 의견을 올린 일곱 사람은 마땅히 인사 조치하겠다"고 말한다. 10월 11일 우의정 홍응이 와서 아뢴다. "창경궁 안에 승정원과 제사(諸司-각 부서)의 제도가 갖추어져 있기 때문에 스스로 거처하실 곳으로 생각하고 그렇게 이야기한 것입니다."

이런 논란을 끝내고 마침내 성종 16년 5월 7일 두 대비는 창경궁으로 옮긴다. 창경궁 낙성 8개월 만이고 공사를 시작한 지 2년 만이었다.

▌2인자의 길 : 한명회의 노회한 정치술

1469년 11월 28일 예종이 사망하고 성종이 즉위했을 때 한명회는 무슨 생각을 했을까? 물론 아무도 알 수 없다. 그러나 전(前) 사위였음에도 불구하고 자신을 잡아먹지 못해 안달하던 예종이 죽고 사실상 자신이 정치적으로 키우다시피 해야 할 또 한 명의 사위가 임금이 되었다! 겉으로 표현이야 하지 않았겠지만 한명회는 속으로 쾌재에 또 쾌재를 불렀을지 모른다. 어쩌면 세조가 즉위했을 때보다 더 좋아했을 수도 있다. 바야흐로 자신이 사실상 조선 제1의 권력자 아닌가?

실제로 그는 성종의 수렴청정기 때 정사를 좌우한다. 성종 1년 1월 11일에는 예종이 실시했던 분경금지법부터 완화시켰다. 다시 사람들을 불러 모으고 조정에 배치하는 권한을 되찾은 것도 그이다. 누구누구는 뭘 시키고 누구누구는 바꿔야 한다는 한명회의 언급을 보는 것도 그리 어렵지 않다. 또 그렇게 하면 그렇게 됐다.

성종 1년에는 왕실 내에서 위험 인물로 꼽히던 구성군 이준을 몰아
세워 죽이려는 공작을 주도한 것도 한명회다. 외형적으로는 신숙주가
나서고 있지만 신숙주는 완전히 한명회의 사람이 돼 있었다. 이로써
왕위를 튼튼히 한 공을 세웠다. 다음 해 논란 끝에 좌리공신을 녹훈하
게 되는 것도 실은 구성군 이준을 몰아낸 것과 관련되어 있었다. 이 사
건으로 최세호와 권맹희는 목숨을 잃었고 이준은 경상도 오지로 유배
를 가서 거기서 죽었다.

해프닝으로 끝난 박시형의 원상 혁파론

다시 성종 3년으로 돌아간다. 6월 19일 성종과 한명회의 역학 관계
를 상징적으로 보여주는 사건이 일어난다. 그날 오전 경연이 끝나고
사헌부 지평 박시형은 이렇게 말한다.

"전하께서 즉위 초에 원상과 함께 정사를 의논하신 것은 마땅합니
다. 그러나 지금은 전하의 학문이 고명하시고 서무를 친단하시니 조
정에 일이 있으면 승정원에 의논하시고 혹은 승지로 하여금 대신의
집에 가서 묻게 하시고 큰일이 있으면 대신을 불러 함께 의논하시는
것이 옳습니다. 노성한 신하에게 승정원에 앉아 종일 근무케 하는 것
은 옳지 않습니다."

성종 즉위 후 최초의 원상제 혁파론이 나온 것이다. 이는 곧 국왕 친
정 체제로 가자는 말이다. 이때 성종의 나이 16세였다. 집권 3년이 지
나고 훈구파들의 부정적 행태가 계속 문제가 되는 가운데 나온 말이어
서 그 충격파는 더욱 컸다. 그런데 재미있게도 이 말에 가장 놀란 사람

은 다름 아닌 박시형 자신이었다. 오후에 다시 성종을 찾아온 박시형은 "오늘 아침에 신이 원상을 파하도록 청하였으나, 이 일은 신이 본부와 의논하여 아뢴 것이 아닙니다. 물러와서 생각해 보니 일의 순서가 뒤집어졌습니다. 벌을 받도록 하겠습니다"라고 아뢴다. 성종은 "사람마다 각각 생각이 있으나 말할 수 있다. 어찌 벌하겠는가"라며 문제 삼지 않을 듯했다.

원상을 대표한 한명회는 성종을 찾아와 "분명하게 말할 것은 아니지만 박시형의 본뜻은 원상들이 승정원에 앉아 있어봤자 정치에 아무런 도움이 안 된다는 뜻입니다. 차제에 원상제를 없애기를 청합니다"라고 말한다. 압박이었다. 한명회의 문제 제기 방식은 늘 직설적이기보다는 우회적이었다. 그러나 강력했다. 문제의 심각성 때문인지 대왕대비까지 나섰다.

"주상께서 나이 어리시고 나도 아는 것이 없으므로 대신들의 도움이 크다. 헌부에서 그런 말이 있어 원상들의 마음이 편치 못하겠지만 그 때문에 문제 삼지 말아주기를 바란다."

그러나 일은 점점 더 커지고 있었다. 19일에 박시형이 사헌부의 상사·동료들과 상의한 결과, 즉각 가서 피혐토록 했다. 피혐(避嫌)이란 문제가 생겼을 때 스스로 그 책임을 지겠다고 나서는 것이다. 그래서 즉각 성종을 찾아와 자신의 잘못을 말했다. 그런데 여기서 박시형은 한 가지 사실을 빼먹고 말하지 않았다. 즉 혼자 생각해서 잘못했다고 결론 내린 게 아니라 경연이 끝난 직후 사헌부에 돌아가서 이야기했을 때 난리가 나 그들과 상의한 결론이었던 것이다. 그런데 성종에게 이야기할 때 자신이 본부와 상의한 사실을 빼먹었다는 이유로 20일에 다시 찾아와 모든 게 자신의 잘못이라며 처벌을 자청했다.

아주 미묘한 문제였다. 21일 사헌부 지평 김이정이 정곡을 찌르는 말을 올렸다. 박시형이 곧바로 사실대로 고하지 않은 것도 잘못이지만 사헌부가 박시형에게 덮어씌우듯이 혼자 피혐토록 한 것도 나쁘다고 지적했다. 즉 사헌부란 당연히 그런 말을 할 수 있는 것인데 박시형이 그런 말을 했다는 이유로 혼자 벌 받도록 윽박지른 것은 사헌부의 본분을 망각한 처사라는 것이다. 그로 인해 성종은 박시형과 함께 그날 관련된 관원들은 모두 들어오라고 명한다. 여기에는 대사헌 김지경, 집의 김계창, 장령 배맹후, 문제의 박시형 등이 왔다. 먼저 박시형이 실상을 제대로 이야기하지 않은 배경을 설명했다.

"제 생각으로는 김지경 등이 대신(여기서는 원상들)을 두려워하여 비겁하게 나에게 모든 것을 책임지게 한다고 생각하고 곧바로 말씀을 올리려고 했으나, 그렇게 할 경우 사헌부의 품격을 더럽힐까 두려워 솔직하게 말씀드리지 못하였습니다."

이에 대해 김지경, 김계창, 배맹후의 이야기는 정반대였다.

"신들이 생각할 때는 원상을 두는 것이 심히 좋은 일인데 박시형이 혼자서 혁파를 청하였습니다. 주상께서도 반드시 사헌부 본부에서 동의하였다고 생각하실 것 같고 조정에서 들으면 보나마나 불가하다고 할 것이므로 박시형으로 하여금 피혐도록 하였던 것입니다."

애당초 사태를 보는 인식부터 달랐던 것이다. 이렇게 해서 박시형은 좌천되었고 나머지 세 사람은 같은 품계의 다른 자리로 옮겼다. 그런데 6월 26일 실상을 누구보다 잘 알고 있던 사헌부 지평 남윤종과 정언 윤석이 경연이 끝난 후 이렇게 말한다.

"언관은 마땅히 말을 다하여 숨기지 않아야 합니다. 그런데 김지경 등은 박시형이 원상을 혁파토록 청했다는 말을 듣고 서로 돌아보며 얼굴빛이 변하고 면전에서 꾸짖으며 피혐토록 했으며 대신에게 노여움을 받을까 두려워했으니 그 마음이 비루합니다. 대신의 문제에도 이러한데 앞으로 임금의 과실에 대해 어떻게 감히 말할 수 있겠습니까? 모두 파직하소서."

한 차례 해프닝으로 끝나긴 했지만 대사헌조차 한명회의 눈치를 봐야 할 만큼 성종과 한명회의 권력 관계는 일방적으로 한명회 쪽에 기울어 있었다.

수렴청정 종결 논쟁으로 봉변을 당하다

성종 5년 4월 15일 오전 10시경 한명회의 둘째 딸이자 성종의 왕비가 병으로 세상을 떠났다. 공혜왕후(恭惠王后, 1456년 세조 2년~1474년 성종 5년)는 세조 13년(1467년) 자산군(잘산군)과 가례를 올렸으며 자산군이 1469년에 즉위하자 왕비에 되었다. 불행하게도 둘 사이에는 소생마저 없었다. 다시 궁금해지는 것은 이때 한명회는 또 무슨 생각을 했을까이다. 혹시 예종 때의 악몽을 떠올리지는 않았을까? 오죽했으면 한 달 후 한명회는 대왕대비를 찾아가 목 놓아 운다.

성종과 한명회의 긴장은 그로부터 2년이 흐른 성종 7년 대왕대비가 수렴청정을 끝내겠다는 결정을 발표한 직후 처음으로 생겨난다. 사실 이때가 되면 한명회를 곱지 않게 보는 세력도 어느 정도 생겨난 터였다. 1월 13일 대왕대비의 수렴청정 종결 의지가 공식화되자 성종은 여러 차례 만류했다. 그러나 대왕대비의 뜻은 변함없었다. 그런데 여기서는 당시 사태의 진행 과정을 보다 상세하게 살펴볼 필요가 있다. 우연찮게도 이때의 일이 앞으로 우리가 보게 될 성종과 한명회, 두 사람의 갈등의 원형을 보여주기 때문이다.

여러 차례 거절을 당한 성종은 선정전으로 원상과 승지를 불렀다. 한명회는 자신이 이미 "의정부와 충훈부의 대신들을 불렀으니 다시 같은 말을 아뢰겠다"고 말한다. 그러자 성종은 좌의정(한명회)이 왔는데 모두 기다릴 게 뭐가 있냐며 한명회가 직접 청해보라고 했다. 그래도 대왕대비는 거절했다. 다시 한명회가 청했다. 그런데 여기서 문제가 발생했던 것이다.

"(수렴청정을 하는 바람에) 신 등이 수시로 대궐에 나와서 안심하고 술을 마시게 되는데, 갑자기 물러나시면 안심할 수가 없습니다."

한명회의 이 말이 성종에게 상당히 거슬렸던 것 같다. 이런 와중에도 결국 성종이 친권을 행사하는 쪽으로 가닥이 잡히고 바로 그날 의정부에서 중앙과 지방에 공식적으로 성종의 친권 사실을 선포하게 된다. 사실 4개월 전쯤에 촉발된 회간대왕 부묘 논쟁 때 확인한 바 있듯이 이미 왕권 강화에 대한 성종의 의지는 상당히 확고해진 상태였다.

사건은 바로 다음 날 터진다. 사실상 실권을 가진 국왕으로서 첫 경연을 마치고 성종은 전날 있었던 일을 신하들에게 흘린다.

"대왕대비께서 나에게 정사를 돌려주려고 하는데 내가 청해도 되

지 않으므로 원상으로 하여금 이를 청하게 하였더니, 좌의정이 청하
기를, '만약 지금 정사를 돌려준다면 이는 동방의 신민을 버리게 되는
것이니 신 등이 어느 곳에 믿고 의지하겠습니까? 비록 대궐에 나아가
더라도 한잔 술을 어찌 능히 편안히 마시겠습니까?' 하면서, 이와 같
이 간절히 청했으나 허가하지 않으므로, 나는 마지못해서 명령을 따
랐던 것이다. 그런데 가만히 이 말을 살펴보면 여러 정승들이 나를
믿지 못한 것이 왜 없겠는가? 비록 나날이 조심하여 힘쓰더라도 어찌
그릇된 행동이 없겠는가? 경 등은 각자 마음을 다하여 나의 미치지
못한 점을 보좌하라."

즉 성종은 한명회가 했던 말을 지나가듯이 거론하며 "그런데 이 말
로써만 본다면 여러 정승들이 나를 믿지 못한다는 말인가"라고 묻고
있는 것이다. 『실록』을 보면 결과적으로는 성종의 단순한 말실수로 보
이지만 어려서부터 국정을 논하면서 성장한 똑똑한 청년 성종이 한명
회를 우회적으로 견제하기 위한 고도의 계략이었을 가능성 또한 완전
히 배제할 수는 없다. 기다렸다는 듯이 곧바로 한명회를 국문해야 한
다는 상소가 양사에서 밀려들었다.
그 자리에 있던 대사헌 윤계겸 등이 당장 "대왕대비께서 전하에게
정사를 되돌리려고 하는 일이 무슨 옳지 못한 것이기에 한명회의 아뢴
바가 그러했습니까? 국문하게 하소서"라고 하자 성종은 "경 등의 들은
바가 잘못되었다. 한명회의 말은 다만 대왕대비의 청을 얻으려고 한
것뿐인데 무슨 다른 마음이 있었겠는가"라고 물리친다. 윤계겸은 대왕
대비의 동생 윤사흔의 아들이었다. 동료 원상인 윤자운과 윤사흔까지
문제를 삼자 이 소식을 들은 한명회는 즉각 성종을 찾아와 사죄했다.
성종은 무슨 혐의가 있겠냐며 음식까지 대접해서 돌려보낸다.

그러나 그것은 시작에 불과했다. 결국 한 달 넘게 이어진 상소 끝에 2월 28일 한명회는 장문의 글을 올려 자기변명을 한다. 주로 2월 19일에 올린 유자광의 글에 대한 반박이다. 당시 아무런 직위도 맡고 있지 않던 무령군 유자광이 이런 좋은 기회를 놓칠 리가 없다. 『실록』이 공식적으로 인정하는 모함의 귀재가 아닌가? 유자광은 한명회를 죽이기로 작정한 듯이 글을 썼고 너무 심하다고 싶었던지 한명회가 이를 반박한 것이다. 그러면서 한명회를 추국하라는 상소는 3월이 되어서도 한 달 내내 계속된다. 물론 한명회에 대한 추국은 이뤄지지 않았다. 2월 19일 모함의 귀재 유자광이 올린 상소문에는 이런 구절이 담겨 있다.

"신은 이 말을 듣고서는 분개함을 견딜 수 없습니다. 알 수는 없습니다마는, 한명회가 우매해서 이런 말을 하였겠습니까, 늙고 몽매해서 이런 말을 하였겠습니까, 병들고 미쳐서 이런 말을 하였겠습니까? 한명회가 우매하지도 않고 미치지도 않고 늙어서 몽매하지도 않다는 것은 전하께서 아시는 바인데, 이 어찌 말이 도리에 어긋남이 이와 같습니까?

그러자 한명회는 오랜 침묵을 깨고 28일 유자광의 상소를 정면으로 반박하는 글을 올렸다. 그 중에 그의 심경을 보여주는 구절이 담겨 있다.

"지난 기간 동안 신은 몹시 분개함을 견디지 못하여 스스로 제 목숨을 끊으려고 하였으나 뜻대로 되지 않은 것이 한두 번이 아닙니다. 신은 훈신의 원로에 참여하여 나라와 더불어 기쁨과 근심을 같이하고 있으므로, 간흉(奸兇)으로서 분수에 어긋난 일을 엿보고 있는 자는 반드시 신을 꺼리고 있습니다. 그리하여 성삼문, 봉석주, 이시애, 남이 등 여러 역적들이 계획을 꾸밀 적에도 모두 먼저 신을 제거하려고 하였던 것입니다."

한명회에 대한 상소가 계속 이어지던 당시 한명회는 '발을 절뚝거리는 병'에 걸려 몸도 불편한 지경이었다. 3월 29일 결국 한명회는 좌의정에서 물러난다. 성종의 완승이었다. 아마도 이때 한명회는 생명의 위협까지 느꼈을 것이다. 성종은 더 이상 자신을 지켜줄 버팀목이 아니었다. 뭔가 새로운 지지 세력을 찾아내지 않으면 안 된다는 생각을 했을 것이다. 그런데 이미 조정 신하들은 성종 쪽으로 가서 붙어버렸기 때문에 그 또한 쉬운 일이 아니었다. 그리고 두 달 후인 5월 19일에는 한명회의 권력 기반이었던 원상제마저 성종이 폐지해 버렸다. 그러면서도 인간적인 관계마저 끊어버린 것은 아니었다. 그해 11월 6일 성종은 직접 지은 시 〈압구정〉을 한명회에게 내려준다. 그리고 한명회는 좌의정에서는 물러났지만 원로로서 국가의 중대사에 대한 논의에는 계속 참석했다.

명나라 사신 정동과의 유착

성종 10년을 전후해 한명회는 자신의 권력 기반을 명나라에서 찾는다. 앞에서 보았듯이 그해 윤10월 명나라에서 건주위의 여진 정벌을 위한 파병 요청을 해왔을 때 한명회는 적극적인 파병 지지론을 펼쳐 마침내 파병을 성사시켰다. 그러나 어정대장 어유소는 압록강을 건너지도 못하고 군대를 해체해 버렸다. 이에 재파병론을 밀어붙여 그나마 중국의 노여움을 사지 않게 하는 데 적극 나선 이도 한명회였다. 이를 이유로 한명회는 성종 11년 1월 8일 성종한테서 고급 옷감을 선물로 받기도 했다.

이 무렵 명나라에서는 조선 출신의 환관인 정동(鄭同)이라는 사신이 정기적으로 조선을 찾았다. 수시로 뇌물을 요구하고 자신의 친인척이나 통역관들의 인사 청탁을 해 조정에서는 큰 골칫거리였다. 정동은 말끝마다 모든 게 자신이 직접 주선해 황제에게 허락을 받았다는 식의 자랑을 하는 인물이었다. 성종 11년 4월에는 북경에 가면서 옷감을 함부로 갖고 갔다가 발각되어 사형을 받게 된 사람이 정동에게 부탁해서 사형을 면하는 일까지 있었다.

한명회는 기회 포착에 관한 한 동물적 감각의 소유자다. 그가 볼 때 정동은 일종의 구세주였는지 모른다. 한명회가 정동을 이용하기로 결심한 것은 어쩌면 그로서는 자연스러운 선택이었을 것이다. 게다가 성종 11년을 전후해서는 폐비 문제와 세자 책봉 문제가 걸려 있었다. 이미 세조와 예종 그리고 성종을 거치면서 한명회는 이 두 문제가 명나라에서 승인을 얻어내지 않고서는 불가능한 사안이라는 것을 꿰뚫어 보고 있었다.

먼저 한명회는 중국을 드나드는 통사들을 자기편으로 끌어들였다. 대표적인 인물이 장유화이다. 그리고 정동까지도 완전히 구워삶는다. 이런 작업은 이미 성종 11년쯤에 마무리돼 있었다. 같은 해 11월 9일 한명회는 성종을 독대하고 나와서 자랑하듯이 승지와 사관에게 독대 내용을 전한다. 간단히 말하면 정동을 평양까지 배웅했던 통사 장유화가 돌아와서 자신에게 말하기를 "한명회가 주문사로 북경에 가면 황제가 반드시 윤씨를 폐비한 까닭을 묻고 원자는 어떻게 조처하였는지도 물어볼 것이다. 그에 대비하라"고 해서 자신이 성종에게 전했다는 것이었다. 문제는 정동이 돌아간 것은 7월로 이미 4개월이 흘렀는데 이제

와서 장유화가 조정에는 보고도 않고 한명회에게 사적으로 전한 데 있었다. 폐비 윤씨 문제와 관련해 심리적으로 불안정했던 성종으로서는 이제 기댈 사람이 한명회밖에 없었다. 한명회는 이렇게 해서 다시 힘을 얻어가고 있었다.

한명회의 불경(不敬)

성종 12년 4월 19일 주문사(奏聞使)로 북경에 갔던 한명회와 부사 이승소가 돌아와 선정전에서 복명했다. 내용적으로 대성공이었다. 주문사란 정조사, 성절사, 천추사 등과 같은 정기적인 사신과 달리 폐비나 세자 책봉 등과 같은 청탁이 있을 때 보내는 사신이었다. 그래서 이들의 임무 성공 여부는 국왕이나 조정으로서는 민감한 사안일 수밖에 없었다. 그런데 한명회는 폐비와 세자 책봉 문제를 말끔하게 해결했고 그 밖에도 무역 문제에서 숙원 사업을 해결하고 돌아온 것이다. 그런데 일은 전혀 엉뚱한 데서 터졌다. 열흘이 지난 4월 28일 대사헌 조간이 차자를 올렸다.

"명나라로 사신을 가면 사신의 임무만을 오로지하여 임금의 명령을 욕되게 하지 않아야 합니다. 이번에 한명회는 주문사로 북경에 가서 정동과의 인연을 빙자하여 사사로이 물건(유기그릇 등)을 바쳤으며, 또 돌아올 때는 사사로이 흑각(黑角)을 받고 와서 활을 만들 것을 청하였습니다. 이것은 한명회가 명의 내시에게 아첨하고 임금의 명령을 심히 욕되게 한 것입니다. 또 연전에는 사신이 돌아갈 때에 서울이 아니라 개성에서 전별(餞別)하기를 청하였으며, 이번에는 사신이 나오자, 또 개성에서 맞이하기를 청하였습니다. 이것이야말로 어찌 한 손에 쥐고 놓지 않으면서 일의 번거로움을 꺼리지 않는 행위가 아니겠습니까? 임금의 명을 욕되게 하고 사사로이 교제하는 죄는 용서할 수 없으니, 청컨대 그 사유를 국문하여서 그 죄를 바로잡도록 하소서."

그러나 성종은 이를 무시해 버렸다. 다음 날에는 대사간 강자평도 경연에서 이를 문제 삼았다. 이에 대해 성종은 자신이 직접 나서 변명을 해준다. 그러나 그것은 거짓이었다.

"대간의 말은 올바른 논의지만, 그러나 형편이 부득이하였다. 정동은 아주 소인이므로 친히 정승(政丞-한명회)을 보고 싸 가지고 온 물건이 무엇인지를 물어보았고, 강권하여 사사로이 바치게 하였다. 가지고 있지 않다고 대답하자, 곧 자신의 물건을 내어서 바쳤으니, 정승의 잘못이 아니다."

앞서 본 대로 성종이 왕권 확립 차원에서 한명회를 제압했던 압구정 사건이 일어난 것은 이런 논란이 있은 지 두 달도 안 된 6월 25일이었다. 불과 두 달 전에 자신의 숙원 사업을 풀어준 한명회에 대해 무한한 감사의 마음을 갖고 있던 성종이 압구정 사건으로 얼마나 화가 났으면 "한강 변의 정자들을 모두 헐어버리라"고 말을 했겠는가? 이런 충돌을 예상하지 못했을 리 없는 한명회가 일을 이런 방향으로 끌고 간 저변에는 '내가 누군데, 훈구공신으로서 내 권리는 조금도 포기할 생각이 없다'는 불경(不敬)에 가까운 오기가 도사리고 있었다고 볼 수밖에 없다. 결국 압구정 사건으로 한명회는 국문까지 당하는 수모를 겪어야 했다. 국문 결과 성종은 직첩을 거두고 성 밖에 나가 살게 하는 방안을 검토하라고 신하들에게 말한다. 직첩만 거두고 성 밖으로 내쫓는 것은 없었던 일로 끝났지만 이때 한명회에 대한 성종의 분노는 이루 말할 수 없었다. 그러나 결국 직첩도 4개월 후인 11월 17일 돌려준다. 성종으로서도 명나라를 의식하지 않을 수 없는 상황이 되어버렸기 때문이다.

여기서 우리는 성종과 한명회 사이에서 일어나는 그동안의 갈등들에서 일정한 패턴을 보게 된다. 비유하자면 이런 식이다. 앞에 올가미가 있다. 누가 시키지 않아도 한명회가 먼저 올가미 속에 머리를 들이민다. 성종은 그 올가미를 죄기 시작한다. 그러나 무작정 당기지 않는다. 아니 그렇게 할 수 없다. '한명회 없는 조정'을 성종으로서는 도저히 생각할 수 없기 때문이다. 결국 성종은 그 자신이 한명회의 행동을 '불경(不敬)'이라고 하면서도 제대로 목을 졸라보지 못하고 자신이 직접 올가미를 풀어준다. 수렴청정이 끝난 직후에도 그랬고 압구정 사건 때도 마찬가지였다. 사실 한명회식 정치라고 할 수 있는 이런 스타일의 행동은 수없이 사선을 넘어본 배짱이 없이는 쉽게 보여줄 수 없는 것이다.

그래서 11월 17일 한명회의 직첩을 되돌려주자 대사간 강자평은 차자를 올렸다.

"한명회가 범한 불경죄는 죽어도 마땅한데 성은을 지나치게 입어 목숨을 보전하고 다만 고신만 거두었으니, 죽은 자를 살려 백골에 살을 붙일 것만큼이나 큰 은혜를 입었습니다. 그런데도 반년이 못 되어 직첩을 돌려준다면 한명회의 더할 데 없이 오만한 마음을 어느 때에나 징계하겠습니까? 바라건대 급히 명령을 거두어 여론에 부응하소서."

성종은 들어줄 생각이 전혀 없었다. 12월 20일 인정전에서 열린 큰 술판을 보면 성종은 다시 한명회를 쓸 생각을 분명히 한다.

"2품 이상과 홍문관원, 그리고 입궐한 장수들에게 인정전 뜰에서 음식을 대접하게 하고, 전(前) 상당부원군 한명회와 현복군 권찬, 그리고 강원도 관찰사 여자신을 앞으로 나오도록 명하였다. 여자신은 마침 임금을 하직하게 되었으므로 이러한 명이 있은 것이다. 한명회에게 전교하기를, '경은 큰 공신(功臣)이니, 마땅히 이제는 복직이 되어야 한다'면서 큰 마노배(瑪瑙杯)를 내어다 권하기를, '한껏 취해서 돌아가도록 하라. 정승이 만약 취하면 누가 취하지 않겠는가?' 하니, 한명회가 갓을 벗고 머리를 조아리며 사례하였다."

전 상당부원군의 '전(前)' 자가 사라지는 순간이었다. 그러자 일주일 후인 27일 이번에는 대사헌 김승경이 차자를 올렸다.

"한명회가 범한 바는 불경죄에 해당하므로 진실로 중법(重法)으로 다스려서 신민의 울분을 시원스럽게 해주어야 마땅할 것입니다. 그런데 전하께서는 훈구대신이라는 이유로 특별히 너그러운 법을 따라 단지 직첩만을 거두었다가 한 해도 지나지 않아 다시 돌려주었습니다. 그리고 두어 달이 못 가서 또 서용하셨는데, 한명회의 죄는 용서할 수 없는 것이니, 결단코 서용할 수가 없습니다. 삼가 바라건대 성명(成命)을 속히 거두시어 여망(輿望)을 위로해 주소서."

이 또한 성종은 들어주지 않았다.

성종의 분노

성종 14년 1월 초 다시 한 번 조정은 한명회 문제로 떠들썩하게 된다. 정동이 글을 내려 다음에 북경에 보낼 주문사로 미리 한명회를 지목한 것을 놓고 그것이 사실인지의 여부, 사실이라 하더라도 한명회를 보낼 것인지의 여부 등에 대한 대신들의 입장이 갈려 격론을 벌였다. 그러나 결국 사실이 아니라 하더라도 한명회와 정동의 관계를 볼 때 보내는 것이 가장 무난할 것이라고 결론이 난다. 문제는 그 다음부터다. 사건의 발단은 2월 5일에 일어난다.

"한명회가 노년(69세)으로 북경에 가게 되었으므로 독대하고서 자신의 소회를 진술할 수 있기를 희망하였다. 그러나 여러 날을 미루다가 이날 인견(引見-왕이 불러서 만남)하였다. 한명회가 아뢴 바는 병자년에 박팽년 등 여러 사람 및 봉석주, 이시애, 남이 등이 난을 도모한 일이었고 다른 신통한 계책이 없으므로 임금이 아무런 대답도 하지 않았다. 한명회가 이에 물러 나왔다. 그러고 나서 한명회는 우승지 강자평에게 이르기를, '성상께서 신료에게 명하여 송행시(送行詩-환송의 뜻을 담은 시)를 지어 두루마리를 만들게 하였으나, 그것을 책에다 쓰면 보기에 편리하겠습니다' 하니, 강자평이 말하기를 '그렇게 하겠습니다'라고 하였다."

이 기록은 두 가지에 주목해야 한다. 뻔한 자기 자랑에 성종은 "아무런 대답도 하지 않았다"는 대목과, "성상께서는 두루마리로 만들라고 했지만 책에다 쓰면 보기에 편리하겠다"는 대목이다. 성종 또한 주문사로 한명회를 보내는 게 그리 탐탁지 않았다. 게다가 폐비 윤씨는 이미 죽었고 세자 문제도 해결됐기 때문에 앞으로 특별히 한명회만이 할 수 있는 일이 있는 것도 아니었다. 바로 다음 날이 세자 책봉일이었다. 물론 이번에 가는 주문사의 핵심 임무가 세자 책봉에 대한 승인이긴 하지만 이미 방침은 결정돼 있었다. 성종이 생각한 한명회의 역할은 거기까지였던 것이다. 아무 대답도 하지 않은 배경에는 한명회에 대한 성종의 이 같은 부정적인 생각이 깔려 있었다.

그러나 사건에 불을 댕긴 것은 후자, 즉 "성상께서는 두루마리로 만들라고 했지만 책에다 쓰면 보기에 편리하겠다"는 한명회의 말이다. 다시 한명회는 올가미에 자신의 목을 들이밀고 있는 것이다. 노망(老妄)해서일까?

2월 8일 성종은 승정원에서 한명회의 송행시를 책으로 만든 일을 보고하자 크게 화를 낸다.

"내가 두루마리로 만들라고 명하였는데 어째서 책으로 만들었느냐?"

그때 우승지 강자평이 나서 "한명회가 책으로 만들기를 청하였으므로 '그렇게 하였는데', 다시 품지하지 않은 것은 신에게 실로 죄가 있습니다"라고 말하자 성종은 "임금의 명은 따르지 아니하고 대신의 말을 듣는 것이 옳은 일이냐?"며 즉석에서 사헌부로 하여금 강자평을 잡아들여 국문하도록 지시한다. 강자평이 누구인가? 불과 얼마 전 대사간으로 한명회의 직첩 반환은 부당하다며 한명회를 중벌에 처해야 한다고 주장했던 인물이다. 그런 사람이 이번에는 한명회에 연루되어 국문을 당하는 신세가 된 것이다.

바로 다음 날 한명회가 성종에게 "송행시를 두루마리로 하지 않고 책으로 만든 것은 강자평이 신의 말을 듣고 그렇게 한 것이니, 신에게 실로 죄가 있습니다. 황공함을 이기지 못하겠으니, 청컨대 벌을 내리소서"라고 하자 성종은 "허물은 강자평에게 있지 정승에게 무슨 죄가 있겠는가?"라고 답한다.

그런데 강자평에 대한 처벌 수위를 놓고 2월 11일 조정에서는 다시 격론이 벌어진다. 사헌부에서는 당시의 형법인 '대명률'에 따르면 강자평의 행위가 '기훼제서율(棄毁制書律)'에 해당한다고 보고한 것이다. 말 그대로 임금의 문서를 버리거나 훼손한 죄에 해당한다는 것이다. 이것은 곧 참형이었다. 참형은 머리와 신체를 분리한다는 점에서 같은 사형이라도 교수형보다 더 중한 벌로 간주되었다. 실제로 국왕의 지시를 왜곡한 한명회는 아무런 벌도 받지 않는데 그것을 무심결에 따른 강자평은 하루아침에 진짜 목이 날아가게 생긴 것이다. 여기에는 한명회에 대한 성종의 분노가 고스란히 담겨 있었다. 다만 그 분노의 방향을 틀 수밖에 없었다. 결국 논쟁 끝에 강자평은 "고신을 거두고 유배를 보내는" 선에서 처리됐다. 그런데 바로 그날 한명회는 주문사로 떠나게 되었음을 성종에게 고하고 북경을 향해 출발했다. 보기 좋게 올가미에서 머리를 끄집어낸 것이다.

사실 이런 정도가 되면 일반 사람들은 조심에 조심을 거듭해야 정상이다. 그러나 한명회는 거침이 없다. 다음 해인 성종 15년 5월 3일 한명회는 자신의 손자의 붓글씨를 가르치는 데 필요하다며 법첩(法帖-서체의 모범이 될 만한 잘 쓴 글씨로 만든 서첩)을 인쇄하기를 청한다. 두루마리냐 책이냐로 강자평이 자리에서 내쫓기고 유배까지 떠나야 했던 사건이 불과 1년 정도 지난 시점에서 이번에는 자기 손자를 위해 법첩을 국가기관에서 인쇄토록 해달라는 것이다. 그러면서 동시에 한명회는 안전장치도 마련했다. 문종의 어필(御筆)과 중국 명필 조맹부의 진필(眞筆)을 성종에게 바친 것이다. 물지 않을 수 없는 미끼였다. 특히 조맹부는 성종이 좋아하던 인물 아닌가. 성종은 "문종이 쓴 글씨

조맹부 〈진초천자문(眞草千字文)〉_ 조맹부는 중국 원나라의 화가이자 서예가로, 산수화, 인물도, 화조화 등 여러 소재에 능했으며, 무엇보다 서예에서 위대한 업적을 이루었다.

를 외간(外間)에 놓아둠은 마땅하지 아니하니, 내가 마땅히 내부(內府)에 두겠으며, 법첩은 인쇄하여 주겠다"고 답한다.

당시 정황에 대해서는 사신의 논평이 참고가 된다. "한명회는 그 손자에게 서법(書法)을 가르치기 위하여 법첩 인쇄를 청하였으니 그 경솔하고 번거롭게 한 것만도 이미 부당한 처사인데, 또한 임금이 좋아하는 저명한 사람의 서찰에다가 법첩까지 바쳐서 임금의 비위를 맞추었으니, 이것이 어찌 대신의 도리라고 하겠는가? 한명회는 일찍이 어서(御書)를 사사로이 인쇄하여 집집마다 병풍과 족자를 만들게 하여서 근시(近侍-승지나 사관처럼 임금을 가까이서 모시는 신하)들이 다투어 거둬들였는데, 임금의 좋아함은 한명회가 유도한 것이다." 사신들도 한명회의 치밀함을 다 알고 있었다는 말이다.

열흘도 안 된 5월 11일 성종은 조맹부의 진본 글씨를 구하라고 명한다. 이에 달성군 서거정이 병풍 한 벌을 바치고, 행 사직 김유는 족자 한 축을 바쳤다. 성종이 한명회의 손아귀에서 놀아나고 있음을 보여주는 장면이 아닐 수 없다.

성종 18년 11월 14일, 한명회와의 질긴 인연은 끝나지만

성종 18년 11월 14일 한명회가 세상을 떠났다. 그해 봄 한명회는 병으로 자리에 누웠다. 성종은 날마다 자신의 주치의인 내의(內醫)를 보내어 치료하게 하고 내시를 보내어 문병하였다. 한명회가 세상을 떠나던 날의 이야기를 『실록』은 이렇게 전한다.

"임금은 한명회의 병이 위독하여지자 승지를 보내어 하고 싶은 말을 묻도록 하였다. 한명회는 시중드는 사람으로 하여금 관대(冠帶)를 몸에 대도록 하고, 어렵게 입술과 혀를 놀려 입속으로 말하기를, '처음에는 부지런하고 나중에는 게으른 것이 사람의 상정(常情)이니, 원컨대, 나중을 삼가기를 처음처럼 하소서'라고 했다. 이 말을 마치자 운명하였는데, 나이가 73세이다. 임금이 매우 슬퍼하여 음식을 들지 아니하고, 특별히 내신(內臣)을 보내어 제사(祭祀)를 내렸으며, 또 백관에게 명하여 회장(會葬)하게 하였다. 시호(諡號)를 충성(忠成)이라 하였으니, 임금을 섬기어 절개를 다한 것을 충(忠)이라 하고, 임금을 보좌하여 능히 잘 마친 것을 성(成)이라 하였다. 한명회는 성품이 넉넉하고 도량이 깊어 소소한 일에 얽매이지 아니하고, 항상 주장하는 이론은 화평(和平)에 힘쓰고, 일을 결단함에 있어서는 강단 있게 행하였으므로, 세조가 일찍이 말하기를, '한명회는 나의 장자방이다'라고 하였다. 아들은 한보(韓堡)이고, 딸은 장순왕후와 공혜왕후이다."

덧붙여 사신의 총평을 싣는다.

"한명회는 젊어서 유학을 업으로 삼았으나 뜻을 얻지 못하고 불우하게 지내다가, 권람을 통하여 세조가 잠저(潛邸-임금이 되기 전에 살던 사저)에 있을 때 알아줌을 만나, 대책(大策)을 찬성하여, 그 공이 첫 번째를 차지하였으며, 10년 사이에 벼슬이 정승에 이르렀고, 마음 속에 항상 국무(國務)를 잊지 아니하고, 품은 바가 있으면 반드시 아뢰어, 건설한 것 또한 많았다. 그러므로 권세가 매우 성하여, 추종하는 자가 많았고, 빈객(賓客)이 문에 가득하였으나, 응접하기를 게을리 하지 아니하여, 수많은 재상들이 그 문에서 많이 나왔고 조관(朝官 -조정 관리)으로서 그의 말의 채찍을 잡는 자까지 있기에 이르렀다. 성격이 화려한 것을 좋아하고 과장하기를 기뻐하며, 재물을 탐하고 색을 즐겨서, 전민(田民)과 보화 등의 뇌물이 잇달았고, 집을 널리 점유하고 희첩(姬妾)을 많이 두어, 그 호부(豪富)함이 일시(一時)에 떨쳤다. 여러 번 사신으로 명나라에 갔었는데, 늙은 환자(宦者) 정동에게 아부하여, 많이 가지고 간 뇌물로써 사사로이 황제에게 바쳤으나, 함께 간 부사가 감히 말리지 못하였다. 만년에 권세가 떠나자, 빈객이 이르지 않으니, 초연하게 적막한 탄식을 하곤 하였다. 비록 여러 번 간관의 논박을 당했으나, 소박하고 솔직하여 다른 뜻이 없었기 때문에 그 훈명(勳名)을 보전할 수 있었다."

우리가 흔히 알고 있는 것보다 『실록』의 평가는 훨씬 후하다. 어쩌면 그게 진실인지 모른다.

9장
세종 대 성종

동일한 사건에 대한 서로 다른 태도

성종은 수시로 세종과 세조를 자신의 정치의 사표(師表)로 삼고 있음을 밝힌다. 그리고 실제로 여러 가지 점에서 세종과 세조의 정신을 이어받아 펼쳐간 것 또한 사실이다. 그러나 오랜 내외적 시련의 극복에서 생긴 내공과 깊은 학식으로 신하들과 끈질기게 논쟁하며 자신의 리더십을 세운 세종이나 목숨을 건 쿠데타에 성공해 밑바닥부터 권력을 다져온 세조에 비한다면 성종의 젊은 시절은 이렇다 할 것이 아무것도 없다. 그는 열세 살 어린 나이에 왕위에 올라 대왕대비와 원로들에 의한 수렴청정을 받아야 하는 국왕이었다. 적어도 그때부터 자신이 직접 권력을 행사하게 되는 스무 살 무렵까지는 수렴청정뿐만 아니라 신하들에게서 학문까지 배워야 하는 입장이었다.

따라서 단순히 평면적으로 세종과 성종을 비교하는 것은 여러모로 적절치 못하다. 지금부터 살펴보게 될 세종의 유감동 사건 처리와 성종의 어을우동 사건 처리를 비교할 때에도 마찬가지다. 그때 두 사람의 나이를 살피는 것은 필수적이다. 또한 당시 두 사람을 둘러싸고 있던 서로 다른 신하들의 권력 지형 또한 필수적인 고려 사항이다. 이런 점들을 고려하며 유감동 사건과 어을우동 사건을 비교해 보면 성종의 인물됨을 추체험하는 데 큰 도움이 될 것이다.

유감동 사건에 대한 세종의 판결

세종 9년(1427년) 8월 조정이 발칵 뒤집어지는 사건이 발생한다. 희대의 '음부(淫婦)' 유감동이 스스로 창기를 자처하며 무려 39명에 이르는 중앙과 지방 관리들과 난잡한 성관계를 가진 것이 드러난 것이다. 유감동은 검한성(檢漢城) 유귀수의 딸로 평강현감 최중기와 결혼했다가 '음행(淫行)'이 발각되어 버림을 받자 아예 창기를 자칭하면서 경외(京外)의 관리들과 간통을 하다가 사헌부의 탄핵을 받게 됐다. 그 상대 중에는 사헌부 지평 이효례와 공조판서 성달생이 포함되어 있었고 공신의 자식들도 있었으며 심지어 숙질이나 전 남편의 매부와도 관계를 맺었던 사실이 드러났다. 성달생은 성삼문의 할아버지다. 천인이나 기생이 이렇게 했어도 큰 문제가 될 판에 양반집 규수의 이 같은 행각은 조정을 뒤흔들기에 충분했다.

당시 법률대로 하자면 '대명률'에 따라 유감동에게 장형을 부과한 후 변방의 관비(官婢)로 내쫓는 것이었다. 그러나 이런 경우에는 법과 달리 '특단의 조치', 즉 사형에 처하는 일이 비일비재했다. 실제로 세종 자신도 4년 전인 세종 5년 전(前) 관찰사 이귀산의 처 유씨가 지신사(오늘날의 대통령 비서실장 격으로 세종이 명칭을 도승지로 바꾼다) 조서로와 간통을 했을 때 3일간 저잣거리에 세워놓은 다음 참형에 처하도록 지시했었다.

아마도 이 일을 염두에 둔 것 같은데, 세종은 이 일이 있고 난 다음 해인 세종 6년 6월 4일 신하들과 국정을 논의하던 중 이런 말을 한다.

"나는 항상 생각하기를 사람의 죄가 사형에 처하는 것이 마땅하다 하더라도 만약에 사정에 따라 용서할 수 있다면 모두 용서하고 싶은 것이 나의 본심이오."

조정 일각에서는 유감동에 대해 '특단의 조치'를 취해야 한다는 의견도 있었다. 격한 논란 끝에 세종은 마침내 율에 따라 처리하는 쪽으로 결론짓는다. 그리고 이런 결정의 배후에 얼마나 오랜 고민과 인간에 대한 깊은 사랑이 자리하고 있었는지를 보여주는 명확한 증거가 있다. 유감동 사건이 있은 후 9년이 지난 세종 18년 4월 20일자 『세종실록』의 기록이다.

"내가 즉위한 뒤에 관찰사 이귀산의 아내가 지신사 조서로와 간통하여, 내가 그때 나이 젊고 한창이던 때라, 이르기를, '우리나라 풍속이 집집마다 토지와 노비가 있고 상하가 구분이 있으므로 중국에서 칭찬하던 바이었는데 뜻하지 아니하게 사족(士族) 벌열(閥閱)의 집안에 이러한 추잡한 행실이 있어 치교(治敎)에 흠집이 되기 때문에 깊이 이를 미워하여 율문 밖의 형벌(곧 사형)로 행하였더니, 근자에 검한성 유귀수의 딸 유감동이 기생이라 사칭하고 중외에서 자행하고 있으며……풍속을 문란케 하였으므로 율에 따라 결죄(決罪)하고 천인으로 만들었다……율외(律外)의 형벌을 가한 것은 실로 잘한 정사가 아니다. 지난날 한두 가지 율외의 형벌은 지금도 후회가 된다."

그냥 세종이 아니다. 이래서 세종이며 이래서 성군(聖君)이다. 그렇다고 세종이 마냥 마음이 여리거나 온순해서 이런 생각에 이르렀다고 봐서는 안 된다. 대단히 현실적인 통찰이 뒷받침되고 있는 것이다. 유감동 사건 직후인 세종 9년 9월 세종은 "여자들이 좋지 못한 행동을 하는 것은 혼인의 시기를 잃은 까닭이다"라고 말하는가 하면 세종 15년 12월에는 "남녀의 욕구를 어찌 법령만으로 막을 수 있겠는가?"라고 묻고 있다.

세종의 경우 22세에 왕위에 올랐으니 이귀산의 아내 유씨를 사형에 처한 세종 5년에는 27세, 유감동 사건이 일어난 세종 9년에는 31세였다. 20대 후반을 지나면서 성숙의 길을 갔다고 할까?

성종 대의 어을우동 스캔들

그러면 어우동으로 더 알려진 어을우동(於乙宇同) 사건의 개요를 보자. 이 사건에는 왕실의 종친들까지 관련됐다는 점에서 유감동 사건 이상의 충격을 조정에 안겨주었다. 그리고 넓은 의미에서 어을우동 자신도 왕실의 일원이기도 했다.

어을우동은 성종 시절 승문원 관리 박윤창의 딸로서 태강수(수는 왕실 친척에게 내리는 작호) 이동(李소)에게 시집갔다. 『실록』에서 최초로 어을우동의 이름이 등장하는 것은 성종 11년 7월 9일 의금부의 보고에서다.

> "방산수(方山守) 이난과 수산수(守山守) 이기가 어을우동이 태강수
> 의 아내였을 때에 간통한 죄는, 율이 장(杖) 100대, 도(徒) 3년에 고신
> (告身)을 모조리 추탈하는 데 해당합니다."

이에 대해 성종은 장(杖)은 대체해 주고 고신을 거둔 다음 먼 지방으로 내쫓으라고 명령했다. 방산수와 수산수는 이틀 후 지방으로 내쫓겼다. 그것은 의금부에서 올린 대로 '대명률'에 따른 것이다. 그런데 이틀 후인 11일 더욱 충격적인 보고가 올라왔다.

"박강창, 홍찬 등이 어을우동을 간통하고도 굳이 숨기고서 자복하지 않고, 어을우동이 어유소, 노공필, 김세적, 김칭, 정숙지, 김휘, 지거비를 간통하고도 은폐하고서 승복하지 않으니 이들을 국문하게 해 주소서."

이에 대해 성종은 박강창, 홍찬, 어을우동 등은 형을 가하고 고위급 인사인 어유소, 노공필, 김세적은 아직 추문하지 말고, 김칭, 정숙지, 김휘는 먼저 추문하여 아뢰라고 명한다. 이들의 이름이 나온 것은 어을우동과 정을 통했던 방산수의 입에서다. 방산수의 자백에 따라 각각의 처벌 양상이 세 가지로 달라진 것이다. 그 중 아직 추문하지 말라고 한 어유소와 김세적은 성종의 총애를 받던 무신이었고 노공필은 훈구파의 핵심 노사신의 아들이었다. 고관대작들이었다. 실제로 이들은 최종 수사 결과에서는 '증거 불충분'으로 아무런 처벌도 받지 않게 된다. 또 그후 그들의 관직이 계속 높아진 것을 보면 그렇게 큰 문제가 된 것은 아니었다. 그 밖에 박강창은 전의감 생도(일종의 왕실 병원 인턴), 홍찬은 학유(學諭-성균관 학사 업무를 담당하는 낮은 자리였지만 문과에 급제한 이들이 필수적으로 거쳐 가는 중요한 직책이었다)였고 지거비는 밀성군의 노비였다. 사실 이때까지만 해도 성종은 왕실이 관계된 때문인지는 몰라도 어을우동을 사형에 처할 생각까지는 없었던 것으로 보인다. 예를 들어 8월 4일 신하들이 방산수, 어유소, 김칭 등에 대한 국문을 요구하자 이렇게 말하고 있다.

"어을우동의 음란하고 더러운 것은 전고에 없는 것이니 마땅히 시
체를 갈기갈기 뜯어 저잣거리에 내놓아야 마땅하나 곤장을 맞다가
죽을까 두려워서 형벌(장 100대)을 쓸 수 없다."

그런데 9월 2일자 『실록』에 실린 의금부의 조사 결과에 따르면 내금
위 구전, 생원 이승언, 서리 오종련·감의형, 양인 이근지 등의 이름이
새롭게 등장한다. 말 그대로 왕실 사람부터 노비까지 신분을 가리지
않고 융단폭격식으로 '음행'을 일삼았던 것이다. 덧붙여 의금부는 어을
우동의 형량은 곤장 100대에 유(流) 2,000리(서울에서 2,000리 떨어진
곳에 유배를 보내는 것)에 해당한다는 형량 의견을 올렸다. 앞서 말한
'대명률'에 의거한 것이며 정상적인 구형이라고 할 수 있다.
　그때부터 장장 3개월에 걸쳐 어을우동에 대한 처리를 놓고 조정에
서는 법률에 따른 처리론과 극형론이 맞섰다. 성종 11년 9월 2일자
『실록』의 기록이다.
　먼저 온건론을 편 정창손은 "어을우동은 종친의 처이자 선비의 딸로
서 음욕을 자행한 것이 창기와 같으니 마땅히 극형에 처해야 합니다.
그러나 태종·세종 때 선비의 부녀로서 음행이 매우 심한 자는 간혹 극
형에 처했지만 그 후로는 모두 율에 의해 단죄했으니 어을우동도 율에
의해 단죄해야 한다"는 의견을 냈다.
　이어 김국광, 강희맹 등은 "어을우동은 종실의 부녀로서 친척과 귀
천을 가리지 않고 서로 간통해서 인륜을 손상시켰습니다. 청컨대 중국
조정의 예에 의해 저자에 세워 도읍 사람들로 하여금 모두 보고서 징
계가 되게 한 후에 율에 따라 멀리 유배하소서" 하며 일종의 절충적 의

견을 내놓았다.

그러자 윤필상, 심회 등은 "어을우동이 강상(綱常)을 무너뜨렸는데도 불구하고 죽이지 않으면 음란한 풍속을 어떻게 그치겠습니까? 남녀의 정은 사람들이 크게 탐하는 것이므로 법이 엄격하지 않으면 사람들이 장차 욕정을 자행하여 춘추시대 정나라·위나라의 풍속이 되살아날 것입니다. 청컨대 이 여자를 큰 벌에 처하여 후세 사람을 경계하소서"라며 강경론을 주장했다. 그 밖에 현석규, 김계창 등도 죽이자는 의견이었다.

이에 대해 홍응, 한계회 등은 다시 "국가에서 죄를 정할 때는 한결같이 율문에 따르고, 임의로 가볍게 하거나 무겁게 할 수 없는 것입니다. 하물며 임금께서 즉위하신 이래 형장을 강등(降等)하여 관대(寬大)한 법전을 따랐으며 법외로 논단한 적은 없었습니다. 어을우동의 추악한 행실은 마땅히 극형에 처해야 되나 임금의 은덕은 죽음 중에서도 살릴 길을 구해야 합니다. 청컨대 율에 의해 결정하소서"라며 법대로 지방에 유배를 보내 관비가 되도록 할 것을 주청했다. 이극배도 "태종조에 승지 윤수의 처가 맹인 하천경과 간통하고, 세종조에 관찰사 이귀산의 처가 승지 조서로와 간통하여 모두 사형에 처했습니다. 그 후 판관 최중기의 처 유감동이 창기라 칭하면서 음행을 자행했는데, 사형을 감하여 유배를 보냈습니다. 지금 어을우동은 종실의 처로서 음욕을 자행하기를 꺼리는 바가 없었으므로 극형에 처해야 하나 율에 의하면 사형에 이르지는 않습니다. 청컨대 사형을 면하여 먼 곳에 유배하소서." 채수, 성현 등은 '법대로' 처리를 지지했다.

전반적으로 보자면 '법대로', 즉 죽이지는 말자는 의견이 다수였다. 이 점은 대단히 중요하다. 신하들의 다수가 죽이자고 해서 죽이는 것과 신하들의 다수가 살려주자고 하는데 죽이는 것은 성종의 본심을 아는 데 결정적인 차이가 있기 때문이다. 이 자리에서 이미 성종은 죽이는 쪽으로 결심을 굳힌다.

"어을우동은 음탕하게 방종하기를 꺼림이 없게 하였는데, 이런데도 죽이지 않는다면 뒷사람이 어떻게 징계되겠느냐? 의금부에 명하여 사율(死律)을 적용하여 아뢰게 하라."

이에 따라 10월 18일 어을우동은 교수형에 처해졌다.

어을우동에 대한 『실록』의 보고

어을우동은 처음에 태강수 이동에게 시집을 갔는데 행실이 과히 좋지 못했다. 이동이 은장이를 집으로 불러 은그릇을 만드는데 어을우동이 은장이를 보고 좋아하여 계집종처럼 가까이하려 했다. 태강수가 그것을 알고 쫓아내어 어을우동은 친정으로 돌아가 슬퍼하며 탄식했다.

그때 한 계집종이 위로하기를 "사람이 얼마나 살기에 상심하고 탄식하기를 그처럼 하십니까? 오종년이란 이는 일찍이 사헌부 관리가 되었고 용모도 아름답기가 태강수보다 월등히 나으며, 가계도 천하지 않으니 배필을 삼을 만합니다. 주인께서 만약 생각이 있으시면 제가 주인을 위해 불러오겠습니다" 하니 어을우동이 머리를 끄덕였다.

어느 날 계집종이 오종년을 데리고 오니, 어을우동이 맞아들여 간통했다. 또 방산수 이난의 집 앞을 지나다가 그와 간통했는데 정이 매우 두터웠다. 이난이 자기 팔뚝에 이름 새기기를 청하여 먹물로 이름을 새겼다.

또 단옷날 화장을 하고 나가 놀다가 도성 서쪽에서 그네놀이를 구경하는데, 수산수 이기와 눈이 맞아 정을 통했다.

전의감 생도 박강창이 노비 파는 일로 어을우동의 집에서 의논하다가 어을우동이 꼬리를 쳐서 맞아들여 간통했는데, 어을우동이 가장 사랑하여 또 팔뚝에다 이름을 새겼다.

또 이근지란 자가 있었는데 어을우동이 음행을 좋아한다는 소문을 듣고 간통할 마음으로 직접 그의 문에 가서 거짓으로 방산수의 심부름 온 사람이라고 칭하니, 어을우동이 이근지를 보고는 문득 붙잡고서 간통했다.

내금위(왕궁 수비대) 구전은 어을우동과 담장을 사이에 두고 살았는데 하루는 어을우동이 정원에 있는 것을 보고 담을 뛰어넘어가 간통했다.

생원 이승언이 일찍이 집 앞에 서 있다가 어을우동이 지나가는 것을 보고 계집종에게 묻기를 "지방에서 뽑아 올린 새 기생 아니냐?" 하니 계집종이 "그렇습니다" 했다. 이승언이 뒤를 따라가며 희롱도 하고 말도 붙이며 그 집에 이르러 침방에 들어가 비파를 가져다 탔다. 어을우동이 성명을 묻자 "이 생원이다" 하니 "장안의 이 생원이 얼마인지 모르는데 어떻게 성명을 알겠는가" 했다. 이승원이 답하기를 "춘양군의 사위 이 생원을 누가 모르는가" 하며 마침내 동침했다.

홍찬이 처음 과거에 올라 시내 구경을 하다 방산수의 집을 지날 적에 어을우동이 살며시 엿보고 간통하고 싶은 마음이 있었는데, 그 뒤에 길에서 만나자 소매로 그의 얼굴을 슬쩍 건드려 홍찬이 마침내 그녀 집에 이르러 간통했다.

서리 김의형은 길에서 어을우동을 만나 그녀를 희롱하며 집까지 따라가 간통했는데 어을우동이 서리를 몹시 사랑하여 이번에는 등에다 이름을 새겼다.

밀성군(세종의 후궁 신빈 김씨의 아들)의 종 지거비가 이웃에 살았는데 어느 날 새벽, 어을우동이 일찌감치 나가는 것을 보고 위협하여 "부인께선 어찌하여 밤을 틈타 나가시오? 내가 크게 떠들어 이웃에 알리면 큰 옥사(獄事)가 일어날 것이오" 하니 어을우동이 두려워해 안으로 불러들여 간통했다.

이때 방산수 이난이 간통 사건과 연루되어 옥에 갇혔는데 어을우동에게 이르기를 "예전에 유감동이 많은 간부(奸夫)를 연루시키는 바람에 사형을 면했으니 너도 사통한 바를 숨김 없이 끌어대면 중죄를 면할 수 있을 것이다"라고 했다.

이로 인해 어을우동이 간통한 남자를 많이 열거하고 방산수 이난도 어유소, 노공필, 김세적, 김칭, 김휘, 정숙지 등을 끌어댔으나 모두 증거가 없어 죄를 면했다. 방산수는 "어유소는 일찍이 어을우동의 이웃집에 살았는데 은밀히 사람을 보내어 그 집에 맞아들여 사당에서 간통하고 뒤에 만날 것을 기약하여 옥가락지를 주어 신표로 삼았습니다. 김휘는 어을우동을 사직동에서 만나 길가의 인가를 빌려서 정을 통하였습니다" 식으로 진술했었다.

사람들이 어을우동의 어미 정씨도 음행이 있는 것이 아닌가 의심했는데 그 어미가 말하기를 "사람이 누군들 정욕이 없겠는가. 내 딸이 남자에게 혹하는 것이 다만 너무 심할 뿐이다"라고 했다.

세종과 성종의 판결 차이

역설적이게도 어을우동의 어머니가 했다는 말과 세종이 세종 15년 12월에 한 말은 결국 같은 뜻이다. 있는 그대로의 인간에 대해 이야기하고 있는 것이다. 그렇다고 세종은 선(善)이고 성종은 악(惡)이라는 단순 논리에 빠져서는 안 된다. 예를 들어 성종 6년 8월 성종은 신하들에게 이런 말을 하고 있다.

"세종은 살리기를 좋아하는 덕이 어떤 왕보다도 뛰어나 일찍이 형벌을 염려하는 교지를 내리셨으며 고금의 형옥(刑獄) 가운데 거울삼고 경계 삼아야 할 10여 가지 조항을 낱낱이 채록하여 간곡히 가르치고 타이름으로써 형옥을 맡은 자로 하여금 체득하여 최선을 다하고 따라 행하게 하였으니 세종의 마음은 곧 형벌을 삼가고 신중히 하던 순(舜)임금의 마음이다."

다시 말해 형벌을 삼가고 신중히 하는 게 훨씬 좋은 방향이라는 것은 19세의 성종도 잘 알고 있었던 것이다. 그런데 왜 성종은 5년 후 어을우동에게 많은 신하들의 반대를 무릅쓰고 교형이라고 하는 극형을 내린 것일까? 물론 성종도 처음에는 사형을 시킬 생각까지는 없었다. 그러나 유감동 때와는 달리 어을우동 때는 왕실의 종친 두 명이 직접 관계됐고 어을우동 자신도 넓은 의미의 종친이라는 게 영향을 미쳤을 것이다. 또 성종 11년이면 수렴청정에서 벗어나 4~5년이 흘렀기 때문에 독자적인 권력 행사에 한창 탄력이 붙어갈 시점이다. 당시 자신만만했던 성종의 위세를 보여주는 사례 한 가지다. 어을우동의 처리 방향을 놓고 신하들 간에 논쟁이 한창이던 9월의 일이다. 감찰 서팽소가 무사에게 국가의 정사를 맡기면 권세를 독점할 우려가 있다는 내용의 상소를 올렸다. 당시 조선 조정의 분위기에서는 당연히 제기할 수 있는 평범한 상소일 수도 있었다.

"문사(文士)만 전적으로 쓰게 되면 외부의 침략을 물리치지 못하고 무사만 전적으로 쓰게 되면 안으로 정사를 닦을 수 없으니, 즉위한 이래 문무를 번갈아 쓴 것은 이 때문이었다. 지금 서팽소가 무사를 쓰지 말게 하고자 하므로 내가 그에게 죄를 주고자 한다."

물론 신하들이 하나같이 반대하는 바람에 별다른 일 없이 지나갔지만 당시 권력 장악에 대한 성종의 자신감이 어느 정도였는지를 보여주는 좋은 사례이다.

종친과 관련된 일과 국왕으로서 권력 장악에 대한 자신감 외에 어을우동에 대한 극형을 설명할 수 있는 또 한 가지 이유로는 성종 시대의 중요한 특징 중 하나인 도덕 규율의 강화를 꼽을 수 있다.

세종의 인간주의적 태도, 성종의 남성주의적 태도

'조선'이라고 했을 때 당장 떠오르는 몇 가지 부정적인 이미지, 특히 여성이나 가족제도, 가부장주의 등과 관련한 지극히 부정적인 상(像)이 조선시대 전반에 그대로 적용된다고 생각하는 것은 부당하다. 그리고 사실에 부합되지도 않는다. 적어도 성종 이전까지 조선시대의 실상과는 동떨어진 것이다.

예를 들어 부녀자의 개가(改嫁)를 금하고 개가한 여자의 자손에게는 관직 제수와 과거 응시를 허락하지 않는다는 방침을 정한 게 성종 8년, 즉 성종이 수렴청정을 벗어난 지 꼭 1년 만의 일이다. 이는 곧 그 이전까지는 개가를 금하지 않았고 개가한 여자의 자손이 관직에 나갈 수 있는 길도 열려 있었다는 뜻이다. 개방 사회가 폐쇄 사회로 가는 첫걸음을 내딛고 있었던 것이다. 만일 오늘날의 척도를 들어 '개방'과 '폐쇄'를 나눈다면 그것이야 부당하겠지만 사실은 당시의 척도에서 보더라도 이 같은 조치는 경직과 엄숙으로 가는 길이며 당시에도 상당한 논란이 되었다.

성종이 세종에 비해 훨씬 가부장적인 방향으로 나아가는 것은 무엇보다 그 자신의 성리학 편향과 사림에 대한 우호적 태도가 크게 작용했다. 물론 현실적으로 악화된 풍속 문란도 보다 강력한 조치를 취하지 않으면 안 되게 하는 배경 요인이 되었을 것이다.

부녀자의 재혼을 둘러싼 논쟁

『국조보감』에 따르면 정창손 등은 "『경국대전』에 정한 대로 세 지아비를 거치는 경우를 제외하고는 논하지 않는 것이 편하겠습니다"라고 말했다. 재혼의 경우에는 문제 삼지 않는다는 기존의 법률을 그대로 따르자는 것이다.

이에 대해 임원준, 허종 등은 "개가하는 것을 일체 금하고 그 자손의 벼슬살이를 금하는 것이 실로 명교(名敎)를 장려하는 도리입니다"라고 법 개정을 강력하게 주장했다. 여기서 성종은 임원준·허종의 손을 들어준다.

"세도(世道)가 날로 비속해지면서 사족(士族)의 여자가 돌아보지 않아 상복을 벗어버리기도 하고 스스로 나서서 혼처를 찾기도 함으로써 가풍을 무너뜨리고 명교에 오점을 남겼다. 만약 엄히 금령을 세우지 않는다면 음란한 행실을 그치게 하지 못할 것이니, 지금부터 개가한 여자의 자손을 사판(仕版)에 끼워주지 말라."

사족 여성들의 재혼 문제가 그냥 제기된 것은 아니다. 성종 8년 7월고 이심의 처 조씨가 재가하면서 발생한 것이다. 『실록』을 보면 당시 논의에 46명이 참여했는데 그 중 42명이 현실론을 들어 재가 금지 규정이 가혹하다는 입장이었고 단 4명만이 성리학 교조주의의 입장에서 금지해야 한다고 했는데 성종은 42명이 아니라 4명의 입장을 선택했던 것이다.

왜 그랬을까? 이에 대해서는 다양한 각도의 분석이 필요하다. 다만 다수의 견해를 반대할 만큼 성종이 나름대로 독자 권력을 향한 의지를 갖고 있었다는 것이고 그 저변에는 훈구파로부터 벗어나 성리학을 기반으로 한 새로운 세력을 형성하겠다는 장기적인 비전이 깔려 있었다는 점은 분명하다.

성종의 이런 입장은 확고부동했다. 4년 후인 성종 12년 도승지 김승경이 재가를 금지한 법이 너무 엄하니 개정할 것을 요구하자 "누가 재혼을 못 하게 했는가? 자식을 돌볼 생각이 없다면 얼마든지 할 수 있지 않은가"라며 단호하게 거부했다. 2년 후인 성종 14년에도 판교 이명숭이 "만약 나이 어리고 자식 없는 여자를 부모가 억지로 개가시키고자 하면 허락하는 게 어떻겠습니까"라며 숨통을 터주는 방안을 제시했지만 받아들이지 않았다. 장병인의 연구에 따르면 "결국 성종 8년의 결정이 구체적으로 규정된 것이 성종 16년에 반포된 '을사대전(乙巳大典)'이라 하겠고 이 대전이 반포되면서 비로소 재가녀 자손에 대한 제재가 개시되었다고 할 수 있다." 여기서 우리는 도덕 근본주의자로서 성종의 면모를 보게 된다.

성종 8년이면 이미 성종의 나이 스물한 살 때다. 정확한 비교는 불가능하지만 어려서부터 한학을 공부했던 당시의 현실을 감안하면 스물한 살이면 어느 정도 세상의 흐름을 파악할 수 있는 나이이다. 그리고 국왕의 권한을 독립적으로 행사한 지 1년을 넘길 때다.

여기서 우리는 이런 상상을 해볼 수 있다. 성종으로서는 자신의 즉위를 도와준 훈구파들과 정면으로 맞설 생각이 없었다. 그것은 현실적으로도 불가능할 뿐만 아니라 그들에게는 어떤 의미에서 큰 신세를 지기도 했기 때문이다. 그러면서도 비교적 똑똑한 인물이었던 그에게 훈구파는 '언젠가는 청산해야 할' 구악(舊惡)의 무리이기도 했다.『실록』에는 성종이 훈구파를 명확하게 구악이라고 부르는 대목은 나오지 않지만 수렴청정을 벗어나자마자 주변에 새로운 세력, 즉 훗날 사림파로 불리게 될 젊은 개혁파들을 하나 둘 등용한 것은 이런 심사의 표출이라고 볼 수 있다. 사림파의 힘이 늘어가는 데 비례해 성리학 근본주의자로서 성종의 면모는 조금씩 더 드러나게 된다.

생육신 남효온의 상소

사족 여성의 개가를 금지하는 조치를 내린 지 1년 후인 성종 9년 2월에는 생육신의 한 명이었던 남효온이 풍속과 관련된 상소를 올렸다.

'첫째, 혼인을 바르게 할 것, 둘째, 수령을 잘 뽑을 것, 셋째, 사람을 쓰고 버리기를 삼가서 할 것, 넷째, 내수사를 혁파할 것, 다섯째, 무당과 부처를 물리칠 것, 여섯째, 학교를 흥기시킬 것, 일곱째, 풍속을 바로잡을 것, 여덟째, 소릉(昭陵)을 추복(追復)할 것 등이었다.'

여기서 남효온이 말하고자 하는 요지는 크게 두 가지다. 하나는 성리학에 기초한 풍속 확립(1, 5, 6, 7)이고 또 하나는 훈구파에 대한 정면 도전(2, 3, 4, 8)이다. 전자는 사족 여성의 개가 문제를 뛰어넘어 가족제도와 사회 기풍 전반에 성리학의 정신을 확대하고자 함이고 후자는 훈구파가 그것에 대한 걸림돌이 되고 있다는 인식의 발로였다.

소릉을 다시 모시자는 소릉 추복론은 특히 심각한 발언이었다. 소릉은 문종비(文宗妃) 현덕왕후 안동 권씨의 최초 능이다. 현덕왕후는 세종 23년(1441년) 7월 단종을 낳은 다음 날 세상을 떠나서 경기도 시흥군 수암면 안산에 장사 지냈고 문종이 왕위에 올라 왕후로 추봉된 후 소릉이라 하였다. 단종이 왕이 되자 친제(親祭)까지 지내면서 보호되었으나 단종은 세조에게 양위하였고 급기야 죽음을 당하게 되었다. 세조 2년(1456년) 현덕왕후가 세조의 꿈에 나타나 '네가 내 자식을 죽였으니 나도 네 자식을 죽이겠다'고 함에 놀라 일어나니 문득 동궁(東宮- 성종의 아버지)이 폭사한 기별이 들어왔다. 이 일이 있자 소릉은 파헤쳐지게 되었고 그곳에 있던 분상(墳上) 의물(儀物)들은 버려져 오랜 세월이 흐르는 동안 지하에 묻히게 되었다. 따라서 남효온의 소릉 추복론은 곧 단종 '복권(復權)'을 의미하는 것으로 단종을 죽인 세조에서 예조를 거쳐 성종으로 이어져 오는 법통에 대한 도전이자 그 흐름을 뒷받침하는 훈구파에 대한 정면 공격이었다. 이 일이 얼마나 중대한 사건이었는지는 훗날 그것이 사화로까지 이어진 데서 알 수 있다.

남효온(南孝溫, 1454년 단종 2년~1492년 성종 23년)의 소릉 복위 주장은 세조를 옹립한 정난공신들이 집권하고 있던 당시에 용납될 수 없었고, 그는 도리어 다른 명목으로 박해당하였다. 그러므로 벼슬을 단념하고 세상을 한탄하며 바른 말과 과격한 의론으로 당시의 금기 사항에도 저촉됨을 꺼리지 않았다. 산수를 좋아하여 경치 좋은 곳을 찾아 유랑 생활을 하며 일생을 보냈다. 성종 23년 39세로 세상을 떠났으나, 연산군 10년(1504년) 갑자사화 때 김종직의 문인이었다는 것과 또한 그가 소릉 복위를 상소한 것을 난신의 예로 규정하여 부관참시되었다. 스승인 김종직도 그의 이름을 부르지 않고 '우리 추강'이라 하며 높이고 아꼈다고 한다. 세상에서는 원호, 이맹전, 김시습, 조려, 성담수와 함께 그를 생육신(生六臣)으로 불렀다.

결국 소릉 복위는 세조의 즉위 사실과 그로 인하여 배출된 공신들의 존재 명분을 부정하는 것이었다. 명분상으로는 성리학적 질서의 확립이지만 실상은 사림들이 훈구 세력에 대한 공세를 본격화하는 신호탄이었다. 남효온의 상소와 함께 올린 상소에서 사림파인 이심원도 함양의 정여창, 태인의 정극인, 은진의 강응정 등은 성현(聖賢)의 무리이기 때문에 중앙정부에 등용해야지 지방 수령으로는 적합지 않다며 오히려 훈구파의 중앙정부 임용을 삼가야 한다고 거들었다. 이심원이 거론한 인물들은 모두 사림들이었다. 역대 국왕의 뛰어난 행적을 간략히 정리한『국조보감』은 이를 기록하면서 "훈구대신 한명회 등이 크게 두려워 하였다"고 적고 있다. 이는 성종이 수렴청정에서 벗어나 친권(親權)을 행사하기 시작하면서부터 의도적으로 사림파 쪽으로 기울고 있었음을 보여주는 대목이다. 세력 판도만을 본다면 사림이 훈구에게 이처럼 직접 대든다는 것은 상상도 할 수 없는 일이었다. 국왕의 지지가 있었기 때문에 가능했던 것이다.

실제로 성종은 사족 여성들의 재혼 문제에 이어 남효온의 상소와 관련해서도 사림들의 손을 들어준다. 남효온과 이심원의 상소에 맞서 영의정 정창손, 도승지 임사홍, 동부승지 이경동 등은 두 사람을 국문해야 한다고 주장했다.

"소릉을 추복하는 일은 신하된 자가 감히 말할 수 있는 것이 아닙니다. 또 이심원과 남효온이 강응정, 정여창, 박연 등과 별도로 무리를 지어 앞장서서 괴이한 행동을 하면서 강응정을 추대하여 공자라고 하고 박연을 가리켜 안연(顔淵-공자의 제자)이라 하였습니다. 이

심원과 남효온을 국문하소서."

성종은 자신도 세조와 예종을 잇는 법통에 속해 있음에도 불구하고 "붕당이라고 해서는 안 된다. 또 내가 이미 말을 구해놓고 죄를 준다면 간언(諫言)을 하게 하는 도리가 아니다"라며 임사홍 등의 국문 요청을 단호하게 거절한다. 당시의 세력 관계와 아직 어린 성종의 나이 등을 감안한다면 절대적 열세 상태에 있는 사림의 편을 든다는 것은 위험한 행보일 수도 있었다. 그런데도 이런 결정을 내린 가장 중요한 요인은 성종의 정신세계가 신진 세력으로 많이 기울어 있었기 때문으로 봐야 할 것이다.

훈구파의 실용주의와 사림파의 명분주의

넓은 의미에서 정도전, 권근 등 조선왕조를 세우는 데 이데올로그 역할을 한 훈구 세력의 학문은 일종의 관학(官學)이라고 할 수 있다. 이들은 넓은 의미에서 유학을 받아들였지만 그것은 일종의 교양이었고 기본적으로는 실용주의나 현실주의 성향이 강했다. 이들이 지향하는 바도 부국안민(富國安民)이라는 현실적 목표를 갖고 있었기 때문에 조선 건국부터 성종에 이르기까지 각종 문물제도를 정비하고 문헌 편찬 등에 많은 노력을 들였으며 실용적 학문에도 정성을 쏟아 요즘식으로 말해 과학 기술 분야의 발전이 두드러졌다. 세종 대의 업적은 바로 이들 관학파의 업적이라고 해도 과언이 아니다. 정인지나 신숙주 등은 이런 흐름을 성종 때까지 대변했다.

이들은 유학을 하나의 교양으로 받아들였기 때문에 여타의 종교나 사상에 대해서도 그리 교조적이지 않았다. 세종이 불교나 풍수에 대해 열린 태도를 갖고 있었던 것도 그런 맥락에서다. 심지어 각종 민간신앙에 대해서까지 포용적인 입장을 보이기도 했다. 동시에 민족적 자각이 뚜렷해 기자보다는 단군을 중시하고 한반도 중심의 역사서 편찬에 주력했다. 이런 면에서 세종은 훈구 실용주의의 상징이라 할 수 있다. 다만 이런 수많은 업적에도 불구하고 관학파, 즉 훈구파를 궁지로 몰아넣게 되는 것은 정치적 격랑 속에서 늘 양지만을 택하고 그에 따른 부를 누리면서 부패에 빠져든 데 있었다. 시간이 지나면서 부패가 그들의 초창기 업적을 가리기 시작했던 것이다.

반면 정몽주나 길재의 맥을 잇는 사람들은 유학 중에서도 인격 도야(修己治人)를 강조하고 인간의 심성 연구를 바탕으로 하는 성리학을 신봉했다. 이들에게 성리학은 곧 학문이요 종교요 인생관이었기 때문에 도덕과 의리 등과 같은 명분을 숭상하고 현실적인 학문들에는 관심이 덜했다. 다만 시대가 종종 이들을 불렀다. 세상의 불의가 높아갈수록 사림의 목소리는 커졌고 그 소리를 들으려는 백성들의 수도 많아졌다.

태종의 쿠데타에 담긴 부정적 의미는 세종의 포용하는 통치를 거치면서 대부분 희석됐다. 그러나 세조의 쿠데타는 달랐다. 우선 남긴 상처가 너무 깊었다. 통치 스타일 또한 공도(公道)가 무너지고 척신과 공신들의 사도(私道 혹은 邪道)가 만연했다. 따라서 사림이 싹틀 수 있는 배경이 만들어지고 있었다. 김종직은 세조 시절에도 벼슬을 해서 다소 때가 묻긴 했지만 강직한 제자들을 길러냄으로써 성종 때부터 사림 정치의 씨앗이 뿌려질 수 있는 기초를 다진다. 남효온의 상소는 바로 그런 맥락에서 나온 것이다.

그러나 성종으로서는 대왕대비와 훈구대신들이 두 눈을 뜨고 지켜보고 있는 가운데 세조 시대를 부정할 수 없었다. 사육신 재평가는 말할 것도 없고 비명에 간 단종과 그의 어머니를 원래의 자리로 돌려놓는 일조차 엄두를 내기 어려웠다. 다만 논의를 위한 숨통을 터준 것만으로도 어쩌면 성종은 나름의 평가를 받을 수 있을지 모른다.

그리고 연산군 때 두 차례 사화(士禍)가 일어난다. 사화가 언제나 역사 재평가 문제와 관련해서 터질 수밖에 없었던 것은 사림들의 역사에 대한 도덕주의적 태도와 무관치 않다. 역사에 대해 선악(善惡)의 잣대를 들이대는 순간 기성 세력과의 충돌은 불가피하다. 이후의 사화들에서도 이런 면모를 읽어낼 수 있다. 많은 사림들이 대의명분을 내걸고 목숨을 잃어야 했다. 이런 누적된 희생은 점점 사림의 투쟁 강도를 높여갔고 백성들로부터도 카리스마에 가까운 신망을 얻게 했다. 마침내 선조의 집권과 함께 사림의 시대는 활짝 열린다. 그런데 유감스럽게도 사림들의 세상이 훈구들의 세상보다 나았다고 할 수 없다. 그들끼리의 싸움은 더 참혹했다. 당쟁(黨爭)의 시대가 그것이었다.

더욱이 성리학 이외의 종교와 사상은 철저하게 배척하는 교조적 태도를 갖고 있었고 뒤에는 조선을 소중화(小中華)라며 단군보다는 기자를 받들었다. 한마디로 명분만을 제외하고는 요즘 시각에서 보자면 별로 좋은 평가를 받기 어려운 집단을 형성했던 것이다.

잡학(雜學)에 대한 사림들의 부정적 태도

사실 사림파의 원조로 간주되기도 하는 점필재 김종직만 하더라도 세조 정권에 참여했다는 점에서 그렇게 근본주의적인 사림은 아니었다. 퇴계 이황도 김종직의 성리학에 대해 "성리학에 대해 분명치 못했지만 유학의 도리를 묻는 많은 제자를 두었다"고 평한 바가 있다. 이처럼 후배들에 비하면 성리학적 정신이 불철저했던 김종직이 세조와 논쟁을 벌인 적이 있다. 세조는 쿠데타에도 불구하고 여러 가지 점에서 아버지였던 세종을 이상적으로 생각하고 통치도 그렇게 했다는 점에서 두 사람의 논쟁은 상징적이다. 세조 10년 8월의 일이다. 김종직은 세조를 윤대하던 자리에서 이렇게 말한다.

"지금 문신으로서 천문, 지리, 음양, 율려(음악), 의약, 복서(卜筮), 시사(詩史)의 7학을 나누어 닦게 하는데, 그러나 시사(詩史)는 본래 유자(儒者)의 일이지만 그 나머지 잡학이야 어찌 유자들이 마땅히 힘써 배울 학문이겠습니까? 또 잡학은 각각 업으로 하는 자가 있으니 만약 권징(勸懲)하는 법을 엄하게 세우고 다시 교양을 더한다면 자연히 모두 정통할 것인데, 그 능통하는 데에 반드시 문신이라야만 좋은 것이 아닙니다."

성리학자들의 전형적인 세계관을 보여주는 발언이다. 그러나 세조는 잡학의 중요성을 알았기 때문에 학식이 뛰어난 문신들이 이 분야에 신경을 쓴다면 훨씬 좋은 성과를 기대할 수 있다는 생각을 갖고 있었다. 이는 세종이나 세조 그리고 훈구파들의 인식이기도 했다. 이건 누가 보아도 김종직의 견해가 생각이 짧은 것임을 알 수 있다.

이종호는 『조선의 문인이 걸어온 길』(한길사)에서 이렇게 평가한다. "세조의 생각은 달랐다. 잡학이야말로 총명한 문신들이 힘써야 할 학적 대상이었다. 그래야만 세종조와 같이 문운이 융성한 태평성대를 이룩할 수 있다고 믿었던 것이다. 김종직이 무엇 때문에 잡학에 유의해온 세조의 심기를 건드리는 언사를 일삼았던 것인지 궁금하다. 아마도 여기에는 신진 사인층 출신이 가지고 있는 학문적 체질이 일정하게 작용한 듯하다." 이 문제가 당시로서 얼마나 심각한 것이었는지는 세조가 이 말을 한 김종직을 '경박한 사람'이라고 평하고 파직한 점에서도 알 수 있다.

심지어 사림들의 쿠데타 '반정(反正)'으로 권좌에 올랐던 중종도 이런 말을 남겼다. 물론 이것이 가능했던 것은 중종이 오랜 재임 기간을 거쳐 나름의 세계관이 확고했기 때문일 것이다. 중종 33년 10월 5일자 『실록』의 기록이다.

"요즈음 이문(吏文-관리들이 사용하는 글)과 한어(漢語)에 대한 일을 보니 매우 긴요한 것인데도 전혀 힘쓰지 않고 있다. 이문은 쉽기 때문에 혹 능숙한 사람이 있으나 한어는 잡술이기 때문에 문신들이 이를 부끄럽게 여겨 배우기를 힘쓰지 않고 있다……어제 대간이 세종을 본받으라고 한 말은 지당한 말이다. 모름지기 세종이 치적에 부지런히 힘쓰시어 예약과 문물이 고루 갖추어지고 백공의 기술과 예능이 모두 능통했던 것을 본받아야 한다. 세종께서는 또한 천문에 정통하여 주야로 연구한 나머지 한 공장(工匠)에 전교하여 흠경각을 짓고 천시를 관찰하게 했으니 지금까지도 아름답게 여기는 것이다. 삼학(三學)과 의술이 잡학이라고는 하나 그 소임을 다해야 할 것이다."

반면에 성종은 어려서 그랬는지는 몰라도 잡학에 대해 부정적인 시각을 갖고 있었다. 성종은 일찍이 "관상감, 사역원, 전의감, 혜민서는 본래 사족(양반)에 속한 사람이 아니니, 내의원 이외는 문관과 무관의 반열에 넣지 말라"는 전지를 내린 바 있다. 김종직의 견해가 받아들여진 것이다. 이처럼 특히 후반기의 성종은 철저하게 성리학적 세계관에 기반을 둔 처신을 보여주었다.

사실 잡학을 어떻게 볼 것인가 하는 문제는 유학자와 성리학자를 가르는 나름의 기준이 될 수 있다. 예를 들어 공자와 맹자의 원시 유학을 중시했던 다산 정약용은 잡학을 부정하는 생각에 대해 대단히 비판적이다.

중국 한나라 선제(宣帝)는 태자에게 타이르기를 "속된 선비(俗儒)는 시대의 마땅한 일(時務)을 모른다. 어떻게 그런 사람에게 나라의 일을 맡길 수 있겠는가"라고 말했다. '속유론(俗儒論)'으로 알려진 다산 정약용(丁若鏞, 1762년 영조 38년~1836년 헌종 2년)의 글에 인용된 바 있는 이 말은 이미 조선 중종 때 김안로가 중종 18년 9월 25일 조강(朝講)에서 중종에게 당시의 풍조를 비판하며 했던 말이기도 하다.

"예전에 한나라 선제 때에는 백공의 기예가 다 그 재능을 극진히 했으나 지금은 겉치레만 있을 뿐이니, 이래서는 무슨 일을 할 수가 없습니다."

중종도 앞서 말한 발언을 하기 15년 전인 중종 18년에는 잡학에 대해 부정적인 생각을 갖고 있었던 것이다. 다산 정약용은 백성을 구제하는 데 필수적인 실용적인 학문을 멀리하던 조선 중·후기 사림의 학풍을 비판하면서 속유와 대비되는 참선비(眞儒)에 관해 이렇게 말한다.

"참된 선비의 학문은 본디 나라를 잘 다스리고 백성을 편안하게 하고, 오랑캐를 물리치고 재용을 넉넉하게 하며, 문(文)에도 능하고 무(武)에도 능하여 감당하지 못할 바가 없게 하고자 한다."(이종호,『조선의 문인이 걸어온 길』, 한길사)

더불어 그는 공자와 맹자도 실용적인 학문에 관심을 쏟았음을 상기시키면서 당시까지 조선 땅에서 풍미하던 거짓 선비들의 행태와 폐해를 이렇게 비판한다.

> "뒷세상의 선비들은 성현(聖賢)의 본뜻은 모르고 인의(仁義)와 이기(理氣) 이외에 한마디라도 다른 말을 입 밖에 내면 이를 잡학(雜學)이라 지목한다. 그리하여 신불해(申不害)와 한비(韓非) 같은 자라고 비난한다. 이 때문에 힘써 이름을 높여 도통(道統)을 엿보려는 자들은, 차라리 케케묵은 의논과 고루한 학설을 주장하여 스스로 어리석게 될지언정 이 한계를 한 걸음이라도 넘어서려고 하지 않는다. 이리하여 선비의 도(道)는 다 없어지고 당시의 군주들은 날로 선비들을 천시하게 된 것이다."

그렇다면 다산 정약용은 누구를, 그리고 무엇을 이렇게 소리 높여 비판하고 있는가? 이것은 말할 것도 없이 도통론 운운하며 공리공담을 일삼았던 사림들이었다. 그들을 학계에서는 사림(士林)이라고 부른다. 그리고 조선 역사에서 처음으로 사림이 등장하게 되는 때가 바로 성종시대다. 다산은 성종부터 정조까지, 즉 조선 중기에 형성된 사림을 겨냥해 '거짓 선비(俗儒)'라고 부르고 있는 것이다.

이상적인 군주 세종, 인간적인 군주 성종

　자칫 이 책의 목적이 세종을 빌려 성종을 폄하하려는 의도로 쓰인 것으로 오해되지 않기를 바란다. 물론 군주로서의 자세나 업적으로 본다면 성종이 세종을 따라갈 수 없다. 재위 기간도 세종은 32년이고 성종은 25년이다. 세종은 아버지 사망 이후 왕실의 어느 누구로부터도 제약을 받을 필요가 없었지만 성종은 대왕대비부터 왕대비, 대비를 받들어 모셔야 했다. 세종도 아마 대비들이 살아 있었다면 그 이상의 효성(孝誠)을 다했을 것이다.

　사실 성종을 세종과 비교하려 한다는 것은 다른 어떤 군주보다 세종에 가깝게 다가갔기 때문으로 볼 수도 있다. 애당초 비교할 가치가 없다면 세종과 성종을 나란히 세운다는 것 자체가 세종을 욕되게 하는 것일 수도 있기 때문이다.

　또 사람에 따라서는 세종처럼 너무나 뛰어난 리더보다는 자신들과 크게 다르지 않으면서 무난하게 통치를 잘 해나간 리더에게 매력을 느낄 수도 있다. 성종은 그런 면에서 참으로 인간적이다. 이때 인간적이란 말 그대로 인간으로서의 장단점을 고스란히 보여준다는 뜻이다. 『세종실록』을 읽으면서 종종 드는 느낌이 '경외(敬畏)'였다면 『성종실록』에는 그에 대한 애틋함을 불러일으키는 대목이 많다. '참 힘들었겠구나!' 세종이 차가운 이성의 정치인이었다면 성종은 예민한 감수성의 정치인이었다. 시와 그림을 좋아한 예기(藝氣)는 어느 국왕도 따를 수 없을 정도였다. 어쩌면 그의 아들 연산군은 이런 감수성과 예기가 적절히 통제되지 않을 경우 어디까지 갈 수 있는지를 보여준 전형적인 사례라고 할 것이다.

그러나 성종은 스스로 통제할 줄 알았다. 일시적인 몰입과 탐닉이 있은 연후에는 반드시 본분을 잃지 않고 자기 자리로 되돌아왔다. 그래서 인간적이다. 성종은 거인들 속의 난쟁이이기를 거부한 국왕이다. 다만 그 자신이 거인에 이르지 못했다는 점에서 아쉬움이 남는다.

세종은 『대학연의』를, 성종은 『소학』을 좋아했다

세종이 좋아한 것이 『대학연의』라는 책이었다면 성종은 『소학』을 좋아했다. 세종에게 학문은 그저 학문일 뿐이었지만 성종에게는 이념이자 세계관 나아가 하나의 종교였다. 수렴청정을 받으며 교육을 받아야 했던 어린 시절 성종은 어쩔 수 없이 훈구파를 중심으로 한 현실주의적 유학을 익혀야 했다. 동시에 학문을 좋아하는 성품을 갖고 있던 성종은 성장해 가면서 점차 관념적인 성리학 쪽으로 기울었다. 그것은 크게 두 가지 요인이 작용한 것으로 보인다. 하나는 훈구파 견제 차원이었고 또 하나는 본인의 학문 취향이랄까 품성 때문이었다.

사실 세종과 성종은 둘 다 어릴 적에 세자가 아니었다는 점에서 공통점을 갖는다. 그나마 세종은 두 달이라도 잠시 세자의 시기를 거친 다음 국왕이 되었지만 성종은 곧바로 국왕 자리에 올랐다. 1418년 8월 국왕의 자리에 올랐을 때 세종의 나이 22세, 1469년 왕위에 오른 성종의 나이 13세였다.

타고난 천품의 차이도 크겠지만 어떤 성장 과정을 거쳤는가 하는 점이 한 인간을 제대로 이해하는 데에 대단히 중요하다. 세종은 세자는 아니었지만 태종을 비롯한 주위 사람들이 놀랄 만큼 학문에 열정을 갖고 있었다. 반면『천자문』과『소학』정도를 겨우 읽은 성종에게는 즉위 초에 학문 운운할 것이 없었다.

그렇다 보니 스물두 살이 될 때까지 세종은 비교적 자유로운 독서를 할 수 있었고 어느 정도 나름의 학문관과 세계관을 갖추었다. 유학뿐만 아니라 불교를 비롯한 다양한 책을 섭렵했다는 뜻이다. 반면 열세 살 성종은 자신이 읽고 싶은 책을 마음대로 읽는다는 것은 애당초 불가능했다. 여러 가지 점에서 그에게 학문을 가르치는 사람들의 세계관이 주입될 가능성이 높았던 것이다. 아마도 유학 일변도의 세계관이 성종에게 심어진 데는 이 같은 주변 상황의 작용이 컸다고 봐야 한다.

참고로 정식 세자가 되면 세자시강원이 설치되고 30~40대의 쟁쟁한 학자들이 전담해서 학문과 현실에 대한 식견을 가르치게 된다. 당시 교재를 보면『소학』,『효경』,『논어』,『중용』,『대학』,『대학연의』,『상서』,『주역』,『예기』,『춘추좌전』,『통감강목』등 유교의 대표적인 경전과 유교적 입장에서 역사를 해석한 역사서 등이 사용되었다. 성종은 첫 번째 경연을『논어』로 시작했다. 반면 세종은 제왕학의 최고 교과서였던『대학연의』에서 출발한다. 한마디로 성종은 일반적인 유학의 교양부터 시작했고 세종은 제왕학, 통치학부터 시작한 것이다.

그리고 본격적인 정신세계의 비교에 앞서 또 한 가지 지적해 둘 점이 있다. 성종은 열세 살에 왕위에 올랐기 때문에 인생의 쓴맛이랄까 고생을 별로 하지 않았지만 세종은 어릴 때부터 아버지 태종이 생사를 넘나드는 것을 곁에서 지켜봤고 왕이 되어서도 자신의 처가가 멸족을 당하는 비극을 겪어야 했다. 이렇게 되면 타인의 고통을 이해하는 깊이나 정도가 확연히 달라질 수밖에 없다. 또 학문을 해도 머릿속으로 하느냐 가슴으로 하느냐는 큰 차이를 드러낼 가능성이 높아진다. 결과부터 말하자면 이런 차이는 세종과 성종 사이에서 고스란히 드러난다고 해도 과언이 아니다.

성종이 어려서 세조의 왕비였던 정희대왕대비의 수렴청정을 받던 시절, 대왕대비는 문제가 있을 때마다 "세조께서는 이렇게 하셨다"며 나름의 척도를 제시하기는 했지만 세조 자신이 정치의 모범을 세종으로 삼고 있었고 성종을 둘러싼 신숙주, 정인지 등이 다 세종 때의 명신들이었다. 따라서 성종에게 세종은 늘 하나의 전범(典範)과도 같은 존재였다.

성종 1년(1470년) 2월 1일 대사헌 이극돈이 상소를 올려 세종에 관해 처음 이야기하는 대목이 나온다. 상소문의 일부다.

"예(禮), 의(義), 염(廉), 치(恥)는 나라의 4대 핵심인데 이 4대 핵심이 베풀어지지 않으면 나라가 장차 무엇을 믿겠습니까? 세종대왕께서 명하여 『삼강행실』을 펴내고 아울러 그것을 그림으로 그려서 반포하여 어리석은 지아비와 어리석은 지어미로 하여금 보고 느껴서 흥기(興起)하지 않음이 없게 하였습니다."

그러나 이미 어려서부터 왕실 사람들은 세종에 관한 이야기는 수도 없이 하고 들었을 것이고 어린 성종도 이를 알고 있었던 것 같다. 같은 해 6월 1일 가뭄이 계속되자 반찬 가짓수를 줄이고 낮에는 수반(水飯)이라 해서 물에 밥을 말아 가볍게 먹어야 했다. 그러나 가뭄이 길어지자 신하들이 수반을 드는 것은 건강을 해칠 수도 있으니 중단할 것을 권했다. 이에 답하면서 열네 살 어린 성종은 이렇게 말하고 있다.

"세종 때에는 풍년이 들었어도 수반을 올렸는데, 지금 수반을 먹는다고 해서 무엇이 해롭겠는가?"

특히 국왕의 경연에서 읽는 책과 관련해『대학연의』는 늘 세종과 연결해서 강조되었다. 이 점은 성종에 앞선 예종 때도 마찬가지였다. 예종 1년(1469년) 3월 13일 원로대신 정척이 예종에게 올린 글의 일부다.

"신이 가만히 보건대 예로부터 제왕이 나라를 다스리고 천하를 평정하는 도는『대학』에 갖추어져 있는데 중국의 진덕수가 편찬한『대학연의』에서는 맨 먼저 도술(道術)을 밝히고 인재를 가려내며 세상을 다스리는 방법을 살피고 민정(民情)을 살피는 것을 임금의 격물치지(格物致知)의 요지로 삼았고, 공경하고 두려워함을 숭상하고 안일과 물욕을 경계함을 성의(誠意)·정심(正心)의 요지로 삼았으며 언행을 삼가고 위엄을 바르게 함을 수신(修身)하는 요지로 삼았고, 배필을 중히 하고 내치를 엄하게 하며 국본(國本-세자)을 정하고 척속을 가르치는 것을 제가(齊家)하는 요지로 삼아 이 네 가지 요지를 얻으면 나라를 다스리고(治國) 천하를 평정하는 것은 그 가운데 있다고 하였습니다. 세종께서 이천, 이세형 그리고 신 정척 등에게 명하여 새로 큰 글자를 만들어 먼저『대학연의』를 인쇄하도록 명하시고 친히 인쇄하는 곳에 임하여 신 정척을 불러 이르기를 '속히 인쇄하여 바치라'고 하셨으니 신이 세종의 가르침을 받은 게 어제와 같습니다. 정무를 보시는 틈틈이 『대학연의』를 가까이 두고 읽어 치도(治道)에 도움이 되게 하소서."

그러나 예종은 8개월 후 세상을 떠나고 만다. 사실 성종은 진덕수의 『대학연의』와 깊은 인연은 없었던 것 같다. 그가 대왕대비로부터 전권을 인수받은 성종 7년 10월 7일 다음 경연에서 강할 만한 글을 추천하라고 승정원에 지시하니 '사서'와 『대학연의』를 품지(稟旨)했다. 이때 성종은 다시 '사서'를 읽기로 한다. 세종이 100번을 보았던 책이라면 친정 첫 해를 맞아 볼 만도 한데 전에 읽었던 사서를 다시 읽기로 결정한 것이다. 두 달여 후인 12월 22일에는 시독관 이명숭이 다시 한 번 『대학』은 천하 국가를 다스리는 핵심 사상이며 이에 대해서는 중국의 선유(先儒) 진덕수가 해설한 『대학연의』가 있으니 둘 다 경연에서 읽기에 요긴하고 적절한 글이니 빨리 진강할 것을 권한다. 성종은 "장차 하도록 하자"며 미루고 만다.

사실 이 무렵 성종은 한명회의 딸이 죽고 나서 두 번째로 맞아들인 중궁과 극단적인 갈등을 빚고 있었다. 그래서 다음 해인 성종 8년에는 부끄러움을 무릅쓰고 신하들에게 폐비 문제를 논의할 것을 지시하기도 하는 것이다. 『대학연의』는 정척의 지적대로 자신 자신을 수양하고 집안을 잘 다스리는 것을 치국(治國)의 전제 조건으로 삼는 책이다. 제가가 되지 않는 상태에서 『대학연의』를 본다는 게 아무래도 떳떳지 못했을 것이다.

대신 성종은 『소학』에 큰 비중을 두었다. 특히 자신이 직접 정무를 관장한 성종 7년부터 "나라를 다스리는 방법은 교화(敎化)를 먼저 하는 것"이라며 『소학』과 『삼강행실』에 대한 교육을 강화하라고 누차에 걸쳐 지시한다. 그리고 다음 해인 성종 8년 3월 8일 『고려사』 공부가 끝나자 『소학』을 읽겠다고 밝히자 신하들이 반대하고 나설 정도였다. 좌승지 이극기의 말이다.

"『소학』의 글은 비록 종신토록 행한다 하더라도 옳을 것입니다. 그러나 이 글에 이르기를 '방심(放心)을 거두고 덕성을 길러서 대학의 기초를 삼는다'고 하였으니 이것은 초보 학문의 글입니다. 지금 전하께서 성학이 고명하시니 강할 필요가 없습니다."

그러나 성종은 막무가내로 다시 『소학』을 읽겠다고 밝힌다. 하필이면 그로부터 불과 20여 일 후 제1차 폐비 윤씨 사건이 발생하게 된다. 이 문제와 관련해 『대학연의』와 『소학』의 차이는 대단히 중요하다. 『대학연의』의 정신에 따르자면 부부 불화의 일차적 책임은 성종한테 있는 것이 된다. 수신이 이뤄지지 않아 제가에 실패한 것이기 때문이다. 반면 『소학』은 조금 다를 수 있다. 문제의 원인을 교화가 이뤄지지 않은 중궁 탓으로 돌릴 수 있기 때문이다. 이에 대해서는 뒤에 가서 보다 상세하게 추적해 볼 필요가 있다. 이처럼 성종의 『소학』 사랑은 본인의 성품뿐만 아니라 학문적 취향과 개인사까지 들여다볼 수 있는 단서를 제공해 주고 있다.

그러나 신하들은 이에 대해 부정적으로 생각하고 있었던 것이 분명하다. 성종 9년 11월 8일 주강에 나아갔을 때 검토관 성담년은 이렇게 말했다. 간접적인 비판의 뉘앙스가 분명하게 전해진다.

"제왕의 학문은 체(體)와 용(用)이 있습니다. 체가 이미 확립되면 지키는 바는 간략해도 미치는 바는 넓은 것입니다. 세종께서 항상 『소학』, 『대학』, 『중용』, 『대학연의』, 『성리군서(性理群書)』 등의 글을 보아 그 체를 확립시켰으므로, 30년간 예악(禮樂)·형정(刑政)의 태평의 다스림을 이루었습니다. 원컨대 전하께서는 유념하소서."

성담년은 생육신 성담수의 동생으로 성종 1년(1470년) 별시 문과에 갑과로 급제, 성종 8년 경연 검토관에 임명되었고, 예문관 수찬·정언을 지내고 성종 10년 공조정랑과 이조정랑이 되었며 그 뒤 교리직을 사직하고 성리학 연구에 힘쓴 인물이다.

세종에 대한 성종의 인식

성종 5년 9월 15일, 나이 열여덟의 성종은 문소전(文昭殿)에 나아가 친히 제사를 지냈다. 문소전은 경복궁 내에 있던 원묘로서 이는 종묘와 구별되는 비공식적인 사당이라 할 수 있다. 그러나 세종 때부터 역대 왕들이 정성을 다해 제사를 올림으로써 거의 종묘에 올리는 제사에 버금가는 중요성을 갖고 있었다. 제사를 마친 성종이 종친, 재상, 대신을 불러 음복을 하는데 정인지가 넌지시 세종 이야기를 끄집어낸다.

"세종께서는 참으로 성인이십니다. 경연에서 『통사강목』을 읽기를 좋아하셨는데, 하루는 모화관에 거둥하셨다가 날이 저물었으나 환궁하여 곧 경연에 나아가셨고 이렇게 열심히 하셨기 때문에 『강목』을 100번 읽으셨습니다. 이제 전하께서는 마침내 『강목』을 강하게 되셨으니 세종을 본받으셔야 합니다."

이 말 때문인지 『실록』은 "임금이 환궁하여 경연에 나아갔다"고 적고 있다. 이미 정인지는 성종의 독서 스타일이 정독보다는 다독 스타일임을 알고 이를 경계토록 하기 위해 이 말을 했던 것이다. 그리고 이제 열여덟 살밖에 안 된 국왕으로서는 비록 신하들의 말이긴 하지만 '세종 운운' 하면 무조건 따르지 않을 수 없었다.

성종 7년 10월 8일 석강에서는 도승지 현석규가 『대학』이나 『중용』은 경학의 핵심으로 일반 예문관의 관리가 감당하기에는 벅차다면서 당상관이 진강토록 할 것을 건의했다. 그러자 성종은 처음에는 "학문을 어떻게 당상관과 당하관으로 나눌 수 있겠느냐"고 반문한다. 이때 동부승지 홍귀달이 나서 "세종 때에는 경학의 능력을 중시했습니다. 그래서 당시에는 경학 공부를 열심히 했는데 그 후에는 제술(製述-문학적인 시나 글을 짓는 것)에만 힘쓰고 경학을 게을리 했습니다. 저를 포함한 동시대의 인물들은 대개 그러합니다"라고 말하자 성종도 "그렇다면 마땅히 당상관으로 하여금 진강토록 하라"고 말한다.

학문 분야에서만 성종이 세종을 따르려 한 것은 아니다. 의금부에서 죄인을 처리하는 문제를 놓고 신하와 갈등을 보이던 성종은 "세종 때에는 이렇게 처리했다"는 신하들의 말을 듣자마자 자신의 뜻을 굽히고 신하들의 의견을 따랐다.

이처럼 성종에게 1차적인 모범은 세종이었고 그 다음은 세조였다. 이를 단적으로 보여주는 일이 성종 10년 12월 8일 경연에서 있었다. 집의 이덕숭이 아뢰었다.

"오늘 아침 대궐에 나아올 때 남쪽 담장의 문 밖에서 징을 치는 사람이 있음을 들었습니다. 원통하고 억울한 일을 신소(申訴)하는 것은 본래 담당한 해당 관사(官司)가 있는데, 어찌 순서를 뛰어넘어 함부

로 문란함이 이와 같은 지경에 이를 수가 있겠습니까? 청컨대 엄격히
징계하여 후일(後日)을 경계하도록 하소서.”

성종이 “대궐 안이 깊어서 내가 듣지 못했는데, 이것이 누구였는
가?” 하니, 도승지 김승경은 아직 적발하지 못했다고 답한다. 이어 경
연관 영사 정창손이 “그것을 처벌하지 않다 보니 이런 무리가 나라의
법을 두려워하지 않고서 순서를 뛰어넘어 난잡한 것이 이 같은 지경에
이르게 되었습니다”라고 하자 성종은 이렇게 질문한다.

“세종조에서는 어떻게 하였는가?”

정창손이 “세종조에서는 결단코 이와 같은 일이 없었습니다”라고 답
하자 이번에는 이렇게 물었다.

“세조조에서는 어떻게 하였는가?”

이번에는 김승경이 “세조조에는 혹시 있기는 했지마는, 이와 같은
지경에는 이르지 않았습니다”라고 답했다. 그러자 성종은 그에 맞는
처벌 조항을 강구해서 올리라고 지시한다. 성종이 국정 현안을 처리하
는 데 있어 세종과 세조를 어떻게 생각하고 있었는지를 잘 보여주는
일화다.

세종과 양녕, 성종과 비운의 두 왕자

　궁중과 조정의 '어른'들이 모든 것을 정해버렸다. 왕위 계승 서열 1위인 예종의 아들 제안대군은 나이가 네 살인 데다가 할머니에 의해 "총명하지 못하다"는 낙인이 찍혀, 2위인 의경세자의 장남 월산군은 "건강이 좋지 않아 후사를 얻기가 어렵다"는 이유로 차남 잘산군이 왕위에 올랐다. 그러나 그 진짜 이유에 대해서는 앞에서 살펴본 바 있다.

　국왕의 교육과 리더십 탐구를 주된 목표로 하는 이 책에서 왕실 가족들의 일화를 구석구석 살피는 것은 자칫하면 옆길로 새는 일이 될 수 있다. 그러나 제안대군과 월산대군의 경우는 좀 다르다. 우선 그들의 삶은 결국은 성종의 손안에 놓여 있었다. 생사여탈권을 성종이 쥐고 있었기 때문이다. 양녕과 효령의 목숨을 세종이 쥐고 있었던 것과도 동일하다.

　3전에 대한 성종의 효심이 때로는 공사(公私) 구분의 정도를 지나쳐 비판적으로 살펴보기도 했지만 사실 다른 국왕들과 비교해 본다면 그의 가족애, 특히 형제애는 세종에 버금갈 만큼 지극했고 높이 평가할 만하다. 세종이 양녕을 살렸다면 성종은 월산과 제안대군을 살렸다. 사실 왕권이 흔들리는 국왕은 친형제는 말할 것도 없고 이복형제까지도 서슴지 않고 죽음으로 몰아갔던 조선 왕실이었다. 이런 맥락에서 본다면 제안대군과 월산대군을 끝까지 보호한 성종의 처사는 그의 따뜻한 인간미를 느끼게 해주는 아름다운 대목이 아닐 수 없다.

조강지처와 강제 이혼을 당한 제안대군

사촌형인 잘산군이 왕위에 오르자 이듬해(1470년) 1월 15일 한때 원자였던 이현이 다섯 살의 나이로 '제안대군'에 봉해졌다. 왕위를 '빼앗긴' 그에게 해줄 수 있는 최고의 위안은 그것뿐이었다.

사실 제안대군 이현은 자칫하면 장래에 무시무시한 화근(禍根)이 될 수도 있었다. 정희대왕대비나 한명회를 비롯한 훈구 세력으로서는 최대의 고민이 아닐 수 없었다. 그렇다고 다섯 살밖에 안 된 제안대군을 제거했다가는 민심의 동요가 우려되었다. 사실 이때만 해도 이런 일은 성종의 권한 밖에 있었다.

성종 5년 10월 18일 제안대군은 평원대군 이림의 양자(養子)로 입적된다. 평원대군은 세종과 소헌왕후 심씨 사이에서 난 일곱째 아들이었다. 이렇게 함으로써 적통의 명분마저 제거했다. 대신 이로써 목숨은 보전할 수 있게 되었다. 나머지는 장차 어른이 된 성종이 어떻게 할 것인지, 그리고 본인이 어떻게 처신하느냐에 따라 결정될 일이었다.

성종 10년(1479년) 12월 20일 성종은 정승들에게 제안대군의 부인을 폐할 것을 명한다. 강제 이혼을 지시한 것이다. 대군 부부의 이혼 문제를 국왕에다 정승까지 나서 논의하게 된 이유는 간단하다. 성종이 깍듯이 모시는 3전 중의 한 명인 왕대비, 즉 제안대군의 친어머니인 안순왕후의 뜻이 그러했기 때문이다. 이유는 제안대군 부인이 갑자기 졸도를 하는 등 병이 깊어 간절히 기다리는 손자를 볼 수 없을 것 같아서였다. 칠거지악 중에서 '나쁜 병(惡疾)'에 해당하는 것이었다. 인수대비가 성종을 강제로 이혼시켰다면 안순왕대비는 제안대군을 강제로 이혼시켰다.

제안대군의 부인은 문성군(文城君) 유수의 외손녀이자 사도시 정 김수말의 딸이었다. 사도시란 궁궐의 미곡(米穀) 출납을 책임지던 기관이다. 두 사람은 2년 전인 성종 8년(1477년) 제안대군이 열두 살 때 결혼했다. 김씨의 외할아버지 유수(柳洙, 1415년 태종 15년~1481년 성종 12년)는 조선 초의 무신으로 무술에 능했다고 기록돼 있다. 세종 때는 세자의 경호원인 세자익위사좌시직(世子翊衛司左侍直)을 거쳐 내금위에서 일했다. 단종 1년(1453년) 계유정난 때 수양대군을 도와 정난공신 2등이 되고 문성군에 봉해졌다. 세조 즉위 후 중추원 첨지사, 호조참의, 경상우도 병마절도사 등을 거쳐 의정부 좌참찬에까지 올랐으며 성종의 즉위에 공이 있다 하여 성종 2년(1471년) 좌리공신 4등에 책록되기도 했다. 보다 못한 유수가 자식을 못 낳는다는 이유로 내치면 모르지만 악질이 있다는 이유를 들어 내치는 것은 실상과도 다르다고 항의성 해명을 했지만 성종은 받아들이지 않았다. 3전의 요구가 있었기 때문이다.

가련한 제안대군은 2년 후인 성종 12년(1481년) 평양군 박중선의 딸과 재혼한다. 앞에서 본 대로 박중선은 한명회 사람이었다. 따라서 화근을 미리 막으려는 훈구 세력들의 조직적인 모의 끝에 박중선의 딸과 강제 결혼을 하게 된 것으로 봐야 한다. 이런 결혼이 평온할 수 없다.

이제 그의 나이 스물을 바라보고 있었다. 왕위를 빼앗긴 것은 그렇다고 해도 평생 살을 섞고 살아야 할 부인마저 어머니와 훈구의 뜻대로 내버려둘 순 없었다.

다음 해 6월 2일 조정에서는 제안대군이 이혼한 부인과 다시 합쳐 살고 있다며 이에 대한 처벌 논의가 격하게 벌어진다. 그런데 일주일이 지난 6월 11일 성종은 형방 승지 강자평을 시켜 제안대군의 부인 박씨의 몸종과 유모 등을 국문토록 한다. 내용은 부인 박씨가 몸종 등과 동침을 하고 유모는 억지로 이를 지켜보아야 했다는 것이다. 세종의 며느리 이후 두 번째로 불거진 왕실의 레즈비언 파동이었다. 물론 6월 16일 박씨는 그런 적이 없다며 무고(誣告)라고 맞섰다. 열흘 이상 계속된 조사 끝에 일단은 몸종들의 무고로 일단락됐다. 실은 제안대군이 이혼을 하기 위해 벌인 공작이었을 가능성이 더 높았다. 결국 몸종 금음물을 사형에 처하는 선에서 이 일은 일단락된다.

이런 정도였기 때문에 제안대군과 박씨가 정상적인 결혼 생활을 하는 것은 더 이상 불가능했다. 왕위까지 빼앗긴 제안대군의 집요한 요구에 결국 성종도 3년 후인 성종 16년 김씨와의 복합(複合)을 허락했다. 왕실에서는 거의 유일하게 이혼했다가 다시 재혼하는 일이 발생했다. 결국 박씨는 이혼당한 지 얼마 지나지 않아 병으로 세상을 떠났다. 비정상적인 왕위 계승의 후유증으로 볼 수 있는 대목이기도 하다.

풍류(風流)로 시름을 잊어야 했던 월산대군

추강(秋江)에 밤이 드니 물결이 차노매라

낚시 드리워도 고기 아니 무노매라

무심한 달빛만 싣고 빈 배 저어 오노라

교과서에서 먼저 배워서 그렇지, 사실 이 시는 정말로 어디에 내놔도 괜찮은 시다. 무욕(無慾)의 경지, 비움(空)의 미학을 서러우면서도 담담하게 풍경화에 빗대 그려낸 절창(絶唱)이다. 비운(悲運)의 왕자 월산대군만이 읊어낼 수 있는 경지의 한 단면을 유감없이 드러내고 있다.

세조 3년(1457년), 그의 나이 네 살 때 세조의 장남으로 다음 왕위를 잇게 돼 있던 아버지 의경세자가 세상을 떠났다. 사실 이때 세조가 30대만 되었어도 세자를 곧바로 의경세자의 동생 해양대군(훗날의 예종)으로 바꾸지 않았을 것이다. 그랬다면 자연스레 월산대군도 왕위에 올랐을 수 있었다. 그러나 역시 역사에서 가정(假定)은 부질없다. 역사는 다르게 흘러왔고 왕위는 작은 아버지를 거쳐 동생으로 이어져 갔다. 그리고 자신에게는 '대군'이라는 칭호와 함께 좌리공신 2등이 주어졌다. 이렇다 할 공적(功績)도 없이 책봉된 좌리공신이었기 때문에 2등은 말할 것도 없고 1등도 그저 당시의 실력자들이 순서대로 공신이 되었을 뿐이다. 월산대군이 받은 좌리공신 2등에는 실제로 별다른 역할을 했다는 기록이 없는 정인지와 함께 제안대군의 외할아버지 한백륜의 이름도 올라 있다. 아마도 제안대군은 나이가 너무 어리니 그 대신 외할아버지가 월산대군과 함께 공신록에 오른 것이 아닐까?

성종이 즉위하고 월산대군은 좌리공신 2등에 봉해지면서 궁궐을 나와 사저(私邸)에서 생활하기 시작했다. 사저는 지금의 덕수궁 자리였다. 먼 훗날 임진왜란이 일어나 다른 궁궐이 다 불에 타자 선조가 월산대군의 사저에 와서 생활하면서 덕수궁으로 부르게 된다. 그리고 다음해 정희대왕대비는 맏손자의 사저 생활이 보기에 딱했던지 안국동 자리에 있던 옛 영응대군의 집을 연경궁이라고 이름 짓고 월산대군에게

월산대군 사당_ 월산대군은 덕종의 맏아들이자 성종의 형으로 성종 2년에 월산대군으로, 예종 즉위년에 현록대부에 임명되었다. 학문을 좋아하고 성품은 침착 결백했다고 전한다.

하사하였다. 영응대군은 세종의 막내아들이다. 물론 『실록』에는 성종이 하사한 것으로 되어 있지만 그때 성종의 나이가 16세임을 감안한다면 친할머니 정희대왕대비의 조처로 보는 것이 온당하다. 실은 연경궁 후원에 의묘(의경세자의 묘)를 두었기 때문에 회간왕(의경세자) 논쟁을 통해 종묘에 부묘되기 전까지 월산대군으로 하여금 친아버지의 묘를 살피도록 하기 위함이었다.

그에게 주어진 운명은 세상의 지배가 아니라 세상의 향유 혹은 담담한 수용이었다. 그 또한 이런 운명을 거역할 의도는 없었다. 어느새 그도 인간사의 잔혹성에 눈뜰 나이였기 때문이다. 이때 월산대군은 자신이 사표로 삼아야 할 인물로 양녕대군을 떠올렸을 것이다. 세자 자리에 있다가 실행 패덕으로 동생에게 왕위를 물려준 양녕은 어쩌면 그 자신보다도 더 불행한 인물일 수도 있었다. 양녕을 생각하며 자신의 처지를 위로했을 것이다.

다만 문득 그를 찾아오는 운명의 신을 전적으로 외면하기는 어려웠던 것일까? 그때마다 월산대군은 아마도 시를 지어 회포를 풀어냈던 것으로 보인다. 그는 세종이 지은 양화도 북쪽 언덕의 희우정을 개축하여 망원정이라 새로 이름 지은 다음 그곳에서 책을 읽고 시를 지으며 세월을 보냈다. 양녕대군도 서강 쪽에 영복정(榮福亭)이라는 별장을 지어 전국의 풍류객들과 노닐었다. 월산이 군실이라는 친구에게 보낸 시다.

旅館殘燈曉(여관잔등효) 여관에 불빛 가물거리며 빛나고
孤城細雨秋(고성세우추) 아무도 없는 성에 가랑비 내리는 가을
思君意不盡(사군의부진) 그대 그리움에 생각은 끝이 없고
千里大江流(천리대강류) 천리 큰 강물 흘러만 가누나

월산대군은 35세의 나이로 세상을 떠났다.

"하나뿐인 나의 형님"

어린 시절 성종이 형님 월산대군과 사촌동생 제안대군에게 베푼 것은 먼저 풍부한 재산이었다. 이것은 정희대왕대비나 훈구들이 내린 조처들로 봐야 한다. 관작을 내리고 수시로 좋은 말을 하사했다.

친정(親政) 실시 이후 성종이 월산대군에게 보여준 배려는 수시로 그의 집을 방문한 데서 나타난다. 성종 6년 10월 월산대군이 사냥을 가면서 궁궐의 매와 사냥개를 이용한 문제로 성종과 신하들이 설전을 벌인다. 신하들은 월산대군이 '국헌(國憲)을 문란케 했다'고 강도 높게 비판했기 때문이다. 이에 대한 성종의 답변이다.

"대군(大君)은 나의 하나뿐인 형님이다. 한 번 문 밖에 나가는데 간원(諫院)에서 갑자기 국헌을 범(犯)하고 실도(失道)하였다고 일컬으니, 내가 매우 유감이다. 과죄(科罪)하는 것을 알지 못함이 아니라, 언로가 막힐까 두려울 뿐이다."

사냥 한 번 한 것 가지고 국헌 운운하고 실도 운운하는 사간원 관리들을 처벌하고 싶으나 이번에는 용서해 준다는 의미이다. 성종은 갖은 실례(失禮)와 실도에도 불구하고 끝까지 양녕대군을 감싸 안은 세종을 염두에 두고 있었다.

월산대군의 호는 풍월정(風月亭)이다. 이 호는 성종 8년 성종이 월산대군의 집에 놀러갔다가 그곳 정자에 이름이 없는 것을 보고 '풍월정'이라는 시와 함께 손수 지은 것이다. 성종은 간혹 종친 문제가 관련되는 경우에는 월산대군의 정무(政務) 참여도 허락했다. 또 제안대군까지 함께 불러 셋이서 의논을 하기도 한다. 성종이 지은 시 중에는 〈與兄歡(여형환)〉, 〈爲兄作(위형작)〉 같은 시도 있었다고 한다. 앞의 것은 '형과 더불어 기뻐한다'이고 뒤의 것은 '형을 위해 짓는다'이다. 성종의 형님 사랑을 단적으로 보여주는 예화이다. 어쩌면 성종의 시(詩) 사랑은 월산대군에게서 받은 영향이 가장 컸는지 모른다.

성종 19년 12월 21일 월산대군이 세상을 떠났다. 실록은 생전 그의 모습을 이렇게 묘사한다. "매일 아침 예궐하여 문안하며 아무리 심한 추위와 더위에도 일찍이 잠시도 폐함이 없었다. 잔치와 활 쏘는 데 입시(入侍)하여 아무리 즐거움이 지극하더라도 법도에 따르고 조금도 실수함이 없었다."

성종은 자신의 단호한 숭유억불 사상에도 불구하고 생전에 불교를 좋아한 형 월산대군의 뜻과 형수의 간절한 바람을 받들어 경기도 고양에 마련된 묘소 옆에 절을 창건토록 해 형님에 대한 변함없는 사랑을 표했다. 신하들의 극렬한 반대가 있었지만 성종은 '사치스럽게 조성하지 않는다'는 단서 조항을 달아 자신의 뜻을 관철했다.

10장

무인 기질에
낭만을 좋아한 성종

직선적인 성격의 뿌리는 무인 기질

잠깐 거슬러 올라가 보면 조선의 왕가 이씨 집안은 기본적으로 무인 기질이 강했다. 태조 이성계는 전형적으로 타고난 무인이었고 태종 이방원은 문무 모두 뛰어났던 인물이다. 세종은 전형적인 문인이었지만 문약(文弱)을 경계할 줄 알았다. 문종도 아버지 세종을 닮은 전형적인 문인이었지만 병법서『오위진법』을 직접 지을 만큼 군사 문제에 조예가 깊었다. 단종은 알 수 없다. 그리고 성종의 할아버지인 세조는 태종과 비슷하게 문무를 겸비한 인물이었다. 이처럼 태조에서 세조에 이르기까지 조선의 왕들은 무인 기질이나 숭무(崇武) 정신을 면면히 이어오고 있었다. 성종은 호학(好學)을 하면서도 여러모로 할아버지 세조의 기질을 전수받았다고 볼 수 있다. 세조가 어린 잘산군(성종)을 아끼고 사랑해서 궁에서 키웠던 것도 자신과 비슷한 모습을 본 때문인지 모른다.

사실 아직 어릴 때인 10대 후반까지의 성종을 추적해서는 그가 정확히 어떤 기질의 인물인지 제대로 알 수가 없다. 다만 앞서 본 것처럼 공부에 관한 한 아주 모범적이고 유학적 사고방식에 상당히 가까운 인간형으로 길러졌다. 또 스무 살까지는 대왕대비의 수렴청정을 받아야 했기 때문에 정사(政事) 스타일에서 그의 기질까지 읽어내는 것은 쉽지 않았다. 그저 상당히 직선적이고 논리적인 성품과 사고의 인물이라는 것 정도는 알아낼 수 있었다. 통상 직선적인 성품은 무인 기질과 연결된다.

그러나 20대를 넘기면서 친정 체제가 확립되고 독자적으로 권력을 행사하게 되자 그의 인물됨이랄까 기질이 확연하게 드러나게 된다. 10대까지의 성종과는 조금 다른 모습을 보이는 것이다. 그것은 특별한 변화라기보다 잠재되어 있는 기질과 그만의 독특한 성장 과정에서 오는 차이로 보인다.

타고난 무인 기질

"왕은 타고난 자질이 특별히 준수하고, 기상과 도량이 보통 사람보다 뛰어나므로, 세조가 대단히 사랑하여 신사년 정월에 자산군(者山君)으로 봉하였다. 왕이 일찍이 동모형(同母兄) 월산군 이정과 더불어 궁중에서 글을 읽고 있을 때 마침 요란한 천둥소리가 나고, 내시가 곁에 있다가 벼락을 맞아 죽으니, 모시고 있던 사람들은 놀라서 넘어지며 기운이 쭉 빠지지 않은 이가 없었는데도 왕은 조금도 두려워하는 기색이 없이 언어와 행동이 침착하여 평상시와 다름이 없으므로, 사람들이 모두 이를 기이하게 여겼다."(『성종실록』 총서)

앞서 본 대로 성종이 어려서부터 대담성을 지니고 있었다는 것을 보여주는 일화다. 그동안 우리는 성장 과정에서 학문에만 몰두하는 성종의 모습을 추적해 정리한 바 있다. 그러나 훗날 장성하여 새롭게 드러나는 모습 중에 아주 두드러진 면모의 하나가 상무(尙武) 정신 혹은 무인 기질이다. 앞에서 본 대로 서정(西征)이 참담한 실패로 끝나긴 했지만 명나라의 요청에 응해 단번에 파병을 결정한 것도 그의 잠재의식 속에 있던 무인 기질과 무관치는 않았을 것이다. 북정(北征)은 그 자신의 단독 결정으로 이뤄진다.

어린 성종을 즉위시키면서 대왕대비는 죽은 남편 세조의 말이라며 신하들에게 이렇게 전한다.

"세조께서 늘 잘산군의 자질과 도량이 보통 사람보다 특별히 뛰어났음을 칭찬하면서 우리 태조에게 견주기까지 하였다."

왜 하필이면 세종이 아니라 태조일까? 이것이 시사하는 바는 적지 않다. 물론 무리한 절차를 통해 한명회와 함께 공모하여 성종을 국왕으로 만든 뒤에 '정당화' 차원에서 한 말이긴 하지만 대왕대비의 이 말 자체는 실제로 있었던 일로 보인다. 아버지가 일찍 세상을 떠나 성종은 어릴 때 대궐 밖에서 살아야 했음에도 불구하고 세조는 어린 잘산군을 일부러 궁 안에 불러들여 키웠다. 그 손자가 국왕이 될 수는 없었지만 그 아이의 '자질과 도량'을 각별히 총애했기 때문이다. 그렇게 키운 세조가 잘산군을 '세종도 아니고 태종도 아니고 태조에게 견주었다'는 것은 분명 무인으로서의 기질이랄까 자질을 읽어낸 때문으로 봐야 할 것이다. 성종은 비교적 단신이 많았던 조선 왕실 집안으로는 보기 드물게 기골이 장대하고 키가 컸다고 한다.

성종 4년(1473년) 3월 16일 주강에서 『시경』을 읽다가 동지사 이승소는 성종에게 이런 말을 한다.

"대개 임금이 쾌락을 좋아하면 주색(酒色)에 빠지고 사냥으로 날을
보내는 등 안하는 짓이 없으므로 성품을 해치고 수명이 줄어들게 되
는 것입니다. 쾌락을 경계하면 덕성이 함양되고 혈맥이 강해져서 향
년이 길어집니다. 청컨대 유의하소서."

앞서 본 대로 이승소란 인물은 학문이 깊고 청렴했던 인물이다. 이
때 성종의 나이 17세였다. 여기서 주목해야 할 대목은 "유의하소서"라
는 말이다. 그때 성종은 주색과 사냥 혹은 이 중 어느 하나에 탐닉하는
면을 보였을 가능성이 없지 않다. 그랬기 때문에 굳이 이 말을 덧붙인
게 아닐까?

종친과 활 쏘고 술 마시고

실제로 바로 다음 해인 성종 5년 1월 21일에는 그처럼 열심히 참석
하던 경연을 정지하고 후원에서 활쏘기 구경을 했다가 대사간 정괄 등
에게서 비판을 받고 잘못을 공개적으로 인정해야 하는 일도 있었다.
조금씩 숨어 있던 기질이 나오기 시작한 것이었다.

성종 9년 4월 27일에는 홍문관 부제학 유진과 예문관 봉교 표연말이
성종의 구언(求言-국왕이 신하들에게 널리 의견을 구하는 일)에 답하여
글을 올렸다. 그 중에 이런 구절이 있다.

"요즘 전하께서 누차 활쏘기를 하거나 구경함으로 인하여 대간에서
술을 금하기를 청하고 종친들과 짝지어 활 쏘는 잘못을 말했습니다."

당시 활쏘기는 그것으로 끝나는 것이 아니라 술자리와 연결되어 있었다. 아마도 대간들이 이런 문제를 지적한 것은 술자리가 다소 과했기 때문이 아닌가 싶다. 그리고 활쏘기를 구경만 하는 것이 아니라 종친들과 함께 활을 쏘는 일은 엄밀하게 말하면 국왕으로서는 금지된 행위였다. 임금이 신하와 승부를 가리지 않는 것은 당시의 법도였다. 성종은 이미 술을 좋아했던 것은 물론이고 직접 활 쏘는 것을 즐겼다고 볼 수 있다.

여기서 우리는 조선시대 국왕의 활쏘기에 대해 알아둘 필요가 있다. 활쏘기 자체는 금기가 아니라 임금에게도 일종의 권장 사항이었다. 조선의 창업 군주 이성계 자신이 활의 달인이었다. 세조도 활쏘기에는 일가견이 있었다. 세조는 활쏘기를 예찬하는 시를 남기기도 했다.

나뭇잎을 명중하여 뚫으니, 신력(神力)이라 하겠는가?
조그만 털끝이라 하더라도 그 어이 못 맞힐까?
경사(經史)를 논하다 잠시 짬을 내어 활을 쏘니
햇빛이 쏜 화살에 비켜나네.

세조가 신하들, 특히 종친들과의 활쏘기를 얼마나 좋아했는지는 성현이 자신의 문집 『용재총화』 10권에 상세하게 기록해 놓았다. 당시 종친 중에는 두 종류의 종(宗)이 있었다고 성현은 적고 있다. 세조가 총애했던 영순군 이보, 구성군 이준, 하성위 정현조, 밀성군 이침(『용재총화』에는 이 사람의 이름은 빠져 있다. 그러나 『실록』의 기록을 볼 때 비어 있는 이 칸은 밀성군일 가능성이 크다)은 말 그대로 '사종(四宗)'이고 신종군(新宗君), 거평 정(居平正), 진례 정(進禮正), 금산 정(金山正), 율원 부정(栗元副正), 제천 부정(堤川副正), 곡성 정(鵠城正) 등은 활을 잘 쏘

는 종친이라는 의미에서 '사종(射宗)'이었다. 하성위 정현조는 세조와
정희대왕대비 사이의 외동딸 의숙공주와 결혼한 세조의 사위였다.

앞서 본 대로 세조는 궁궐 내 이곳저곳을 옮겨 다니며 술자리를 열
고 그 자리에서 문신 수십 명을 뽑아 겸예문(兼藝文)이라 하고 이들과
함께 경사(經史)를 강론하고 나라를 다스리는 큰 계책을 묻기도 했다.
성현도 겸예문으로 이 자리에 낄 수 있었다. 또 세조는 무신들도 불러
사후(射侯-과녁)와 표적을 쏘게 하여 잘 쏘는 사람은 서열을 가리지
않고 벼슬을 올려주었다. 술에 취하면 세조는 '사종(射宗)'들로 하여금
활을 쏘아 쥐나 거미를 잡게 했고 어떤 때는 자신이 가리키는 나뭇잎
과 채소줄기를 맞히는 사람에게 큰 상을 내렸다.

이런 세조가 궁중에서 활을 쏘고 신하들과 함께 기생들을 불러들여
술잔치를 벌이는 것을 궁궐에서 자란 성종은 수도 없이 보았을 것이
다. 세조는 어차피 잘산군은 국왕이 되지 못할 것으로 생각해 신하들
에게 손자 자랑도 할 겸 이런저런 술자리에 데리고 다녔을 가능성이
높다.

조선 초에 공식적인 왕의 활쏘기는 크게 대사례(大射禮)와 연사례
(燕射禮)가 있었다. 둘 다 원래는 중국의 황제가 행하던 것으로 대사례
는 인재 선발을 위해 황제가 직접 활을 쏘던 것이고 연사례는 황제가
궁중에서 사적으로 하던 활쏘기다. 성종에게 계속 문제가 되는 것은
연사례에 가까운 것이었다.

통상 관사(觀射)라고 할 때에는 국왕은 구경만 하는 것이다. 그러나
대부분 성종도 함께 쏘았기 때문에 말은 관사라고 하지만 실질적인 내
용은 대사례나 연사례를 합친 것이었다. 이런 경우 임금인 성종이 쏘
는 표적은 웅후(雄侯)라고 불리는 표적이었다. 깃발의 색깔은 빨간색
이었고 가운데 곰의 머리가 그려져 있었다. 반면 신하들의 표적은 푸

른색이었고 가운데 사슴이나 순
록의 머리가 그려져 있었다. 이를
미후했다.

　대사례가 시작되면 임금은 100
여 미터 거리에서 먼저 네 발의
화살을 쏜다. 『실록』에서 성종이
네 발을 쏘았을 때 얼마나 적중했
는지에 관한 기록은 나오지 않는
다. 참고로 중종과 영조는 평균
세 발, 정조는 백발백중이었다고
한다.

　왕의 활쏘기가 끝나면 다음은
신하들의 차례였다. 신하들도 똑

상벌도(賞罰圖)_왕이 성균관에서 석전제(釋奠祭)를 지낸 뒤 신하들과 활쏘기를 행하는 대사례 의식 가운데 결과에 따라 시상하는 모습을 그린 그림이다.

같이 네 발씩을 쏘았다. 그리고 성적에 따라 임금은 상을 주었다고 한
다. 연세대 박물관이 소장하고 있는 『대사례 도권』이라는 그림책에는
신하들의 활쏘기에 대해 상벌을 주는 「상벌도」가 실려 있다.

활쏘기를 둘러싼 신하들과의 논쟁과 갈등

　신하들의 강한 지적이 있고 난 바로 다음 날 성종은 선정전에서 사
헌부와 사간원 관원들과 난상토론을 벌인다. 여기서 다시 종친과의 활
쏘기가 문제가 된다. 먼저 성종이 변명 조로 이야기를 한다.

　"내가 종친과 더불어 활을 쏜 것은 종친들과 친교의 도리를 다하기
위함이지 오락을 위한 것이 아닌데 대간들은 그것을 하지 말라고 하

니 왜 그러는가?"

그러나 과연 친교의 도리를 위한 것인지 오락을 위한 것인지는 얼마 안 가서 드러난다. 같은 해 11월 30일 홍문관 부제학 성현 등이 장문의 상소를 올렸는데 여기에도 안일함에 빠져드는 성종의 모습이 나온다.

상소문에는 넌지시 성종의 행태를 비판하는 내용이 포함돼 있었다. 머리 좋은 성종이 그것을 놓칠 리 없었다. 성종은 장문의 상소문을 승지들에게 읽도록 한 다음 이렇게 말한다.

"상소 가운데 '공경함이 차츰 해이해집니다'라고 한 것은 반드시 뭔가 본 바가 있어서 한 말일 것이다. 내가 해이해졌다는 것은 어떤 일을 말하는가? 경들은 숨김없이 말하도록 하라. 내가 요즈음 며칠간 경연에 나아가지 아니하였으니 이는 나의 잘못이다. 그러나 아무 까닭 없이 정지한 것이 아니고 몸이 약간 불편하여 그렇게 한 것이다."

직선적인 성격이 그대로 드러난다. 이에 대해 승지들은 "지금 그렇다는 게 아니고 혹시 앞으로 그렇게 될까 염려하는 것"이라고 둘러댄다. 그럼에도 불구하고 범야(犯夜), 즉 심야에 거동하는 것에 대한 비판 기사들이 이어진다. 성종 10년 3월 1일 범야에 관한 동부승지 채수의 상소다.

"근래에 거둥하셨다가 범야하셨는데 이는 옛사람들이 경계한 바입니다. 비록 태평한 때라고 하더라도 어찌 이와 같이 하는 것이 옳겠습니까?"

이에 대해 성종은 "서산(西山)에는 사냥하고 활 쏘는 장소가 두 곳이나 되므로 부득이하였다"고 답한다. 즉 이 기사를 보면 성종은 활쏘기 구경을 넘어서 사냥에도 흥미를 갖기 시작했다. 사냥 때 술판이 곁들여진 것은 물론이다.

이미 이 무렵 성종의 사냥과 활쏘기에 대한 탐닉은 말릴 수 없는 수준에 이르고 있다. 3월 5일에도 활쏘기 구경에 대한 신하들의 비판이 이어졌다. 도승지 홍귀달의 말이다.

"오늘 월산대군의 집에 거둥하여 관사하려고 하시는데, 전하께서는 우애의 정이 매우 두터우시므로 친히 사저에 나아가 잔치를 내려주어 위안하심은 진실로 아름다운 일입니다만, 관사까지 하는 것은 옳지 않을 듯합니다."

그러나 성종은 나름의 이유가 있었다. 신하들이 말린다고 해서 될 일이 아니었다.

"후원에서 관사할 때에는 임금과 신하로서의 구분이 엄격하여 그 은근한 정을 다할 수 없으므로, 월산대군과 더불어 활쏘기를 하여서 하루 동안의 즐거움을 다하고자 하는 것인데, 경들은 도리어 그릇되게 여기니, 도무지 그 뜻을 모르겠다. 이러한 의견을 먼저 말한 자가 누구인가? 반드시 그 뜻한 바가 있을 것이니, 숨기지 말고 다 말해 보도록 하라."

이에 대해 강직한 품성의 홍귀달은 말한다.

"신들은 성상과 가까운 곳에 있으므로 예에 어긋난 거동이 있으면 진실로 힘써 간(諫)하여 전하를 과실이 없는 곳으로 인도해야 마땅합니다. 만일 일에 따라 간하여 잘못됨을 그치도록 하지 않았다고 외부의 신하라도 알게 되면 신에게 죄가 있는 것이므로, 감히 먼저 말하여 아뢴 것입니다."

그러나 성종은 "외부의 신하가 안다고 말한 것은 무슨 일인가? 속히 말해 보도록 하라"고 신경질적으로 말꼬리를 잡는다. 이에 대해 홍귀달과 김승경은 누구인지는 실토하지 않고 다음과 같이 말한다.

"임금의 동정(動靜)은 반드시 예법에 따라야 후사(다음 임금)가 보고서 본받는 것입니다. 이번의 거둥은 뛰어난 임금께서 다스리시는 조정에서 일어난 일이므로, 폐단이 없다고 하겠습니다만 후대의 자손이 두고두고 이를 본받아 혹시라도 권세 있고 지위가 높은 집에 거둥하여 그들과 더불어 짝지어서 활쏘기를 한다면, 그 나쁜 폐단은 이루 말할 수 없을 것입니다. 신들은 바로 이것을 두려워하는 것입니다."

이에 대해 성종은 "너희들이 만약 실토하지 않으면 마땅히 형벌을 내리겠다"고 극단적인 반응을 보인다. 왜 그랬을까? 같은 해 3월 28일 성종은 성현과 문답을 주고받는다.

"근래에 관사 때문에 여러 번 경연을 폐하였는데, 신의 생각에 학문은 계속하는 것을 귀하게 여기는 것이니 하루라도 폐할 수 없는 것입니다. 청컨대 조강 후에 관사하도록 하소서."(성현)

"근래에 보건대 문신이 대부분 활을 잘 쏘는데, 내가 관사하지 않고서 거느린다면 누가 기예를 연마하겠는가? 하물며 국가에 아무 일 없는 때를 맞아서는 열무(閱武)를 더욱 해이하게 할 수 없다."(성종)

"태평한 때를 맞아 열무에 유의하는 것은 진실로 좋은 일입니다. 그러나 이로써 경연을 폐하는 것은 옳지 않습니다."(성현)

"그렇다면 지금부터 관사하는 날이라도 마땅히 조강을 받도록 하겠다."(성종)

사실 활쏘기와 술, 여색을 나눠서 살펴보고 있지만 당시에 이것은 한데 어우러진 것이기도 하다. 성종 10년 8월 3일 이에 관한 신하들의 비판적인 건의가 이어졌다. 먼저 경연에서 대사간 성현 등이 이렇게 말한다.

"근일에 연일 관사하시니 성체(聖體)에 피로함이 있지 않으십니까? 또 여악(女樂)을 쓰시니, 신 등이야 진실로 전하께서 성색(聲色)을 가까이하지 않음을 알지만, 외부 사람들이야 어찌 다 이를 알겠습니까?"

"국가가 다행히 무사한 까닭으로 종친을 불러들였다. 나라에 큰일이라도 있다면 어찌 그렇게 할 수가 있겠는가? 비록 연달아 4~5일을 계속하였더라도 어찌 해롭겠는가? 몸이 피로하고 아니한 것은 내가 마땅히 알아서 조처할 것이며, 여악은 대정(大庭-대궐 앞마당)에서도 쓰는데, 후원에서 쓰는 것이 어찌 불가함이 있겠는가?"

시강관 최경지는 승지와 사관을 관사하고 술 마시는 자리에 참석하지 못하게 한 문제도 지적한다.

"신 등도 아뢰려고 하다가 못하였습니다만, 여러 날을 관사하시면 성체에 진실로 피로함이 있게 됩니다. 또 승지와 사관이 아울러 입시하지 아니하였으니, 이는 진실로 옳지 못합니다."

그래도 성종이 자기 생각을 굽히지 않자 홍문관 직제학이던 최경지는 별도의 상소를 올려 이 문제를 조심스럽게, 그러면서도 빈틈없는 논리로 제기한다. 최경지는 기개가 있는 올곧은 인물이었다. 그는 당대의 권세가 한명회가 한강 변에 압구정이라는 별장을 지어놓고 호화 파티를 벌이자 "하루에도 세 번이나 접견하시는 은근한 은총이 두터우시니 정자가 있어도 와서 놀 만한 겨를이 없도다. 흉중에 스스로 꾀부리는 마음만 없다면 벼슬길에서도 갈매기와 가히 친할 수 있으리"라며 비꼬는 시를 썼던 인물이다. 그는 특히 선대왕들도 그렇게 했다는 성종의 반론을 조목조목 비판한다.

"세조께서도 후원에서 종친의 활쏘기를 관람하였습니다만, 그러나 반드시 조관(朝官-여기서는 승지와 사관)을 서로 참여하게 하였으니 전하께서는 멀리는 전고(前古)를 보시고 가까이는 세조를 본보기로 하여 본받아 행하시면 심히 다행하겠습니다.……또 예전에는 관사할 때에 남악을 사용하도록 명하시어 관련 부서가 이미 봉행하고 있는데, 이제 종친의 활쏘기에만 여악을 쓰게 하시니, 이것은 같은 신하들을 차별하는 것이 아니고 무엇입니까?……전하께서는 강건한 덕이 있어 성색을 가까이하지 않으시니 어찌 여악을 즐거워하시겠습니까? 신 등은 진실로 전하께서 종친을 위하여 베푸시어서 즐겁고 흡족한 정을 맺기 위함인 줄 아나, 조정대신들이야 그만이지만 외간의 사람은 어찌 알 수가 있겠습니까?……지난봄 이후로부터 종친의 관사가 잦으셨고, 더구나 이제 더운 달에 연일 관사하시니, 옥체가 매우 피곤하시고, 몸의 조화를 잃을까 염려됩니다. 어찌 홀로 신 등뿐이겠습니까? 무릇 그 지위에 있는 자들이 깊이 두려워하는 것도 이때문이니, 다시 깊이 생각하소서. …… 근래에는 간언을 따르는 아름다움이 처음과 같지 않으십니다. 종친과 관사는 특히 작은 일인데 대간과 신 등이 계속 경연에서 옳지 못함을 아뢰었으나, 모두 윤허를 받지 못하였으니 절망감을 이기지 못하겠습니다. 원컨대 전하께서는 끝마무리를 삼가시기를 처음과 같이 하시어 하루하루 더 삼가시면, 국가에 매우 다행하겠습니다."

여기서도 성종은 "끝마무리를 처음처럼 삼가라"는 충고를 듣는다. 이에 대해 성종은 "경연에서 이미 내 뜻을 유시(諭示)하였다"고 한마디만 한다. 선대왕들도 그러했다는 억지 논리를 반복하고 있는 것이다. 신하들의 간언과 최경지의 상소를 보면 이 무렵 성종은 상당히 흐트러지고 있었음이 분명하다.

그래도 9월 내내 종친들과 활쏘기가 이어졌고 신하들의 비판적인 간언과 상소도 잇따랐다. 그러자 성종은 상당히 신경질적인 반응을 보인다. 아마도 신하 중 한 명이 후대를 걱정하는 글을 올렸던 것 같다.

"이 일은 그대들이 말할 뿐만 아니라 말하는 자가 많아서 이미 밝게 타일렀는데, 다시 무슨 말이 있겠는가? 전에 말한바 후일의 폐단이 된다는 것을 나는 자못 알지 못하겠다. 그대들은 식견이 장원(長

遠)하여 기미(幾微-징후)를 본 것이 아니겠는가? 나는 자못 알지 못하겠다."

그 기미가 훗날 연산군의 악행이라면 신하들의 식견은 뛰어났던 것이고 "나는 자못 알지 못하겠다"고 한 성종의 식견은 그만큼 낮았던 것이라고 볼 수밖에 없다.

사냥에 탐닉하다

활쏘기를 둘러싼 논란이 계속되는 가운데 10월이 되자 이번에는 사냥에 나선다. 사냥 문제에 대해서는 그보다 앞서 신하들이 강도높은 비판을 제기한 바 있다. 성종 10년 3월 1일 경연에서 강하기를 마치자 시강관 권건과 전경 안윤손이 아뢰었다.

"요즈음 들으니, 여러 도에 교서를 내려 개(여기서는 사냥개)를 구하신다고 합니다. 전하께서 즉위하신 초기에는 응방(鷹坊-사냥용 매를 관리하는 부서)을 없애고 전쟁이나 사냥하는 일이 없어서, 온 나라의 백성들이 태평의 시대를 기대하였습니다. 그런데 근래에 여러 차례 사냥을 구경하고 또 직접 사냥을 하시려 하므로, 대신들이 옳지 못하게 여기고 있습니다."

그러나 성종은 이런 문제가 생겼을 때 늘 하듯이 답한다.

"그 말이 옳다. 다만 강무(講武)에는 반드시 사냥을 해야 하고, 사냥을 하면 개가 없을 수 없다. 지금 이미 교서를 내렸으니, 다시 정지할 수는 없다."

이 말의 정확한 의미를 이해하려면 조선 초 군사훈련 차원에서 이뤄진 사냥에 대해 알아둘 필요가 있다. 당시 조선에는 열무(閱武)와 강무(講武)가 있었다. 대열(大閱)이라고도 하는 열무는 중앙과 지방의 군인 수만 명을 불러 모아 진법에 따라 적군과 아군으로 나눠 군사훈련을 실시하는 것으로, 왕이 직접 관람하고 때로는 지시를 하거나 문제점을 지적하기도 했다. 통상적으로 열무는 1년에 한 차례 정도 하도록 돼 있었다. 반면 강무는 이 같은 진법 훈련을 사냥에 적용한 것으로 사실상 군인들을 동원한 왕의 사냥이다. 이것도 통상 농번기를 피해 봄과 초겨울에 각각 한 번씩 하도록 돼 있었다.

"강무가 시작되면 말을 탄 병사들이 함성을 지르면서 짐승을 몰아 왕이 있는 곳으로 가게 하였고, 몰아오는 짐승은 적어도 세 마리 이상이어야 했다. 이렇게 세 차례를 몰면, 세 번째에 비로소 왕이 활을 쏘아 사냥을 하였고, 이후에는 왕자와 공신들, 장수들이 활을 쏘았다. 사냥한 화살은 관통한 화살의 방향에 따라 상, 중, 하로 나누었다. 왼쪽 어깨 또는 넓적다리 앞에서 반대 방향으로 관통한 것이 상(上), 오른쪽 귀 부근으로 관통한 것이 중(中), 왼쪽 넓적다리에서 어깨 방향으로 관통한 것이 하(下)였다."

강무는 산 하나를 완전히 둘러싸야 했기 때문에 동원되는 병사의 수도 열무에 못지않았다. 성종은 결국 10월이 되면 자기 뜻대로 강무에 나선다. 10월 2일 궁을 떠나 17일에 돌아온 것으로 보아 경기도 일대를 돌며 장장 보름 동안 사냥을 한 것이다. 너무 강행군을 한 나머지 병사들이 대오를 이탈하고 밥도 제대로 먹지 못하면서 불만이 터져 나왔다. 그래서 이창신 등이 도중에 상소를 올려 일정은 느슨하게 잡고 병사들이 제대로 먹어가면서 수행할 수 있도록 요청했지만 성종은 오히려 화를 내면서 일언지하에 거절했다. 그러면서 보름 동안 사냥을 즐겼다. 여기서 무인 기질을 확인하게 되지만 병사들의 고통을 외면하는 국왕의 모습 또한 읽지 않을 수 없다.

성종 11년에는 이런저런 일로 해서 사냥에 나서는 일이 뜸했는데 그해 11월 17일 성종이 사냥을 나가겠다고 하자 병조판서 유지가 나서 "지금은 날씨가 몹시 추워 산길이 얼어서 미끄러우니 사냥을 정지하소서"라고 했지만 성종은 "내가 추위를 무릅쓰고 가려고 한다. 경은 따뜻한 방에서 편안하게 앉아 있도록 하라"고 쏘아붙인다. 어쩌면 성종은 그 당시 폐비 윤씨 문제와 새로 중궁을 들이는 문제 등으로 복잡했던 심사를 활쏘기나 사냥을 통해 잊어보려고 했던 것은 아닌가 하는 생각이 들기도 한다.

사냥에 따른 병폐

국왕으로서 사냥 자체에 지나치게 탐닉하는 것도 문제였지만 성종 12년 3월에는 짐승몰이에 악생(장악원에 소속된 악학 생도)을 동원했다가 대사헌 정괄의 지적을 받았고, 헌납 정회도 사냥 중에 짐승이 도망쳤다는 이유로 장수를 추국한 데 대해 문제를 제기했다. 그러나 성종은 오히려 "짐승이 달아났는데 추국하지 말란 말인가"라고 화를 낸다.

짐승몰이에 악생을 동원했다가 비판을 받은 성종은 11월 1일에는 아예 악공와 악생을 한꺼번에 동원했다. 이에 대해 사간원 정언 윤석보가 문제를 제기하자 "악공과 악생은 사가(私家)의 잔치에도 나가는

데 짐승몰이에만 부리지 못한다는 말인가"라며 밀어붙였다.

11월 5일 경연 때는 아부한다는 평을 듣던 대사간 강자평까지 나서 "사냥을 폐지하는 것은 어렵겠지만 흉년으로 군졸들이 피폐할까 두렵다"는 의견을 냈고, 집의 구치곤도 가뭄으로 인해 백성들이 끼니를 걱정하고 있는데 많은 군사들을 동원하는 것은 백성들의 원성을 살 수 있다고 직접적으로 경고했다. 우이독경(牛耳讀經), 성종이 신하들의 의견에 대해 보여준 태도다.

주색잡기에 빠진 낭만의 성종

성종은 술에도 상당한 조예가 있었다. 제사를 담당하는 사직서에서 술을 올리니 맛을 보고 나서 퇴짜를 놓는 장면이 성종 6년 8월 3일자 『실록』에 나온다. 성종은 "그대들이 함께 이 술을 맛보아라. 술맛이 나쁜 것이 이와 같으니 이를 제사에 쓸 수 있겠는가"라며 노발대발한다. 실제로 조사를 해보니 성종에게 올라간 술은 묵은 술이었다. 열아홉 살 무렵의 성종은 이미 술맛을 정확히 알고 있었던 것이다.

앞서 본 대로 이 무렵부터 자주 종친들과 활쏘기를 하거나 구경을 했는데 그 자리는 바로 연회의 자리이기도 했다. 어려서 궁에서 자란 성종은 세조가 신하들과 궁궐 이곳저곳에서 질펀한 술판을 벌이는 것을 자주 보았을 것이고 성종도 그대로 따라 했다. 성종 9년 12월 1일 자신이 총애하던 홍문관 직원 전원과 여섯 승지를 불러 모아 "취하도록 마시라"며 주연을 베푼다. 심지어 기분이 좋았던지 "취한 몸을 가누다가 쓰러지더라도 괜찮다"고 호방한 모습까지 보여준다.

그리고 앞서 본 활쏘기와 사냥이 진행되는 동안 언제나 술판이 차려지는 게 당시 관례였다. 이 말은 곧 늘 술을 가까이했다는 뜻이다.

과도한 시(詩) 사랑

성종 6년 11월 27일 성종은 역대 중국 제왕들의 악행을 그린 병풍을 신하들에게 주면서 거기에 각자 시를 쓰게 하였다. 이 또한 흥미로운 발상이다. 물론 자기 경계를 위해 그랬겠지만 선행보다 악행을 그려서 시를 짓게 한 발상은 뭘까? 여기에 쓴 이승소의 시를 보자.

"군신이 조정에서 여자의 속옷을 희롱하니
충언이 있다 한들 들리기 어렵도다.
그 당시 주림(株林)의 시가 아직도 남았으니
더러운 그 이야기 천고에 씻기지 않네."

성종은 직접 시를 짓기도 했다. 성종 7년 11월 6일 수렴청정을 거두어 달라고 강도 높게 의견을 냈다가 혼줄이 난 한명회를 위로하며 〈압구정(狎鷗亭)〉이란 시를 지어 내려주었다.

성종은 성종 10년 1월 24일에 〈청산백운도(青山白雲圖)〉 한 폭을 내어, 승정원과 홍문관에 명하여 율시(律詩)를 짓게 했고, 일주일 후인 2월 1일에도 보관하고 있던 〈설경도(雪景圖)〉 한 폭을 내어, 영산부원군 김수온, 달성군 서거정, 예조판서 이승소, 함종군 어세겸에게 명하여 칠언율시를 함께 지어 바치게 한다.

성종이 '지나치게' 시를 좋아하는 것은 얼마 지나지 않아 신하들 사

이에서도 심각한 문제로 떠올랐다. 성종 10년 2월 21일 경연에 나아갔
다가 헌납 김미가 이렇게 말한다.

"신 등은 시장(詩章)을 지으시거나 글제를 내어 승지로 하여금 시
를 짓게 하셨다는 말을 여러 번 들었습니다. 예전 당나라 태종이 말
하기를, '인주(人主-임금 혹은 황제)가 되어 덕정(德政)이 없는 것을
걱정할 것이지, 문장(文章)이 무슨 도움이 되느냐?' 하였습니다. 진나
라 후주(后主), 수나라 양제(煬帝)는 다 문집(文集)이 있어 세상에 유
행하나, 망할 때에 무엇을 구제하였겠습니까? 이것은 반드시 따라야
할 격언입니다."

국왕이 명예를 추구하는 문학에 힘써서는 안 된다는 주장이다. 이에
대한 성종의 답변이다.

"근일에 내가 지은 시는 없고, 현석규에게 한 번 쓰게 하였을 뿐이
다. 우리나라는 예전부터 문헌의 나라라 일컫고, 중국 사신이 오면
흔히 시장(詩章)으로 창화(唱和)하니, 시를 어찌 폐기할 수 있겠는가?
진나라 후주, 수나라 양제와 고려 의종은 풍월을 조롱하여 나라를 망
치기에 이르렀으니, 나도 그들을 몹시 좋아하지 않는다. 그렇다고 어
찌 뭇 아랫사람으로 하여금 시율(詩律)을 아주 폐기하게 할 수 있겠
는가?"

김미도 물러서지 않는다.

"신은 성상께서 줄곧 좋아하신다고 한 것이 아니라, 승정원은 직사

고개지 〈여사잠도(女史箴圖)〉_ 중국 동진의 화가 고개지(顧愷之)의 그림으로, 여성의 아름다운 인품과 내적 덕성을 전달하려는 교육적 의미를 담고 있다.

(職事)를 다스리는 곳인데 시장(詩章)을 일삼으므로 직사를 폐기하게 되는 것을 염려한 것입니다."

성종은 다분히 위압적이다.

"승정원에서 일하는 승지만 시를 지을 수 없는가? 말하지 말라."

성종 11년 10월 14일 성종은 그림 병풍 12폭을 내어다가 시에 능한 문신 열두 명을 뽑도록 한 다음 각각 칠언율시 한 편씩을 지어 올리게 했다. 이 그림들은 주로 중국 황제와 미인들의 사랑 이야기를 담고 있는 것이다. 제1폭은 '양귀비가 난간에 기대고 있는 그림'인데 이에 관해 홍응이 지은 시의 일부다.

"들으니, 절세의 미인으로 군왕을 모시어

서로 웃고 마주 보며 애틋한 사랑 이루었다네.
정자에 부는 봄바람 봄기운을 재촉하고
난간에 기댄 교태 사랑스런 단장이네…….

이 무렵이 언제인가 하면 어을우동에 대한 재판이 한창일 때였다. 나흘 후인 10월 18일 어을우동은 사형당했다.

성종 12년 1월 9일 밤에는 조계문의 첩의 소생인 조신이 시를 잘 짓는다는 소문을 듣고 그를 불러들여 술과 음식을 대접하고는 중국 한나라 고조가 곤궁에 처했던 일을 소재로 해서 4운율시를 지어보라고 시킨다. 이때 성종은 폐비 윤씨에 대한 명나라 조정의 재가를 받아내는 일로 노심초사할 때였다. 특히 이날 낮에는 북경에 갔다가 돌아온 사신에게서 그리 희망적인 소식을 듣지 못해 마음이 어수선했다. 아마도 시름을 달래고 싶어서였겠지만 신하의 첩의 소생을 궁으로 불러들인 것도 그렇고 성종이 내놓은 시제(詩題)도 약간은 우울하다. 위로받고 싶어 하는 심정이 그대로 드러난다.

성종은 심지어 영의정 정창손에게도 시를 짓도록 하고 상을 준다. 보다 못한 사헌부 장령 김학기가 같은 해 12월 6일 문예만을 숭상하고 맡은 바 직무를 소홀히 하는 경향을 비판하는 의견을 올렸으나 성종은 아랑곳하지 않는다. 또 12월 24일에는 교년(交年)이라 부엌 신에게 제

성종어필 선면첩(成宗御筆扇面帖)_ 성종이 종이부채 표면에 성현의 격언을 쓴 것으로, 그의 글씨는 중국의 조맹부 서법을 본받았으며 안평대군의 글씨와 흡사했다.

사를 지내는 날이라 해서 대군들과 밤새워 술을 마시겠다며 입직 승지, 경연관, 주서, 한림 등 6인을 불러 3경(밤 11시에서 새벽 1시 사이)까지는 각각 고시(古詩) 100운을 짓고 3경 이후에는 술을 마시도록 하라고 명했다. 그리고 다음 날에는 입직 승지 말고 전날 참석지 않았던 좌부승지 성준과 우승지 이세좌에게도 시를 짓도록 명한다.

성종 13년 10월 27일에는 입시한 문신들을 대상으로 '물고기는 냇물에서 헤엄치고 새는 구름 속에 난다'는 시제를 주고 시를 짓게 해서 1등을 한 좌찬성 강희맹에게 안장을 갖춘 말 한 필을 상으로 내린다. 형조판서 강희맹(姜希孟, 1424년 세종 6년~1483년 성종 14년)은 세종과 동서지간이었던 돈녕부 지사 강석덕의 차남이며 세종과 세조 때 서화로 이름을 날린 강희안의 동생이었다. 따라서 문종이나 세조와는 이종사촌 간이었다. 집이 지금의 서울시 중구 순화동에 있었는데 집 안에 금띠솔(大夫松)이 있는 것으로 유명했다. 성종이 계비인 윤씨를 폐비하고 나서 젖먹이 세자(연산군)를 한동안 바로 이 집에서 키우도록 했다.

성종은 신하들에게만 시를 짓도록 한 것이 아니라 자신이 직접 짓기도 했다. 한명회의 압구정에 관한 어제시를 지은 바 있는 그는 성종 13년 11월 11에는 경복궁으로 대왕대비를 찾아 만수무강을 기원하며 시를 지어 바쳤다.

"오늘 왕모의 잔치를 와서 여니
마음은 노래자(老萊子)의 장난보다 더합니다.
축수하는 술잔에 취했으나 은혜 어찌 갚으리이까
아침저녁 장구히 어김없이 받들리이다."

효심이 숨김없이 드러나는 시다. 여기서 노래자란 초나라의 현인으로, 중국의 24효자의 한 명으로 꼽혔다. 나이 칠십에 아동복을 입고 어린애 같은 장난을 하여 부모를 즐겁게 했다는 일화가 전한다.

여색(女色)

성종 9년 12월 8일 경연을 마치자 대사간 안관후가 아뢰었다.

"무과(武科) 시험이 있던 날 전하께서 월산대군의 집에 들러 밤이 깊어서야 돌아오셨으니 친족을 친애하는 의리는 지극하셨습니다. 그러나 모시고 따라간 신하 중에는 취해서 예의를 잃은 자가 있었으며, 군사 중에는 배고프다는 탄식이 있었고 대오를 벗어난 병사까지 있었습니다. 임금의 거동은 가볍게 할 수 없는 것이라고 신은 생각합니다."

조선시대 국왕은 밤에 대궐 밖을 못 나가도록 되어 있었다. 무슨 일을 당할지 모르기 때문이다. 그러나 뒤에 나오겠지만 성종은 수시로 밤에 대궐 밖을 나갔다. 그 때문에 야사 등에서는 성종이 여염집 여인네들과 놀았다는 이야기가 나온 것이다. 심지어 문제의 여인 어을우동과 성종의 관계설까지 나돌았다.

이에 대해 "내가 궁중에서 밤에 떠난 것이 아니라 밖에서 돌아오다가 들른 것이다. 또 대군을 만났는데 어찌 곧 돌아서서 나올 수 있겠는가"라고 하니 집의 김여석이 "대군을 만나려면 뒷날도 있으니, 반드시 저물어서 들어갈 것은 없습니다"라고 맞받았다. 이에 성종은 "성난 목소리로 '알았다'고 대답했다"고 『실록』은 적고 있다. 정말로 그날 밤에 무슨 일이 있었던 것일까?

이 무렵 성종에게는 곁에 왕비가 없었다. 한명회의 딸 공혜왕후가 성종 5년에 사망한 후 뒤이어 들어온 윤씨도 폐비되어 밖의 사저에 쫓겨나 있었기 때문이다. 적어도 밤 생활에 관한 한 성종은 자유로웠다. 후궁들이 간섭할 성질의 일도 아니었다.

얼마 후인 성종 10년 1월 20일 석강에서 『대학연의』를 논의하다가 김종직의 문인이기도 한 검토관 정성근은 이렇게 말한다.

"『대학연의』의 저자인 진덕수도 말하기를, '낮에는 조회에서 신하들이 엄숙하게 줄을 서서 창언(昌言)과 정론(正論)이 앞에 폭주(輻輳)하면 그것을 보존하여 지키기가 쉽겠지만, 깊은 궁중의 저문 밤에 접하는 자가 내시의 무리가 아니면, 곧 빈어(嬪御-후궁)의 무리일 경우 화려하고 짙은 화장을 하여 아름다운 자태가 눈을 현혹시키며, 기이한 재주와 음란한 기교가 모두 마음을 방탕하게 하기에 충분합니다."

이 또한 『대학연의』라는 책 이야기로 그치는 것이 아니라 성종의 밤 생활을 빗대어 이야기하는 것으로 읽어도 무방할 것이다. 『대학연의』에 담겨 있는 하고 많은 이야기 중에 하필이면 이런 이야기를 한다는 것 자체가 당시 성종이 그러했거나 혹은 그러하다고 소문이 났기 때문일 것이라고 보는 게 온당할 것이다. 정성근(鄭誠謹, ?~1504년 연산군 10년)은 성종 5년(1474년) 문과에 급제하고 성종 10년 홍문관 수찬, 부교리, 부응교, 전한, 직제학 등 홍문관에서만 재직하였다. 그동안 여러 차례 경차관으로 지방에 파견되어 민정을 살피고 유민들을 진휼하였으며 대마도에 선유사로 파견되기도 하였다. 그 후 해주목사, 우부승지, 좌부승지 등을 지내다 연산군 때 정계에서 축출되었다. 연산군 10년(1504년) 갑자사화에 연루되어 처형되었으나 중종반정 후에 신원된다.

같은 해 4월 26일 경연에 참석하는 시독관 이세광은 이렇게 아뢴다.

"임금이 거둥하면 좌사(左史)가 쓰고 임금이 말하면 우사(右史)가 씁니다. 그런데 근자에 관사하면서 승지와 사관이 모두 입시하지 못하고, 관사하는 데에 빈번하게 기녀와 악공을 섞어서 바치므로, 외부의 물의가 또한 있습니다."

활쏘기 구경을 하러 가면서 승지와 사관을 물리쳤다는 말이다. 『실록』에 따르면 성종은 "한참 동안 말이 없다가" 마침내 이렇게 말한다.

"종친을 접견하는 것은 진실로 해로운 일이 아니다. 사관이 입시하지 않는 것에 대해서는 성현도 일찍이 말하였으나, 조종조(祖宗朝)에도 사관이 입시하지 않은 예가 있었다. 나는 종친을 여러 차례 접견하고자 하나, 돌아보건대 매일 세 번 경연에 나아가 만기(萬機)를 재결하느라 친족을 친애하는 정을 펴지 못하였다. 근래에 3~4일 동안 종친을 접견하였으나, 선왕(先王)의 우애에는 거의 미치지 못한 것이다. 이른바 외부에서 의논하는 자란 어떤 사람인가?"

이에 대해 이세광은 답한다.

"전하께서 종친을 자주 접견하는 것은 친족을 친애하는 어지심입니다. 신이 감히 물의가 있다고 한 것은, 다만 관사를 빈번하게 함이 그르다는 것뿐입니다."

좌부승지 채수도 이렇게 아뢴다.

"근자에 성상께서 자못 관사하기를 좋아하시어, 여러 아랫사람들이 보고서 본받아 문신 가운데 낮은 자라도 잘 쏘는 자가 많으니, 또한 즐겁지 않습니까? 신의 생각으로는, 종친과 문신이 관사하면 간혹 활을 내려주어서 상 주기 때문에 사람들이 다투어 권하는 듯합니다. 그러니 간혹 종친과 문신을 모아 책을 강하여 논상(論賞)하여서 권한다면 어떻겠습니까?"

이 일과 관련해 당시 평가가 어떠했는지를 정확히 알려면 사신의 논평을 참고할 필요가 있다.

"임금은 호시(弧矢-활쏘기)에 정통하여 쏘면 반드시 적중하였으므로, 종친으로서 모시고 쏘는 자도 모두 미치지 못하였다. 그러나 관사하는 데에 여악을 쓰고 간혹 3일 동안 행하였으니, 이세광이 간한 것은 마땅하였다."

정윤정, "여색에 빠지는 조짐이 있는 게 아닙니까?"

성종 10년 6월 2일 성종은 신하들을 불러 모아 윤씨를 폐비하고 사저로 내쫓겠다는 의지를 발표한다. 이로 인해 신하들 사이에 윤씨 처리 문제를 놓고 다양한 의견이 표출된다. 이런 가운데 7월 16일 정몽주의 증손자이기도 한 장흥고(베, 종이 등 물품에 관한 일을 담당하는 기관으로 직제는 영, 주부, 직장, 봉사의 순이다) 주부 정윤정이 상소를 통해 성종에게 직격탄을 날린다.

"신의 맡은 바는 언관이 아니므로, 언사(言事)는 소임이 아닙니다.

비록 그러하나 옛사람이 이르기를, '광부(狂夫)의 말도 성인(聖人)은 택한다'고 하였으니, 삼가 바라건대 전하께서는 살펴주소서. 신이 일찍이 『주역』을 읽으니 이르기를 '서리를 밟으면 장차 단단한 얼음이 이를 것이다(履霜堅氷至)'라고 하였으니, 대개 조짐을 경계할 것을 말한 것입니다. 삼가 생각하건대 역대 국왕께서 비빈(妃嬪)의 제도는 3전(殿)을 넘지 못하게 한 것은 그 후왕(後王)을 위하여 염려함이 지극하다고 이를 수 있습니다. 전하께서는 그 제도를 무너뜨리고 해마다 대성(大姓)을 취(娶)하여 이제는 이미 다섯이 되었습니다. 비록 그 하나의 후궁을 폐하더라도 셋이 넘는데, 오히려 부족하여 또 처녀의 선발이 있으니, 바로 여색에 빠지는 조짐이 있는 게 아닙니까? 신이 그윽이 생각하건대 선발하기를 그치지 않고, 금년에 하나를 선발하고 명년에 하나를 선발하며 또 명년에 하나를 선발한다면, 신은 '시작은 있지 않음이 없으나 끝맺음이 있기가 드물다(靡不有初 鮮克有終)'는 시가 당나라의 현종에게만 해당되는 것이 아니게 될까 두렵습니다. 신은 일찍이 듣건대 난(亂)은 어지러운 데에서 생기지 않고 매양 다스려지는 데에서 생긴다고 합니다. 전하께서 즉위하신 지 이제 10여 년이 되었습니다. 정성을 다하여 정치에 힘쓰시니 일국의 신민이 기뻐하지 않는 이가 없어 사람마다 편안히 오래 다스리는 계책을 진달하려고 하므로, 신 또한 어려서 배운 것으로써 죽기를 무릅쓰고 진달합니다.

옛사람이 말하기를, '여자의 화(禍)는 적국보다 심하다'고 하였으니, 만약 전하께서 또한 서리를 밟는 경계를 쓰신다면 여기에 미치지는 않을 것입니다. 그래서 신은 죽기를 무릅쓰고 감히 상소하지 않을 수가 없으니, 엎드려 원하건대, 전하께서는 이 점을 생각하여 주소서. 다시 말씀드리지만 처녀의 선발을 그만두옵소서. 신은 죽음을 무릅쓴 지극한 마음을 이기지 못하겠습니다."

성종의 가장 아픈 곳을 바로 찌르는 상소였다. 이에 대해 성종은 답한다.

"내 비록 아들이 있었으나 요절한 자가 많아 대비께서 장구한 계책을 위하여 이 같은 처녀를 선발하라는 명(命)이 있어, 내 감히 중지하기를 청하지 않았을 뿐이지 내가 하고자 한 것이 아니다. 하물며 이제는 안에서 내조하는 사람이 없으니 비록 처녀를 선발한다 하더라도 무방하지 않겠는가?"

이에 승지 등은 정윤정이 망발하였으니 의금부에 내려 국문토록 하라고 부추긴다. 특히 '3전'의 의미를 물고 늘어진다. 그러자 성종도 노발대발하며 감정적 반응을 보인다.

"3전이라고 이른 그 뜻이 비록 후궁을 아울러 말함이라 하더라도, 태종은 후궁 6인이 있었고, 세종은 7인을 두었으며, 문종은 세자가 되었을 때에 이미 세종께서 또한 선발하여 5인이 있었다. 이제 이 글을 보건대 정윤정이 홀로 한 것이 아니고 반드시 도운 자가 있을 것이니 의금부에 내려 국문하게 하라."

이 사건에 대한 사신의 논평은 적확하다.

"정윤정은 고려의 충신 정몽주의 증손이다. 그 소를 보건대 말은 비록 지나침이 있다 하더라도 그 마음은 충직함에서 나온 데에 지나지 않으니, 그 증조부의 풍모가 있다고 하겠다. 만약 그 말이 취할 만하면 받아들이고 취할 수 없으면 너그럽게 용납함이 마땅한데, 승정원에서 도리어 국문하기를 청하여 심문을 받기에 이르렀다. 정윤정이 이에 죄를 받아 종신토록 등용되지 못하였으니, 아깝도다!"

어지간한 잘못이 아니면 대부분 두세 달 후면 복직, 복위되는 게 당시의 관행이었던 것을 감안하면 종신토록 등용하지 않았다는 것은 정윤정의 말에 대한 성종의 분노가 그만큼 컸다는 뜻일 것이다. 얼마 후인 7월 24일 경연에서 『대학연의』를 강한 후에 시독관 이창신이 관련 대목을 연결하며 정윤정에게 관대한 조처를 내릴 것을 건의했다. 그러나 성종은 한마디로 거부해 버린다.

'안으로 여색에, 밖으로 새 사냥에'

성종 13년에 이르면 성종의 새 사냥은 통제 불능 상태에 빠진다. 그에 따라 이를 규탄하는 신하들의 상소문의 논조는 말할 수 없이 강해졌다. 홍문관 부제학 권건 등은 2월 19일에 올린 상소에서 다시 한 번 직격탄을 날린다. 중국의 고전을 인용해 '안으로 여색에, 밖으로 새 사냥에 빠지는 것'은 시간문제라는 식으로 성종을 비판한 것이다. 더불어 송골매를 잡아올린 정문형을 물리치지 않음으로서 제2, 제3의 정문형을 만들어내게 생겼다고 말한다. 그러면서 "잘못을 고치는 데 인색하지 아니한 뜻을 보여 그 '게을러지는' 조짐을 막으소서"라며 글을 맺었다. 이를 읽은 성종의 심정이 어떠했는지는 그가 했던 말에서 고스란히 드러난다.

"너희들이 나의 뜻을 잘 알고 있으면서도 붓을 날리고 글을 희롱하
여 임금을 위협하고자 하는구나. 내가 아무리 우매하지만 어찌 너희
들의 그런 의도를 짐작하지 못하겠는가?"

도대체 정문형은 어떤 인물이었기에 이처럼 노골적인 비판의 대상
이 되었을까? 정문형(鄭文炯, 1427년 세종 9년~1501년 연산군 7년)은
개국공신 정도전의 증손자다. 단종 1년(1453년) 예조좌랑으로 있었으
나 궐내에 기생을 불러들여 가무음주한 죄로 장형을 받았다. 세조 1년
(1455년) 교리로서 좌익공신 2등에 책록되었다. 사인(舍人－임금이 의
정부에 말을 전할 때 연락을 담당하던 사람) 재직 시에 또 기생을 불러
들여 음주한 죄로 장형을 받았다. 세조 10년(1464년) 경상도 관찰사로
나갔다가 이듬해 진주에 살던 소훈 윤씨(昭訓尹氏－동궁의 후빈)의 어
머니 병환을 잘 보살피지 않았다는 죄로 의금부의 국문을 받고 파직되
었다. 이어 이조판서 호조판서를 거쳐 성종 23년(1492년) 우찬성에 올
랐다. 이조판서 재직 시(1490년) 아들 정숙지가 사재감 정에 제수되자,
이 문제로 조정에서는 상피제를 어긴다 하여 논란이 일어났으나 결국
성종의 비호로 유야무야되었다. 연산군 2년(1496년) 우의정으로 승진
하였으나 이해 용렬하고 탐학한 재상이라는 탄핵을 받고 중추부 영사
로 체직되었다. 연산군 4년(1498년) 무오사화 때 조정대신들과 함께
김종직을 대역죄인으로 논단하고 부관참시할 것을 주장한 인물이다.
가까이해서는 안 될 인물에게 성종은 총애를 주고 있었던 것이다.

그런데 바로 다음 날도 성종은 송골매 사냥을 하고 돌아왔다. 이번에
는 대사헌 김승경과 사간원 헌납 이종윤 등이 함께 글을 올렸다. 주나
라 무왕이 잠시 진기한 물건에 빠졌을 때 소공(召公)이 경계하는 글을
올렸던 예를 들며 "신 등이 경계의 말씀을 올리는 마음이 소공만 못하

여서 그러합니까? 아니면 전하께서 간언을 따르는 아량이 무왕만 못하여서 그러한 것입니까"라며 "실망을 금할 수 없습니다"라고 말한다.

여기서 이런 강도 높은 비판을 담은 상소를 대사헌 김승경이 주도했다는 것은 주목할 만하다. 왜냐하면 김승경은 도승지로 있다가 바로 전해인 성종 12년 12월 13일 성종이 특명을 내려 "권세에 아부하지 않고 곧은 말을 두려워하지 않았다"며 대사헌으로 임명한 인물이기 때문이다. 그런데 『실록』에서는 김승경에 대해 가혹한 평가를 내리고 있다.

"김승경이 권세에 아부하지 아니하고 곧은 말을 두려워하지 않는다고 함은 조정의 신하들이 듣지 못한 바이다. 아들과 사위를 위하여 벼슬을 구할 때에는 감언으로 애걸하고, 승정원에서 (도승지로서) 왕명의 출납을 맡았을 때에는 오직 비위만 맞추기에 힘썼다. 집안에 송사가 있으면 분주하게 오가면서 청탁하고, 후사가 없는 친족이 있으면 그 재물을 엿보았다. 외모는 강직한 듯하면서도 속으로는 실로 간교하였으니 참으로 사람을 알기란 어려운 것이다."

이런 혹평을 받은 인물조차 성종을 향해 직격탄을 쏜 것이다. 이 일은 성종을 대단히 서운하게 했던 것 같다. 닷새 후인 2월 25일 경연 자리에서 성종은 김승경을 향해 "대사헌은 오랫동안 나를 시종하는 자리에 있었기에 내 뜻을 깊이 아는 줄로 여겼다. 그런데 이 일을 가지고 보니 나의 뜻을 알지 못하는구나"라며 면박을 준다. 그러고는 성종은 보란 듯이 바로 그날 승정원에 새를 잡는 매를 잡아서 바치라고 명한다.

11장

태평성대의 이면:
아무 일도 일어나지 않았다

성종과 폐비 윤씨 사이에서 난 연산의 운명

성종 14년을 전후해서부터 성종 20년까지는 이상하리 만큼 평온하다. 이렇다 할 정쟁도 없었고 변란도 없었으며 다만 몇 차례 심한 가뭄이 찾아왔을 뿐이다. 왕권은 안정되었다. 실제로 성종 16년 5월 16일에는 영의정 윤필상 등이 와서 "지난 3년간 재해가 없었으니 국가의 경사"라며 이를 자축하는 잔치를 베풀 것을 청할 정도였다.

이 기간 중에 세자 책봉과 세자의 결혼이 있었다. 성종 19년에는 폐비 윤씨 묘를 좋은 터로 옮기는 이장 문제가 활발하게 논의되고 성종 20년부터 다시 윤씨를 제사 지내게 된다. 신하들 사이에서는 태평성대라는 말까지 나온다. 이 말은 그저 신하들의 아부 차원에서 나온 것이 아니다. 3년 동안 대고(大故-큰 사고)가 없으면 당시에는 태평성대라고 했다. 그렇게만 본다면 분명 태평성대였다.

그런데 미래를 위해 해야 할 일을 하지 않았다는 관점에서 보아도

'아무 일도 일어나지 않았다.' 좀 더 정확히 말하면 '아무 일도 하지 않았다'고 해야 할 것이다. 이렇다 하게 새로운 인맥군을 발굴해 형성하지도 못했고 국가의 활력을 높이기 위한 거대한 전략도 없었다. 집권 14~15년차에 나이 서른을 바라보던 성종이었다. 머리가 좋았다고 하지만 역시 현실정치에 미숙했기 때문일까? 아니면 반도 조선의 숙명에 희생된 것일까? 어떤 이유에서건 이렇게 아무 일도 하지 않은 때문인지 성종 이후 조선은 급속하게 쇠퇴의 길을 걷는다. 그렇다고 그 같은 쇠퇴의 책임이 고스란히 성종의 몫인가? 이런 의문을 품고서 다시 성종의 후반기 10년을 향한 여정에 나선다. 여기서는 주로 세자, 두 왕대비, 자식과 왕실 사람들에 대한 과잉 보호의 실상을 짚어볼 것이다. 우리는 제가(齊家)에 실패하는 성종의 모습을 보게 된다.

한 치 앞도 내다볼 수 없는 원자의 운명

성종 7년 11월 6일밤 원자가 태어났다. 도승지 현석규와 우승지 임사홍 등이 선정문에 나아가 이렇게 아뢴다.

"우리 조선이 개국한 이래 문종과 예종은 모두 잠저에서 탄생하시어 오늘 같은 경사는 처음입니다."

이게 무슨 말인가? 왜 하필이면 문종과 예종을 특정하여 이런 말을 하는 것일까? 정상적으로 왕위를 이은 문종과 예종도 대궐이 아니라 대궐 밖의 민가인 잠저에서 태어났다면 다른 왕들은 말할 필요도 없다. 단종의 경우도 문종이 세자 시절에 낳았다. 즉 아버지가 임금 자리에 있는데 원자가 태어난 첫 번째 경우가 바로 이 원자인 것이다. 이

원자가 바로 훗날 폭군으로 이름을 남기게 될 연산군이다. 즉 연산군은 조선 왕실의 역사에서 보자면 궁궐에서 원자로 태어나 국왕의 자리에 오르는 첫 번째 인물이 되는 것이다. 그날 성종은 너무 기뻤다. 대대적인 사면령을 내렸다.

그러나 기쁨도 잠시. 6개월도 지나지 않아 원자의 어머니 윤씨는 폐비 논란에 휩싸인다. 앞에서 본대로 3전의 미움을 받은 것이다. 돌도 지나지 않은 원자의 운명은 이미 뿌리째 흔들리기 시작했다. 다행히 성종 8년의 폐비 논란은 없던 일이 됐으나 왕비는 후궁들을 위한 거처인 자수궁으로 옮겨가야 했다.

'폐비'라는 말 자체는 원자의 운명과 직결된다. 폐비 문제는 일단 미봉되었지만 그때 논쟁에서도 '원자의 거취'가 몇 차례 거론되었다. 논란의 핵심은 윤씨가 폐비되고 다른 왕비가 들어와 아들을 생산할 경우 원자를 어떻게 할 것이냐는 데 있었다. 이는 결국 뒤에 윤씨를 폐비하고 죽임으로써 두고두고 성종을 괴롭히는 문제가 된다. 성종 8년에는 폐비까지 가지 않았으므로 일단 이 문제는 잠잠해졌다.

그러나 성종은 그해 11월 윤씨와 원자를 떼어놓기로 결심하고 승정원에 어린 원자를 키워줄 수 있는 10여 대신들을 후보로 추천하여 올리라고 했다. 그 중에서 성종은 지금의 서울 종로구 순화동에 있던 이조판서 강희맹의 집을 골랐다. 그리고 11월 27일 원자를 강희맹의 집에서 키우라고 명한다. 강희맹은 문장과 학문에 뛰어났고 국왕을 성심으로 모신다는 평과 함께 아부가 심하다는 비판도 들었던 인물이다. 성종의 입장에서는 여러 가지를 고려했을 것이다. 실제로 성종 9년 3월 강희맹은 원자를 키우고 있다는 이유로 여러 곳에서 모함을 받아야 했다. 사실 다음에 임금이 될 원자를 키우고 있다는 이유만으로도 수많은 사람들의 시기와 질투의 대상이 될 수밖에 없었다. 이에 대해 성종은 "나는 경을 의심하지 않고 경은 나의 말을 의심하지 않는다"며 무한한 신뢰를 표시했다.

하지만 성종과 윤씨 사이의 문제는 계속 커져만 가고 있었다. 성종 10년 6월 초 결국 성종은 윤씨를 폐하고 사저로 내쫓았다. 폐비를 둘러싼 논쟁을 우리는 앞에서 상세하게 살펴본 바 있다. 여기서는 논쟁의 과정 속에서 제기됐던, '폐비했을 때 원자의 문제'에 대한 성종의 반응을 몇 가지 모아본다. 왜냐하면 논쟁에서 늘 신하들에게 밀렸던 부분이 바로 이 문제였기 때문이다. 신하들은 한결같이 "전하의 말이 옳고 중궁이 큰 잘못을 저질렀다 하더라도 원자를 낳은 어머니이고 대군까지 낳았습니다. 장차 원자를 어떻게 하시겠습니까"라고 몰아세웠다. 이에 대해 성종은 약간씩 입장을 달리하며 그때그때 이렇게 답한다.

"언젠가는 자신이 왕의 어머니가 되면 가차 없이 보복하겠다는 심사를 갖고 있는데 그런 마음으로 원자를 가르치게 되면 어떻게 되겠는가?"

"원자가 현명하다면 조선의 사직이 염려가 없겠지마는 만약 원자가 현명하지 못하다면 사직이 영구하게 전해질는지 알 수 없겠다."

"원자가 효자라면 나를 잘 모실 테고 그렇지 않으면 그때 가서 알아서 하지 않겠느냐. 개의치 않는다."

상당히 무책임한 발언이다. 이런 점은 어쩌면 프로이트가 말하는 수퍼에고(super-ego)의 결여와 관련된 것인지 모른다. 성종은 아버지가 일찍 세상을 떠났기 때문에 어머니 밑에서 할아버지 세조의 사랑을 받으며 성장한 인물이다. 통상 이런 인물은 책임 의식이 결여되어 있다고 한다.

국왕의 책임 의식이란 다름 아닌 미래 설계이다. 태종의 경우 아버지 태조 이성계의 절대적인 사랑을 받았다. 그것이 책임감이 강한 남성으로 태종을 키운 원동력이다. 그리고 미래의 설계에 참으로 많은 노력을 들였다. 반면 세종은 형님인 세자 양녕에 비한다면 태종의 큰 사랑을 받았다고는 할 수 없다. 꼭 그 때문은 아니겠지만 적어도 정치적인 면에서 세종의 미래 준비는 허술하기 그지없었다. 형제들 간의 살육을 대비하지 못한 것이 그것이다.

이런 맥락에서 성종은 그 정도가 좀 지나쳤다. 자신의 행위가 장차 어떤 식으로 진행될 것이라는 것쯤은 미리 예감해야 했다. 다만 당시 스무 살에 불과한 그의 나이가 어쩌면 이런 미숙함에 대한 어느 정도의 변명이 될 수 있지 않을까?

불확실한 '세자' 책봉

성종 11년 1월 3일 도승지 김승경이 한명회의 말이라며 '원자의 나이가 이제 5세가 되었으니 여염에 섞여서 살 수는 없다'고 전한다. 그러나 성종은 한나라 선제의 이야기까지 끌어들이며 "선제도 민간에 오랫동안 있었는데 여염집에 거처하는 것이 무엇이 해롭겠는가"라고 말한다. 아버지의 사랑을 받아보지 못한 성종이라 그런지 아버지의 사랑을 줄 줄도 몰랐다. 아니면 폐비 윤씨에 대한 안 좋은 감정이 원자에게도 투사된 때문이었을까?

같은 해 5월 5일자 『실록』에는 아주 흥미 있는 기사가 실려 있다. 성종이 모화관에 가서 정동 등 명나라 사신들에게 잔치를 베풀고 돌아온 직후 김승경을 보내 정동에게 묻는다.

"왕비를 일찍이 폐하였습니다. 그런데 황제께서 모르시고 왕비에게 보낸 선물은 어떻게 처리하는 게 좋겠습니까?"

"중국 조정에서는 왕비를 폐한 것을 모르고 오직 저와 한씨(함께 온 사신)만이 그 사실을 알 뿐입니다."

"지금 선물을 받는다면 훗날 왕비 책봉을 청할 때 어떻게 말을 해야 하겠습니까?"

"그때야 당연히 제가 옆에서 말을 만들어 '저번에 사신으로 갔을 때 왕비가 병이 있다는 것을 들었습니다'라고 하겠습니다."

그러면서 정동은 "지난번에 궁각을 무역하는 문제와 왕비의 관복을 준허받은 일은 모두 제가 주선한 것"이라며 공치사를 한다. 이런 수준의 인물이었고 늘 그 옆에는 한명회가 있었다.

실제로 그해 11월 9일 한명회는 성종을 독대하고 나서 승지와 사관에게 자신과 성종이 주고받은 말을 전한다. 즉 자신이 "원자는 자질이 영명하므로 실로 조선에 있어서 만세의 복입니다. 신이 이번에 주문사로 가서 세자로 책봉할 것을 주청하여 국본(國本-세자)으로 정하겠습니다"라고 말했더니 성종은 "어미가 비록 부덕하다고 해서 어찌 아들에게 영향을 주겠는가? 단지 나이가 어리니 아직 여러 해를 기다렸다가 세자로 책봉해도 늦지는 않을 것이다"라고 하였다. 원자를 세자로 책봉하는 데 대해 썩 내켜하지 않는 성종의 마음을 읽어내기란 그리

어렵지 않다.

훗날 중종이 되는 진성대군은 아직 태어나지 않았다. 진성대군은 성종 19년에 태어난다. 그러나 진성대군의 어머니, 즉 상당 기간 연산군의 '친모' 역할을 했던 정현왕후는 윤씨가 폐비된 이듬해 11월에 이미 왕비의 자리에 올라 있었다. 사실은 성종이 한명회와 독대한 11월 9일의 하루 전, 윤호의 딸인 숙의 윤씨가 두 번째 계비가 되었다. 그래서 바로 다음 날 명나라로부터 승인을 받는 문제로 비밀리에 한명회를 만났던 것이다. 그랬으니 당연히 세자 책봉 문제에 대해 성종은 좀 더 생각할 시간을 갖고 싶었을 것이다.

고민에 고민을 거듭하던 성종은 결국 성종 14년(1483년) 2월 6일 원자 융을 세자로 책봉한다. 이보다 한 달 앞선 1월 4일 성종은 의정부와 6조의 당상관을 불러 "내가 옛일을 보건대, 여덟 살에 세자를 봉하는 것이 예인데, 이제 원자의 나이가 여덟 살이므로 책봉을 할 만하다"고 밝힌 바 있다. 아마도 이런 결심은 그 전에 했을 것이다. 실은 3년 전에 왕비로 올린 정현왕후가 왕자를 생산하지 못한 것도 영향을 주었을 것으로 보인다. 중국의 압력은 거셌고 딱히 세자를 책봉하지 않는 이유를 댈 것이 없었다.

명나라와의 관계에서 보더라도 폐비와 세자 책봉은 비중이 달랐다. 폐비를 하더라도 세자 책봉은 예정대로 한다면 명나라가 크게 문제 삼을 것은 없었다. 그러나 세자를 바꾸게 되면 명나라로서도 심각한 문제가 아닐 수 없다. 조선의 정국이 불안정해질 수밖에 없기 때문이다. 결국 기다릴 만큼 기다린 성종은 2월 6일 융을 세자로 책봉했다. 이날 책봉식은 경복궁 사정전에서 있었다. 상투적인 표현이긴 하지만 그 책문(책봉하는 글)에는 이런 구절이 포함되어 있다.

"아! 너 이융은 나면서부터 영리하여 일찍부터 인효(仁孝)의 성품이 현저하고, 총명이 날로 더해가 장차 학문의 공이 융성할 것이니, 마땅히 동궁(東宮)에서 덕을 기르고 대업을 계승할 몸임을 보여야 할 것이다. 그래서 너를 세워 왕세자로 삼는다. 이에 총명(寵命)을 받았으니, 더욱 영구한 계책을 생각하라. 간사함을 멀리하고 어진 이를 친근히 하여 힘써 스승의 아름다운 가르침을 지키고 항상 깊은 못에 임하듯 얇은 얼음을 밟는 듯 조심하여 조종(祖宗)의 빛나는 발자취를 뒤따르면, 이 어찌 아름답지 아니하랴?"

이때까지 세자 이융은 불과 7개월 전에 자신의 친어머니가 사약을 받고 세상을 떠났다는 사실을 새까맣게 모르고 있었다. 사실 윤씨를 죽이는 데는 당시 성종에 대한 부정적인 여론과 윤씨에 대한 동정적인 여론도 크게 작용했다는 것을 앞서 보았다. 이런 여론을 잠재우는 데는 세자 책봉만 한 것이 없었다. 묘하게도 2월 18일 그를 키워준 강희맹이 세상을 떠났고 3월 30일에는 그의 어머니를 죽이는 데 앞장섰던 정희대왕대비도 세상을 떠났다.

세자가 되면 서연이 설치되어 세자의 교육을 담당하는 것이 조선 왕가의 법도였다. 3월 18일 경연이 끝나고 나서 사헌부 집의 김수광은 천천히 공부를 시키자고 하고 김종직은 학문을 연마하는 데 나태해지면 안 된다고 스파르타식 교육을 주장했다. 이때 성종은 김종직이 옳다고 말한다. 그런데 여기서 눈길을 끄는 것은 김수광이 말한 것 중 "지금 세자의 나이가 매우 어려서 혈기가 왕성하지 않은데도 날마다 서연에 나와 몸과 마음이 힘듭니다. 매달 여가를 두어 몸과 마음을 쉬도록 하소서"라는 대목이다. 어려서의 연산군은 커서의 연산군과 달랐다는 이야기인가?

국왕에 이르는 길

세자가 되었다고 해서 모든 것이 끝난 게 아니다. 양녕대군처럼 폐세자, 즉 세자 자리에서 쫓겨나는 일도 얼마든지 가능하다. 그런데 세자에 대한 성종의 사랑(혹은 기대)은 컸던 것 같다. 세자로 책봉한 지 2년 후인 성종 16년 2월 3일 성종은 세자를 위한 궁, 즉 동궁을 설립하라고 하면서 "내일 내가 직접 나가서 터를 보도록 하겠다"고 말한다. 실제로 다음 날 성종은 "건양문(建陽門) 밖에 나아가 동궁의 터를 살펴보았다." 그리고 5일에는 이극증과 김겸광을 세자궁 조성 제조로 임명한다. 김겸광은 창경궁 창건을 이끌었던 인물이다. 성종이 동궁 건립에 얼마나 큰 비중을 두었는지를 알 수 있다. 이는 곧 세자에 대한 기대와 비례하는 것이다.

그런데 의문이 드는 게 있다. 성종 17년이면 이미 세자의 나이가 열 살을 넘고 있었다. 1월 2일 상당 부원군 한명회가 "조종조에는 세자가 10세에 공부를 시작하고 11세에 빈을 맞아들였는데, 지금 동궁이 10세가 지났으니 입학을 시키소서"라고 말했다. 입학이란 세자를 성균관에 입학시켜 유학의 기초를 공부토록 하는 것으로 세종 때 생겨난 관행이다. 세종은 세자뿐만 아니라 왕자들까지 모두 성균관에 입교시켜 공부하도록 했다. 그런데 성종은 한명회의 말이 옳다면서도 "예전에는 8세에 입학하였으나 사람의 기질이 같지 않아 13~14세가 되기를 기다려 입학시키고자 한다"고 답한다. 왜? 답은 두 가지다. 세자의 머리가 떨어지거나 아니면 어머니의 비밀을 알게 될 것을 두려워해서다. 입학하게 될 경우 아무래도 외부 사람을 만나고 자연스럽게 어머니의 비극적인 죽음에 관해 어떤 식으로건 듣게 될 가능성이 높았기 때문이다. 세자에 대한 성종의 깊은 사랑을 볼 때 머리가 떨어진다고 보기는 힘들고 그렇다면 자연스럽게 후자의 가능성이 커진다.

그와 별도로 글공부는 4월 10일 이후에 본격적으로 시작된 것 같다. 왜냐하면 이날 비로소 김겸광을 세자좌빈객, 유지를 세자우빈객으로 임명했기 때문이다. 첫 교재로는 『논어』를 읽었다. 그리고 11월 2일 『논어』 강독이 끝나자 성종은 다음 텍스트로 『맹자』를 선정해 준다. 자신도 왕위에 오르고 나서 제왕학 공부를 시작했고 첫 교재가 『논어』, 그 다음이 『맹자』였다. 참고로 성종이 어려서 『논어』 공부를 끝내는 데 걸린 시간은 10개월, 그에 비해 세자는 7개월 만에 끝냈다. 성종은 열세 살, 세자는 열한 살에 본격적인 공부를 시작했다.

아마도 글공부의 이 같은 빠른 성과 때문인지 13세쯤 성균관에 입학시키고 15세나 16세에 납빈(納嬪-빈을 맞아들임, 즉 혼례)하겠다던 성종의 본래 구상은 크게 앞당겨진다. 다음 해인 성종 18년 2월 승정원에서 세자 입학 때 준비해야 할 사항들을 정리하다가 "세자가 출입할 때 어느 문으로 하여야 마땅하겠습니까?"라고 묻는다. 이미 입학하기로 결정이 이뤄진 것이다. 승정원에서는 창경궁에서 성균관을 오갈 때 어떻게 할 것인지를 문의한 것이다.

세자의 입학은 일종의 성인식인 관례(冠禮)와 함께 세자에게 가장 중요한 두 가지 의식이었다. 특히 관례가 있은 지 얼마 안 되어 혼례를 올리는 것은 유교 사회의 일반적 관습이었고 왕실이라고 예외는 아니었다. 당시 성종이 세자의 입학을 얼마나 기뻐했는지는 2월 29일 대사면을 내리겠다고 말하는 데서 드러난다.

"세자가 입학하는 것은 큰일이다. 예종께서 관례를 행하자 대사면을 베푼 일이 있었는데, 입학과 관례가 무엇이 다르겠는가?"

일부 신하들의 반대가 있긴 했지만 대사면령이 내려진다. 그리고 그날 서둘러 관례를 행하겠다는 뜻도 밝힌다. 구체적인 방침도 정해져 있었다. 성종은 뭔가에 상당히 고무되어 있었다.

> "예전에 문왕(文王)은 열세 살에 아들을 낳았으니, 반드시 열두 살에 혼인하였을 것이다. 이제 세자의 나이가 열두 살이므로 명년에 혼례를 행하려고 하는데 어떻겠는가? 또『대전(大典)』에, 이성육촌친(異姓六寸親)과는 혼인을 허락하지 아니하고 칠촌은 금함이 없으니, 이제 세자의 가례를 또한 이성칠촌친과 행하고자 하는데 어떻겠는가?"

그리고 이날 혼인에 대한 논의에서 신하들의 큰 반대가 없자 성종은 바로 다음 날인 3월 1일 승정원에 "병조판서 신승선의 딸을 세자빈으로 삼으라"고 명한다. 이미 성종의 머릿속에는 세자 혼인 문제에 대한 구상이 끝나 있었던 것이다.

지금까지 논의에서 전혀 그 이름이 등장하지 않았던 병조판서 신승선은 어떤 인물인가? 세자가 훗날 왕위에 오르게 되는 연산군이기 때문에 국구(國舅)가 되는 신승선(愼承善, 1436년 세종 18년~1502년 연산군 8년)은 세종의 4남인 임영대군의 딸과 혼인해 왕실 종친의 일원이 되었다. 따라서 구성군 이준과는 처남매부 사이였다. 세조가 왕이 된 후 지극한 총애를 받아 한성부 우윤에 올랐고 병조참지로 있던 세조 12년(1466년)에는 문과 중시에 장원급제해 병조참판으로 승진했다. 그러나 남의 글을 빌려 장원을 했던 것이 성종 때 드러나 탄핵을 받기도 했다. 예종 즉위년(1468년)에는 남이의 옥사 때 병조참판으로 궁궐을 호위하였던 공을 인정받아 익대공신 3등, 그리고 성종 2년(1471년)에는 좌리공신 3등에 녹훈되고, 거창군에 진봉되었다. 성종 7년(1476년)에는 천추사의 일행으로 명을 다녀오고 돈녕부 지사를 거쳐 공조판

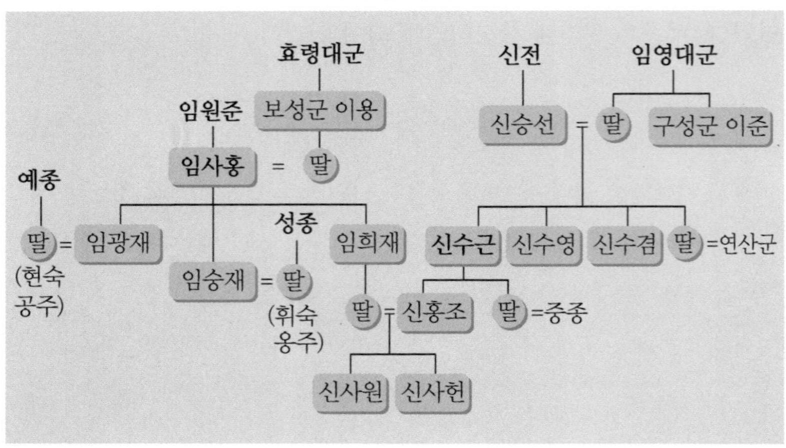

서로 승진하였다. 이어 성절사로서 명을 왕래한 뒤 성종 17년(1486년) 병조판서가 되었고 이듬해 딸이 세자빈이 된다. 그리고 6개월 후인 1487년 9월 1일부터 이듬해 11월 7일까지 한성부 판윤을 지냈다. 성종 22년(1491년) 이조판서가 되고, 무능하여 정승의 그릇이 못 된다는 3사의 반대에도 불구하고 1494년 우의정에 임명되었으며, 이해에 사위 연산군이 왕으로 즉위함으로써 오히려 좌의정으로 승진, 뒤이어 영의정에까지 올랐으며 춘추관 영사로서 『성종실록』의 편찬을 주관하였고, 연산군 3년(1497년) 거창부원군으로 진봉되었다.

『실록』에 따르면 신승선은 사람됨이 섬약하였으며 왕실과의 중첩된 인척 관계로 역대 임금들의 총애와 예우를 입어 영의정에까지 올랐으나 대신으로서의 능력이 없는 데다 병을 핑계로 자리를 자주 비움으로써 세상 사람들로부터 죽반승(粥飯僧)이라 불리며 비웃음을 샀다. 성종 말년 이조판서로 있을 때는 뇌물을 받고 벼슬을 내림으로써 수리판서(袖裏判書-소맷속 판서)라는 비난을 받기도 하였다. 연산군 때 죽어서 연산군의 비극적인 결말을 보지 못했지만 그의 아들 3형제 신수근, 신수영, 신수겸은 중종반정이 일어나자 모두 죽음을 맞이했다.

세자의 결혼식은 예정대로 성종 19년(1488년) 2월 6일 거행됐다.

학습 지체 현상을 보이는 세자

세자가 혼례를 올린 지 2주일 후 조정에서는 중국 사신이 왔을 때 관례대로 왕세자가 가서 사신을 접대하는 문제를 놓고 격론이 벌어진다. 그런데 이상하게도 성종은 세자가 '어리다'는 이유로 아직은 접대하는 예를 맡아서는 안 된다고 주장한다. 병이 걸렸다고 거짓말을 해서라도 하지 말자는 것이다. 성종은 여전히 세자를 믿지 못하고 있었다. 그래서 결론은 이렇게 난다.

> "나도 여러 번 중국 사신을 접대하였으나 그 실례(失禮)를 염려하거늘, 더구나 세자가 연소하니 어찌 실례되는 일이 없겠느냐? 아직은 영조(迎詔-사신을 맞아 접대하는 일)하지 말라."

그러나 세자에 대한 성종의 애정은 한결같았다. 성종 20년 4월 5일 성종은 사복시에 명을 내려 세자에게 말 타는 것을 가르치라고 한다. 이제 어가 행렬 때 세자도 수행을 해야 하기 때문이라는 것이다. 또 5월 20일에는 대사헌에서 임금이 수라상을 들 때 곁에서 세자가 지켜보는 시선(視膳)을 하도록 청하자 원래는 세끼 모두를 시선해야 하지만 아직 장성하지 않아 하루에 한 번씩 시선토록 한다. 어린 세자에 대한 배려였다.

그런데 이 무렵부터 세자는 얼굴에 나는 종기 때문에 두고두고 고생을 한다. 현대 의학에 따르면 종기의 주요 원인 중 하나가 스트레스, 즉 마음고생이다. 원인이 정확히 무엇인지 알 수는 없지만 세자는 심한 마음고생을 하고 있었다고 볼 수도 있다. 자신의 어머니와 관련된 것일 수도 있고 성장하면서 따뜻한 사랑을 제대로 받지 못한 데서 오는 청소년기 스트레스였을 수도 있다. 그해 9월 4일 성종은 세자의 종기를 치료한 공으로 의원과 내관, 탕약 사령 등에게 큰 상을 내린다. 그러나 종기는 완치되지 않고 수시로 세자를 괴롭히는 고질병이 된다.

성종 22년 5월 15일 세자시강원의 보덕 송질 등이 세자의 교육과 관련된 글을 올렸다. 세자의 경우에는 학문을 가르치는 스승과 덕성을 가르치는 스승이 따로 있었다. 전자를 사(師)라 했고 후자를 부(傅)라 했다. 조강이나 석강 혹은 주강에서는 공부를 익혔고, 별도로 품성이나 덕행을 익히는 자리를 회강(會講)이라고 했다. 송질은 세자가 회강은 한 달에 한 번도 안 하려고 하고 이미 여러 달 동안 중지했다고 말한다. 이에 대해 성종은 별다른 조치를 지시하지 않고 "그대들의 뜻은 알았다"고 짤막하게 답한다. 자기로서도 어쩔 수 없었기 때문일까?

성종 23년이 되면 세자의 공부가 제대로 이뤄지지 않고 있는 데 대한 성종의 근심이 노골적으로 드러난다. 이때 세자의 나이 17세를 넘기고 있었다. 그런데도 문리(文理)를 깨치지 못하고 있었던 것이다. 1월 19일 성종은 같은 또래 아이들에 비해 세자의 학문이 현저하게 뒤처져 있다며 "내 심히 근심하고 있다"고 말한다. 이 문제는 나흘 후 경연에서 본격적인 토론의 대상이 된다. 여기서는 경서와 역사서 중 어느 쪽을 집중하는 게 문리를 터득하는 데 유익한지, 역사서를 강독한다면 『춘추』가 좋은지 『사기』가 좋은지, 토론식으로 하는 게 좋은지 주입식 반복 교육을 하는 게 좋은 지 등이 토론된다. 그러나 머리가 나쁘다기보다는 공부에 별로 뜻이 없는 세자에게 사실 이 같은 방법론 논쟁은 무의미한 것이었을 수도 있다. 어쨌든 이 문제는 29일 주강에서 다시 격론에 부쳐져 마침내 우승지 권경희의 의견이 채택된다.

"배우는 자는 비록 스승에게 수업하더라도, 반드시 붕우(朋友)와 더불어 강론하고 변석(辨釋-뜻을 명확하게 밝힘)한 뒤에 문리가 통하게 됩니다. 그런데 지금의 서연관은 단지 구두(句讀)만 떼어드리고 강론이나 변석은 하지 않고 있으니, 청컨대 조강과 주강에는 경서를 진강하고 석강에는 『십구사략(十九史略)』을 진강하되 빈객과 서연관이 세자와 더불어 묻고 토론하다가 세자께서 풀기 어려운 곳이 있으면 다시 서로 강론하면서 은미(隱微)한 말과 오묘(奧妙)한 뜻까지도 모두 정밀히 해석하여, 세자로 하여금 이해하고 통하시도록 하여야 합니다."

주입식과 토론식을 절충하고 경서와 역사서도 함께 읽는 식으로 결론이 난 것이다. 그런데 6월 들어 성종은 날씨가 덥다며 세자를 위한 서연은 조강만 하고 주강과 석강은 중단하라고 명했다. 이에 대해 다시 사헌부, 사간원, 홍문관 등의 관리들이 들고일어났다. 특히 홍문관 부제학 안침 등은 글을 올려 주강과 석강도 속히 재개할 것을 청했다. 왜냐하면 앞서 공부 방법과 관련해 조강과 주강에서는 주입식 교육을 하고 석강에서 토론을 하기로 했으며 경서와 역사서도 함께 읽기로 했는데 이 모든 게 무산되기 때문이다. 결국 성종은 안침 등의 건의를 받아들여 주강과 석강을 재개토록 한다. 안침(安琛, 1444년 세종 26년~1515년 중종 10년)은 성종 24년(1493년) 중추부 지사로 천추사가 되어 명나라에 다녀왔으며, 이듬해 대사성을 거쳐 춘추관 동지사로 『성종실록』 편찬에 참여하였다. 연산군 4년(1498년) 전라도 관찰사가 되었고, 이듬해 한성부 우윤과 대사헌을 지냈으며 연산군 8년(1502년) 호조참판 겸 예문관 제학이 되었다. 연산군 12년(1506년) 평안도 관찰사로 있다가 중종반정으로 중추부 지사가 되었고, 중종 9년(1514년) 공조판서로 발탁되었다.

성종 24년이 되어도 세자의 학문은 이렇다 할 진보가 이뤄지지 않았다. 얼굴에 종기는 심하게 재발했다. 게다가 그해 8월 24일에는 세자가 서연에 나오면서 스승들에게 예를 갖추지 않고 그대로 자기 자리에 가서 앉은 문제로 한동안 논란이 된다. 공부가 싫었던 세자는 이제 스승까지도 싫어하기 시작한 것이다. 아마도 엄하게 대하려는 스승들을 특히 꺼려서 이런 행동을 보였을 가능성이 높다. 결국 11월 12일 세자시강원에서는 참다 못해 이런 문제들을 포함해 공부를 게을리 하는 세자의 실상을 국왕에서 보고했다. 이에 대한 성종의 답변서다.

"오늘 아침 경연에서 대간이 말하기를, '세자께서 바야흐로 학문이 더욱 진보하여야 할 때인데도 강습을 게을리 하고 있습니다'라고 하였다. 실제로 요사이 세자가 몸이 좋지 아니하여 서연에 빠지기도 하였다."

그렇다고 세자를 어떻게 할 수도 없었다. 다만 서연관들에게 "서연관도 좋은 말과 착한 행실로 곡진하게 가르쳐 그 의리의 뜻을 넓히도록 하는 것이 좋겠다"고 사실상 부탁을 하고 있다.

사실 이 정도 되면 폐세자 문제가 논의될 만도 하다. 그러나 세자에게 운이 좋은 것인지 나쁜 것인지 바로 다음 해 성종은 사망한다. 성종25년 2월 23일 세자는 아들을 낳았다. 원손(元孫)이 탄생한 것이다. 그러나 3월 29일 사망했다. 성종에게도 세자에게도 큰 충격이었을 것이다.

세자를 위해 폐비 윤씨에게 처음으로 제사를 지내다

성종은 성종 19년 4월 13일 영의정 윤필상 등 핵심 측근들에게 글을 내려 중국에서도 황제가 된 후 폐후되었던 어머니를 추후에 황후의 예를 갖춰 제사를 지내는 경우가 있다면서 "이제 폐비를 위하여 예를 간략히 해서 제사를 지내려고 하는데, 이렇게 하면 후일에 이의(異議)를 제기하는 자가 없지 않겠는가? 경 등의 뜻에는 어떠한가?"라고 묻는다. 신하들이야 반대할 이유가 없었다.

아마도 이것은 세자가 같은 해 2월 6일 혼례를 올린 것과 직결되어 있다고 봐야 할 것이다. 어차피 세자가 임금이 되면 실상을 알게 될 것이고 왕비의 예를 갖춰 제사를 지내야 한다는 주장이 나오고 세자가 임금이 되면 그것을 받아들이지 않을 리 없다는 것을 성종은 알고 있었다. 게다가 세자에 대한 미안한 마음도 있지 않았을까? 폐비 윤씨에 대한 애틋하다고 할까 후회하는 마음도 없지 않았을 것이다. 아무래도 죽인 것은 너무나 가혹했기 때문이다.

그러면서 당대 최고의 술사 최호원을 불러 현재 윤씨의 묏자리가 어떠한지를 파악해서 보고하라고 명한다. 최호원이 나흘 후 이런저런 보고를 하자 성종은 묏자리 자체가 좋은지 나쁜지는 중요한 게 아니라며 이렇게 말한다.

"단지 세자를 위하여 길흉(吉凶)을 살피도록 한 것일 뿐이니, 다른 것은 생각할 것 없이 길흉만 말하라."

최호원은 단호하게 "좋지 않다"고 말한다. 이 말에 성종은 속으로 화가 치밀었다.

"이미 서인(庶人)이 되었으므로 그 집에서 거두어 장사 지내야 마땅했겠지만, 세자(世子)가 있었기 때문에 국가에서 터를 가려 장사를 지냈던 것이다. 그런데 당시에 어찌 불길한 터에다 정했단 말인가? 만약 불길하다면 천장(遷葬-묘를 옮김)하는 것이야 무엇이 어렵겠는가?"

여기서 우리가 한 가지 주목해야 할 것은 유교 근본주의에 가까운 성종이 풍수에 의존하고 있다는 사실이다. 그로서도 약간은 딜레마였다. 성종으로서는 신하들의 눈치를 살피지 않을 수 없는 대목이다. 5월 11일 다음과 같은 그의 말에는 이런 고민이 잘 담겨 있다.

"장지를 옮긴다 하더라도 새로 선택한 장지가 지금의 것만도 못할는지 어떻게 알겠는가? 지리에 대한 학설은 참으로 믿을 수 없다. 그러나 고금에 그것을 통용하니 어떻게 폐지할 수 있겠는가? 더구나 그것은 폐비 윤씨를 위한 것이 아니고 세자가 있기 때문이다. 장차 어떻게 처리하여야겠는가?"

성종 20년 5월 16일 성종은 밀봉한 작은 편지를 윤필상 등에게 전해주면서 "사람을 물리치고 열어보라"고 하였다. 이에 대해 윤필상 등도 읽어보고서 역시 작은 편지를 써서 봉하여 회답하였다. 모든 것을 기록해야 하는 사관도 무슨 일인지를 몰랐다. 훗날 그때 오간 어서와 윤필상 등의 답서 내용이 밝혀졌다.

"폐비의 악덕은 사책(史冊)에 분명히 드러나 있어 우리 백성들만 함께 통분해할 뿐만 아니라 천왕(天王-명나라 황제) 역시 폐출을 허락한 것이니, 어찌 다시 논할 수 있으랴? 다만 나는 지금도 옛날 일을 생각하면 한밤중까지 두려워하며 홀로 앉아 잠 못 이룬 날이 그 얼마나 되는지 모른다. 비록 영원토록 제사를 지내지 않는다고 하더라도 혼령에게 어찌 원통함이 있겠으며, 내가 어찌 불쌍한 생각이 들겠는 가? 다만 어미가 자식 때문에 영화롭게 되는 것은 임금의 은혜이며, 후일의 간악함을 방비하는 것은 임금의 정사이다. 지금 세자의 정리 를 생각하면 어찌 측은하지 않겠는가? 지금 특별히 일정한 제사를 드 려 자식의 심정을 위로하여 영혼이 감응하게 하고자 한다. 그러나 비 록 내가 죽은 뒤에라도 영원토록 바꾸지 말고 아비의 뜻을 지키게 하 는 것이 어떻겠는가?”

이때 어서를 받았던 인물은 윤필상, 홍응, 노사신, 윤호, 이철견, 정 문형, 이숭원 등 측근 대신들이었다. 이들은 대찬성이었다. 이렇게 해 서 성종은 제사 의식을 준비하라고 명한다. 폐비 윤씨의 제삿날은 정 확히 3개월 후인 8월 16일이었다. 다만 성종은 칭호를 올리는 것은 반 대하고 그냥 ‘윤씨의 묘’라고 묘호를 정했다. 성종이 마지막에 “내가 죽은 뒤에라도 영원토록 바꾸지 말라”고 한 것은 다름 아닌 윤씨를 왕 비로 추증하지 말라는 뜻이다. 다만 성종도 제사의 격식은 명절에 한 해 왕후에 준하는 형식을 갖춰서 지냈다. 그러나 이것으로 훗날 억눌 려 있던 연산군의 분노를 억누르기에는 턱없이 부족했다. 윤씨가 죽었 다는 사실 자체, 그리고 그 아들이 국왕이 되었다는 것, 이것만으로도 역사는 피의 보복을 예고하고 있었고 당대의 권신들 또한 이를 정확히 예감하고 있었다.

16남 12녀의 아버지 성종

성종은 25년 재위 기간 동안 공혜왕후 한씨, 폐비 윤씨, 정현왕후 윤씨와 명빈 김씨 등 총 12명의 왕비와 후궁 등에게서 16남 12녀를 얻었다. 참고로 태종이 18년 재위하면서 12남 17녀, 세종은 32년 재위하면서 18남 4녀, 중종이 38년 재위하면서 9남 11녀였다. 가히 이 분야의 최고 기록이라고 할 수 있다. 공식적으로 거느린 여인은 성종이 열두 명, 태종도 열두 명, 세종은 여섯 명, 중종은 열 명이었다. 참고로 폐주 연산군은 한 명의 왕비와 한 명의 후궁만을 두었다. 앞서 본 대로 성종은 호색(好色)이란 면에서 태종과 쌍벽을 이루는 것이다.

세 명의 왕후, 아홉 명의 후궁을 맞아들인 업보

조선왕조의 스물일곱 국왕 중에서 왕후를 세 명 맞아들인 경우는 성종과 그의 아들 중종, 딱 두 명뿐이다. 왕후가 두 명이 되어도 반드시 피를 불렀다는 점을 감안할 때 결코 바람직한 일은 아니었다.

물론 성종의 경우 첫 번째 왕비인 한명회의 딸 공혜왕후 한씨는 일찍 세상을 떠난 데다가 자식이 없었다. 이어 첫 번째 계비로 연산군의 어머니 윤씨가 들어왔다가 폐비되어 사사되었고 이어 두 번째 계비 정현왕후 윤씨가 들어와 1남 1녀를 낳았다. 그 1남이 바로 진성대군으로 훗날의 중종이다. 군주 국가에서 새로 왕비를 들인다는 것은 바로 이같은 권력투쟁의 의미를 갖는다는 것을 아마도 어린 성종은 깊이 통찰하지 못했던 것으로 보인다. "그거야 그때가서 알아서 할 일 아닌가?"라는 성종의 생각은 이 점을 보여주기에 충분하다.

성종보다 네 살 아래였던 정현왕후 윤씨(1461년 세조 7년~1530년 중종 25년)는 성종 말년 우의정에 오르게 되는 윤호의 딸로 성종 4년 숙의로 봉해졌다가 6년 후 연산군의 어머니 윤씨가 폐비되자 이듬해(1480년) 11월 왕비에 오른다. 사실 그는 오랫동안 연산군의 친모처럼 행세해야 했고 연산군의 집권 내내 가슴 졸이며 살아야 했다. 그러나 늘 온화하고 맑은 행실로 주변 사람들을 감화시켰던 것으로 전해진다. 어쩌면 이런 성품이 있었기 때문에 연산군을 친자식처럼 돌보았고 훗날 연산이 모든 사실을 알게 되었을 때도 별다른 조처를 취하지 않았던 것인지 모른다. 그것은 결국 자신의 친자식 진성대군까지 살리는 계책이 되어 마침내 반정이 일어났을 때 그의 아들이 왕위에 오를 수 있었다.

사실 성종은 기질상 격식을 갖추지 않을 수 없는 중궁보다는 더 자유로울 수 있는 후궁들을 더 가까이했다. 폐비 윤씨 사건이 터지게 된 것도 따지고 보면 그가 중궁의 침실은 찾지 않고 귀인 정씨와 엄씨를 더 가까이한 때문이었다. 결국 정씨와 엄씨는 윤씨의 아들 연산군에 의해 처참한 죽음을 맞게 된다. 연산군 10년 3월 20일 밤 성종이 세운 창경궁 뜰에 안양군 이항과 봉안군 이봉이 연산군의 명으로 붙잡혀왔다. 그곳에는 이미 두 여인이 연산군에 의해 무차별 폭행을 당한 채 초주검이 돼 있었다. 정확히 누구인지도 분간할 수 없었다. 연산군은 이항과 이봉에게 "이 죄인을 치라"며 몽둥이를 내밀었다. 이항은 무심결에 몽둥이로 두 사람을 쳤으나 이봉은 그것이 자신의 어머니임을 알아차리고 몽둥이질을 하지 않았다. 이항과 이봉은 귀인 정씨의 아들이었다.

이날 밤은 연산의 광기가 극에 달했던 날이다. 그 자리에서 정씨와 엄씨를 쳐 죽인 연산은 손수 장검을 들고 자순대비(정현왕후 윤씨)의 침전으로 향했다. 그러고는 당장 뜰 밖으로 나오라고 소리쳤다. 아마도 연산의 부인 신씨가 만류하지 않았으면 자순대비도 저 세상 사람이 되었을 것이다. 그러자 이항과 이봉의 머리채를 붙든 연산군은 친할머니 인수대비의 침전으로 박차고 들어가 갖은 욕설을 퍼부으며 행패를 부렸다. 그리고 정씨와 엄씨의 시신은 갈기갈기 찢어 젓갈을 담근 다음 산과 들에 뿌렸다. 그리고 안양군과 봉안군은 연산에 의해 죽임을 당한다.

연산의 광기는 끝을 몰랐다. 성종의 아버지 덕종의 후궁이었던 권씨의 묘까지 부관참시를 위해 파헤쳤다. 이유는 권씨가 정씨와 엄씨를 엄호했다는 것이었다. 그런데 어느 비구니가 이미 화장을 한 후였다. 이에 화가 난 연산은 권씨의 묘소를 흔적도 없이 뭉개버린다.

왕자, 공주, 옹주들을 키우기 위한 비용이 너무 많이 들었다

성종 때 아이들을 이렇게 많이 낳다 보니 모두 궁궐 안에서 키울 수가 없을 정도가 됐다. 그래서 왕자와 공주를 제외한 그 밖의 군들과 옹주들은 여염집에서 길러야 했다. 이 과정에서 성종 19년 4월 7일 재미있는 사건이 발생한다. 먼저 성종이 승정원에 내린 교지를 읽어보자.

"아이들을 장차 감찰 원치의 집에 옮겨 살게 하려니 원치가 집에 환자가 있다는 이유로 사양하고서 이를 거절하였다. 아이들이 항시 한집에서 살 수 없는 까닭에 자주 옮기니, 사람들이 모두 싫어하여 이 같은 자가 있기에 이르렀다. 내가 국문하려고 하였으나, 다만 조관(朝官)이 한 일이기 때문에 그쳤을 뿐이다."

승정원의 입장에서는 깜짝 놀랄 일이 아닐 수 없다. 서로 모시려고 해도 될까 말까 한데 임금의 사적인 청탁을 거절했다는 것은 불경죄가 될 수도 있는 것이다. 그래서 승정원에서는 국문을 하여야 한다고 의견을 올렸다. 그러나 성종은 자신의 치부가 드러나는 것이 싫어서인지는 몰라도 그냥 지나가겠다고 말한다.

그 배경을 사관은 이렇게 논평하고 있다. "당시에 군과 옹주가 많아서 여염에 흩어져 살았는데, 보모 궁인 내시의 시중을 모두 주인의 집에서 들어야 했고 비용까지 부담했다. 그래서 가능하면 부잣집에 아이들을 살도록 하였다. 그 봉양을 잘한 자는 대부분 작위를 얻었으니, 성건, 송철산 같은 경우가 그렇다." 세월이 한참 흐른 성종 22년 5월 25일 성종은 의정부에 다음과 같은 지시를 내린다.

"근년에 와서는 태평한 세월이 오래 되매 중앙과 지방에 아무 일이 없으니, 위로는 공(公), 경(卿)으로부터 아래로는 일반 백성에 이르기까지 다투어 화려한 것을 숭상하여 음식, 의상, 거마(車馬), 내실을 모두 사치와 화려를 극도로 하여 가산을 온통 기울임을 돌아보지도 않으니, 폐해가 장차 구제하기가 어려우므로 진실로 염려할 만한 것이 되었다. 풍속을 바꾸는 것은 마땅히 위에 있는 사람이 몸소 행하여 따르게 하여 아랫사람을 권려하는 데에 있을 뿐이다. 지금은 종실 (宗室), 공경대신부터 모두가 나의 절검하는 뜻을 본받아서 무릇 혼인, 손님 접대와 거마, 내실, 가재도구를 검소하도록 힘써서 나쁜 풍습을 고치게 하라."

문제 인식도 정확하고 솔선수범이라는 해결 방향도 틀림이 없다. 그러나 관건은 늘 성종에게 부족했던, 실천하려는 의지이다. 이런 면에서 늘 성종은 행동보다 말이 앞서는 경향이 있었다. 어쩌면 본인은 노력을 했다고도 볼 수 있다. 같은 해 9월 5일자에는 이런 기록도 나온다.

"대궐 안에서 일찍이 임금의 망건을 내놓고 상의원으로 하여금 해어진 데를 고치고 깁게 하였는데, 해어진 곳이 많이 있었으며, 어의 (御衣)의 흰 옷깃도 또한 때가 끼어 더러운 곳이 많았으니, 검소(儉素)함이 이와 같았다."

상의원(尙衣院)이란 조선시대 관청으로 고려 때의 장복서(掌服署)를 계승한 기관이다. 태조 때 설치하였으며 임금의 의복과 궁중에서 소요되는 일용품·금·보화 등의 공급에 관한 일을 맡아보았다. 고종 32년 (1895년)에 상의사(尙衣司)로 개칭되었고, 1905년 다시 상방사(尙方司)로 이름이 바뀌었다. 그런데 성종 23년 7월 30일 사헌부 장령 양희지가 올린 글을 보면 역시 성종은 자기 주변 사람들에 대해서는 한없이 관대했다. 양희지는『경국대전』에 나와 있는 규정을 근거로 해서 이렇게 말한다.

　"지금 들으니, 집터 사방에 사는 백성이 다투어 그 집을 바치므로 헐어버린 집이 많다고 하니, 그 땅이 많음을 알 수 있습니다. 왕자군 (王子君)과 옹주의 집은 하나 둘이 아닌데, 성안의 땅은 한계가 있으니, 현재 제도에 넘게 터를 넓게 차지하는 것은 아마도 계속하게 할 수 없는 도리인 듯합니다. 집의 칸수는 정해진 제도가 있으므로, 그 칸수를 넓히고 집을 크게 하고자 하여 재목을 모두 길고 큰 것으로 쓰는데, 이는 매우 옳지 못한 것입니다. 청컨대 해당 부서로 하여금 집터를 알맞게 헤아리게 하여 제도에 지나치지 말게 하도록 하소서."

　그러나 성종은 "그 부근에 사는 사람이 후한 값을 이롭게 여겨서 스스로 파는 것이지 진실로 강제로 사는 것이 아니다"라며 양희지의 건의를 무시해 버린다. 당시 성종의 총애를 받고 있던 양희지는 8월 1일에도 같은 의견을 냈다가 거절당한다. 그러자 양희지는 9월 27일 경연에서 직접 성종에게 이렇게 말한다.

　"왕자군의 집 규모가 높고 넓어서 제도에 지나치고, 재목의 운반과 돌을 다듬는 공역(功役)이 지극히 번거로운데, 하물며 지금 1~2년 사이에 서너 채를 지으니 민력(民力)이 몹시 피곤합니다. 옛사람이 이르기를, '사람의 심정은 편하려고 하지 아니하는 이가 없으므로 요순의 삼왕(三王)은 그 힘을 아끼고 다하지 아니한다'고 하였습니다."

　이번에는 성종도 "높고 낮음과 넓고 좁음을 다시 살펴서 처리하겠다"고 말한다. 그러나 그것은 역시 말뿐이었다. 그해 10월 28일 승정원에 내린 교서를 보면 잘 알 수 있다.

"요사이 나라의 재물과 포백(布帛)이 쓸 데가 대단히 많아 호조참판이 말하기를, '사섬시(司贍寺)와 제용감(濟用監)에 비축한 포백이 지극히 적으니 절약하여 쓰지 아니하면 안 된다'고 하였다. 그러나 소비하여 쓰는 것이 어찌 나의 본심이겠는가? 대비전에 바치는 것과 세자궁에 소용됨이 있는 바라 부득이한 것이다. 다만 아이들의 집 짓는 데에 필요한 것은 많지 않으니, 사섬시와 제용감으로 하여금 면포(綿布) 1,250필을 내수사에 보내게 하라."

'부득이하다'는 말은 전혀 개의치 않겠다는 뜻이다. 결국 보다 못한 사간원에서 직격탄을 날린다. 11월 14일 대사간 안호 등이 장문의 상소를 올린다. 국정 전반을 진단하고 대안을 제시한 논리 정연한 글이다. 그 중 세 번째로 왕실의 사치 문제를 지적하고 있다.

"궁실을 낮게 하고 의복을 검소하게 함은 하우(夏禹)가 나라를 일으킨 바이며, 궁실을 사치하게 하고 사치한 욕심을 극진히 함은 진시황이 망한 까닭입니다. 바야흐로 이제 풍속이 사치를 숭상함이 점점 심해져 막을 수가 없습니다. …… 『춘추(春秋)』에 마구간 하나를 새로 지어도 부지런히 기록하지 아니한 적이 없는 것은 민력을 중히 여기고 토목공사에 백성을 동원하는 것을 삼갔기 때문입니다. 지금 왕자와 공주의 집 공역이 그치지 아니하여 백성들이 몹시 괴로워합니다. 신 등은 왕자·공주의 집을 짓는 것이 옳지 못하다고 하는 것은 아닙니다. 넓고 크고 화려하여 참람되이 궁궐에 비기니, 백성에게 돈박(敦朴)함을 보이는 뜻이 아닙니다. 이제 듣건대 충청도·강원도 사이에는 재목이 이미 다하여서 또 황해도로 옮겨서 채취하고 서울 안 재물도 다 고갈되었다고 하니, 신은 그윽이 한심스럽게 여깁니다. 전하께서 몸소 절약·검소함을 닦아서 사치를 일체 금하소서.”

성종 자신이 어려서부터 사치함을 좋아했다. 게다가 왕실의 권위를 높이겠다는 그의 강렬한 의지가 이렇게 비뚤어져서 표출되고 있었다. 당시 백성들이 이 일로 얼마나 고통스러워하고 있었는지는 그해 12월 경연에서 성종이 조숙문과 나누는 대화에서 극명하게 드러난다.

“이제 여러 군의 집을 짓는 데 반드시 큰 재목을 사용하므로 경상도에서 구하여 운반해 오기까지 합니다. 신이 우연히 나무를 끌고 오는 것을 보았는데 한 걸음 한 걸음 옮기는 것이 몹시 고통스러워 보였습니다. 신은 어찌 반드시 이런 큰 재목을 써야만 할 필요가 있겠냐고 생각합니다.”

“재목의 크기가 이미 정해져 있기 때문이다.”

“크기가 비록 정해져 있다 하더라도 운반하는 데 몹시 고통스러워 합니다. 신이 또 길가에 돌이 몹시 큰 것이 있음을 보고 물으니, 우물 벽에 쌓을 돌이라고 하였습니다. 우물 벽에 쌓는 돌을 무엇 때문에 이처럼 큰 것을 쓸 필요가 있겠습니까?”

이런 공박에 미안해서인지 성종은 다음 해인 성종 24년 3월 28일 의정부에 이렇게 지시한다.

"아랫사람이 보고 느끼는 것은 전적으로 윗사람에게 달려 있는 것이다. 요즈음 유생들의 복식과 사대부들이 혼인할 때의 도구를 다투어 사치스러움을 숭상하니, 이는 모두 위에 있는 사람이 몸소 솔선하지 못해서 그렇게 된 것이다. 지금부터 위아래 사람들이 되도록이면 절제하고 검소하게 하여 사치스러움을 몰아내어 폐습을 고치는 데 힘쓰도록 하라."

그러나 여기에도 왕실의 솔선수범에 관한 언급은 없다. 게다가 7월 4일에는 선왕들의 후궁들의 거처인 자수궁을 옮겨서 새로 짓겠다는 입장을 밝힌다. 자수궁은 세종 때 지어진 것으로 현재의 서울 종로구 옥인동 쪽에 있었다. 성종은 자수궁의 지세가 습하여 장마 때면 냇물이 범람해 화장실 폐수와 오물들이 뜰까지 넘치기 때문에 아예 옮길 것을 제안했다. 그러나 도승지 김응기는 그게 문제라면 도랑을 깊게 파고 제방을 높여 물길을 원활하게 하면 된다며 새로 궁을 짓는 것은 곤란하다고 반대한다. 비서실장인 도승지까지 이처럼 반대한다는 것은 다른 조정 신하들에게는 물어볼 필요도 없다는 뜻이기도 하다. 김응기(金應箕, 1457년 세조 3년~1519년 중종 14년)는 대사헌을 지낸 김지경의 아들로 학식이 뛰어나 10여 년 간 경연에서 성종 곁에서 정사와 학문을 함께 논의했으며 연산군 때는 갑자사화로 고초를 겪기도 했지만 중종 때 복권되어 좌의정에까지 이르게 되는 인물이다.

11일 실무 부서인 선공감 제조 정문형도 와서 아주 조심스럽게 이전 반대를 말한다. 이 무렵 정문형도 김응기 못지않게 정권 후반기 성종의 총애를 받던 인물이다. 이에 대한 성종의 답변이다.

"경의 아뢴 바가 매우 옳으나 내가 어찌 망령되게 헤아리고서 이를 하겠는가? 매년 더러운 물이 뜰 가운데 섞여서 모여드니 비록 제방을 수선한다고 하더라도 한갓 수고로울 뿐 보람이 없다. 선왕의 후궁들이 이런 곤란함을 겪고 있으니 내 마음에 편하겠는가? 그리고 옛터가 있으니 비록 옮겨 짓는다 하더라도 남의 집을 철거하는 데 이르지는 않을 것이며, 옛 재목을 모두 쓸 수 있으니 새 재목을 많이 준비할 필요가 없다. 공역이 비록 중하다 하더라도 부득이한 것이다.”

결국 자수궁 공사도 성종의 뜻대로 추진된다. 성종 24년 10월 24일에는 대사헌 허침이 경연에서 정면으로 문제점을 지적한다. “왕자군과 옹주의 집은 그 터를 넓게 하고 나무와 돌을 많이 쓰며, 대가를 쳐 주느라 국가의 면포를 많이 소비하니, 국가의 재용(財用)이 마침내 없어지는 데 이를까 두렵습니다. 신이 지금의 왕자군의 집을 살펴보건대, 전대(前代)보다 훨씬 뛰어난데, 태종, 세종께서도 어찌 그 집의 제도를 크게 하려고 하시지 않으셨겠습니까? 단지 백성의 힘을 지치게 할 것을 두려워하여 감히 하지 않으신 것입니다. 세조 때에는 단지 두 왕자이신데도 오히려 값을 치러 사사로이 사게 하였고, 특히 창원군(昌原君-세조와 근빈 박씨 사이에서 난 둘째 아들)은 사직동의 공정왕(恭靖王-제2대 정종) 후궁의 집을 주었는데, 좁고 누추함이 막심하였습니다.”

이에 대한 잘못을 인정하는 성종의 답변이 더욱 옹색하게 들린다.

“전번에 창경궁을 짓고 남은 재목이 있어서 재단하지 못하고 쓰게 한 것이 나의 잘못 생각한 것이다.”

한마디로 나무를 자르지 못하게 하는 바람에 규모가 창경궁 건물들
처럼 커졌다는 것이다.

왕실 사람들에 대한 편애

종친에 대한 성종의 배려는 유난스러웠다. 어린 국왕의 생존술이었을까? 논란 끝에 성종 15년에는 종친들도 과거를 쳐서 관직에 오를 수 있는 길을 열어주었다. 하루가 멀다 하고 종친들을 후원으로 불러 활쏘기를 하고 술잔치를 벌였다. 성종 16년 5월 20일 후원에서 큰 잔치가 열렸다. 성종 14년 정희대왕대비가 세상을 떠나고 나서 일체의 잔치가 금지돼 있다가 처음 열렸기 때문에 분위기는 더욱 흥청거렸다. 이 자리에는 월산대군 이정, 덕원군 이서, 하성부원군 정현조 등 종친들뿐만 아니라 의정부, 예조 당상, 도총관, 승정원, 홍문관의 고위 관리들이 대거 참석했다. 월산대군은 친형, 덕원군은 세조와 근빈 박씨 사이에서 난 장남으로 성종에게는 삼촌뻘, 세조의 외동딸 의숙공주와 결혼한 정현조는 고모부뻘이었다. 이들은 좌우로 나눠 활쏘기 경기도 하고 문신들의 시짓기 경연도 있었다. 성종은 "해가 질 때까지 한껏 취하도록 하라”고 명한다.

그리고 성종은 영의정 윤필상을 조용히 불러 “종친들이 내가 일어나 춤추도록 청하는데 어떤가?”라고 묻는다. 윤필상은 “집안 어른들이신데 일어나 춤추신들 무엇이 해롭겠습니까?”라고 말한다. 어떤 춤을 추었는지는 알 수 없지만 그 자리에서 성종은 기뻐하며 덩실덩실 춤을 추었다.

다음 날 종친들을 관리하던 종부시 제조, 오늘날의 민정수석 격인 이극정이 이를 문제 삼았다. 그러나 성종은 “어제의 즐김은 친족을 가까이하고자 함이다. 친족을 가까이하는 도리는 엄하게 할 수만은 없다. 군신의 예를 어찌 가까운 친족에게 쓰겠는가?”라고 반박한다. 그러나 엄격히 말하면 종친들도 분명 신하이지 군주가 아니다. 사관의 논평이 예리하다.

“친족을 가까이하는 도리는 참으로 엄하게 할 수 없다. 그러나 어찌 반드시 일어나 춤을 추어야만 가까이함이 되겠는가? 종친들은 임금이 일어나 춤추기를 요구하였으니, 이는 신하가 임금을 공경하는 예가 아니다.”

사실 성종이 모셔야 할 종친의 수는 이루 헤아릴 수 없이 많았다. 이 시점에는 세종의 친형 효령대군이 아흔의 나이로 집안의 최고 웃어른 역할을 하고 있을 정도다.

성종 20년 4월 5일에는 대사간 김경조 등과 사헌부 집의 유문통 등이 연명하여 상소를 올렸다. 정희대왕대비가 세상을 떠났을 때 어버이가 돌아가신 것처럼 울고불고했던 청풍군 이원이 다음 날 창기의 집에 가서 음행을 저질러 귀양을 갔다가 돌아왔는데 이번에 복권을 시켜서 품계까지 높여주기로 한 결정은 잘못되었다는 것이다. 이원은 대왕대비의 친조카였다. 또 이들은 대군의 적자는 종1품, 나머지 아들은 정2품으로 하는 것이 법률에 정해져 있음에도 불구하고 의성군 이심 등 3형제를 종1품으로 작록해 준 것은 잘못이라고 비판했다.

이에 대해 성종은 "죄를 받은 지가 이미 오래이니, 원이 반드시 깨쳤을 것이기 때문에 제수하였을 뿐"이라며 무시한다. 이심 형제의 일도 마찬가지로 답한다.

원각사 중건 논쟁

성종 20년 6월 27일 성종은 사헌부, 사간원, 홍문관의 관원들을 불러 "경들이 요즘 나를 불씨(佛氏-석가모니)를 숭신(崇信)한다고 하였으니, 내가 숭신한다는 까닭을 각각 들어 말하라. 내가 듣고자 한다"며 일대 논쟁에 불을 당긴다. 이들은 어떻게 보면 성종이 가장 총애하는 30대 전후의 젊은 신하들이었다. 먼저 대사헌 박건이 나섰다.

"세조께서 부처를 좋아하시어 원각사(圓覺寺)를 지었습니다. 부처가 만약 신령함이 있으면 세조께서 마땅히 백년의 수명을 누려야 하실 것인데, 원각사가 겨우 이루어지자 세조께서 승하하셨으니, 백성들이 누가 원각사를 허물어뜨리고 중의 무리를 쫓아내려고 하지 않았겠습니까? 성상께서 즉위하신 처음에는 큰 뜻을 가지시고 원각사의 문을 지키는 군사를 파하시니 온 나라 사람이 전하의 뜻을 밝게 알고는 '인심을 바로잡고 요사한 말을 종식시키는 것이 바로 이때다'라고 하였습니다. 그런데 근년에 와서 점점 처음과 같지 아니하여 유생(儒生)과 승도(僧徒)가 서로 다투면 유생을 가두어 곤욕시키고 그

길을 막아서 끊었으며, 절이 허물어지는 것이 있으면 선공감에 명하
여 군졸을 거느리고 역사를 감독하게 하였으니, 이것이 숭상하고 믿
는 것이 아니고 무엇이겠습니까?"

이번에는 홍문관 부제학 허계의 차례다. 허계(許誡 ?~1502년 연산군
8년)는 성종 24년(1493년) 형조참의, 대사간을 지냈고 글씨에 뛰어났으
며 문장도 잘 짓고 비파도 잘 탔다. 풍덕(豊德)에 물러나와 살면서 소를
타고 도롱이와 삿갓 차림으로 물고기 낚는 것을 낙으로 삼았으며 관직
에 오래 머물러 있지 않았다. 남효온이 일찍이 그를 "기이한 선비다. 사
람된 품이 마음이 활달하여 사뭇 모든 일에 구속받지 않고 권세나 이욕
에 뜻이 없어 허씨의 가풍(家風)이 있다"고 평하였다. 그는 태종과 세조
를 비교하면서 세조는 일시의 계책이고 태종은 만세의 계책이라며 불
교 혁파에 앞장섰던 태종을 따를 것을 청한다. 연이어 홍문관 응교 민
사건과 직제학 이세광이 "위에서 믿으니 백성들이 다 그것을 보고 따
르는 것이 아니냐"고 따지듯 물었다. 특히 이세광은 서두만을 꺼냈을
뿐인데 성종은 노한 음성으로 말을 끊으면서 이렇게 말한다.

"홍문관의 상소에 이르기를, '이제 홍덕사 뒷길을 막고 물건을 흥
정하고 파는 중을 금하지 못하게 하고, 해인사를 수리하고 안암사를
짓는다'고 하였다. 나는 이 말이 어떤 일을 근거로 하여 말하는 것인
지 알지 못하겠다. 그리고 흥판(興販)하는 중은 금할 수 없다. 임금은
만백성의 주인이다. 중은 우리 백성이 아닌가? 만약 엄하게 금하고
막으면 저들이 장차 그 곤궁함을 견디지 못하여 도둑이 될 것이니 그
해가 됨이 어찌 크지 아니하겠는가? 홍덕사 뒷길은 궁궐을 범함이 있
어서 이 때문에 막은 것인데, 마침 유생(儒生)을 가두고 국문하는 때

를 만났기 때문에 사람들이 의심하였을 뿐이며, 불교를 숭상하고 믿어서 그러한 것이 아니다. 해인사를 중창(重創)한 것은 부득이한 것이다. 이 절은 바로 세조 때 대장경판을 간직하고 정희왕후께서 학조(學祖)에게 위임하셨는데, 전일에 학조가 와서 아뢰기를, '세조께서 대장경판을 이 절에 간직하셨는데 정희왕후께서 "대장경판은 선왕(先王)께서 판각(板刻)하신 바이고 왜사(倭使)가 구하는 바이므로 잘못 간직하여 파손되도록 할 수 없다"고 하시며 노승(老僧)에게 명하여 이 절을 감수(監守)하게 하셨는데, 이제 장차 허물어지려고 하니 노승의 힘으로는 수리할 수 없습니다'라고 하였다. 내가 이 말을 듣고 생각하기를, '대장경'은 왜인이 요구하는 것인데 만약 판본(板本)이 없으면 요구에 응할 수 없다고 여겨 특별히 수리하도록 명한 것이니, 경판을 위해서이다. 이것이 어찌 그만둘 수 있는 일인가? 안암사(安巖寺)를 짓는 것은 내가 본디 알지 못하였는데 그대들이 무슨 근거로 이를 말하는가? 『경국대전』에도 이르기를, '옛터가 있는 것은 중수(重修)하는 것을 허락한다'고 하였는데, 사람들이 이 법에 의거하여 중수함이 있었던 것이다. 나는 어느 때에 일을 시작해서 어느 때에 일을 마쳤는가를 알지 못하는데 내가 하지 아니한 일을 가지고 경 등은 내가 불교를 숭상해 믿는다고 하는가?"

이제 논쟁의 핵심은 안암사로 모아진다. 이세광이 안암사를 중수할 때 관에서 재목과 기와를 준 것을 알고 있지 않느냐고 묻자 성종은 "단지 재목과 기와만 주었는데 절을 경영하였다고 할 수 있겠는가"라고 반박한다. 이 논쟁에서 성종도 날카로운 면모를 보여준다. 수찬 박증영이 다시 관에서 재목과 기와를 주었다는 것은 결국 국가에서 절을 세운 것이나 다름없지 않냐고 재차 묻자 성종은 이렇게 반박한다.

"원각사는 선왕께서 깊이 뜻을 기울이신 바이고 정희왕후께서 늘 하교하시기를, '마땅히 허물어지는 대로 따라 보수하여 끝내 황폐하여 허물어지는 데 이르게 할 수는 없다' 하셨다. 왕후의 말이 아직도 귀에 생생하게 남아 있는데, 이제 허물어진 것을 보고 수리하지 아니하는 것은 진실로 못 하겠다. 만약 부제학이 말한 바와 같이 태종께서 불교와 사찰을 혁파하신 뜻을 마땅히 본받아야 옳다고 하면, 나는 생각하기를, 태종께서 절을 혁파하시면서 이종(二宗)은 남겨두었는데, 이종이 만약 허물어져서 수리하고자 하면 경 등은 또한 나를 태종을 본받아야 한다고 하면서 잘못이라고 여기지 아니하겠는가?"

명백하게 신하들이 밀리고 있었다. 이번에는 민사건이 홍판의 문제로 초점을 돌린다.

"신이 지난해에 충청도 도사가 되어 괴산 근처를 지나는데 어떤 중이 소와 말 10여 필을 가지고 행상을 하면서 길가에서 쉬고 있었습니다. 중들의 홍판이 매우 성하게 유행하니, 금하는 것이 온당합니다."

"그대의 말이 옳으나, 감사(監司)가 마땅히 다스릴 것이니 어찌 갑자기 이를 위해 별도로 한 가지 법을 세우겠는가? 한 가지 법을 세우면 한 가지 폐단이 생기는 것이니, 이제 중들로 하여금 소나 말을 몰고 다니면서 물건을 팔지 못하게 하면 소요가 일어나지 아니하겠는가?"

"불교는 청정(淸淨)한 것을 종(宗)으로 삼는데 어찌하여 홍판을 하여야 합니까?"(박중영)

"먹을 것이 넉넉한 연후에야 청정한 교(敎)도 닦을 수 있다. 만약 그대의 말과 같다면 중은 장차 먹지 아니하고 굶어 죽어야 하겠는가? 또 중은 우리 백성이 아닌가? 중이 만약 장가들어 아들을 낳으면 이 것도 우리 백성인데 어찌 굶어 죽게 할 수 있겠는가?"

신하들도 한 치의 양보를 하지 않고 맞섰다. 그러나 성종은 "그대들은 생각해 보라. 이제 양전(兩殿)이 위에 계시면서 정희왕후의 유교(遺敎)를 들으시고 여러 번 말씀하시는 것이다. 내가 차마 그렇게 하지 못하겠다"고 현실적인 이유를 댄다. 박증영은 "중들은 사민(四民-사농공상)의 밖에 있으며, 부자와 군신이 없는 자인데 어찌 우리 백성이라고 이를 수 있겠습니까?"라고 말한다. 답답해진 성종은 "그대들은 깊이 생각해 보라. 생각을 깊이 하지 아니한 때문에 말한 바가 모두 이와 같은 것이다"라고 말하지만 장령 표연말은 그 말을 받아 "깊이 생각하면 능히 정미(精微)한 극치에 이르는데, 신 등이 말한 바는 정미한 것이고 생각이 깊은 것입니다. 다시 생각할 바가 없습니다"라고 반박한다. 논쟁은 평행선을 달리며 끝이 났다.

대비의 조카 한건을 도승지로 삼다

성종 20년 8월 성종은 문과 출신이 아닌 한건을 도승지로 임명한다. 한건은 인수대비의 조카로 성종 자신과는 외사촌 간이었다. 한동안 한건에 대한 탄핵이 계속되었다. 특히 대사헌 박건 등은 『경국대전』에 따르면 도승지는 당연직으로 예문관 직제학을 겸하게 되어 있기 때문에 문관이 아니면 절대 안 된다는 주장을 폈다. 이 말은 맞는 말이다. 그럼에도 불구하고 성종은 밀어붙였다. 한건에 대한 사관의 평은 가혹할 정도다.

　"한건은 칭찬할 만한 행동이 없었다. 재산을 늘리는 데 힘썼고 재화만 보면 염치가 없었다. 집을 지은 것이 몇 곳에 이르렀다. 모후의 가까운 친척이라 하여 도승지에 올랐다. 식자들은 그를 '옥그릇에 담긴 개똥'이라고 나무랐다."

　묘하게도 한건의 무능함은 곧바로 드러났다. 그에 대한 탄핵이 빗발치고 있던 성종 20년 9월 4일 성종은 영돈녕 이상과 의정부·6조 관원들을 장악원에 모이게 해서 술잔치를 열었주었다. 이때 도승지 한건과 우승지 홍흥에게 술을 보내도록 지시했더니 술은 가져가지 않고 몸만 냅다 달려갔다. 하도 한심해서 성종은 사람을 보내 "술은 없이 그냥 가서 무엇하느냐"고 다그친다. 한건은 자리에 걸맞지 않은 무능한 사람이었던 것이다. 이런 일이 한두 건이 아니었다.

간신 집안과 사돈을 맺다

　임원준·임사홍·임광재, 조선 역사에서 보기 드물게 보는 '간신 소인배 3대(代)'다. 먼저 임원준의 이력을 보자. 임원준은 세조 3년(1457년) 중시에 합격하여 이조참의에 오르고 호조·예조·병조·형조 등의 참판을 두루 지냈다. 성종 2년(1471년) 좌리공신 3등에 책훈, 서하군에 봉해졌다. 의학에 정통했으나 약재 도난 사건에 연루되는 등 행실은 그리 좋지 못했다.

　문제는 임원준의 아들 임사홍이다. 앞서 잠깐 살펴본 바 있는 임사홍은 효령대군의 아들 보성군의 딸과 결혼해 왕실의 일원이 되었다.

454

그래서 3전의 총애가 각별했으며 성종 19년 9월 인수대비가 중병이 들었을 때는 임사홍의 집에 가서 몸조리를 하기도 했다. 물론 아버지 임원준이 당대 최고의 의원으로 손꼽혔기 때문에 그의 치료를 받기 위함도 있었다. 임사홍의 큰아들 임광재는 예종의 딸 현숙공주(顯肅公主-제안대군의 동모 동생)와 결혼했고 작은아들 임숭재는 성종의 딸 휘숙옹주(徽淑翁主-숙의 김씨의 첫째딸)와 결혼해서 각각 풍천위(豊川尉-위란 부마라는 용어 대신 사용된 사위라는 뜻)와 풍원위(豊原尉)에 봉해지게 된다. 성종은 이렇게 신승선 집안에 이어 당대의 대표적인 간신 소인배 집안과 이중 삼중의 혼맥을 맺게 된다.

성종은 이 잘못된 결정으로 인해 결국 세상을 떠나는 그해, 즉 성종 25년 6월 험한 꼴을 보게 된다. 임숭재와 옹주의 혼사만 없었어도 먼 종친의 문제로 끝날 수 있었다. 그러나 이 결혼으로 인해 아주 가까운 인척의 문제가 돼버린 추악한 사건이 발생한다. 6월 15일 풍천위 임광재에 관한 두 가지 보고가 한꺼번에 올라왔다.

사건 1 : 장원서(掌苑署) 별좌 한우창에게 가섭이라는 여종이 있었다. 장원서는 조선시대 궁중 정원의 꽃과 과일나무 등의 관리를 맡아본 관청이다. 가섭은 아름답고 요염하였다. 임광재가 장원서를 책임지는 제조가 되어 가섭을 보고서는 기뻐하여, 관계를 가지려 하였다. 그러나 가섭이 따르지 않았다. 그러자 임광재는 두 사람으로 하여금 양팔을 끼도록 하여 옷으로 가섭의 입을 막고서 강간하였다.

사건 2 : 임광재가 술에 취해 민가에 투숙한 적이 있었다. 주인집 여인에게 물을 가져오게 하고는 관계를 가지려고 하였으나, 그 여인이 굳게 거절했다. 몸싸움을 하느라 서로 판자를 차서 소리가 밖에서도 들렸다.

나흘 후인 19일 성종은 대사헌 정경조로부터 상세한 보고를 받고 이렇게 지시한다.

"임광재는 오로지 공주 때문에 지위가 극품(極品)에 이르렀는데도 방자하고 꺼리는 것이 없다. 그가 행한 일은 비록 평범한 백성이나 천부(賤夫-천민)라도 차마 하지 못할 짓이다. 내가 이 일을 부끄러움 없이 말하지만, 마음속으로는 절실히 부끄러워한다. 경은 빨리 가서 그것을 다스려라."

22일에는 성종이 또 하나의 사건을 입수해 사헌부에 수사 지시를 내린다.

사건 3: 임광재는 충청도 진천에 있는 양갓집의 딸을 첩으로 삼고 여주에 내려갈 때 불러서 만난다고 한다.

성종은 양첩(良妾)이 누구의 딸이며, 어느 때에 첩을 삼았으며, 어느 곳에 두었는가를 당장 밝히라고 호통을 친다. 게다가 그때까지 임광재는 인수대비를 믿었는지 아니면 두려워서 그랬는지 대죄(待罪-자수)하지 않고 있었다. 게다가 그 전에 성종이 직접 불러 여러 차례 그와 관련된 질문을 했을 때 딱 잡아뗐다.

그런데 이런 일이 있기 얼마 전 임광재의 부인인 현숙공주가 노비들에 의해 독살당할 뻔한 사건이 발생했다. 성종이 분노한 앞의 두 사건은 '집안에 큰 변고가 있는데도 그런 짓을 하고 다녔다'는 것과 관련이 있고, 세 번째 사건은 공주를 죽이려 한 음모의 연결 고리를 찾는 문제였다. 성종은 노비들이 임광재에게 아부하기 위해 공주를 독살하려 했다고 보고 있었다.

29일에 문제의 양첩 '존금' 등에 대한 추국 결과가 나왔다. '임광재가 지난 3월 초 사람을 시켜 존금을 불러오게 하고는 더불어 통간(通奸)하였다. 그리고 자주 서로 왕래하며 필단(匹段), 사라(紗羅), 면포(綿布), 면주(綿紬)를 폐백으로 하여 함에 담아 존금의 집에 보내었다. 그랬는데도 임광재는 전에 하문을 받고도 사실대로 아뢰지 아니하였다.' 성종은 "임광재를 추국하라"고 명했다. 그리고 7월 10일 성종은 개략적인 처리 방향을 잡은 다음 이렇게 지시한다.

"내가 풍천을 대우하기를 동기와 다름없이 하였음은 대비께서도 환히 아시는 바이다. 풍천은 이미 사실대로 말하지 않았고, 말이 또 거만하니 죄가 진실로 크다. 부마는 비록 천첩이라 하더라도 취할 수 없는데, 풍천은 함부로 양첩을 취하였고, 또 채단, 폐백을 보낸 일이 드러났는데도 사실 그대로 고하지 않았다. 이미 대비를 속이고 또 과인을 속였으니 풍천의 죄는 죽어도 남은 죄가 있다. 존금이 만약 서울에 있으면 반드시 다시 상통할 것이니, 그를 경상도나 전라도에 영구히 연금해 돌아올 수 없도록 하라."

그러나 아직 공주의 독살 미수 사건과 존금, 임광재로 이어지는 고리는 풀리지 않았다. 음란한 행동과 첩을 취했다는 것에만 초점이 맞춰져 있었다. 이에 대해 사신은 "임금이 한결같이 대비의 지시를 받고 수사관을 몰아세워 사건의 실상이 왜곡되었으므로 이를 아는 자는 깊이 탄식하지 않는 이가 없었다"고 논평하고 있다. 역시 문제의 핵심에 인수대비가 도사리고 있었던 것이다. 결국 7월 20일 두 사람 모두 먼 지방으로 각기 유배를 보내고 임광재의 직첩은 빼앗는 선에서 마무리

됐다. 이어 다시 사신은 논평한다.

"임광재는 어려서 공주에게 장가들어 임금의 은총이 편벽되게 높아서 스스로 조심하지 못하였으며, 공주도 또 성품이 투기하고 사나워서 좌우의 시비(侍婢)가 하나도 온전한 자가 없었으므로, 이로써 무료하여 마침내 임광재의 황음(荒淫)함이 법도가 없는 데 이르러서 패가망신하기에 미쳤으니, 사람들이 그 광망함을 비웃었다."

사실 성종 25년 봄부터 성종의 건강은 급격하게 나빠진다. 그 와중에 이런 문제로 신경을 써야 했던 것이다. 보기에 따라서는 이 일이 성종이 마지막으로 다룬 정사(政事)였는지 모른다.

대신 부럽지 않은 성종의 유모 백씨의 위세

성종 21년 12월 14일자 『실록』에는 '봉보 부인의 졸기'가 나온다. 적어도 판서는 지내야 실릴 수 있는 졸기(卒記)가 한갓 유모를 위해 장문을 할애하고 있는 것이다. 이것을 읽어보면 당시 왕의 권력, 혹은 성종의 주변 관리가 어떠했다는 것을 잘 알 수 있다.

"봉보 부인(奉保夫人) 백씨가 졸하였다. 부인은 본래 천인(賤人)으로서 임금의 유모였다. 임금이 매우 돈독하게 대우하고 넉넉하게 하사하였으므로, 따르는 자가 문 앞에 가득하였다. 노비와 전토를 뇌물로 바치는 자도 있었으며, 양민도 종으로 의탁하는 자가 많아 재산이 엄청났고, 궁중에 출입할 적에는 추종하는 자가 길에 가득하였다. 그의 남편 강선도 천인이었는데, 벼슬이 당상(堂上)에 이르렀고, 권귀

(權貴)한 자들과 교결(交結)하여 올바르지 못한 행위를 많이 하였다. 그러자 홍문관에서 계를 올려 '부인이 갑자기 부귀를 누릴 수 있게 되었으니, 그만하면 충분히 그 노고에 보답하였다고 할 수 있습니다. 그런데 문을 크게 열어놓고 많은 사람을 상대하니, 염치없는 무리들로 추종하는 자가 많은데, 어찌 이익됨이 없이 그러겠습니까?' 하였다. 임금이 그 상소를 보고 매우 언짢아했다. 그 뒤에는 봉모 부인을 대하는 태도가 차츰 소원해졌고 부인도 마음 내키는 대로 하지 못하였다. 이때에 와서 병이 들자 임금이 걱정을 하여 비록 밤이라도 병세를 묻게 하고 사자(使者)를 서너 차례 보냈다. 이때에 부음이 알려지자, 임금이 매우 슬퍼하였다.

예전에 순천부사 이공이 임기가 다 차서 동부승지에 제수되자 조야(朝野)가 깜짝 놀란 일이 있었다. 그러나 시정 민심은 이미 그 이유를 알고 있었다. 이공은 봉보 부인의 조카사위였기 때문이다."

12장

흉흉한 가운데
38년의 삶을 마감하다

해프닝으로 끝난 단 한 차례 '역모' 사건

성종 집권 25년을 돌아보면 이렇다 할 반란이나 반역 사건이 없었다는 것이 두드러진다. 어릴 때는 훈구공신들이 힘을 합쳐 막아낸 셈이고 장성해서는 비교적 무난하게 통치함으로써 반란이나 반역을 일으킬 명분을 주지 않았다. 태평성대를 맞이한 본인의 운이기도 했고 본인의 통치 능력도 어느 정도 영향을 미쳤다고 봐야 한다. 성종은 선정(善政)을 펼친 왕이라고 말하기에는 유보해야 할 점이 많지만 분명 선정을 펼치려고 노력했던 왕임은 분명하다.

동서고금을 막론하고 반란이나 반역 혹은 모반의 성패는 최고 지도자에 대한 민심과 직결되어 있다. 민심이 좋으면 그런 모의가 제대로 이뤄지지 않고, 설사 이뤄졌다 하더라도 실행 과정에 어려움이 많으며, 만에 하나 실행되었다 하더라도 실패로 끝날 가능성이 높다.

그러나 역으로, 실패한 역모라 하더라도 모의가 있었다는 것은 민심이 동요하기 시작했다는 것을 뜻할 수도 있다. 그런 점에서 성종 20년의 '역모' 사건은 주목할 필요가 있다. 앞서 우리는 성종 15년 전후부터 성종 20년 전후 사이를 '아무 일도 일어나지 않은 시기'로 규정한 바 있다. 그 마지막에 해당하는 성종 20년 1월에 모종의 사건이 터졌다는 것은 상징적이다.

충격적인 밀고

성종 20년 1월 2일 승정원에 김연근이란 사람이 은밀하게 찾아와서 "파적위(破敵衛) 김방이 내게 이르기를, '국가에 관계되는 일이 있으나 상달할 길이 없다'고 하였습니다"라고 말했다. 승정원에서 당장 김방을 불렀다. 파적위란 요즘식으로 말하면 군대의 병과와 같은 것으로 보병이다. 세조는 즉위 3년째에 중앙 군대를 5위로 개편했다. 그 5위 중에 충좌위가 있었고 충좌위는 다시 공신의 적장자들로 구성된 충의위, 충성도가 조금 떨어지는 원종공신들의 자제들로 구성된 충찬위, 일반 보병이라 할 수 있는 파적위로 구성되었다. 한마디로 김방은 일반 병사였다. 김방이 털어놓은 이야기가 사실이라면 충격적인 일이 아닐 수 없었다.

"한산 사람 이서·이항·이엄·이순과 군수 한철동, 조산만호 양취 등이 재상 이봉·신준·노공필·신부와 조사(朝士) 이균·이탄 등과 더불어 반역을 공모하였습니다. 이항의 말을 듣건대, '내가 문소전 직이 되어 일찍이 보건대, 임금이 문소전에 친히 제사한 뒤에 연은전으로 행차하는데, 그 사이 어로(御路)가 좁고 위사(衛士-경호원)가 없으므로 큰일을 거행할 수 있다'고 하였고, 또 신준 등도 그런 말을 하였음을 들었으며, 앞으로 각자가 맡게 될 부서가 이미 정하여져 있습니다."

임금은 당장 재상을 제외하고 이름이 나온 사람들을 모두 잡아들이도록 검사복(경호실)과 의금부에 명했다. 재상 중에 이름이 나온 이봉(李封, 1441년 세종 23년~1493년 성종 24년)은 목은 이색의 증손자이며, 세종 때 도승지를 지낸 이계전의 아들이자 좌찬성 이파의 아우로 형과 함께 성종의 총애를 받던 인물이고 성종 18년에는 호조판서를 지냈다. 신준은 신숙주의 아들, 호조참판 노공필은 노사신의 아들, 신부는 신준의 동생이다. 문제가 된 네 명의 재상이 모두 역대 공신의 자식이었다. 처음부터 뭔가 이상하게 돌아가고 있었다.

다음 날 성종은 신준과 노공필을 부른다. 이봉은 영안도 관찰사로 나가 있었다. 이 자리에서 성종은 김방을 문초한 글을 두 사람에게 보이며 말한다.

"내가 만약 경들을 조금이라도 의심한다면 김방의 초사(招辭-문초한 글)를 그대들에게 보이겠는가?"

그러면서 혹시 김방이 언급한 사람들을 아는지, 혹은 그 중에 원한을 맺은 사람이 없는지를 묻는다. 이에 신준은 "한산 사람 중에는 신과 아는 이가 없고 원수나 원한도 없습니다. 다만 이항이란 자는 신부의 장인입니다"라고 답한다. 노공필은 "신은 한산에 본래 친한 이가 없고 원수와 원한도 없습니다. 다만 신의 아내가 한산 이씨입니다. 그래서 신이 경재소 당상이 되었습니다. 이번에 김방이 고한 사람들을 보건대 모두 경재소 당상이니, 신은 의심하건대, 이들을 원망하고 미워하는 자가 이 말을 만들어낸 것인 듯합니다. 여기 언급된 사람들은 신이 이름만 듣고 보지는 못한 자가 많습니다"라고 답한다.

성종의 친국

19일 성종은 숭문당으로 종친 1품 이상과 영돈녕 이상, 의정부, 6조 판서 이상, 의빈부 당상과 대간을 들게 한 다음 직접 김방과 이서 등을 국문한다. 친국이다. 먼저 김방이 답했다.

"정미년 11월에 신이 이 일을 비밀리에 들었고, 무신년 4월에 이서가 관비(官婢) 중가를 데리고 우리 집에 머물면서 잤는데 보병기(步兵記)를 내어 보이며 저에게 서명하게 하면서 '너를 사랑하기 때문에 보인다'고 하였습니다."

그러자 성종은 "이서가 꾀하는 일을 네가 들었다고 했는데, 그 꾀하는 바가 장차 무엇을 하려는 것이냐?"고 묻는다. 김방은 "저는 문자를 알지 못하므로 그것이 무슨 꾀인지는 알지 못합니다. 다만 문소전에서 연은전으로 가는 길에 일을 거행할 만하다는 말만 들었을 뿐입니다"라고 답한다. 이에 대해 이서는 "무신년 4월에 관비 중가를 데리고 김방의 집에서 잤을 뿐이고 김방과 더불어 말하지는 아니하였습니다"라고 엇갈린 답을 한다.

이어 이항과 이엄에게 물으니 둘 다 "신은 아무 일도 알지 못합니다"라고 했고 한철동은 "이서 등 4형제는 토호로서 요역에 이바지하지 아니하기에 신이 독촉해 꾸짖기를 평민 대하듯이 하였기 때문에 신을 원수처럼 봅니다. 그러니 작은 일도 같이 꾀할 수 없는데 더구나 큰일이겠습니까? 그럴 리가 만무합니다. 또 신준은 전일에 신이 대강 알았

고, 이봉, 신부, 노공필, 이균 등은 이름만 들었을 뿐 사귄 적이 전혀
없는데, 어찌 감히 큰일을 같이 꾀하겠습니까?"라고 답했다. 이탄과
이순도 전혀 모르는 일이라고 했다. 결국 관련자 20여 명을 도로 하옥
시킨 다음 입시했던 고위 관리들이 의견을 모았다. 김방에게 의심이
간다는 결론이었다.

"김방이 처음에는 고한 일을 정미년 11월에 들었다고 하였었는데,
이제 말하기를, '신이 편히 잠자지 못하고 통분하여 고했다'고 하니,
그 마음이 이처럼 급하면 어찌하여 3년을 지나서 고했겠습니까? 또
여러 번 말의 단서를 바꾸고 진술에 일관성이 없습니다. 이항이 갑술
년에 문소전 직이 된 것은 사실이지만 그때는 연은전이 건립되기 전
입니다. 그리고 두 전(殿) 사이가 길이 좁아서 일을 거행할 수 있다는
말도 신빙성이 떨어집니다."

이에 대해 성종도 동의를 표했다. 이제 김방이 왜 그렇게 했는지가
관심의 초점이다. 다음 날 성종은 도승지 송영과 좌부승지 김극검을
불러 의논을 한 뒤 다시 좌의정 홍응과 의금부 지사 이숭원, 동지사 김
승경을 불러 의견을 들어본다.

"김방의 말과 안색을 보건대 몹시 진실하지 못하여, 내가 본래부터
의심스러워서 형신(刑訊)을 가하고자 하였다. 다만 형벌로 인하여 죽
으면 죄인을 찾기 어려우니, 급하게 형장을 가하지 말고 반복해서 힐
문하는 것이 어떠하겠는가?"

"신이 김방의 초사를 보니 반복해서 말을 바꾸어 믿을 수 없습니

다. 청컨대 김방만 홀로 의금부에 머물러 두고 피고인의 자제는 전옥
(典獄-감옥)으로 옮기며 피고인은 태평관에 가두는 것이 어떠하겠습
니까?"(홍응)

그리고 이들로 하여금 김방을 다시 추국하라고 명한다. 이틀 후 이
들은 성종에게 아무래도 김방의 자작극 같다고 말한다. 그 후에도 여
러 차례 추국이 이뤄졌으나 별다른 진전이 없자 성종은 2월 11일 다시
친국을 한다. 그러나 여전히 김방의 말이 오락가락할 뿐 새로운 사실
이 드러나지 않았다. 성종은 일단 이름이 나왔다는 이유로 잡혀온 사
람 중에 혐의가 가벼운 사람들부터 풀어줄 것을 지시한다. 결국 22일
의금부에서는 김방의 역모 제보는 무고였다며 『경국대전』에 따라
"참부대시(斬不待時-추분까지 기다리지 않고 참수형을 시행)하고 가산
을 몰수하도록 하소서"라고 형률을 정했다. 성종은 "그렇게 하라"고
말한다.
　정황으로 보더라도 개연성이 별로 없다. 그러나 재위 20년 동안 한
번도 이렇다 할 역모 사건이 없었던 성종에게 이 사건은 개운치 않은
여운을 남겼을 것이다.

무모하게 끝난 북정(北征) 사업

심상치 않은 북방 정세가 조정에서 처음으로 논의된 것은 성종 21년 7월 18일이다. 성종은 이날 영안북도 절도사 윤말손이 올린 정세 보고서를 대신들과 논의한다. 성 밖 여진족들끼리 내분이 일어나 압록강을 넘어 우리 쪽으로 침략할 수도 있으니 미리 저쪽의 산천과 도로의 상황을 점검할 수 있도록 허락해 달라는 내용이었다. 이미 그 전부터 올량합이 몇 차례 국경을 넘는 바람에 신경을 쓰고 있기는 했다. 대처 방법과 관련해 대신들은 대부분 조심스러운 의견을 냈다. 불필요한 자극을 삼가자는 의견과 굳이 정탐 요원을 보낸다면 대여섯 명 정도 표시나지 않게 보내자는 의견들이었다. 오직 이극균만이 강경론을 주장했다.

"경진년(1460년, 세조 6년) 북정(北征) 이후로는 강을 건너서 깊이 들어가지 아니하였으므로, 비록 길을 아는 자가 있다고 하더라도 이미 나이가 들어서 쓸 수 없을 것입니다. 모름지기 얼음이 얼었을 때에 절도사가 경병(輕兵) 1,000~2,000명을 거느리고 가서 적들의 길을 살펴보고 돌아오면 우리 병사가 도로의 굽고 곧은 형세를 자세히 알 것이며, 저들도 두려워하여 감히 우리 경계를 가볍게 범하지 못할 것입니다."

그러나 성종은 말을 아끼면서 변경의 일과 군사 문제를 잘 아는 재상을 불러 다시 의논해 볼 것을 제안한다. 친정 초기 서정(西征) 실패의 경험을 반복하고 싶지 않았을 것이다. 그때 영안북도 절도사를 지낸 바 있는 이계동이 나서 현지 상황을 꿰뚫어 보듯이 상세하게 브리핑한다. 대처 방안도 아주 조심스럽다. 한마디로 섣불리 나섰다가 이렇다 할 성과를 이루지 못하면 국가의 체면을 손상당할 수 있기 때문에 차분하게 지켜보자는 것이다. 그러자 성종은 어서(御書)를 내려 원론적인 입장을 밝힌다.

"내가 변경의 일을 알지 못하니, 어찌 능히 잘 도모하겠는가? 그러나 선유(先儒)의 말을 보건대, '병(兵)을 좋아하는 것이 색(色)을 좋아하는 것과 같다. 생(生)을 상하게 하는 일이 하나만은 아니나 색을 좋아하는 자는 반드시 죽고, 백성을 해치는 일이 하나만은 아니나 병을 좋아하는 자는 반드시 망한다'고 하였다."

그러면서 21일 윤말손에게 다음과 같은 명을 내렸다.

"요즈음 올적합(兀狄哈-여진 오랑캐)이 여러 번 변경 백성을 침략하여 함부로 날뛰며 꺼림이 없으니, 진실로 토벌하는 것이 마땅하다.

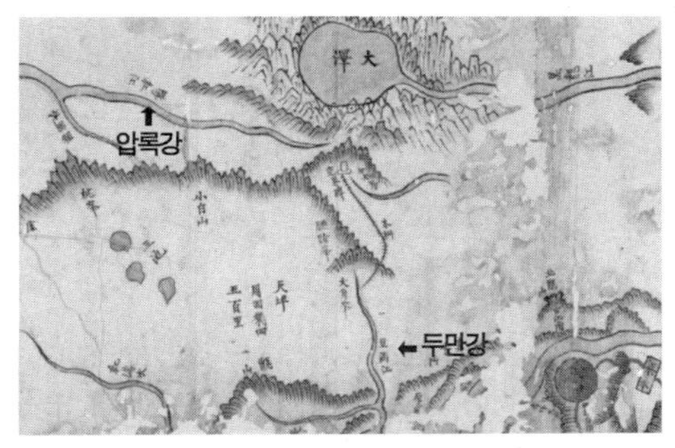

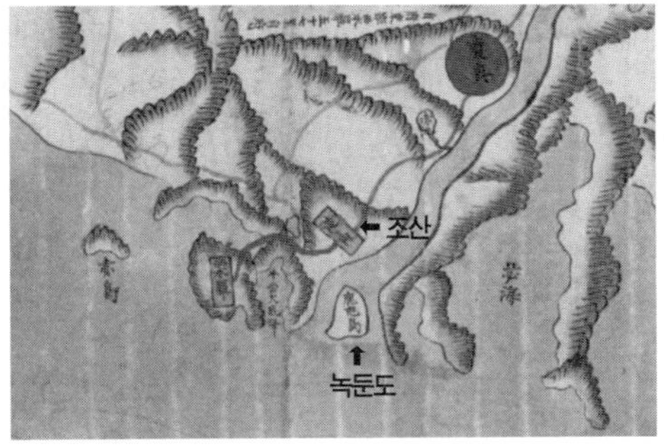

함경북도 두만강 입구 지도_ 비변사인 방안지도(備邊司印 方眼地圖)에 담긴 함경북도지도에서 백두산 천지와 압록강, 두만강, 조산(造山)과 녹둔도(鹿屯島)를 확인할 수 있다.

그렇게 하자면 저들의 산천의 험악하고 평탄한 것과 도로의 굽고 곧음을 또한 알아야 한다는 점에서 경이 말한 바가 이치가 있을 듯하다. 그렇지만 군사가 저들의 경내에 들어가면 저들이 반드시 놀라고 의심하여 뜻밖의 환란이 생길 수도 있으니 어찌 명분 없는 군사를 일으켜서 예측 불허의 땅을 밟아 후일의 불화를 열겠는가? 경은 마땅히 성보(城堡)를 수축하고 척후(斥候)를 삼가서 국경을 굳게 지켜라. 그리고 혹시라도 가볍게 움직여서 후회할 일을 하지 말도록 하라."

척후병도 들여보내지 말라는 것이었다. 그런데 해가 바뀌자 상황은 급박하게 돌아가기 시작했다. 성종 22년 1월 22일 성종은 외교문서를 다루는 승문원에 전교하여 "이에 앞서 야인을 정토(征討)할 때 중국 조정에 주문(奏聞-가부를 묻다)하였는지의 여부를 상고하여 아뢰라"고 한다. 이걸 보면 성종은 정토, 북방 정벌을 하는 쪽으로 이미 결심해 가고 있는 것으로 볼 수 있다.

조산의 굴욕

실은 열흘 전에 영안북도 절도사 윤말손에게서 북방 정세에 관한 긴급 보고가 다시 올라왔다. 오랑캐 1,000여 명이 야간에 조산(造山)에 침입해 군인 세 명을 사살하고 민간인 일곱 명과 우마 16두를 데려갔고 이를 추격해 적진으로 들어간 경흥부사 나사종과 군인 10여 명이 추가로 사망했고 장병 10여 명이 부상을 당했다는 것이다. 무인 기질에 자존심이 유난히 강했던 성종으로서는 특히 치욕감을 느낄 만했다. 조정대신들도 치욕스럽게 생각하기는 마찬가지였다.

2월 3일 또 윤말손의 보고가 올라왔다. 야인들 내부 사정이 복잡하게 돌아가면서 300명 단위나 700명 단위의 부족들이 내부에서 반란을 일으키려 하고 있기 때문에 국경의 방비를 강화하고서 지켜보고 있다는 것이었다.

2월 4일 성종은 허종을 영안도 관찰사로 현지에 파견하면서 남도 절도사 변종인과 정예 군인 100여 명을 함께 보냈다. 참고로 관찰사는 오늘날의 도지사, 절도사는 해당 지역의 군사령관이다. 당시 정세를 종합해 내린 조정의 인식은 성종이 허종과 변종인을 북방으로 보내면서 내린 유시(諭示)에 잘 나와 있다.

"지난날 조산을 침입했던 적이 녹둔(鹿屯)을 경유하여 침입하였다면 이것은 '골간(骨看)' 오랑캐가 살고 있는 지역을 거쳐서 칩입한 것이다. 만일 골간 등이 적들과 내통하지 않았다면 틀림없이 그들이 오는 길을 끊었을 것이고, 우리에 알릴 겨를이 없었으면 적들이 물러간 뒤에라도 틀림없이 변장(邊將-변방을 지키는 우리 장수)을 찾아와서 우리 군사가 패배한 것을 위로하는 것이 마땅하다. 그런데 적이 물러간 뒤로 구신포(仇信浦)·금천(金千) 등지에 살고 있던 오랑캐 등이 곧바로 집을 비워두고 도망친 채 돌아오지 않으니, 그들이 내통한 실정과 흔적이 이미 드러난 것이다. 이렇게 내통하였다면 북도(北道) 온성 이하 여러 진(鎭)의 군사와 말이 허약한 것과 조산의 변 때 나사종이 죽고 사졸(士卒)이 죽거나 다친 것도 틀림없이 낱낱이 알고 스스로 여기서 이익을 보았다고 여겨 반드시 교만하게 우리를 가볍게 여기는 마음을 가지고 다시 침입하여 노략질할 것이다. 더구나 두 군데에서 와서 적의 변고를 알려주는 것(윤말손의 2월 3일 보고)이 비록 믿을 수 없는 것이라고는 하나 우리들이 대비하고 방어하는 도리에 있어서는 경솔하게 할 수 없다."

그 시점에서 가장 객관적이고 합당한 분석에 따른 인식이라고 할 수 있다. 문제는 그동안 이에 대한 대비를 제대로 해오지 않은 데 있었다. 2월 7일 성종은 유자광과 북방 정세에 대한 이야기를 끝내고서 이렇게 말한다.

"내가 일찍이 남쪽 지방은 허약하고 양도(兩道-평안도와 영안도)의 군사와 말은 날래고 굳세다고 들었는데, 내가 어떻게 영안도의 허약함이 여기에 이른 줄을 알았겠는가? 조산(造山)에서 패배한 것은 실로 변장(邊將)이 방비를 잘하지 못하였기 때문이다."

평안도와 영안도, 조선 사람들에게 이 두 도는 거대한 DMZ, 즉 군사보호지역이다. 그 이름에도 영구 평화의 염원이 각기 나눠져 담겨 있었다. 지금은 함경도로 부르지만 영안도가 훨씬 뜻깊은 이름이다. 평안(平安)과 영안(永安). 그곳이 흔들리고 있었다.

북정(北征) 선포

2월 15일 변방을 둘러본 허종에게서 전반적인 보고가 올라왔다. 이에 대해 성종은 이렇게 답하고 있다.

"경이 올린 바 두어 가지 계책은 그때 가서 변화를 보고 적당하게 처리하기를 어떻게 하느냐에 달려 있고, 미리 방법과 계략을 지휘해 주어 일의 기틀을 누설하는 것은 불가하다. 경이 오래도록 외방(外方)에 있었으므로 틀림없이 아뢰고자 하는 바가 있을 것인데, 나도 어찌 경을 보고 말하려고 하는 일이 없겠는가? 방어가 급박하지 않을 때 한번 와서 면대하는 것이 좋겠다."

보안 문제 때문에 직접 만나서 이야기할 것을 제안한 것이다. 그리고 4월 초 허종은 서울로 올라온다. 이때부터 북정 문제는 급물살을 탄다. 4월 17일 북정과 관계된 핵심 인물인 병조판서 이숭원, 참판 여자신, 참의 안우건 및 허종이 빈청에 모여 논의한 다음 그 결과를 성종에게 보고했다. 북정하는 것을 전제로 출정할 군대의 규모는 일단 1만5,000명으로 정했다. 영안도에 7,000명이 있었기 때문에 나머지 8,000명을 경상도, 전라도, 충청도, 경기도 등에서 차출키로 했다. 이를 보고받은 성종은 소집에 응하지 않을 사람들을 감안해 넉넉하게 2만 명으로 조정하고 나머지 무기 준비 상황은 이들의 논의를 그대로 따르겠다고 말한다.

그리고 다음 날 성종은 모화관으로 거둥했다. 한동안 활쏘기 구경을 한 다음 성종은 재상들을 앞으로 나오게 하여 이렇게 말한다.

"근래에 국가에서 북쪽 오랑캐에게 모욕을 당한 것이 심하다. 치욕을 씻지 않을 수 없으므로 오는 10월이나 내년 정월 사이에 군대를 일으키려 한다. 군사는 어제 2만 명으로 정하였으니, 이제 도원수를 미리 정하여 방략을 세우지 않을 수 없다."

선전포고가 이뤄진 것이다. 10여 년 전 서정(西征)을 이끌었던 영의정 윤필상은 자기의 경험을 이야기하며 "정월의 경우는 옷을 많이 껴입어야 하므로 몸을 움직이는 데 재빠르지 않습니다. 신이 서정하였을 때에는 다행히 따뜻한 날씨를 만나 패배하지 않고 돌아왔습니다. 10월인 경우는 추위가 심하지 않으니 거사할 만합니다"라고 말한다. 성종이 도원수로 누구를 임명하면 좋겠느냐고 묻자 윤필상은 자신은 늙었다며 허종을 추천했다.

"허종은 젊어서부터 북쪽 지방에 드나들었으므로 형세와 오랑캐의 실정을 자세히 알고 있으니 원수의 임무는 허종이 아니면 불가합니다."

마침 그 자리에 입시해 있던 허종은 처음에는 사양하지만 결국 받아들인다.

불꽃 튀는 북정 논쟁

사흘 뒤인 4월 21일 홍문관 부제학 김극검이 북정 반대 상소를 올리는 것을 시발로 해서 성종과 신하들 사이에 길고 긴 북정 찬반 논쟁이 시작된다. 김극검의 상소는 아주 조심스러운 표현을 동원하면서도 결국은 '감정적 대응이 아닌가'라고 넌지시 비꼬고 있다.

"만에 하나라도 실패한다면 국가의 위엄과 체통은 더 떨어질 수 있

습니다. …… 성을 내어 떠드는 군대는 제왕이 만전을 기해서 일으키
는 일이 아닙니다. …… 전하께서는 날카로운 생각으로 무력을 활용
하려고 하시는 것입니다."

김극검의 장문의 상소 속에 들어 있는 이 세 문장은 김극검의 본뜻을
읽어내기에 충분하다. 쉽게 말하면 성종의 북정 결단이 '국내 정치용'
이 아니냐고 묻고 있는 것이다. 김극검(金克儉, 1439년 세종 21년~1499
년 연산군 5년)은 성종 18년(1487년) 동부승지로 기용되어 우승지까지
승진하고, 성종 22년(1491년) 홍문관 부제학으로 옮겨 한때 언로를 주
도했다. 상소를 올린 것도 바로 이 시점이었다.
　사실 성종 시대가 평안한 시대이기는 했지만 이렇다 할 업적이 없었
다. 성종으로서는 국왕의 위엄을 보여줄 만한 치적이나 업적이 필요한
때였고 성공만 한다면 군사 정벌만큼 단기간에 민심을 얻고 신하들에
대한 우위를 확고히 하는 데 효과적인 일도 없었다.
　25일에는 군사 문제에 일가견이 있던 이조판서 이극균이 북정을 반
대하는 글을 올렸다. 이극균의 요점은 지금은 그들과 싸울 때가 아니라
잘 무마해야 할 때라는, 북방 전문가로서의 지적이었다. 동시에 북방을
칠 경우 남쪽에서 적들이 기동할 가능성도 크다는 지적을 덧붙였다. 이
를 읽어본 성종은 "지금 남쪽 지방에는 아무런 낌새나 사고도 없는데,
어찌 미리 일이 있을 것이라고 여겨 이 거사를 정지할 수 있겠는가?"라
며 "지금 큰일을 일으키려고 하자 그것에 대하여 말하는 자가 매우 많
은데, 모두 다 들어주다가는 결국 큰일을 이루지 못할 것"이라며 병법
에 관해 함부로 말하다가는 처벌을 받을 수도 있다고 경고까지 한다.
　『실록』에 따르면 성질이 불같았던 이극균은 이 말을 전해 듣고는
"뒤에 도로 들어와서" 성종에게 직접 이렇게 말한다.

"신이 평소에 올적합과 올량합(오랑캐의 큰 부족 총칭)을 알고 있는 데, 성질이 굳세고 사나워 싸움하기를 즐거며 죽고 사는 것을 따지지 않고 진중(陣中)으로 깊숙이 들어가 싸웁니다. 그리고 평상시에는 한곳에 모여 사는데, 300~400명에 밑돌지 않습니다. 그러나 300~400명으로도 우리나라의 1만 군사를 당해낼 수 있습니다. 반면 우리 군사는 그렇지 못합니다. 태평스러운 시절이 오랫동안 계속되어 적을 두려워할 줄만 알고 자기 장수를 두려워하지 않습니다. 대저 전쟁이란 것은 마땅히 뜻하지 않게 나아가 회오리바람처럼 빠르게 하면 실리를 얻을 수 있는데, 우리나라의 사람은 성품이 겁이 많고 나약하여 진격하기를 어렵게 하고 후퇴하기를 가볍게 합니다. 더구나 우리는 오랑캐 지역의 험하고 막힌 것을 모릅니다."

이에 대해 성종이 답한다.

"조그마한 오랑캐가 자주 우리 지역을 침범하는데, 지금 만약 내버려두고 신문하지 않는다면 비록 성 밑에 사는 오랑캐들(투항한 사람들)이라 할지라도 틀림없이 우리가 겁이 많고 나약하다고 여길 것이다. 그리고 우리 군사들이 적은 두려워하면서 장수를 두려워하지 않는 것은 사실이니, 다만 도원수가 어떻게 대처하고 조치하는가에 달렸을 뿐이다. 우리 지역에 있을 때면 비록 법령을 범하였다 하더라도 가볍게 죽일 수 없지만, 만약 적과 마주 보고 있다면 당연히 군법을 따라야 하는데, 누가 원수를 두려워하지 않겠는가? 그리고 험준한 것을 어렵게 여기는데, 그렇지 않다. 뒷날 들어가서 공격한다면 도로의 굽고 곧은 것을 알게 될 것이므로 그 형세가 매우 쉬울 것이다. 당당한 국가로서 조그마한 추적(醜賊)들에게 굴욕을 당하였으니, 군사를 일으키지 않을 수 없다."

조정에서는 이 같은 논란이 격화되는 가운데 4월 27일 영안도 절도
사로 나가 있던 성준이 보고를 올렸다. 그곳 사정상 한 차례 정벌은 불
가피할 것 같으며 시기는 10월이 가장 적당하다고 알려왔다. 위엄을
보이지 않을 경우 우리 쪽에 붙어 있던 오랑캐들도 저쪽으로 가서 붙
을 가능성이 높다는 것이다. 마침 다음 날 도원수 허종도 전국적으로
병사들을 모아 행군하는 거리 등을 검토한 결과 10월 출정이 가장 좋
겠다고 보고했다.

그런데 5월 4일 신숙주의 손자인 대사헌 신종호도 상소를 통해 "세
상의 큰일을 좋아하고 공명을 좋아하여 무력을 남용한 군주들은 모두
가 계책이 없는 사람입니다. 지금 전하께서는 분노를 참지 못하며 장
차 많은 군대를 일으켜 불모의 땅에 깊이 들어가려고 하시는 것입니
다"라고 김극검과 같은 맥락의 상소를 올린다. 신종호(申從濩, 1456년
세조 2년~1497년 연산군 3년)는 성종 17년(1486년) 왕명으로 요동에
가서 한어를 습득하고 돌아왔다. 성종 19년(1488년) 홍문관 직제학을
거쳐 좌승지, 우승지, 도승지 등을 역임했다. 성종 22년(1491년) 북정
문제를 다루던 어전회의에서 영의정을 모욕한 죄로 대사헌에서 파면
된다. 연산군 1년(1495년) 예조참판 겸 춘추관 동지사로『성종실록』
편찬에 참여하였다. 연산군 2년(1496년) 정조사가 되어 명나라에 갔다
가 돌아오던 중에 개성에서 죽었다. 이런 논란 속에 5월 15일 도원수
허종은 출정에 대비해 임지를 향해 출발한다.

북정, 시작은 창대하였으나 끝은 미미했다

8월 24일 마침내 성종은 허종에게 출정 명령을 내린다. 그런데 9월
5일자『실록』을 보면 아주 흥미로운 기사가 실려 있다. 성종은 서북면

도원수 이극균에게 다음과 같은 글을 내리고 있다.

"경이 바친 적의 머리 39급은 내가 매우 가상히 여기고 기쁘게 생각한다. 고산리진(高山里鎭)에서 능히 교활한 오랑캐를 공격하여 크게 이겼으니, 이는 비록 장사(將士)가 죽을힘을 다한 소치이기는 하나 또한 경이 미리 방략을 잘 세워 대처한 데서 말미암은 것이다. 이미 이룬 공이 심히 많았으니, 다시 장래의 공적을 바라노라."

서북면이면 평안도 쪽이다. 북정하는 지역과는 별개의 지역이다. 거기서 북정 반대 상소까지 올렸던 이극균이 도원수로 가서 대승을 거둔 것이다. 국가적 차원의 군대 동원은 물론 없었다. 현지 군 병력만으로 승리했다.

반면 북정에 나섰던 2만 병력은 예정대로 10월에 전투를 벌였다. 11월 10일 북정 도원수 허종의 종사관(오늘날의 부관) 이수언이 돌아와 전투 상황을 보고했다.

10월 15일 강을 건넘.

10월 18일 오랑캐 8명 발견, 3명 참수, 4명 도망, 1명 생포.

10월 19일 보을현에 도착.

10월 22일 울지령에 들어가 올적합 100기(騎)와 마주쳤으나 2명만 생포.

10월 23일 적 소굴에 도착했으나 대부분 도망쳤고 남녀 각 1명씩 참수, 말 3필 압수.

10월 24일 군량미를 보름치만 가져왔으므로 회군.

10월 25일 뒤따라오던 200여 기와 교전, 4명 사살.

11월 2일 강을 건넘.

이 보고를 들은 성종은 실망스러웠다. 2만 명을 보내 기껏 아홉 명을 죽이고 세 명을 생포한 것이 전부였던 것이다. 전과가 너무나도 허탈했던지 성종은 묻는다.

"200기를 맞아 서로 싸울 때에 많이 참획(머리를 벰)할 수 있었을 것인데 그러지 못한 것은 무엇 때문인가?"

우승지 권경희가 위로 차원에서 말한다.

"적이 다 도망하여 숨었으므로, 비록 죄다 참획하지는 못하였다 하더라도 나라의 위세를 크게 드날렸으며, 군사가 온전히 돌아왔고 적이 감히 항거하지 못하였으니, 저들이 어찌 위세를 두려워하지 않겠습니까?"

이미 손상당한 성종의 위신을 회복하기 힘들 정도였다. 아마도 성종의 머릿속에는 한동안 '2만명 파병에 아홉 명 사살이라……. 2만에 아홉 명……'이라는 구절이 맴돌았을지도 모른다.

그러나 책임은 고스란히 허종에게 돌아갔다. 허종은 처음에는 아군의 사망자는 한 명도 없었다고 보고했다. 그러나 강원도에서만 출병했다가 돌아오지 못한 사람이 40명이라는 보고가 올라오고 귀환 중에 동상에 걸려 죽은 사람들도 적지 않았다. 실제로 조정에서 성종에게 병사를 일으켜야 한다고 강력하게 건의했던 인물이 허종이기도 했다.

결국 인재도 길러내지 못했다

성종은 25년간 왕위에 있었다. 25년이면 나름대로 새로운 인재를 길러내기에 충분한 기간이다. 그가 열세 살에 집권했다는 불리한 사실을 감안하더라도, 적어도 마지막 5년 사이에는 뭔가 새로운 인물들을 선보여야 했다. 성종은 그렇질 못했다. 그가 길러낸 인재는 그리 많지 않다. 대부분 훈구대신들을 말년까지 중용했고 기껏 새로 등장한 인물들도 대부분 왕실의 친인척이거나 훈구대신들의 집안사람들이었다. 김종직은 극히 예외적인 경우에 속한다. 흔히 알려진 것처럼 성종 때 사림파들을 대거 등용한 것도 아니었다. 왜 그랬을까? 『실록』을 검토하면서 든 느낌은 '국정에서 인재의 소중함이랄까 중요성은 알았지만 구체적으로 뛰어난 인물들을 골라내고 키우는 법은 몰랐던 것이 아닐까' 하는 것이었다.

친정 초기 주도권 장악에 실패하다

성종 7년 친정(親政)을 시작했지만 그 이후의 정치를 성종이 주도했는가는 여전히 의문으로 남는다. 친정 실시와 함께 원상 제도를 폐지했다. 그러나 그 후 몇 년간 보여준 성종의 정치 행태는 왕실종친이나 훈구대신들의 불안감을 자극하기에 충분했다. 최승희의 분석을 보자.

"성종 8년 후궁 사이에 분란이 일어나고 중궁의 행실이 문제 되어 중궁을 빈으로 강등하려 한 일이 있었고, 결국 성종 10년 6월 중궁 윤씨를 폐하고 서인으로 삼는 일이 일어났다. 성종 11년 11월 계비 윤씨의 책립, 성종 13년 8월 폐비 윤씨 사사, 성종 14년 3월 대왕대비 승하 등 왕실 안에 불안한 사태가 계속되었다. 대간과 홍문관의 언론도 그 위세가 더욱 드세져서 왕권과 왕실을 호위할 새로운 정치 세력이 필요해졌다. 이때 새로운 정치 세력으로 등장한 것이 원상 출신으로 아직 엄존하고 있던 정창손, 한명회, 윤사흔과 정승의 지위에 있던 심회, 홍응, 노사신, 윤호, 윤필상, 이극배 등이었다. 이들은 세조 공신, 성종 추대 공신들이며 왕실의 친인척들이었다. 정창손, 한명회, 윤사흔이 죽은 뒤 성종 20년대에 여기에 충원된 사람들이 손순효, 정문형, 이철견, 이극균, 어세겸, 허종 등이었다. 이들을 '영돈녕 이상'이라 칭하였고 대부분의 국사를 이들에게 논의하게 하고 이에 따라 국정을 운영하였다."(『조선 초기 정치사 연구』, 439쪽)

앞서 본대로 실제로 성종 12년부터 성종이 세상을 떠나던 성종 25년까지 "영돈녕 이상에게 논의하게 하라"는 말은 수도 없이 나왔다. 사실상 원상제의 복원이나 다름없는 '영돈녕 이상'이란 무슨 뜻인가? 영돈녕이란 정확히 말하면 정1품의 돈녕부 영사이다. 돈녕부는 왕실의 친인척들에게 실권 없는 직위를 주어 관리하던 기관이다. 영돈녕이란 돈녕부 영사의 줄임말이다. 의정부 영사가 영의정이 되는 것과 같은 단어 구성이다. 그러나 성종 때 '영돈녕 이상'이라는 말은 말 그대로 해석해서는 안 된다. 그렇다면 실권이 없는 직위가 되기 때문이다. 아마도 원상제를 복원할 수는 없고 그에 준하는 기능을 찾다가 엉거주춤하게 '이상(以上)'이라는 말이 들어간 '영돈녕 이상'이 탄생한 것으로 보인다. 사실상의 원상 역할을 하는 일종의 원로원이었다고나 할까?

이런 상황에서 새로운 사람이 고위직에 진출한다는 것은 거의 불가능했다. 이런 가운데도 새로운 인재를 찾으려는 노력 자체는 말년에도 계속되었다. 성종 21년 1월 12일 성종은 승정원에 다음과 같은 전교를 내려 "영돈녕 이상과 의정부에 의논하게 하라"고 명한다.

"수령(守令-부윤 이하 현감에 이르는 각 도 안의 지방 장관)을 지내지 아니한 자는 4품 계급에 오르지 못하게 하였는데, 그것은 수령을 사람들이 모두 꺼리기 때문에 조관(朝官)으로 하여금 모두 수령을 지내게 하려고 한 것이다(이 제도는 세종 때 생겼다). 그러나 『대전(大典)』에 구애되어 쓸 만한 사람이 있는데도 4품 이상의 계급에 올리지 못한다면, 사람을 쓰는 도리에 어찌 방해되지 아니하겠는가? 이줄, 윤탕로, 이세준은 내가 그 사람됨을 안다. 때문에 동반(東班)에 쓰고자 하면 계급과 직(職)이 서로 맞지 아니하여 『대전』에 방해되고, 만약 『대전』의 법을 돌아보지 아니하고서 4품 이상의 계급에 올리면 대간이 반드시 법에 의거하여 저지할 것이다. 나는 생각하기를 이 뒤로는 쓸 만한 사람이 있으면 『대전』에 구애됨이 없이 4품 이상의 계급에 올리려고 하는데 어떠하겠는가? 영돈녕 이상과 의정부에 의논하게 하라."

이에 대해 심회는 반대, 홍응은 정말 탁월하다면 쓸 수 있다는 조건부 반대, 노사신도 조건부 반대, 손순효는 반대, 어세겸도 반대, 정문형도 반대였다. 사실 성종이 새로운 인재를 쓰려면 현재 중간에 있는 인재들을 잘 고르고 관리해 위로 올리면 된다. 갑자기 아래에 있는 사람들을 발탁하려 했기 때문에 '영돈녕 이상'의 강력한 반대에 직면할 수밖에 없었다.

"유일(遺逸) 인재들을 천거하라!"

7월 7일 성종은 이조에 명을 내려 한직에 있거나 벼슬을 지냈다가 떠나 있는 사람들 중에 쓸 만한 사람을 적어 올리라고 명했다. 그래서 다음 날 이조에서 전 첨지 정효항, 전 군수 양자유, 전 현령 황정, 전 현감 길수, 전 교수 김일손 등 다섯 명의 이름을 올렸다. 이조는 그러면서 재상이나 지방 관찰사들로 하여금 '숨어 있는 선비들'을 추천하게 하라고 건의했다. 이에 따라 7월 9일 성종은 의정부와 각도 관찰사들에게 명을 내려 초야에 묻혀 있는 인재들을 뽑아서 추천하라고 명한다. 또 이조에서 추천한 다섯 명은 그 자리에서 중앙 관리로 쓰라고 지시한다. 정효항은 훗날 충청도 관찰사로 청백리에 오르는 김양진을 비롯한 뛰어난 제자들을 많이 키워냈으며 그 자신은 이극돈과 서거정을 도와 『동국통감』을 펴내는 데 기여한다. 양자유, 황정, 길수 등은 두각을 나타내지 못했지만 김일손은 훗날 문제적인 인물이 된다.

김일손(金馹孫, 1464년 세조 10년~1498년 연산군 4년)은 승문원 정자로 춘추관 기사관을 겸하고 이어 진주교수(晉州敎授)에 제수되었으나 곧 사직하고 고향에 돌아가 운계정사(雲溪精舍)를 열고 학문에 전념하였다. 김일손의 직함이 '전 교수'로 돼 있는 것은 그 때문이다. 이 무렵 김일손은 김종직의 문하에 들어가 수업하고 있었는데 이조의 갑작스런 부름을 받은 것이다. 이것이 그의 인생에서는 불행의 씨앗이 되었는지 모른다. 다시 벼슬길에 나아가서 승문원 주서가 되었고 이어 홍문관 수찬, 병조좌랑, 이조좌랑을 지냈다.

김일손의 글씨_ 주로 언관으로 재직하면서 훈구파의 불의와 부패를 공격하는 한편 훈구파에 대항하여 사림파가 중앙 정계에 진출하는 것을 도왔다. 그림은 김일손이 자신의 형에게 보낸 편지.

관리 생활을 하며 여러 차례 사가독서하여 성리학의 깊이를 더하였다. 그는 주로 언관을 지내면서 훈구파에 대항하여 사림파가 중앙 정계에 진출하는 것을 도왔다. 이로 인해 연산군 4년(1498년) 유자광 등 훈구파에 의한 무오사화 때 김종직의 〈조의제문(弔義帝文)〉을 사초에 실은 일과 소릉 복위를 상소한 일 등으로 인하여 능지처참의 형을 받았다.

김종직의 문하에는 김굉필, 정여창 등의 수기(修己-자기 수양)를 지향하는 계열과 치인(治人-현실정치)을 지향하는 계열이 있었는데 김일손은 후자의 대표적 인물이었다. 그는 김종직의 문인 정여창, 강혼 등과 교유하였으며, 소릉 복위 상소나 〈조의제문〉을 사초에 수록하는 등 매우 과감하고 진취적인 자세를 보였다. 이러한 것은 세조의 즉위 사실과 그로 인해 배출된 공신의 존재 명분을 간접적으로 부정한 것으로 당시에는 매우 위험한 일이었다. 중종 때 홍문관 직제학, 현종 때 도승지, 순조 때 이조 판서에 각각 추증되었다.

묘하게도 17일 후인 7월 26일에는 사섬시정 조효동이 글을 올려 정여창을 천거했다. 조효동과 정여창은 같은 함양 사람이었다. 정여창의 아버지는 무신으로 이시애의 난 때 이시애에게 살해당했다. 조효동은 정여창이 부모가 세상을 떠났을 때 지극 정성으로 3년상을 지낸 것을 상세하게 설명한 후 "정여창은 자사(子史)에 널리 통하고, 예경(禮經)에 정통하고, 더욱이 성리학에 조예가 깊었는데, 글을 읽으면 반드시 힘써 행하며 실천하는 것을 위주로 하여, 나이가 거의 마흔인데도 홀로 성세(聖世-태평성대)의 일민(逸民-숨어 지내는 선비)이 되었습니다"라고 말하자 성종은 "정여창의 행실이 이와 같으니 내가 이제 눈물이 흐르는 것을 깨닫지 못하겠다. 빨리 뽑아 써서 국가에서 착한 일을 표창하는 뜻을 보이게 하라"고 말한다.

조금 심하다 싶었던지 도승지 신종호가 "다시 그 도에 물어서 정말 그러한지를 안 뒤에 쓰는 것이 어떠하겠습니까?"라고 신중론을 제기했지만 곧바로 좌승지 김제신이 "신이 정여창의 사람됨을 아는바, 이는 지나친 칭찬이 아닙니다. 신이 정여창과 같은 고향인데, 군수가 효자로 추천하려고 하자, 정여창이 말하기를, '나는 효자가 아닙니다'라고 하며 울면서 사양하므로 그만두었습니다"라고 말한다. 성종은 "이것이 어찌 헛된 말이겠는가? 그를 뽑아 쓰라"고 하였다.

그러면 정여창은 또 어떤 인물인가? 정여창(鄭汝昌, 1450년 세종 32년~1504년 연산군10년)은 경사에 통달하였고 실천을 위한 독서를 주로 하였다. 성종 14년(1483년) 진사시에 합격하여 성균관 유생이 되고, 바로 성종 21년 이때 천거되어 소격서 참봉이 되었으나 사양하고 벼슬길에 나가지 않았다. 그해 별시 문과에 급제하고, 검열을 거쳐 시강원 설서로 세자 시절의 연산군을 가르쳤으며, 안음현감으로 선정을 베풀었다. 연산군 4년(1498년) 무오사화 때 김종직의 문인이라 하여 종성에 유배되어 죽었으며, 연산군 10년 갑자사화 때 부관참시되었다.

아마도 말년에 발굴한 사림의 초창기 지도자들은 김종직, 김일손,

정여창 정도였다고 할 수 있다. 그리고 홍문관이나 사헌부, 사간원 등에는 김일손의 제자로서 문과에 급제하고 비교적 활발한 활동을 벌인 김흔, 조위, 표연말, 유호인, 양희지, 홍한 등 20명 정도가 있긴 했지만 국정의 중심에는 들어가지 못하고 경연 등을 통해 건의를 하는 수준에서 머물렀다. 그래서 최승희는 앞의 책에서 "훈구대신에 대한 탄핵은 사림 출신만 한 게 아니라 당시 언론 3사에서 일반적으로 행했던 것이며, 사림 출신의 3사 관도 그 일부로 가담했던 것이다. 따라서 성종 대 정계에 진출한 사림 세력이 훈구 세력과 대립하여 그들을 강력하게 견제했다고 보는 것은 문제가 있다"며 정확하게 지적하고 있다.

이렇게 본다면 성종이 키우려 했던 인물들은 여전히 중·하위직에 소수만이 있을 뿐이었고 그나마도 10여 년 후면 자신의 아들에 의해 대부분 죽음을 맞게 된다. 그것이 연산군만의 탓일까? 성종에게 물을 책임 부분은 없는가? 하는 의문을 던지지 않을 수 없다.

요동치는 민심을 뒤로 하고

    성종 25년은 새해 벽두부터 불길한 사건으로 시작된다. 1월 5일 누군가가 인정전의 어좌에 투서를 붙여놓았다. 내용은 왕실과 관련된 것은 아니고 강화도 관리의 불법 사실을 고발하는 것이었다. 그러나 다른 데도 아니고 국왕이 앉는 의자에 그것을 붙여놓았다는 것은 은연중에 관리들을 제대로 감독하지 못하는 나랏님에 대한 불만의 표시가 아닐 수 없다. 그러나 성종은 수사를 하지 말 것을 지시한다.

    2월 14일에는 북정 도원수를 맡았던 우의정 허종이 61세로 세상을 떠났다. 그의 죽음에 대해 사관은 이렇게 평하고 있다. "허종은 성품이 넉넉하고 진중하였으며 자태가 빼어나고 위엄이 있었다. 수염 또한 아름다워 보는 사람마다 누구나 그가 대인군자(大人君子)임을 알았다. 아무리 창졸간이라 해도 조급한 말이나 장황한 안색을 짓지 않았으며, 일에 임하여는 임금의 감정에 끌려가지 않고 확고한 소신대로 하였다.

488

서적을 널리 보았고 잡예(雜藝)에도 통하였으며, 더욱이 성리학에 조예가 깊었다. 평생 돈에 신경 쓰지 않아 거처하는 곳이 좁고 누추한데도 태연하게 지냈다. 문무의 재능을 겸비하여 장상(將相)으로서 물망이 중하여 그 한 몸이 국가의 경중에 연계되었다. 다만 북정을 일으킨 것을 당시의 논의가 애석해하였다."

허종이 위독하다는 소식을 듣고 성종이 내시 안중경을 보내어 뒷일을 물으니, 허종이 마지막에 눈을 뜨고 목구멍소리로 어렵사리 "원컨대 전하께서는 말년을 삼가기를 처음같이 하소서'라고 말하고 눈을 감았다고 전했다. 이 말은 한명회도 했던 말이다. 사람 보는 눈이 예사가 아니었을 한명회나 허종이 모두 똑같이 그런 말을 남겼다는 것은 이미 성종의 행태에서 그럴 가능성이 보였다고 할 수 있을 것이다.

3월 25일에는 세조 때부터 공을 세웠던 대표적인 훈구공신 이극증이 64세에 눈을 감았다. 이극증에 대한 사신의 평도 간결하지만 극찬에 가깝다. "이극증은 품성이 곧고 진실하여 번화한 것을 좋아하지 않고, 공무(公務) 받들기를 부지런히 하고 조심스럽게 하며 관청의 일 처리하기를 집안일과 같이 하였다."

그리고 나흘 후에는 태어난 지 한 달 남짓밖에 안 된 원손이 사망했다.

이런 사실들을 모를 리 없는 백성들은 어떻게 생각했을까? 국운이 급격하게 쇠하고 있다고 느꼈을 것이 분명하다. 게다가 군과 옹주들의 집을 호화 사치하게 지어 민폐를 끼쳤고 자수궁을 다시 짓는다며 백성들을 동원하자 경기도에서는 집을 버리고 도망치는 사람들이 속출했다.

"군과 옹주의 집을 지을 때 어린아이를 파묻는다!"

5월 16일에는 흉흉한 민심을 단적으로 보여주는 기사가 나온다. 성종은 사헌부에 이렇게 전교한다. 아마도 그 자신도 부끄럽지 않았을까?

　"도성 안에 요즈음 여러 군과 옹주의 집을 지을 때에 어린아이를 묻으며 재앙을 물리치는 제사를 지냈다고 거짓말을 퍼뜨려 인심을 선동하며 사람들이 이를 듣고 놀라게 하니, 이는 틀림없이 그런 일이 없을 것이다. 진실로 사리를 아는 사람이면 누가 그것을 기꺼이 믿겠는가? 그러나 우매한 남자나 여자면 반드시 놀라고 미혹되어 의심하며 두려워할 것이니, 참으로 작은 일이 아니다. 간혹 간사한 소인의 무리가 어린아이를 얻어다 길러 일을 시키려고 터무니없이 속이며 말을 만들었을까 염려된다. 5부(五部-한성부 산하의 관 조직)로 하여금 만일 아이를 잃어버린 자가 있으면 그들로 하여금 스스로 보고하게 하고, 거짓말하는 자가 있으면 마땅히 중한 법으로 조치한다는 것을 방(榜)을 걸어 알도록 하며, 그들로 하여금 체포하여 아뢰도록 하라."

이것은 사실 여부를 떠나 그런 유언비어가 나오게 된 배경이 중요하다. 실제로 이런 소문이 퍼져 서울과 경기는 말할 것도 없고 충청도와 황해도 사람들까지 아이를 안고 산에 올라가 피하느라 마을이 텅 비는 지경에 이르렀다.

그리고 5월 26일에는 앞서 본 대로 현숙공주를 유모와 노비들이 독살하려다 미수에 그친 사건이 발각되었다. 현숙공주의 어린 종이 대비에게 직접 밀고하여 사건이 드러났다. 정확한 실상은 알 수 없지만 사신의 논평은 조금 시각이 다르다.

　"집 안에서 나온 초사(招辭)는 모두 어리석은 종 하나가 진술한 것인데, 이를 근거로 추국하였으며, 서로 끌어들여 옥에 갇힌 자가 50

여 명이나 되었다. 사정은 비록 의심스럽지만, 이극배 등이 임금의 엄한 책무를 받고 감히 허물이 없는 것을 가려내지 못하고 강압적으로 고문을 가한 자가 40여 인이며, 이 과정에서 목숨을 잃은 자가 10여 인이므로, 당시의 의논이 그것을 한스럽게 여겼다.”

9월에 접어들면서 성종의 몸은 급격하게 나빠진다. 성종은 기본적으로 재위 25년 동안 치통에 관한 이야기가 잠깐 나왔을 뿐 거의 병치레를 하지 않았던 건강 체질이었다.

손순효의 취중진담

손순효는 대단한 술꾼이었다. 그로 인해 실수도 많았고 재미있는 에피소드 또한 많았다. 심지어 술기운에 기대어 직언을 하다가 자리에서 쫓겨난 적도 있다. 그러나 바탕은 곧은 사람이었다. 9월 29일 성종이 몸이 편찮아 세자가 대신 참석한 가운데 인정전에서는 대낮부터 양로연이 펼쳐지고 있었다. 술이 다섯 차례 돌자 취기가 오른 판중추 손순효가 꿇어앉아 서연관 쪽을 바라보려고 애쓰는 모습을 세자가 발견했다. 세자는 세자시강원의 필선 김수동으로 하여금 무슨 말을 하려는지 가서 듣고 오라고 시켰다. 손순효는 취기 오른 얼굴로 이렇게 말한다.

“저도 여러 차례 세자를 가르친 바 있습니다. 그런데 늙어서 관직에서 물러나 있는 이번에 이렇게 연회에 참석하게 되었습니다. 옛날 사람이 나그네에게 말하듯이, 이 노부(老夫)도 한 말씀을 올리려 합니다. 중국의 성탕(成湯)은 성스럽고 공경함을 날로 높이셨으며, 문왕(文王)은 끊임없이 공경하였습니다. 원컨대 세자께서는 이 말을 잊

선릉_ 성종과 그의 계비 정현왕후의 능. 서울 강남구 삼성동 소재.

지 마소서."

세자는 가만히 "삼가 알겠습니다"라고 말했다. 그리고 술이 일곱 번 돌자 대취한 손순효가 또 아까처럼 자리에서 나와 꿇어앉아 서연관을 보려고 했다. 세자가 이번에는 시강원 보덕 이거로 하여금 가서 듣게 하였다.

"또 드릴 말씀이 있습니다. 『대학』의 탕지반명(湯之盤銘)에 이르기를, '날마다 새롭고 또 날로 새롭다(日新又日新)'라고 했습니다. 성탕(成湯)은 화리(貨利)를 증식하지 않고, 성색(聲色)을 가까이하지 않았으니, 이것이 바로 날로 새롭게 하는 실체입니다."

사치와 색을 멀리하라는 이야기였다. 세자는 이번에도 "자세히 들었습니다"라고 답했다. 그런데 손순효는 여기서 그치지 않고 "이것은 다만 세자만이 아실 것이 아니고, 주상께도 상달(上達)할 만합니다"라고 말했다. 비록 만취했지만 뼈가 담긴 말이었다.

"재이(災異)의 일은 모두 내가 불러일으킨 것이다"

"신이 듣건대 중부의 민가에 세 발이 달린 암탉이 있다고 합니다.

492

물건이 심히 이상하다고 하니, 놀라움을 이기지 못하겠습니다. 삼가 살펴보건대 동진의 효무제 때에 팽성의 민가에 세 발 달린 닭이 있었고, 당의 중종 때에 민가에 세 발 달린 닭이 있었으며, 송의 고종 때에 민가에 세 발 달린 것이 있었습니다. 점괘에 공통적으로 이르기를, '임금이 부인의 말을 쓰면 닭이 요물을 낳는다'고 하였습니다."

10월 9일 홍문관 부제학 성세명 등이 올린 차자의 일부다. 여기서 부인이란 말할 것도 없이 인수왕대비를 말한다. 그러면서 자수궁에서 불사를 일으킨 것과 세 발 달린 닭을 연결지었다. 몸이 좋지 않았던 성종은 다소 신경질적인 반응을 보이면서 "그대들은 무슨 이상한 이야기만 들으면 반드시 허물을 나에게 돌리니, 어째서인가?"라고 반문한다. 그래도 성세명 등이 물러서지 않고 계속 문제를 삼자 성종은 "재이(災異)의 일은 모두 내가 불러일으킨 것이다"라며 자포자기한 듯이 대답한다. 그리고 승정원에 명하여 문제의 닭을 구해오라고 명했다. 다음 날 그 닭을 가져왔는데, 실제로 두 발은 보통 닭과 같고 한 발은 뒤에 있는데 조금 짧았다. 성종은 당장 죽여버리라고 명했다.

11월 17일은 세자의 생일이었다. 그러나 성종의 몸이 좋지 않아 하례를 취소했다. 12월 들어 성종의 병세는 급속히 악화된다. 입과 혀가 마르고 밤이면 기침을 하고 목도 타올랐다. 한동안 설사 때문에 고생을 하기도 했다. 20일에는 내의원 제조 윤은로에게 "배꼽 밑에 작은 덩어리가 생겼는데, 지난밤부터 조금씩 아프고 빛깔도 조금 붉다"고 말한다. 23일이 되면 앉아 있는 것도 힘들어한다. 24일 위독해지자 당대 명의로 꼽히던 전명춘이 마지막으로 진찰을 하고서 말한다. "배꼽 밑의 붉은 기운은 종기가 분명합니다." 이때 말하는 종기는 암(癌)이었을 가능성이 크다. 그리고 정오 무렵 영의정 이극배 등을 불러 유언을 남긴다.

"정승들은 비록 밤이라고 하더라도 물러가지 말고 승정원에 머물면서 세자와 정사(政事)를 의논해서 처리하라."

이때 성종의 나이 38세였다. 아쉬운 나이였다. 그러나 더 살았다고 하더라도 국왕으로서 무엇을 더 할 수 있었을까 하는 의문을 던지지 않을 수 없다. 오히려 일찍 세상을 떠난 것이 성종이 역사에서 욕을 덜 먹는 국왕이 될 수 있게 해준 것은 아닐까? 그의 집권 후반부에 대한 안타까움 때문에 사족(蛇足)인 줄 알면서도 던져보는 질문이다.

| 사진 출처 |

25쪽_ **창덕궁 희정당** ⓒ두산세계대백과사전 엔사이버

63쪽_ **의안백 이화 개국공신녹권** 문화재청

78쪽_ **국조보감** 한국학중앙연구원
　　　국조보감 조판 고려대학교 박물관 소장

86쪽_ **설공찬전** 서경대학교 이복규 소장 ⓒ이복규

91쪽_ **서거정 필적** 한국학중앙연구원

100쪽_ **정선 〈압구정〉** 간송미술관 소장

114쪽_ **사모** ⓒ두산세계대백과사전 엔사이버
　　　사모뿔 국립국어연구원

123쪽_ **성삼문 영정** 국립현대미술관 소장 ⓒ손연칠

151쪽_ **경복궁 경회루** ⓒ두산세계대백과사전 엔사이버

156쪽_ **차자** 국사편찬위원회

157쪽_ **내훈** 한국학중앙연구원

163쪽_ **문소전 배치도** 서울대학교 규장각 소장

176쪽_ **〈어사도〉** 고려대학교 박물관 소장

177쪽_ **〈득중정어사도〉** 호암미술관 소장

204쪽_ **치평요람** 한국학중앙연구원

219쪽_ **정선 〈이수정〉** 개인 소장

221쪽_ **망원정** ⓒ두산세계대백과사전 엔사이버

223쪽_ **낙천정** 문화재청

244쪽_ **철릭** 문화재청

256쪽_ **김종직 영정** 밀양문화원 소장

259쪽_ **이숭원 영정** 경북대학교 박물관 소장

266쪽_ **친잠의궤** 서울대학교 규장각 소장

267쪽_ **친경도구(『국조오례의』)·친잠도구(『친잠의궤』)** 서울대학교 규장각

301쪽_ **온양별궁전도** 서울대학교 규장각 소장

312쪽_ **창경궁 전경** 창경궁관리소

331쪽_ **조맹부 〈진초천자문〉** 대북 고궁박물관 소장

377쪽_ **월산대군 사당** 문화재청

389쪽_ **〈상벌도〉** 고려대학교 박물관 소장

403쪽_ **고개지 〈여사잠도〉** 북경 고궁박물관 소장 ⓒ모사복원자 김범수

404쪽_ **성종어필 선면첩** 국립중앙박물관 소장

471쪽_ **함경북도 두만강 입구 지도 〈비변사인 방안지도〉** 서울대학교 규장각

485쪽_ **김일손의 글씨** 국사편찬위원회

492쪽_ **선릉** ⓒ두산세계대백과사전 엔사이버

본문에 쓰인 사진과 그림 자료들은 위에서 밝힌 소장처와 권리자들에게 허락을 구하여 사용한 것입니다.
권리자를 찾지 못해 미처 허락을 얻지 못한 몇몇 자료들의 경우, 추후 연락을 주시면 사용에 대한 허락을
구하도록 하겠습니다. 자료를 협조해 주신 분들께 감사드립니다.

성종, 조선의 태평을 누리다

초판 1쇄 2006년 9월 18일
초판 5쇄 2014년 9월 10일

지은이 | 이한우
펴낸이 | 송영석

편집장 | 이진숙 · 이혜진
기획편집 | 박신애 · 박은영 · 한지혜 · 서희정 · 이수정
디자인 | 박윤정 · 김현철
마케팅 | 이종우 · 허성권 · 김유종
관리 | 송우석 · 황규성 · 전지연 · 황지현 · 한승민

펴낸곳 | (株)해냄출판사
등록번호 | 제10-229호
등록일자 | 1988년 5월 11일

서울시 마포구 서교동 잔다리로 30 해냄빌딩 5 · 6층
대표전화 | 326-1600 **팩스** | 326-1624
홈페이지 | www.hainaim.com

ISBN 89-7337-773-6

파본은 본사나 구입하신 서점에서 교환하여 드립니다.